夏洛特‧梅森的
家庭教育法

施教者義務 × 兒童人權 × 遺傳傾向 × 權威與順服，
最全面的梅森教育理論

夏洛特‧梅森——著 李忠明——譯

CHARLOTTE MASON

兒童生來首先是個自然人，在成長過程中逐漸向善或向惡發展，
他們是具備所有發展可能性和能力的「人」

◎孩子無法區分「我想」與「我願」？ ◎孩子性格有缺陷，到底該如何教導？
◎孩子逐漸成為一個「聽話」的書呆子？ ◎孩子居然撒謊，長大肯定成為大騙子？

家庭教育中會遇到的每一個實際問題，
本書將提出極富創造性的解決方法與思想！

目錄

目錄

前言

夏洛特·梅森（Charlotte Mason，西元 1842 ～ 1923 年）是英國著名教育家，「教育之家」創始人，被譽為「家庭教育之母」，教育界的「斯波克博士（Dr. Benjamin Spock）」。她的名字，甚至可以與蒙特梭利（Maria Montessori）齊名。

她畢生探索一套教育孩子的家庭、學校和社會環境，一直為創立一套行之有效的教育理論而勤奮的工作，並在實踐基礎上勤奮筆耕，形成融家庭、學校和社會環境為一體的教育體系，寫成流傳於世的《夏洛特·梅森家庭教育》系列叢書。在這套書中，她向父母和其他教育者傳授了應該如何為孩子實施廣博的、激勵的、令他們興奮的教育。在各國教育家的努力下，她的這套叢書成為人們教育孩子的指南，並在美國和歐洲興起一股「梅森家庭教育運動」。

本書是一株奇葩，是一本集梅森家庭教育法大成的經典教育手冊。它題材廣泛，研究詳實，是《夏洛特·梅森家庭教育》叢書的總結篇。夏洛特·梅森勤奮不輟，努力建立一種具有哲理的、有效的教育理念，用歸納法撰寫文章，表達她的教育理念，強調家庭和學校應是兒童、父母、教師等人不斷學習與成長的場所。

夏洛特·梅森在本書的「原序」中說：「我的中心觀點是：兒童是一個具備所有發展可能性和能力的『人』。」、「教育的目的是盡可能多的把兒童置於與自然生活和思想的活生生的接觸中。」她主張把孩子當成獨立的個人來教育，而不是一個只會茶來伸手、飯來張口的書呆子。

梅森在本書中指出，在家庭內外，教育的前景模糊不清，為了使教育更符合孩子的天性，所有兒童都有權接受人文教育，它基於文學和藝術。科學應作為教育的主要學科，現代語言、數學等學科必須改革，自然和手工藝須用於訓練學習者的手眼能力，兒童還必須更加技術化和實用化。她在本書中

前言 ━━━━━━━━━━━━━━━━━━━━━━━━━━━━━━━

提出了改革學校教育的原則和具體方案。

在本書中，作者認為兒童生來是首先是個自然人，在逐漸長大的過程中，具有向善或向惡發展的可能性。因此，在教育過程中權威與順服這兩個方面，是自然而然的、必備的和基本的指導思想。但兩個原則受到兒童人格方面的限制，所以我們只能在環境、習慣和思想三方面進行教育。

夏洛特‧梅森認為教育是一種情境，我們應考慮到兒童自然家庭環境的價值，也就是讓孩子在合適的條件下自由生活，而適當的紀律的約束，意味著幫助孩子養成良好的習慣。同時，應為兒童創造和提供寬廣的課程，滿足兒童智力、道德和身體維護的需求。在為孩子創造和提供廣博的課程體系的情況下，提供知識是至關重要的，這就要求所有的施教者必須努力開設體育、自然、手工藝、科學和藝術等課程，這些都是活生生的書。

書中認為施教者應給予兒童道德自治和智力自治的能力，也即是使他們認識意志之路和理性之路。諸如教給兒童區分「我想」與「我願」；教給兒童不要過於自信的依靠「他們自己的理解」；教給兒童了解到一個人的主要責任是接受和拒絕一些思想和觀點，以使兒童避免思維不嚴密和莽撞的行為，避免生活中的不如意。

兒童的智力生活和「精神」生活不能分離，該書作者還倡導施教者幫助兒童知道聖靈不斷的與他們的靈魂接觸，在他們所有感興趣的事情上，在生活的責任和歡樂上，聖靈是永恆的幫助者。

夏洛特‧梅森針對家庭教育中的一些實際問題，結合自己教育孩子的經驗，提供了富有創造性的思想，向人們傳授了應該如何為孩子實施廣博的、激勵的、快樂的教育的方法和途徑。她的思想是面向實際的，她發現了問題並提出了經得起檢驗、富有創造性的解決方法。她為我們提供了教育能做什麼、應該是什麼的視野，並對我們忽視、濫用責任和權威提出警告。作為家長，我們有必要來了解一下她的家庭教育思想，以便從中獲得有益的啟示。

在人類的教育史上，出現了許多教育大師，他們的教育思想在全世界得到了廣泛的認可與傳播，他們的教育方法被奉為世界教育的經典，他們的

教育智慧在世界教育史上譜寫了華彩的樂章。夏洛特‧梅森「為了孩子的緣故」，殫精竭慮、著書立說，她的家庭教育思想就像一束明亮的光，為世界各地的父母們照亮了教育孩子的道路。我們希望這本書能替為人父母者、教師們以及可愛的兒童帶來新的希望。

前言

第一章
掌握教育理論

教育理論產生於教育實踐

■ 18 世紀的教育理念

可以這樣說，教育在人們的心中有著至關重要的地位，是 18 世紀末和 19 世紀末這兩個時期的共同之處。18 世紀的人們對洛克（Locke）和盧梭（Rousseau）深信不疑，他們知道要做什麼並且會為此進行不懈的努力。因為他們的優異表現，也為後人留下了美好而又充實的回憶。

出生在有思想家庭的孩子，言行一致，說話辦事富於哲理性，閱讀關於他們的書籍讓人覺得賞心悅目。我們現在遠沒有他們那時幸福，因為他們不但充滿了信念，更有堅持信念的勇氣。

幾十年前的我們，對教育滿懷熱情，投身於在全國乃至全世界成倍增加的教育運動之中，諸如辦學校、辦學院、辦講座、辦女子高等教育、辦女子公立學校，以及保證各項工作認真實施的考試制度等。所有這一切，都讓我們獲得了極大的收穫，也讓我們感到滿意和意氣風發，也從未懷疑過它們的正確性。現在，我們之所以能有更高的要求，就是因為我們的教育工作在最近一、二十年來獲得了非常不錯的進展。

但是，今天辦辦小學，明天辦辦中學；又是公立學校，又是女子學院，基本上都是「失敗的」。所以，將教育工作的重點進行轉移已經迫在眉睫。

很多人對我們的工作持懷疑態度，認為我們所做的工作是否值得，這些工作跟教育是否有關係，勇敢的懷疑者們甚至攻擊我們的兩所老牌大學。不過，由於這兩所大學對學生採取多方面的不干預政策，儘管對手罵他們懶惰，任憑學生胡鬧而熟視無睹（姑且讓我們這樣形容吧），但是他們戰勝暴風雨的那一天不會太遙遠。

在整體印象上，我們對教育不是很滿意，不過這可能意味著將產生更好的理論和振奮人心的實踐做法。但是「河水漲不過水源頭」，只有成功的經驗才會創造出好的理論，這一點我們應該十分清楚。

於是，在制定教學計畫和教育方法上，我們開始懷疑自己是否有些太倉促，而將這些計畫和方法的哲學基礎或者心理學基礎給忽略了。

現在我們懂了，結果是不可能先於原則出現的。今天的心理學家多如牛毛，二、三十年前的小學校長則如過江之鯽。

■ 在心理學體系中究竟應該掌握什麼

令人感到遺憾的是，因為心理學門類繁多，所以各教育派別相互抵制。各門科學都在進步，所以我們必須摸索著前進，以便找出一門實用的心理學為我們這個時代服務。

50 年前有效的方法用在今天可能不大適宜，而我們現在使用的理論 50 年後可能會被捨棄。任何理論都不能用「永恆」來形容，因為它會隨著人類的進步而發展。並且在同一個領域內，至少有十幾種相關的理論體系縱橫交錯，可如果隨便抽出其中任何一種，都無法滿足使用者的需求。

這說明，我們這些教育工作者急需做的是，切實了解健康的心理學體系的具體要求究竟是什麼。

一門心理學體系必須具備這三個條件，才能在教育目的、教育計畫和發展方面共同促進人類社會進步：

首先，作為一門健康的心理學體系，它必須全面，必須能概括人的全部本能，以及人與外部環境之間的關係；其次，它必須獨一無二，也就是在這一領域內找不到一本同樣全面的心理學書籍能取代其地位；最後，它必須專一，必須對當今思想的各個層面進行深層次的探討。它應當與現今教育界的思想基礎保持一致，即使是在大街上行走的學者，也能感受其思想之深邃，而不是成為專家們茶餘飯後的話題。

■ 神聖的人類生命需要完善

大革命時代的精神一直培養教育著我們，我個人認為「人的生命神聖不可侵犯」是其中最重要的一條。

今天，我們對每一位前來應試的人都滿懷希望，除了滿足自己的好奇心以外，他們告訴我們的一些事情，無論是關於賣水果的小販、書攤老闆、外出度假的情侶、外交大使、作家、畫家還是關於皇親貴族，這些都讓我們興趣大增。因為他們說的每一個內容，都有助於我們了解某個人的人格，對我們來說，這是非常有價值的。

菜園文學雖然可能不具備文學的優點，但它有一個健康的基礎，足以令我們對它產生興趣。它把我們想知道的東西告訴了我們，比如關於人民的事和關於某個國家詳細的事情。

在菜園文學中，我們可以利用的資訊有很多，像俚語詞典、民間故事，以及詳細記載人如何吃飯、走路和睡覺的專集等等。這些人們尊重的並且非常重視人的價值東西，逐漸顯露著上升的趨勢。事實上，只有把人的價值放在首位的心理學，才能感染到我們每一個人。

一個人可以受這樣或那樣的影響，而他本人只是一個模糊的人。他在嬰兒時代起，我們就能感覺到他的存在，無論他被惡習和痛苦折磨成什麼樣子，我們始終都在關心他。在人生的遊戲中，這個模糊的人必須要靠環境和教育的影響來塑造自己，才能使自己逐步完善。

能夠培養這樣一批與教育潮流保持密切關係的人，才是我們需要的心理學體系。這樣，我們就會把它視為人類共同的財產，因為所有母親和所有教師，以及各種指導者都應該了解它。

■ 我們應該很清楚教育的目的

能促進人類的發展，是我們對教育的第二個要求。

教育在首先把人格放在第一位的同時，還應該充分重視人的智力、道德和體格，並將它們作為最高目標。單純的知識累積和表面的成就感，並不是我們所期望的，我們真正追求的是一種能成為「人」的必備部分，能為世人所接受的教育。只要這門心理學能告訴我們應該用什麼方法教育孩子，那這門心理學就是我們需要的。

進化論在哲學方面推翻了許多東西，甚至大大超過我們的認知。我們就會慢慢了解到，教育的目的並不只是單純的傳授知識，而是為了人類在各方面的進步而努力。

■ 民族大團結讓人類文化共享

民族大團結對人類的進步產生強大的作用，這是美國詩人華特·惠特曼（Walt Whitman）從側面描述的他的這一思想。在詩裡，惠特曼告訴我們他如何與凱旋歸來的將軍分享勝利的喜悅，如何同情所有的傷兵，如何與車夫分享對馬的驕傲等等。

其實，惠特曼一直生活在想像的生活中，體會著各種令他感動的瞬間。這些事情不僅反映出人類的兄弟情誼，它也是現實的寫照。因為我們在滿懷敬意來看待古人的遺物時，絲毫不介意它們是本民族的還是其他民族的，只會把對人類同祖的認知追溯到遙遠的從前。

我們以積極的態度去看待每一個科學研究和慈善事業，並對它們給予未來幾個世紀的希望，這都是因為我們相信民族團結的思想。

也許我們是對心理學家們太過信賴了，總希望他們能認識到這一偉大的教育思想，以及我剛才闡述的另外兩個思想。我的意思是說，在我們當代的思想泉源中，這三個雖然不是唯一，但卻是我們最了解的思想。

而且我敢肯定，如果一門心理學體系沒有考慮到其中的某一個或者全部思想，就沒有資格作為我們教育理論的基礎，也勝任不了我們一直苦苦尋找的實踐理論基礎。

■ 關心人類的共同理想

接下來我們要探討一下在當代普遍流行的幾門心理學，當然，我們只是作為其他人的工作成果的繼承人來發表意見，而不是來充當什麼批評家。為了使我們更有效的利用自己的工作成果，這些人把我們所有的工作成果集中在了一起。

最好的思想其實就是人類共同的思想，所以把它們記錄下來的人所表達的，也正是他人的思想。

有一點我們必須牢記，真理就像一扇大門，當你把它推開以後，它很可能會來回擺動，這就需要我們的寬容心來允許它的擺動。雖然它一會擺到內，一會擺到外，但這種擺動幅度會越來越小，直至最後把門合上。

改革者探討的都是真理的某一個方面，儘管它的提出會與其他理論相悖，但是在改革者看來，那是他願意用盡此生去追尋的真理。

而我們普通人要做的事情則是，不能看不起曾托起我們的橋梁，在思考問題的各個方面時，要做到權衡利弊。而且還要弄清楚這件事是否打破各方面的平衡，也可以對一件小事情進行分析理解，哪怕這件小事連有獨到見解的思想家都弄不懂。

洛克思想代表著中高層家庭的傳統教育理念，不過我們沒必要說得那麼古板。人們的祖輩曾讀過洛克的書，於是他們會依照書裡內容做事，而他們的兒孫往往也會依據祖傳的經驗和常識來帶孩子，儘管他們可能沒有看過這些書。

對於人的思想或靈魂，洛克並不關心，他看重的是人的意識形態。在他看來，人類所有的思想和觀念都來自或反映了人類的感官經驗。一個人可能什麼其他知識都沒有，但根據自己的感覺和理解所得到的知識，卻是永遠存在的。

在我們看來，洛克對這些思想和意識的選擇只進行了綜合評論，其中關於教育的，是恰好適合紳士了解的主題。事實上，人的大腦具有一定的能力和活動，可以獲得一種思想並對它加以利用。洛克在說明大腦的功能這一問題時，犯了一個致命的錯誤，這對教育事業產生的危害，遠甚於任何其他錯誤。

現在，我們要用自己的標準來衡量洛克的理論，當然，我們能確立這樣一個較高的標準，完全是因為我們借鑑了洛克的經驗和教訓，這一點我們需要牢牢記住。

我們覺得，教育不能僅僅只是為了讓紳士們獲得符合他們身分的知識和成就，這樣的話，教育就會失去了普及和連續性，也就不能把它的思想堅持下去以鼓舞人心了，而應有的進步並持續前進就更不能成為可能了。於是，教育最終喪失了它為之奮鬥的崇高目標。

然而在洛克那裡，他認為，抽象的人本身並不存在，人本身只是具有一些感覺，這些感覺好像半機械活動似的。洛克認為，人是自身的感覺傳達給自己的意象以後得出的結果，而進步就是個人按照適合自己的特點進行發展。因此在這裡，我們不會給予重視。

洛克還認為，每個人的靈魂都被他的軀殼密封在裡面，而且被迫在有限的範圍內展現自己。

洛克雖已逝去，但留給我們的著作仍然向我們傳遞著他們在世時的思想。思想的理智交流恰恰就是這樣。這種交流就像一根無限延伸的鏈條，把所有的人都連在一起並相互影響著。可是，在洛克的哲學裡，卻沒有這種交流。因為他認為，人只能透過對所得到的意象進行加工才能獲取知識。

所以，儘管我們對洛克的感激溢於言表，甚至充滿敬仰之意，但如果我們想要達到目的，就只能捨棄洛克的思想。

從某種程度而言，現代心理學派是基於洛克的理論，他們把心理學嚴格的視為「自然科學」，而生物學知識的啟發性，讓他們更加像洛克一樣，把思想理解為意識形態。

因為他們理解的知識是透過思想或意象進入大腦的，於是，獲取知識的唯一途徑就只能依靠感覺了。

借用哈佛大學詹姆士（James）教授的幾句話，我就能把這個「理性心理學」完美的描繪出來。儘管很多人和詹姆士教授的意見不同，但是他們對詹姆士教授處理這門學科的完美程度卻不得不心悅誠服。

詹姆士教授首先聲明了心理學的定義，並狹隘的稱它是「意識形態的描述和解釋」。在詹姆士看來，心理學就是一門自然科學。詹姆士透過一些廣為人知的事實，來說明行為和大腦兩半球的關係。

詹姆士說：「把所有這類事實放在一起看的話，概念就會變得簡單明瞭，即腦力活動隨著大腦活動的變化而變化，完全是大腦活動的結果，兩者之間的關係是因果關係。這個假設滴水不漏，它是近年來所有心理學的鼻祖。」

一位法國人的解釋與詹姆士教授的解釋比較相似，他說大腦活動是一種純物質、純機械的活動，就像肝臟分泌膽汁一樣分泌思想，只需要良好的物質營養，其他任何深奧思想的維護都不起作用。對某些人來說，「這個假定如同先天唯物主義一樣難以自圓其說」，連作者也不得不承認。

人們也許會認為，關於「自我」的討論是自找麻煩，而這些麻煩將永遠也不可能消失，可是我們已經克服了這一切。

而且作者認為，「從邏輯上說，意識形態是心理學研究所必需的。玄學或神學就印證了靈魂的存在，可是心理學認為，這樣一個假定其實是多餘的。」也就是說，在大腦的作用下，我稱之為「本人」的重要人物，只不過是需要經常改變一下自己的思想意識而已。

人的個性，看上去和移動陷阱的硬底一樣，但事實證明，人的大腦能記住他很多年前見過的東西。詹姆士教授斷言，當我們說心理學是一門自然科學的時候，並不意味著心理學是一門有著堅實基礎的學科。相反，作為一門特別脆弱的學科，當形而上學對心理學進行暴風驟雨般的批評的時候，它的每一個銲接點都會滲水。詹姆士的著作清楚而有力的證實了這一點。

作為一門科學，心理學的所有基本假設和論據都必須進行更廣泛的重新思考，並需要用其他的術語加以解釋。於是，它就像是一句讓人難以啟齒的話，說出它需要很大的勇氣。

心理學涵蓋的真正要素和約束力，並不是一眼就能看穿的東西，因此，當有人以勝利者的口吻談論「心理學」並且撰寫著心理學史的時候，你難免會感到奇怪。人們有了一些觀點評論和爭辯的原始事實，以及在描述程度上進行的分類和歸納等，但心理學始終沒有一個原理或主題，能夠幫助我們推斷出一些有利的結果來。

詹姆士教授的這段話很客觀，所以我們十分滿意詹姆士教授的書。可是

令人遺憾的是，現在的「新」心理學家並不都像詹姆士教授那麼謙虛，他們當中的有些人是那麼的傲慢自大。更糟糕的是，有些學生沒有仔細閱讀過這本教科書最後一頁上的再轉變過程，就簡單的認為，心理學就像彼得·貝爾的報春花一樣，「它絕對不是別的」，只是一門「自然科學」。

■ 用崇高的理念做出奉獻

一個人只能暫時的具有他人的意識，卻不會成為任何其他人，這個論斷聽上去讓人非常不自在。想像一下，生活中如果沒有什麼令人愉快的事情可以期盼，生活也就失去了希望。假如來年有令人愉快的事發生，那麼欣賞它的並不是「我本人」，而是符合未來某種契機的意識形態。

信仰是在高層次上認定的道理，只存在於一切幸運之處。也就是說，在這裡，人、包括我們自己，才是產生契機的要素。有人的地方才有信仰；有了信仰，生活才富有意義。

我們的生活平淡乏味，所以我們拚命工作，以此來打發空虛的日子，但我們卻失去了生活的活力。比起享樂來，我們更喜歡令人熱情四射的工作，可是工作也和我們一樣毫無生氣、漫無目的，完全失去了活力。從此，我們的態度生硬呆板、我們說話尖酸刻薄，我們的表情也變得難以捉摸。

不過，我們大批從事教師職業的人員不會有這些變化，這些人大都才思敏捷，接受過崇高思想的激勵和鼓舞，對教育充滿了信任，相信教育能夠幫助他們實現各種理想，在他們的關心下，孩子們將會學到些什麼呢？在這裡，我們所能做的，就是奉獻我們的所有。

■ 心理學不完善的體系

既然連詹姆士都認為心理學這門學科還很不完善、很不健全，而人要遠比這門學科認為的複雜多了。因此，我們沒有必要對這一枯萎的思想體系逆來順受。就像我們現在看到的，儘管這門學科獲得的成就比較大，卻沒有一個是完善的。

還有，儘管它與時代表現得格格不入，削弱了時代予以讚揚和推崇的個性，可是在如此惡劣的條件下，時代仍然對它充滿了柔情。

對於那些意識形態一致的人而言，沒有一致的原則，放鬆了社交原則和家庭生活的原則，試想，他們之間的約束紐帶還剩什麼呢？世界上有很多優秀的數學家和頭腦清醒的科學家，但由於個人進步在自動完善方面受到的阻礙，他們的博愛、志氣、思索和奉獻無處展現。

對於那些注視著我們的教育思想和教育實踐基點的人，我們有理由加以關心。就像我們可以透過讓孩子伸展雙臂的方式來斷定其身高一樣，對人體的測量研究顯示，其結果是值得信賴的。

病理學的研究也獲得了豐碩的成果，很多孩子的隱匿性心理疾病被提示出來，並在現在能夠利用的治療方式下得到了治療。我們以偏概全，於是，出現了「新心理學」占領整個教育陣地的危險。

一個全面的教育思想

■ 教育的座右銘

「教育是一種氛圍、一種訓練、一種生活。」這個座右銘正以特別簡練的圖表形式，出現在我們的藏書封面上，我的讀者肯定都知道。

有人說，我們是一個群體，所以我們必須按照自己的座右銘生活。在提到大眾教育的問題時，一位著名的教育家特意寫信給我說：「像《父母週報》座右銘中那些讓人印象深刻的文字，所呈現的思想正是當前教育界最需要的一種觀點。」一個鼓舞人心的座右銘固然會成為一種動力，但是這種力量跟企圖透過它來實踐和指導我們的生活，完全是兩碼事。

我還有些擔心的是，如果家長協會打算以解釋和說明這些「讓人印象深刻的文字」為主要工作的話，那麼，迎接它的恐怕就是大量頻繁的思考和緊張狂熱的生活。我們不是怯懦的人，我們還有自己的想法並願意為之奮鬥不息。我們相信，那些執著於獲得最佳成果並為之努力的人們，一定會收穫最

好的結果。

　　教育是一種氛圍，有時我們會誤把部分當成整體，犯下以偏概全的錯誤。也許是能最大限度的誘惑我們天性中放任自由的本性，在上述的三個要項中，「教育是一種氛圍」是最令我們滿意的。

　　補充說明一下，「氛圍」這個詞充滿了靈性，如果用「環境」一詞去替代，我們對它的興趣可能不那麼濃厚了。「氛圍」一詞當然是象徵性的，但是對我們所有的人來說，象徵意義要比表現意義重要得多。就像我們一想到新鮮、純淨、清爽、沁人心脾的空氣，就會酣暢淋漓的呼吸一口一樣。

　　對於教育的整體行為，如果我們不僅僅視其為表面的「環境」，而把它當作一種氛圍，那麼我們就會倍受激勵，並且更加積極的幫助孩子營造環境方面的有利行動和想法。

　　「教育是一種氛圍」，這一概念使我們產生了鮮活有力的思想。如果我們把它想像成讓孩子們擁有陽光、綠地、溫馨的居室、漂亮的圖畫，在學校裡有老師溫柔的鼓勵學習知識，對他們不想學習的事情一概迴避，在富有魔力的老師難以抗拒的力量之下，孩子們去做別人做過的事，成為和別人一樣的人等等，如果「教育是一種氛圍」包含的就是這一切的話，我們是否可以卸下重擔，相信教育事業成功在望了呢？

　　不是的！雖然離開了空氣我們就不能生存，但只依靠空氣我們同樣不能存活。在「環境」的薰陶下長大的孩子，通常會顯示出空虛的跡象：他們喪失了健康的好奇心、注意力；更糟糕的是，他們完全沒有半點主動性和積極性；除了盼望天上能掉下餡餅，他們一點也不想自己付出或謀劃什麼。

　　與其說「教育寓於環境」，不如說，「教育寓於氛圍」之中。在我看來，這一影響了兩代人的思想概念，仍然在今天的公眾生活和私人生活中發揮著重要作用。

　　相比於主動付出，我們更樂於被動接受；為了追求這樣或那樣的生活而辛勤勞動，不是我們想要的；我們的生活必須有人安排；我們喜歡應對緊迫的任務。不論是在大街上的露天表演，還是劇院裡的舞臺演出，只要是場

面熱鬧的娛樂節目，我們都一樣的痴迷。在這樣的環境中，就是莎士比亞（Shakespeare）的作品也會淪落：人們只喜歡他的劇作上演時的絢麗場面，對詩人在作品中表達的思想觀點卻很少留意。

這一切的一切，只不過是因為人們想逃避由於片面的教育觀所帶來的煩惱（即教育只是一種氛圍），並非人們故意為之。

教育是一種生活，其後果是智慧衰竭，這是片面的教育觀導致的後果，18 世紀末出現的厭倦心理則更為致命。當時無形的出現了這種教育模式——「教育是一種生活」，結果人們都在狂熱的追求思想。

讀了德斯蒂爾女士和她的朋友們的故事，我們情不自禁會感到悲哀：在一個命名為「女才子」的社交圈裡，人們經常去朗布依埃旅館聚會。德斯蒂爾她們很少睡覺，因為她們非常忙碌，畫素描、猜謎語、做遊戲，通宵達旦的做一些耗費才智的無用之功。儘管會互相對著打呵欠，第二天一大早，她們中的一些人還是會繼續聚會，去譜一些微不足道的樂曲，唱一些毫無意義的歌曲。假如我們也像她們那樣為一連串的娛樂節目費力付出，那我們的損耗也趕不上她們在狂躁的追求誘人的思想時所耗費的才智。

回顧一下 19 世紀初期的社會生活，它為 20 世紀初留下了的不可避免的陰影，那時的人們還不懂得事物之間存在著比例的科學原理，像我們一樣經常犯錯誤。

我們認為「教育寓於環境」，他們則認為「教育寓於思想」。實際上，這兩者是兼而有之，甚至還包括了教育的第三個定義。

■ 教育就是培養才智

培養才智的教育模式導致了畸形的發展，作為教育的第三個觀點，「教育是一種訓練」始終得到了眾多的支持者。我們都認為，訓練智力和道德方面的良好的生活習慣，是教育的第三大要義。

由於這種或那種教育機器，即數學、古典文學、科學或體育等的磨損，我們性格和行為上的某些特質如同毛線成品一樣枯竭了，這意味著教育出現

了過度行為。也就是說，當發展所謂才智的思想取代了生理學上關於智力習慣的培養這一更為真實的觀點時，我們的認知出現了偏頗，教育中出現了過度的行為。這兩種觀點看似差別不大，但失之毫釐，謬以千里。同樣，兩者的細微差別就在於實踐中的極大差距。

為了讓普魯塔克（Plutarchus）獲得一些崇高的生活觀念，他的父親讓他閱讀荷馬（Homer）的作品。作為一個被用來開發才智的機器，如果這個男孩是被迫的，那麼將來他就會成為一個迂腐的學究，失去了許多方面關於生活的連結，再不能用清醒的頭腦和大度的胸懷去應對一切。

我覺得，這種認為「訓練就是要發展才智」的思想，其實帶有畸形發展的局限性，只能培養出片面的人才。

一位藝術家告訴我，要想在藝術上成功，就得痴迷於藝術，畫家必須手中無畫、心中有畫。換句話說，除了畫，他的手裡做的，心裡想的就不能有別的。

在藝術變得高尚的時代，人們已經不只是藝術家。比方說，昆鐵·馬特西除了打鐵、繪畫，他還要做很多其他的事情；米開朗基羅（Michelangelo）不但寫十行詩，還會設計建築、繪畫，總之，他表達思想絕不只是用雕刻石像這一種方式；李奧納多（Leonardo）起草協議、設計運河、彈奏樂器，不但多才多藝，而且每樣都非常精通。在當時，這些偉人和他們的導師可從未對他們進行過什麼開發才智的訓練啊！

只有我們準確理解了教育有多方面的內容之後，再繼續研究教育怎樣「成為一種生活」時，我們才不會存在偏頗。

■ 進化論具有全面的思想

「像蟒蛇一樣充滿智慧，像鴿子一樣毫無惡意，這是法國的一個壯麗奇觀！600 種無機生物的個體，作為牠們傳宗接代和拯救自己的代表坐在橢圓的凳子上，熱切的盼望著生活。」這是卡萊爾（Carlyle）記載在他的著作中的一段話，我想大多數人都印象深刻吧。

對生物學的描述，柯勒律治（Coleridge）雖然不如卡萊爾這樣充滿詩情畫意，但其意義同樣非常深遠。因為在他那個時代，生物學正需要一致的思想將其組織條理化。他說：「目前的生物學只是具備了一個籠統的名稱，一個廣義的範疇，就像個例行程序。雖然這個範疇正在與日俱增，出現了不同的翻版，每種版本都有自己的記憶技巧和方便參考的規畫！但如果沒有哲學家的奉獻和工作以使其發展成為完備的科學，它就只能是天真的娛樂、健康的消遣，業餘人員的裝飾性才藝。」儘管我們已經知道了一些用於解釋動、植物生命的關鍵詞語，但我們仍然不能完整的解釋這門科學。

對於進化論，我們不能過高的猜想其中存在的和諧和滿足，但三千年來，思想家們一直嘗試透過一個原理來解釋這個世界、解釋理智和人們的思想，這一點我們是不能忘記的。

赫拉克利特（Heraclitus）和他那個時代的人們說，他們已經掌握了有教育價值的思想，「人不能兩次踏進同一條河流」這個警句告誡我們「事物普遍有流動性」，就是這種思想的來源。

「萬物的本源是原子和虛空。」德謨克利特（Democritus）和他的那個時代也認為自己揭露了宇宙之謎。

於是，每一個劃時代的發現，都伴隨著科學界無數次的驚嘆：我們找到了！驚嘆者把人的個性忘得一乾二淨，聲稱自己找到的每一個原理將解釋一切事情。

我們駐足在歷史和哲學的某些微小的片段進行思考。迄今為止，每一次偉大的發現，即人類已經獲得的關於自然的每一個光輝思想都令人嚮往，感覺美好前途就在眼前！而關於造物主的知識，則帶有華茲渥斯（Wordsworth）所稱的「河流的傾向性」，為我們展現更廣闊的視野。

在塑造性格和歷史事件方面，這種知識有著難以估算的力量，而且其中也不乏人的個性，它能夠改變「河流傾向」、使其為人所用，不過這種力量也有可能受潮流控制。

■ 教育是全球性產業

也許我們會進行詩歌、藝術或哲學的研究，但是有兩件事是我們必須要承擔的責任：一是讓我們和孩子認識一下曾對世界教育產生重大影響的思想；二是對於現代的偉大思想，讓我們和孩子有一個正確的認識。

我們總是把教育當成自己個人的行為，以至於忽視了教育是一項世界性的產業這樣一個事實。歷史的經驗告訴我們，雖然每個時代都有其特定的教育內容，但也不能和以前的歷史脫離關係。就像誰能說自己僅熟悉了一本書的最後一頁，就掌握了整本書的內容呢？於是一個急需討論的問題就這樣被我們引出來了。

我們必須徹底搞清楚這一點 —— 教育需要原則一致。因為，缺乏一個指導原則，我們就無法梳理排列大量泛濫的甚至相悖的教育觀點。其後果是，教育上人們可以自由的選擇，比如，某人把科學作為他兒子的全部教育內容，另一個選擇了古典文學，第三個人喜歡機械，第四個人偏愛商業，第五個人熱衷於身體健康……在對自己孩子的教育問題上，每一個人都自由的做著他們認為正確的事情。

有些人把片面的教育思想看成了是普遍的思想，並以之指導自己的教育實踐，一味追求時髦，對此，我們必須採取一切辦法來打消他們的積極性。而我們的目的，就是積極提供一個放之四海而皆準的思想，即教育是關係科學。

孩子的成長過程不應該遠離土地、河流。他可以到處去玩，去騎馬、游泳、滑冰、勞動；他可以拿實物進行試驗，了解物質的組織結構，至少要了解它們生長的地方和如何生長，比如鳥類、野獸、爬行動物，還有草類和樹木等；他還應該熟悉他身邊的任何事物，能叫出它們的名稱；文學、藝術以及從古至今的思想他也應該時常關心。

我並不是說他要做個「萬事通」，但最起碼在報紙上看到它們的時候，能夠產生一種激動，如同米諾斯（Minos）國王的皇宮壁畫所展示的一樣，克

里特島的農民因為鐵鍬而激動。

　　這份熱情，不僅是透過表面的接觸而產生，更是和他的過去進行生動的思想交流而引起的共鳴。如果說血濃於水的話，那麼思想比血液更敏捷、更活躍。

　　要產生這種共鳴，他就必須和現在保持活躍的連結，積極接觸現在的歷史動態、科學文化、文學藝術、社會需求以及精神傾向。事實上，不論他接觸到什麼東西，只要他具有廣闊的視野，與周圍的事物保持密切的往來，就一定會有一種力量、一種美德從他的手中或心中蔓延開來。

　　這是一項完全有可能實現的計畫。實際上，十三、四歲的學生就能夠做到這一點，因為這個計畫所依靠的是知識的教學方式，而不是掌握了多少知識。

　　幫助孩子建立一種或幾種關係，讓他們了解廣泛的學科，讓他們從現行的關於所學科目的第一手資料中去學習，真正讀懂書本，而不是淹沒在老師的熱情講解中，這才是我們教育的目的。

　　暗示、激勵、指導學生掌握知識才是老師的職責，而不是讓學生把自己當成獲取知識的泉源。

　　家長和老師應該盡量少向孩子們灌輸自己的知識和思想，這樣孩子的教育才能收效良好。代替孩子的腸胃消化食品，培養不出真正有活力的消化吸收功能。必須讓孩子們學會獨立思考，讓他們有反芻沉思的機會。如果他們需要幫助，自然會向家長和老師求教。

　　只要稍微動點腦筋，我們就能知道，假如以建立關係的主導思想作為我們的教育指南，那麼為了孩子的未來，就會有許多家長認為某一學科是有用或無用或必要的，進而產生許多挑選或摒棄一門學科的不恰當作法。

　　例如，我們打算讓 8 歲的湯姆從事商業的或科學的事業，那麼就不必在拉丁語法上浪費時間，語法對他有什麼用處呢？但是，我們不知道的是，除了拉丁語法之外，許多通向湯姆思考領域的知識大門也被同時關閉了。比如，當他翻譯一句話時，作為會反思的動物，湯姆也聽說過一些這句話中關

於強大的羅馬人民的故事，現在這些人的語言就擺在他的面前，他多麼想知道那些羅馬男孩們的故事啊！他多麼羨慕他們的駿馬啊！也許我們疏忽了，湯姆剛好知道詞彙是不適合用「僅僅」這一詞來修飾。對湯姆來說，拉丁語法不僅僅只是個詞彙。

雖然孩子只是偶爾對一個思想著迷，但如果真正被其吸引，奇蹟就會出現，比起你長久以來的辛苦研究，他會在你的教育工作過程中創造出令你意外的成就。

不管關係科學還有多少欠缺，我們都要努力使教育成為一門關係科學。換句話說，就是讓孩子們在某一學科領域內，嘗試用活生生的思想去研究、發現。在這個領域中，我們正在從事的教育工作超過了我們原本計劃或想像的結果，因此，小小的付出也會讓我們收穫滿滿。

關於教育理論的問答

■ 性格是可以培養的

作為任何教育或社會體制的支撐，基礎原理正是該體制真正重要的組成部分，儘管我們的教育所依據的一些思想內容可能還不完整，但是，我們還是覺得有必要說明一下。

我們認為，氣質、才華、天分是由人的天性決定的。而性格是一種成就，是我們能夠為自己和孩子爭取的實際成就。所以，教育的主要職責就是指導和幫助性格的發展。

但是，如果我們想更好的解釋這些思想，就得先把全國家長教育聯合會的一些教育內容分門別類列出來。

行為的結果也叫殘留物。可以說它是一個人按照自己所允許產生的思想，根據他所說的話和所做的事情使自己所呈現出來的形象。

那麼行為是怎樣發生的呢？

通常，我們按照自己習慣的思維方式去思考，並且會按照我們習慣的行為方式去行動。

那麼，這些思想和行為習慣的根源又出自於什麼呢？

一般說來，這是遺傳的結果。總而言之，一個人之所以慷慨、固執、急躁、誠懇，是受到他的家族的這種性格傾向的影響。

怎樣才能改變天生的性情呢？

如果說婚姻可以改變家門，那麼教育可以拯救個人。

如果壞習慣是天生遺傳的，那該怎麼糾正呢？

用相對好的習慣去代替。就像托馬斯・肯皮斯（Thomas à Kempis）所說的，「一個習慣克服另一個習慣。」

每一種行為都出自於一種思想，每一種思想都在按某種方式修改大腦的物質結構。

換句話說，是我們的思維方式的變化促成了大腦的神經物質的成形。思維習慣決定了行為習慣。

如果一個人老是想著「噢，這樣也行」，「噢，這樣沒關係」，那麼他就會養成粗心大意、不求甚解的習慣。

怎樣才能糾正這樣的習慣呢？

這一點必須要做好：採取相反的思維方法，行為自然也就會得到糾正了。

那麼相反的思考做一次就能解決問題嗎？

當然不可能。事實上，要等到新的思想刺激在大腦中安家落戶，並且會不自覺的呈現出來才算成功的糾正過來。

什麼是無意識的思維？

與其說大腦在不停的工作，總是在思考，不如說是思維一直在對大腦起作用。

那麼大腦中產生的所有思想，人都能意識到嗎？

不能，只有那些新奇的和驚人的思想，才能被意識到。那些陳舊、熟悉

的思維方法在大腦中跳動、運轉時，思想者無法意識到。

為這種無意識的思維取個什麼名字呢？

無意識或者不自覺思考。

它為什麼對教育者特別重要呢？

因為我們的思想在我們意識不到或者不自覺的情況下，主宰著我們的行為。

那麼，這種無意識思考的傾向能夠改變嗎？

能。可以使之轉移進入一個新的軌跡。

可是在無意識的思維下，貪吃的小朋友總是想著蛋糕和糖果，該怎麼辦呢？

向他介紹一些新的思想，比方說，把這些東西跟別人分享是件快樂的事情。

這樣的新思想，這個小朋友能夠接受嗎？

當然能夠。因為每個人都有仁慈、行善的行為動機，只須受到觸動便可以發生作用。

讓我來舉個例子說明一二。在非洲的沙漠裡穿行的蒙戈·帕克（Mungo Park）又渴又餓，還倒楣的進入一個食人族的地盤。他覺得自己必死無疑。這時，食人族的一個女子發現了他。女子非常可憐他，把他藏起來，給他牛奶喝。在那女子的精心照料之下，他很快恢復了體力，能夠自理了。

人類還有其他能夠一觸即發的行為動機嗎？

有。像求知、友誼、榮譽、財富、感恩的欲望以及其他的欲望。不過，要想使一個人做出善良和高尚的舉動來，除非觸動他那敏感的動機泉源。

可是人們為什麼還會做錯事？

惡與善一直是對立的。很容易想像，如果那個食人族的野蠻女子性情不穩定，又受到了仇恨的衝擊，觸發了她凶殘的動機，那麼她很有可能在一開始就吃掉那個她曾經試圖挽救的男子。

關於這些內在的衝動，教育者應該做些什麼呢？

　　盡量了解孩子的行為動機，觸動他們時時要做到聰明、謹慎、適度，讓孩子在無形中養成良好的生活習慣。

　　實際上，作為一個有教養的人，勤奮、尊重、溫和、誠實、敏捷、整潔、禮貌等是他們固有的美德和優點。

　　對一種行為動機，比方說好奇心或求知欲，只刺激一次就能養成一個好的習慣嗎？

　　當然不能。這種刺激必須反覆進行，讓他產生一次又一次的重複行為，直到最後形成一種習慣。

　　在習慣的培養上，人們通常會犯什麼錯誤？

　　人們會寬容自己的失誤。如果讓他們訓練一個小孩「隨手關門」的習慣，已經進行了 20 次，但到了第 21 次，卻任由那個小孩把門敞著也不加制止。

　　這樣會有什麼不良的後果嗎？

　　當然會有。這個工作必須不被打擾才能形成習慣，否則大腦組織在適應新習慣的發展（形成新的細胞組合）時受到干擾，其結果看上去就像傷口縫合後，皮膚組織的生長過程受到了干擾而癒合不良一樣。

■ 習慣的培養需要時間

　　教育者是否應該為培養習慣專門騰出時間呢？那麼糾正一個壞習慣並養成與之相對的好習慣又得花多長時間呢？

　　大概至少也得 1 個月或是 6 個星期的時間，而且必須是在認真堅持、不間斷的情況下才行。

　　這樣的治療是否意味著教育者需要付出加倍的耐心和謹慎呢？

　　當然。這絕不會比治療身體疾病，比如說麻疹或猩紅熱更困難。

　　是不是可以這樣理解？透過在大腦內建立正確的神經流動，就可以對一個人的思想或行為進行機械的調整？

　　就像琴鍵能夠產生音樂一樣，這麼說也不無道理。

難道那些演員的手指表達的思想，也是在思想者無意識的狀態下自然發展出來的嗎？

是的。它們是按照思想者先前受過的訓練，按照某種邏輯順序互相跟隨而產生的，而不是模糊、斷續的沉思。

怎樣解釋下面這些現象呢？數學家在夢中解出難題；詩人七步成詩；作家無須構思就能下筆如有神，寫出動人的故事？

這是因為，他們的思想是按照自己大腦裡預先建立起的思維習慣陸續發生的。

思想是否會圍繞著一個問題轉來轉去，就像磨坊裡拉磨的馬一樣？

不是的。思想更像是在沿著一條公路向前行駛的馬車，它會不斷的穿過新的景致，形成新的發展空間。

怎樣才能就某個題目開始思考呢？

具體來說，這個問題最重要的是這樣的：在初始的思想或暗示的觸動下，思想的一系列機關開始運轉起來，於是在思想者無意識的狀態下，許多思想就在大腦裡產生並形成了。

這些思想或者說這些連續的想法，是隨意的呢，還是帶有某種傾向性？

事實上，它們是有那種按照初始思想得出必然合理結論的傾向。

那麼推理能力也是在無意識的工作嗎？

是的。從呈現給它的任何思想推導出理性的結論，就是這個能力唯一關心的事情，那麼，這種能力一定是教育的結果嗎？甚至可能需要幾代人的文化遺傳嗎？

按照所受的訓練，這種能力確實存在程度上的差異，但絕不是大家所理解的，是教育的結果。下面我們會佐以事例來說明。

一天，海德上尉正在南美洲的大草原上旅遊。他的導遊突然拉住他，另一隻手指向空中大聲喊道：「有獅子！」導遊的驚叫和動作讓上尉感到非常奇怪，他抬頭望去，好半天才看見高空中有一群禿鷹正繞著一個點盤旋飛翔。而與之對應的地面上，在上尉和導遊的視野盡頭，有一匹馬屍，正如導遊所

說的那樣，一頭獅子正站在馬屍旁邊，而那群禿鷹正在高空嫉妒的注視著獅子。看到這群禿鷹，導遊的反應是立即提醒遊客有獅子，因為他確信附近有獅子。這種像抬頭往上看一樣簡單的思維行動，不需要思想者費任何周折。可是對於這個常識缺乏了解的我們，要想具備這樣的思維，還需要許多步驟和努力才行。

■ 理性是天生的

所謂的「理性」，是人類天生就有的嗎？

是的，它是人類所固有的本性，不需要意志力的參與。不過他的能力和準確性會隨著受教育和訓練程度而有所提高。

思想者的理性特別是受到訓練的理性，假如不借助任何意志力，就能得出正確的結論，那它就真的是行為的可靠指導了嗎？

正好相反。理性只為其合理的結論提供暗示。大多數人心中的混亂狀態，像宗教迫害、家庭不和、國際糾紛等，只是因為他們分不清合理的必然是什麼，道義上的正確又是什麼而已。

是不是根據這一說法，任何理論都可以被證明是合理的必然？

是的，初始的想法一旦產生，反對的觀點就不再能站得住腳，只好抑制大腦不去做這樣的證明。

我們用例子再解釋一下：

一個叫凱恩的小孩子，非常嫉妒自己的兄弟，認為他的兄弟比他得到了更多的不正當的偏愛。早晨的時候他還只是有一點懷疑的念頭，可是到了晚上他卻發現自己掌握了毋庸置疑的證據，於是他突然變得非常氣憤。這個小間諜就像是得了黃疸一樣，眼睛看到的一切東西都成了黃色，感覺一切事情都受到了不公正的對待。

如果這個假設是真的，那麼這個孩子就有嫉妒的理由嗎？

不管是真是假，一旦有了起初的想法，他的理性同樣能在邏輯上證明它的必然性。

一個民族和個人每一次行為上的失敗，大都會歸因於這種困惑：即由推理所得到的邏輯上的必然和外在法規確定的道義上的權利的結果。《聖經》中有這樣的劃分嗎？

有。那些按照自己的判斷做事的人，顯然違反了聖經的教義，實際上，他們的行為是他們的理性所允許的。與《聖經》相反，現代思想認為所有人都有權做自己認為是正確的事情，按照「自己的理解」行事，「服從自己的理性支配。」

有例證說明嗎？

有這麼一個例子。前不久，一個動用酷刑致使孩子死亡的母親被法律允許無罪釋放，理由是：她的行為是「出於一種錯誤的責任感」。

錯誤的責任感難道不會導致錯誤嗎？

一個把「自己的理性」當成是自己的立法標準和執法依據的人，不僅可能犯錯誤，而且必然會犯錯誤。

我再次列舉一個案例，一個關於世界觀的彌天大罪。我們承認救世主基督耶穌是被一些人送上十字架的，而那些人就是在錯誤的責任感的驅使下所採取的行動。那些愛國的猶太領袖們振振有辭：「為了保全整個民族不被滅亡，只能讓這個人為我們的民族而犧牲，再也沒有什麼更好的辦法了。」因為基督耶穌在百姓心中的地位和他私下裡要求稱王的話語，對附屬民族構成了強大的威脅，於是這些人無情的搜捕，要處死耶穌。

「他們不知道自己在做什麼，」上帝發出了這樣的感慨。

最好教孩子學會自知之明。聽上去這跟哲學有關，哪裡有關於教育孩子的意義？

讓我們再次回到蘇格拉底（Socrates）的教育理念中去。這位智者從來沒有忘記勸誡人們：「認識你自己。」

讓孩子了解自己 —— 作為一個人，他是什麼樣子的 —— 當我們明白了這一理念也是教育的一個重要組成部分之後，就可以很好的利用這句話了。

不健康的內省勢必會帶來許多害處，其原因不難解釋。

如果一個人認為在自己身上的一切都是他個人獨有的，那麼他的內心就會變得不健康的或呈現病態。要想治療他那不健康的自我冥想，就得讓他了解所有人身上共有的東西，這也是一個最好的好辦法。

不可否認，理性的局限性是生活中一切責任和關係的保護傘。就一個人而言，忠誠是各種關係中的首要責任。如果他產生了懷疑、勉強、不健康的思想，那麼他將不再忠誠。因為這樣的想法一旦產生，就會使勁證明自己是正確的，從而瀰漫開來甚至占據一個人的全部思想。於是這個人「全身武裝」，對各種不信任的想像一律排斥、「不許入內」。

這種生活規則會影響到與之最親密的關係嗎？

當然會有影響。如果一個人對自己的父母、子女、妻子都無法信任，那麼對於在心中超過任何人地位的上帝，他也會如此懷疑嗎？對「上帝就是真理」雖然會有所懷疑，但是，對於每一次的疑心，他總是以「信念不允許」來答覆自己。

假如你一向敬重的人講出了對你「誠實的懷疑」，你該怎麼做呢？

疑心的根源在於暗示，它一旦出現，就一定會得出令人痛苦的結論。在了解他們產生懷疑的過程後，你可以對他們的懷疑表示理解。同時還要注意提醒自己，「留神不要受到誘惑」，這種提醒不需要任何指點，也是了解人們心思的內在力量。

■ 自由創造了人類

如果人的確切思想都是無意識產生的，那麼，無論他是小心謹慎培養習慣還是粗心大意養成毛病，他的結論都是不可避免的，那麼他就不再是一個自由的人。事實上，你必須立即承認「思想是一種運動模式」，而且不再肯定人是能夠自我調整的精神存在。

如果我們堅信人是一種精神存在，他的物質器官的行為服從非物質的思想意識，比如手寫的內容源自大腦所想，人的手絕對服從具有刺激作用的思想，那麼生物學的研究就很難在更廣泛的領域內展開。

精神生命依靠思想維持思想是自己產生的嗎？

應該不是。可能是這樣的：就像物質的生命依靠從外部獲得適量的食物來維持一樣，非物質的生命也是依靠食物維持，而透過精神傳遞的思想就是這種食物。

「思想」和「暗示」意思相同嗎？

只有在思想表達依靠行為實現的那些暗示的時候，它們的意思才相近。

在接受精神糧食的過程中，人本身發揮著什麼作用呢？

他就像是一個站在家門口接納或拒絕供養全家人糧食的人。

在接受或拒絕某些思想時，人在生活過程中的責任極限是否就是自由意志？

可能是的。因為只要接受一個思想，它就會自行發展，除非有另一種思想替代它。

當然，這種替代過程也是意志力在發生作用。

思想的起源是怎樣產生的呢？

就像是人發出的精神放射物，在一個人向另一個人傳遞時，一個個的要素組成了自己的思想。

思想又如何交流的呢？身體一定要參與思想的交流嗎？

不是這樣的。思想是透過圖畫、文字來交流的。事實上，自然物也可以交流思想，但其初始的想法卻要追溯到它的擁有者，也就是另一個心靈。

那麼，是不是其他人直接或間接的創造了思想的精神營養？

不是。上帝這個聖靈才是人類至高無上的教育家，教育者們必須要完全承認的一點。

那上帝是怎樣施教的呢？

每天清晨，他會喚醒人的耳朵，讓人們盡可能多的聽到最美的聲音。

難道聖靈提出的思想只限於宗教生活的範圍嗎？

不是。在談到哥倫布以及他的美洲發現時，柯勒律治把它歸諸於這樣的事實：「對那些時刻準備的心靈來說，自然界的某些思想，是由超自然的力量

所贈予的。」

《聖經》中有支持這個觀點的言論嗎？

有，而且有很多。比方說，在問到農夫怎麼知道一系列的農耕管理時，以賽亞（Isaiah）回答說：「上帝時常在引導他們。」

任何具有純粹的高尚起因的思想都是美好的嗎？

很不幸，答案是否定的。人類不幸的經驗正是透過邪惡的宗教思想傳播的。

人本身的作用是什麼呢？

選擇美好的，拒絕惡劣的。

這種觀點可以解釋基督教義思想，作為支持智慧生命所必需的精神食糧，它的內容能夠解釋基督教的教義嗎？

當然能。除非我們必須用這些詞語去稱呼人的物質和非物質的營養，麵包、水、人生活依靠的詞語、本不知道可以食用的肉食，以及更多的東西不再是帶有比喻色彩的表達方式。而且，作為上帝本體的思想，如何從造物主和救世主那裡散發出來，成為他的信民的精神食糧，是需要我們理解的。我們發現，我們必須依靠上帝維持精神自我，就像依靠麵包維持我們的肉體生命一樣，因此，這個說法就不再難以理解，也不再模糊不清了。

這種說法對教育者有什麼實際的影響嗎？

於是教育者懂得了他的責任是每天為孩子補充思想的營養；孩子的每一次學習他都輔以正確的引導，教會他尊重生活中的每一種關係和責任。總之，在對孩子進行指導、教育和訓練的過程中，教育者必須要和造物主進行合作。

這種訓練，就是使孩子養成良好習慣的操練。教育就是生命，它需要思想的灌溉；教育也是一種氛圍，孩子需要呼吸到父母身上散發出來的氣息，感受到父母的主要思想所營造的氛圍。

■ 教育課程的設置

課程在教育中的作用在備受關注的教育中，課程以及課堂上的一般作業有什麼作用呢？

它們為培養良好習慣的訓練提供了機會，還可以在各種學習活動中向孩子灌輸關於興趣的啟蒙思想，例如，他們會把追求知識當作一件快樂的事情，甚至是人生的目標。

孩子天生就適合學習嗎？

是的。幾乎對所有的知識，孩子都能產生天生的共鳴，而且學習各種豐富的課程是他們的權利。

有些人尊重教育，把教育視為可以無限制磨練人性格的方法。那麼，父母和這些人承擔著什麼樣的義務呢？

可能人們還沒有認識到「教育是一種訓練，是一種氛圍，是一種生命」。但他們的責任就是認真的工作，努力推動一切可以傳播他們的觀點的方法，使上帝所拯救的人類可以獲得「性格和美德的進步」。

教育從何處來到何處去

■ 全國家庭教育協會的發展

「實事求是的說，憑藉自身的力量，家庭教育協會正在以空前的速度向前發展。」—— 這是一位觀察家曾記載過的一句話。

當前，許多成長於知識分子家庭的孩子在接受教育時，在有意識的情況下，多少總會參照一下家庭教育協會的指導。受這類組織的影響，越來越多的家長開始閱讀《家長週報》或其他社會性讀物，越來越多的家長加入到家庭教育協會的各種分支組織或其他類似機構中來。大家共同的期盼就是能想出更多、更好的教育辦法。

家庭教育協會的重要性對兒童的教育來說，這種由有受過教育的家長組成的團體所產生的作用尤為重要。在這種教育下長大的孩子，將來可以在各個行業發揮重要的作用。

一想到這裡，一種偉大的使命感就會油然而生，促使我們再一次把具有決定性的兩個研究問題著手處理：我們的教育起源於什麼？又將達到什麼目的？我們的教育起源於什麼？

不滿意自己住所的人會想到搬遷。遷移就是對不滿的宣洩，就意味著我們要選擇一條荊棘叢生的道路。可能有時候，我們勇敢的冒險，最終卻只能是回到原處。

過去，我們先輩曾經為國家培養過眾多的優秀人才。對於現在的教育，一些睿智的老人儘管也非常贊同，卻覺得與過去相比，人們的成長道路並未有什麼提升。教育有其必然性，它不可能從書本上學來，更不可能像很早就得到認可的問答教學法那麼簡單。

過去，對孩子的訓練非常隨意，生理和心理的教育也是敷衍了事，教育狀況簡直糟糕透頂。儘管我們的祖先有補救的辦法，但在過去的二、三十年裡，可惜卻無人關心。

過去人們認為，和大人一樣，孩子也具有智慧、道德和思想，只是因為知識和經驗的缺乏而需要引導和控制而已。在以往的一些兒童書籍中，其主要觀點就是把孩子培養成有思想、有智慧、有責任感的人。這種觀點符合家庭中上一代人的觀念，因此孩子只要認識了周圍的環境，他就能夠成為一個在心理和智力上都負有責任的人。

而在現代社會，弄清人類的本質，不辜負別人的期望，才能夠做到與人和諧相處。

這樣說，不是號召我們像哈得卡斯托夫人對她的托尼·盧姆帕金那樣盲目信任。在潛意識裡，我們都認為自己很能幹，這是一種本能。「我是、我可以、我應該」始終迴盪在每個人的心中，因此，所有能幹的人看上去都非常自信。

現在我們還沒有掌握現在的情況是怎樣的呢？雖然出現了一些新的教育思想，人們不再像過去那樣抱有堅信不移的信心，但很多家庭還是在按照老辦法培養孩子。

■ 嬰兒期的智力活動

一位著名的心理學家說，嬰兒就像一個大牡蠣，他的任務就是吃飯、睡覺、生長。

在暢銷書《對兒童的研究》中，薩利（Sally）教授也表述了這兩種觀點：一是，孩子們和成年人一樣有智慧、有思想，甚至更勝一籌；不過作為一個進化論者，他又認為自己應該堅持「孩子能夠進化」的理論，堅信一個小孩應當經歷 1,000 個心理和智力的發展階段才能從野人或猿人進化為聰明智慧的人類。如果孩子們的情況與這一理論相反，那問題一定出在孩子這一方。

深愛孩子的薩利，幾乎沒有在書中涉及生物進化理論，他向我們展示的都是孩子的本來面目。在科學的問題上，雖然我提不出任何傾向於接受進化論心理學家的理論，但實際上我並不接受這一理論。

為了適應這個新世界，嬰兒在一歲以內就能學會分辨遠近、軟硬、大小和 1,000 多種其他複雜的內容。由此可見，幼兒的學習潛力有多麼強大。所以，約翰‧史都華‧彌爾（John Stuart Mill）5 歲就熟練掌握希臘語；阿諾德（Arnold）3 歲就認識所有英國國王和王后的肖像，還有某個小孩很小就已經基本掌握了音樂創作的全部技能，像這類神童的逸聞常常會掛在人們嘴邊。

我曾經一直在強調這個事實：每一個孩子都能同時熟練掌握兩種語言。一位先生說，他的兒子在巴格達當傳教士、兒媳是德國人，他 3 歲的小孫子能同時用三種語言流利的表達自己的思想 —— 德語、英語和阿拉伯語，並且和誰講話就用相對應的語言。

「奶奶，上帝喜歡男孩還是女孩？」4 歲的小女孩很善於思考，她問道。

「哦，當然是小女孩嘍！」為了讓小女孩高興，奶奶這樣回答。

小女孩接下來的問題完全出乎奶奶的意料：「既然上帝喜歡女孩，那他

自己怎麼不當女孩呢？」這個問題，我們這些成年人恐怕也沒有誰能回答得清楚。如果看到櫻桃樹上站著的一群烏鴉，這個女孩也許還會問：「奶奶，既然蜜蜂會釀蜜，鳥為什麼不會做果醬呢？」這個問題看似毫無意義，卻只能說明我們這些大人不懂得欣賞蜜蜂釀蜜這樣的自然奇蹟。

我們發現，雖然對這個世界一無所知，對成年人和他們的行為方式缺乏了解，但孩子在各方面都比成年人更勝一籌，更加思維敏捷、善於推理、富有愛心、充滿活力。兒童天資聰穎而且心地單純，只是，他們還不知道如何控制引導或表現他們這種天生的無窮潛力。

快樂的孩子是好孩子，好孩子才會快樂。我們和孩子的關係取決於我們對孩子的態度。像牡蠣理論一樣，養育孩子的原則就是讓孩子高興，並且大多數的兒童書籍和兒童教育理論也正是建立在這個基礎之上。「哦！看他多開心！」孩子的笑臉，就是我們的幸福。在很大程度上，如果孩子快樂，他就會成為好孩子。

這個理論奠定了一個基調，不僅在孩子發育的最初階段適用，還包括現在和將來。

可是過去的理論卻認為，只有好孩子才會有快樂。

我們對於孩子的認知是陳舊的，對教育的認知卻是嶄新的。像我們的祖父輩一樣，我們也一直認為孩子只是一種會思考的、遊走於生死之間的生物而已。但是，上個世紀末期出現的關於教育目標和方法的新觀念，卻顛覆了我們的認知。這種新觀念的形成，得益於生物科學的發展，和現代科學對物質與精神關係的揭祕。後者認為，物質是精神存在的有力基礎，精神所形成和塑造的內容絕對高於物質，它能影響大腦的溝回。

現在我們已經知道，大腦是習慣形成的控制中心，行為和性格等是習慣養成的產物，而過去人們則認為心臟才是精神的載體。在了解到鼓舞人心的思想會激發一種新的思維習慣，繼而形成一種新的生活習慣之後，對於教育的艱鉅任務，我們就有了一定的理解，其目的正在於用有活力的思想去鼓舞孩子。

這些思想涉及生活的各個方面,激勵著孩子養成好的生活習慣。而好的生活習慣恰恰就是充滿活力思想的產物。

激勵思想和養成習慣,是我們將要全面展開的兩種教育工作。當孩子的才能已經遠遠超過我們自己時,我們會發現培養他們的才能已經不再是我們工作任務的一部分,除了那些有著精神缺陷的孩子。

■ 教育體系的檢測

一個可以代表教育成果的、對教育體系的檢測,引起了我們的注意。

前不久,在倫敦寄宿學校舉辦的一次作品展上,來自紐約一所學校,代表著赫爾巴特派藝術的展覽引起了大家的強烈興趣。這些展覽品全部跟蘋果有關,花了孩子們將近一週的時間。他們或用泥巴塑成模型,或用畫筆繪成圖畫,或在紙板上用線縫出蘋果的輪廓,還有的把一個蘋果放在五角形的容器裡。大一點的孩子做的則是蘋果樹的模型,旁邊擺著個小梯子,方便採摘蘋果;不遠處還有一個用來運輸蘋果的手推車;旁邊還有其他一些類似的東西。

所有人都在讚嘆這個漂亮的創意,認為這是真正教育。我們禁不住要問:「它想要表達什麼樣的思想?」一週的活動時間,雖然孩子們對蘋果的外部形狀和內部結構都非常了解,但他們在精神方面有什麼收穫呢?當然,他們學會了觀察蘋果,但是在這一段時間裡,他們本該熟悉多少東西啊!孩子們也不會覺得厭倦,可能是因為有老師的熱情激勵。這讓我們想起了一個童謠:兔子熱,兔子冷;兔子小,兔子大;兔子軟,兔子硬。

毋庸置疑,這個蘋果課程對我們來說,具有特別的教育意義,它強調人類思維傾向並樂於接受任何可以帶來直接結果的完整體系。可是我們並不願意用這樣的課程來驗證它能否對我們的兩個偉大教育原則或其中之一發揮深化作用。

「教育從何而來」為我們的「教育到何處去」開啟了無限樂觀的可能性。透過我們正在教育的孩子,我們每個人都在為人類發展做出貢獻:關於這一

發展的方向和可能，我們都會認真的思考；我們教育孩子按既定的目標發展，希望他們能夠跟上時代的步伐。一個新的文藝復興正在蓬勃發展，比上一次更具重要意義，你辨別出它的腳步聲了嗎？

撫養我們自己的孩子，教他們學會培養下一代，我們將全力以赴促進時代的進步 —— 一種飛躍式的進步。

對於這一章的結尾來說，「時代將走向何方」，這個題目太隆重，我們將在下一章繼續討論。

■ 身體和心理的進化

生物學家一致認為，人類的思想能夠進化，具有很大的發展空間，就是人幾千年進化的結果。更加令人吃驚的是，他們認為，每個孩子，從受孕到出生，都會親身經歷這一進化過程的各個階段。

這一理論帶給人們強大的衝擊，我們從此認為自己就是整個進化過程的一部分，而推進這一進程是我們的責任。我們這樣做，並不是為了自己，而是為了我們周圍的世界，尤其是為了我們的孩子。雖然人類的生理進化已經得到公認，但心理上的進化，卻沒有得到證實，而且正如我們所看到的，現實證明人類的心理似乎是在不斷退化。

在這個唯物主義時代，我們只承認物質是有力量的，並不認為它能產生決定性的作用。物質只是人類的精神按照特定目標，用自己的方式塑造和使用著的東西。作為迄今為止人類仍然無法給出合理答案的問題之一，有誰知道思想是如何發展而來的？

當我們看到，和成年人相比，孩子要更加富有愛心、值得信賴、具有極強的辨別能力和理解能力、敏銳的感覺能力和認知能力時，我們更是不能斷定從少到多、從小到大就是思想發展的軌跡。當然，所有的孩子都基本上是這樣。從此我們知道，我們透過思想去愛和崇拜、推理和思考、學習和應用。

直到今天，聖經的哲學觀點還是大大超越於我們的最新認知，這不能不讓人感到奇怪。人們都說身體和智慧是同時發育的，那麼，我想問一下哲學

家，什麼是智慧呢？是對關係的認識嗎？

首先我們必須正確理解構成聖人智慧的主要自然哲學—— 時間、空間和物質的關係：其次，我們必須了解到，決定著愛與公正以及人們彼此間責任的，正是精神哲學；接下來，我們就可以研究我們自身最深奧、最複雜的部分 —— 精神哲學。

在這個過程中，我們慢慢的了解到，所有關係中最高階，就是我們稱之為宗教的東西。作為一門關於事物之間關係的科學，宗教包含著我們通常所說的智慧。沒有人的智慧是天生的，這一點毋庸置疑。

而智力卻不會隨著年齡的增長，智慧也不斷增長，人們也逐漸的理清了生活中所有的關係。但理解能力作為一種強大而又微妙、關於辨別能力的精神活動，其功能就是掌握和理解、識別和利用使所有事物彼此相連之間的所有關係，卻不是隨著年齡的增長就能不斷增強的。

人與人的差別包括各個方面，特別是在智力和品行方面，表現得非常明顯。但是我們要清楚的是，取決於遺傳法則，這些區別只是種類的不同，而不是程度的不同。只有不同特點的人才能構成這樣多姿多采的人類社會。

但是，在心理進化學家看來，兒童的心理和智力與成年人截然不同，兒童的心理和智力是在逐步形成並不斷提升的。

■ 無知並不等於無能

探討這個問題，能有助於教師更好的了解孩子。為人父母者，也應當考慮到這個最基本的實際問題，而不能把它當作抽象概念不屑一顧。

事實上，我們總是低估孩子，對他們缺乏真正的了解，套用聖經上的話說，我們喜歡故意「輕視」他們。因為我們總是把他們尚未發育成熟的身體和他們的認知能力混為一談，從而低估他們的智力和能力。雖然我們不屑一顧，甚至嘲笑這種看法，事實卻證明，兒童的智力是最敏銳的，是非感是最強的，領悟力也是最好的。

孩子們都有一種與生俱來的強大潛力，不需要教育者費力的去開發。實

際上，引導和使用孩子的潛力，遠比開發任何所謂的才能更有意義。但是我們不能過分強調這一點，因為兒童教育關鍵還在於我們對兒童形成的認知。

想讓孩子在世界發展的過程中成為我們實現偉大目標的得力助手，就要讓孩子做好推進世界發展的準備，這就要求我們努力認清我們所處的時代，了解前進的方向，提供相應的教育。

我們和我們的孩子都是為了民族進步而活著的，既然已經知道了這一點，我們就要努力做好兒童的教育工作，並透過他們，為全人類間接的服務。

兒童是最容易適應生活，所以接下來我們就必須考慮，應該沿著怎樣的方向從思想上教育孩子。

孩子的才能從何而來？我們時代向何處發展？我們之前探討了孩子的能力是從何而來的，現在我們要說一下目前的活躍思想該向何處發展，這是關於民族發展進步方向的問題。

我們發現，當今世界沒有人不關心科學，他們時刻都在期待和注意著偉大的發現。

很久以前，柯勒律治就說過，自然界的偉大思想只屬於那些有著神祕力量接受他們的頭腦。我們支持這種說法。

在不列顛協會的一次會議上，總統非常惋惜的說道，由於缺乏能對自然界密切觀察的實地博物學者，科學的進步受到了很大的阻礙。

一家文學雜誌對此專門發表了一篇評論，簡直糟糕至極。這篇評論說，一切都已標明在書本上，我們無須再重新走近大自然。可是從書本上得到的知識，跟自然界真正的知識並不是一回事，書的價值只是為了幫助年輕學生去核實他已經目睹的事實。因此，對兒童最好的教育，首先是要他熱愛大自然的一切，並密切接觸周圍的自然界，這將會使他的一生充滿了欣慰——「大自然萬籟俱寂，空氣中流淌著的只有芬芳。」

孩子最需要做的就是學會熱愛自然，並能用心觀察自然。累積知識很重要，但沒必要對任何事物都進行沒完沒了的推理。

讓我們再就藝術領域來討論一下吧。在這一領域，我們可以看到時代的

進步。我們逐漸知道，藝術的價值應該和它所表達的思想相一致，而技術和技巧的運用只是為了應更好的突出思想。一部作品，如果沒有深刻的思想在其中，那不管它多麼完美（如色彩的運用、彈珠遊戲或者一首特別複雜的音樂作品），都稱不上是高水準的藝術。

那麼，兒童的教育跟這些高深的思想有關係嗎？當然有，而且有很密切的關係。首先，我們不能讓孩子跟假冒偽劣藝術接觸。第二，不管我們是否願意，孩子都深受家長的影響，因此我們不妨主動用自己的興趣和觀點去影響孩子。第三，我們應該用高尚的思想去教導孩子，以此激發他們對偉大藝術的渴望。

■ 兒童必須得到最好的教育

在孩子的成長過程中，我們希望他能夠從「書香」中體驗到無限的樂趣。這一觀點不管是對孩子還是整個世界，我們都非常的明確而一致。

在這裡，我們所說的書籍是指包含著一定文學和思想價值的作品，而絕不是裝訂起來的印刷品。只要巧妙的運用文學語言，書就能為讀者帶來無限的樂趣。

可惜我們犯了一個錯誤，總是從事實和理論中獲取知識，而忽略了對文學的欣賞，以至於品味不到那種單純的文字所表達出來的思想，因為語言藝術不僅能讓人獲得無窮的快樂，還能給予人極大的鼓舞。

如果我們能理性一點，不是像蝙蝠那樣盲目，我們早就發現聖經中所蘊涵的真理了 —— 完美的思想具有激勵世人的永恆力量，一旦錯過將不再重來。

和藝術一樣，在文學方面我們需要的遠遠不只是形式。偉大的思想寓於雜亂的思維當中，天才的老師能夠解開大家一直在苦思冥想的謎題。

在兒童的成長過程中，永遠不要讓他們閱讀或接觸那些內容無聊或者簡單的讀物。

如果表述得當，那些飽含哲理的書籍、鼓舞人心的故事，孩子們還是能

夠接受的。像布萊克（Blake）的《天真與經驗之歌》，笛福（Defoe）和史蒂文森（Stevenson）的小說等文學作品，都是孩子們能夠理解的。我們需要文學，我們應該讓整個民族都愛上讀書——事實上，就是需要那些鼓舞人心的思想和對生活的恰當表達。在某些家庭中，也許不太喜歡把書作為禮物送給孩子，但我們絕不能因此放棄努力。

再舉個民族團結例子。如果用「民族團結」來表達這個觀點，也許會生出各種歧義。這是一個全世界人民相連空前緊密的時代，在整個世界上，沒有什麼比人更寶貴。

過去和現在，我們身上都帶著遠古祖先的性格特徵。

一位美國詩人，用西部人所特有的強烈語氣表達了這種感覺。他坦誠的告訴我們，他是一名在戰鬥中負傷的士兵；他既承受苦難也充當英雄。他的脈搏裡跳動著別人的脈搏，他為別人的失敗而痛苦，也為別人的成功而喜悅。

還有一位作家回憶起讓她永生難忘的一次經歷。那天，當她駕車在倫敦街頭駛過時，突然看到一個喝醉的女人靠在門邊。目睹此景，她感覺非常心痛，雖然那個女人與她並無關係，但她覺得那人似乎就是她的一部分，甚至就是她自己。對她來說，這種感覺從未有過，那種刻骨銘心感觸使她頓悟——所有的女人都是姐妹。

我們之中的大多數人都會有這種猛然的醒悟，而當這種醒悟出現在偉人的情感中時，歷史就會產生像伊莉莎白·弗萊（Elizabeth Frye）、威伯福斯（Wilberforce）以及佛蘿倫斯·南丁格爾（Florence Nightingale）這樣的人物。

在基督教時代，憐憫他人的善行有很多很多。雖然每個人都具有同情心，但卻未必能意識到別人或多或少是和自己密不可分的一部分。在今天，我們可以大膽的宣稱自己已經達到人類教育的最高點。

以前人們做好事是為了獲取上帝的垂青或挽救自己的靈魂，因為上帝要求公正他們才為人正直。但是現在，促使我們彼此相連的原因卻是那妙不可言的精神需求。在我們學會解讀生活這部巨著以後，雖然不知道會出現什麼樣的結果，但是我們可以設想未來必定會更加美好。

對不同時代狀況的仔細研究，讓我們在兒童教育方面獲得了這樣的啟示：一定要透過各種方式培養孩子幫助或善待周圍的人的同情心，應當教育孩子為全人類而生活。

我認識一個 5 歲的小女孩，她曾經遭遇過不幸，所以她走路的樣子很不穩。當有人問起她原因時，她總是沉默以對，隻字不提她的家庭。但是在我們真誠的關懷下，崩潰了的她抽泣著說：「我是個無家可歸的窮孩子，沒地方吃飯，也沒地方睡覺。」

這樣一個乞丐的孩子，小小年紀就已經體會到人生的種種艱辛。我們有責任保護孩子不受太多的苦難，假如孩子的母親得不到保護，在這樣的不幸之下，孩子的感情也會越來越麻木。

不管我們對這個世界和人類的本性有什麼看法，「欺騙」這個詞，我們最好等孩子長大到能夠理解的時候再解釋給他們聽。誰是個「騙子」，誰就只能成為可憐蟲。同情對他沒有幫助，最好的辦法是讓他改過自新。

虛榮和人類本性中其他一些不好的東西，很容易在孩子心中滋生。我們必須讓他們學會給予和幫助，並且是潛移默化的讓他們學會，最好不要讓他們覺得這是在做善事。

這樣的觀點孩子很容易接受：對提供服務的人而言，服務是一種情操的昇華。因為要求別人施加恩惠的確不是他的權利。只有孩子懂得了愛心應當不分遠近、不論窮富，對於國外和國內的不幸，都應當給予同樣的關注的時候，孩子的同情心範圍才能得到拓寬。要讓孩子明白，必要時可以犧牲自己的利益為他人提供某些援助。等孩子稍大點的時候，我們可以經常為他讀報紙，用報紙上的實例來教育他們。

儘管對和錯只是相對而言的，但無論是國家還是個人，都不能只考慮私利。

如果鄰居的孩子，一時糊塗犯了盜竊罪，痛苦不已，我們一定要無私的去幫助他，可以大家一起去，也可以獨自施以援手。我們應當幫他們認識到將會遇到的困難，讓他們學會透過什麼措施糾正錯誤、舒緩痛苦，而不能因

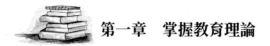

為擔心傷害孩子幼小的心靈就讓他從此與外界隔離起來。過分溺愛孩子，會扼殺他的同情心並使他們變得麻木不仁。培養孩子大公無私的品格是我們的責任，這也將更利於我們美好的未來。

第二章
做合格的施教者

教育家是偉大的

■ 我們指望著教育改革

在英國的時候，我們鼓足勇氣才敢打聽一下，歐洲大陸究竟在實施什麼樣的教育方法。

還是說一說德國的那些老教育改革家們。或許我們對康門紐斯（Comenius）、貝斯多和萊第齊不太熟悉，但是我們肯定聽過裴斯泰洛齊（Pestalozzi）和福祿貝爾（Fröbel）的名字。作為上述這些人的直接繼承者，並在教育學領域裡取代了前輩們位置的約翰·弗里德里希·赫爾巴特（Johann Friedrich Herbart），我們又有多少了解呢？

《赫爾巴特教育文學》的存在證實，赫爾巴特對德國教育家們產生了深遠的影響。

該雜誌的發行量比英國所有教育文學雜誌的總和還要多。

耶拿大學的 W·雷恩教授在《教育學概要》裡面，對赫爾巴特及其學派的研究做了簡短的介紹，對於赫爾巴特逝世幾十年來該學派獲得的進步，他的評價有所保留。

作為歐洲大陸上最先進的教育思想學派，赫爾巴特和他的思想在德國有著重大的影響，在這裡，我試圖拿出自己的教育理念和這個學派的思想做比較，可能會有讀者感興趣。

赫爾巴特思想以及它形成的新教育思想學派的典型特點，就是否定了一個人的各種才能是相互連結的。根據早期的改革家（其中最典型的是裴斯泰洛齊和福祿貝爾）用顱相學家的精確度對能力進行的分類，開發能力是教育的主要任務。

這種思想邏輯嚴密，說理充分，很能吸引人的眼光。

為什麼要在這個時候開發感知能力，在那個時候開發構思能力，在這一課裡開發判斷能力，而在另一課開發情感，為什麼要學完全部課程，使每一

種所謂的能力都得到應有的開發呢？

人的思想就像華茲渥斯詩中的雲彩，除非不動，一動就整體飄走。我們當然想知道以上問題的答案，但是赫爾巴特的追隨者們卻聲稱已經改變了原來的那些做法。

■ 教育的方法隨目標而改變

儘管只是一個小小的爭議，卻使教育的重點發生了極大的變化。看上去，整個課程體系的目標就是開發這樣或那樣的能力，組織上也毫無瑕疵，不過現在卻會遭到質疑。

我們不再認為大腦的「肌肉」需要開發，專門的智力訓練也就沒有無存在的必要了。

我們不相信能力，所以關於能力開發我們也不相信，更加不相信上上課就可以開發這種能力。

方法是達到目的的途徑，教育的目標一旦扭轉過來，教育方法也就必然隨之改變。

事實上，我們的整套方法都發生了改變，到目前為止，我們完全贊同赫爾巴特的觀點。

我們再次討論一下這位哲學家的思想，尤其是討論那些一直存在的思想的影響力的認知問題。

整個社會中存在著一種活躍的思想，這種思潮的威力雖然無形，卻穿透了整個人類的生活氛圍，親屬圈和社交圈都深受其影響。沒有人知道這些思想浪潮出現於什麼時候，但它們卻已經存在了，人的情緒、志氣和愛心也受到它們的影響。一個人的力量再大，都不可能擺脫它們的影響，即使是統治者的命令，也不能令它發生根本性的改變。

它們往往在大眾所推崇的天才腦中誕生，儘管他的名字很快就會被人遺忘，但其影響力卻會在群眾中變得活躍起來，並再次迫使人們做出有力的決定，它就是這樣循環不止。

　　天才們首創的思想能滲透整個社會，還可以透過其他天賦極高的人的口被再次說出來。這些統治思想的威力是對個人的作用大，還是對整體的所有人的作用大？我們姑且不去談論。但是，它們對一個人的影響將反映在這個人與另一個人的相互關係上，這一點是不可否認的。事實上，它除了影響成年人，對青少年的影響也是無可爭議的。

　　我們完全贊同這個觀點——沒有人能避免時代精神的影響。實際上，作為對教育影響最大的因素，時代精神需要父母和所有渴望得到教育的孩子的認真對待。

■ 家庭是孩子第一所學校

　　按照對赫爾巴特的理解，雷恩教授得出了以下結論：孩子的性情、家庭、社會交際、時代精神、信仰和愛國精神，都會受到學校老師的影響。對老師的作用我們一定要加以重視，因為每個孩子都離不開老師的影響。

　　像我們一樣，赫爾巴特也認為，家人團聚使孩子對父母產生依賴感，父母也就可以親近的了解孩子。所以，目前教育中最重要的部分還是在家裡完成的，家庭成員一般都很信任家長，並且這種依賴感對全人類的親近有利。如果孩子從小生活在這種溫馨的氛圍中，愛心自然會在他心中萌生。「老吾老以及人之老，幼吾幼以及人之幼」，只有這樣，愛的種子才能真正在孩子心中生根發芽。

　　一個具有優良傳統的家庭，往往除了與周圍的人相處融洽，而且代代皆為孝子賢孫。假如家裡出現了不肖子孫，往往是因為父母沒有對孩子產生帶頭作用。

　　事實上，家庭就是社會秩序的縮影，父母就是孩子模仿的對象。家庭成員人際關係的處理將深刻的影響著孩子，孩子長大後的待人接物也會以此為依據。

　　在教育目的上存在著各種模糊的認知，這是我們都清楚的。事實上，也很少有人能確定自己在教育孩子的過程中希望達到什麼樣的目標。

　　由於人通常不追求目標以外的東西，並且我們不知道什麼目標能夠實現，導致我們的教育結果很不理想。所以在下一章，我們將討論一下具有啟發意義的教育目的的理論。

　　教育者們是否應該跟從盧梭的理論，把教育的大權歸於自然呢？這樣做的話，我們就會像赫爾巴特曾經說過的那樣，從一開始就重複已經被克服的一系列錯誤。然而洛克的理論我們是否有必要遵從呢？他說把孩子培養成適應於世俗的人比較合適。不過，這時我們更加願意接近貝斯多的觀點 —— 使孩子成為人類社會真正有用的人，這才是教育的目的。

　　可是，這真的是一個理想的目標嗎？我們是否被迫把孩子置於了與社會習俗和交際習慣相矛盾的境地？這些問題一直深深的困擾著我們。

　　要想有一個專門為人類進步服務的職業，並且能夠長盛不衰，我們就應該始終堅持最高的教育目標，這樣的話，達到象徵著這一職業特徵的崇高目標才會成為現實。

　　所以，我們號召教育家們的心中必須始終懷有理想的目標，如果他的本質更傾向於這種理想的話，那麼他就能夠從裴斯泰洛齊那裡獲得資訊和幫助。裴斯泰洛齊認為人類的幸福可以透過對各種能力的和諧培養來實現。

　　「讓孩子能夠自立」、「教孩子掌握自學」、「要孩子青出於藍」。這些話聽起來很吸引人，卻很難令人滿意。希望人們懂得天才智者應該知道些什麼，和諧培養各種能力的含義又是怎樣的！這些教育目的單純而又正規，對教育家來說卻沒有多少吸引力。

　　在教育學歷史上，確定教育目標的努力或者類似的努力很多，但並不能引導我們接近自己的目標。在它們的正式說明中，什麼是自立、怎樣讓孩子自立、有什麼樣的前景或者它的最終目標是什麼，這些內容始終都沒有被提及。而具有自立能力的孩子往往不僅能正確利用自己的自由去實現好的願望，也會利用這個自由去謀取自己的不良目的。

■ 發展孩子的個性

就我們所能系統闡述的內容而言，赫爾巴特的教育理論是以嚴格的倫理學為基礎，而不是以知識為基礎的。換句話說，個性發展對人來說才是最重要，而智力發育和智力給養只是位居第二。

因為個性培養和智力發育完全可以自然進行，而文化知識課程除了有很高的倫理價值之外，只能對孩子有鼓勵作用，或者是約束的效果。我們經常會聽到這個理由，因為我們在教育孩子時也會這樣說：「老師這麼做就是想幫你們形成自己的個性」。

到目前為止，我們和赫爾巴特的意見是一致的。對於赫爾巴特一直追求但沒有實現的目標，透過對生理學的研究，我們終於確定下來。

赫爾巴特說心理學對我們的幫助無疑是不可磨滅的，可是他又認為，想從所有心理學家那裡得到一致的回答，基本是不可能的。因為在這一領域內，仍然普遍存在著模糊認知，關於靈魂性質也有不同的看法，以及在經驗主義下所遇到的特殊困難，所以想獲得一個確切的解釋幾乎是不可能的。

從心理學角度講，我們完全支持這一結論，不過就在生理學啟發下的心理學說來，我們的看法則有所不同。正是因為研究了這個思想與物質的結合點，教育者才能提供如此豐富的結果。因為習慣養成的基地就是大腦，所以從某種意義上說，習慣屬於有形文化，對習慣的約束只能列於教育大局中的第三部分。50 年前的這位學者，隨著現代高度發達的自然科學竟然被我們置之不理了。

我說過，我們完全贊成赫爾巴特的這一觀點 —— 在教育孩子的過程中形成的偉大思想很重要。但是我需要補充的是，我們的思想和習慣，還需要不斷的充實，並將之建立在物質的基礎之上。

僅靠他人給予我們一些思想，並不能形成個性，我們必須努力按照這些思想來養成好習慣，再由習慣帶來結果。如果這兩條原則都得到承認，那麼，教育界勢必會產生很多的可能性，如實用的方法和明確的目標等。因

此，我們的摸索並不是漫無目的，而是力爭培養出更多有理想、有道德、有文明、有健康、熱愛生活、熱愛大自然、熱愛知識、熱愛藝術和熱愛體力勞動的人。

在前一章裡，關於這位偉大的思想家的教育理念，我大膽的說出了我個人的看法：

它的根本錯誤就是傾向於扼殺個性，思想深奧致使教學無效。令我們高興的是，作為世界遺產的一部分，某些基本思想對偉大並具有獨創精神的赫爾巴特也同樣具有吸引力，所以我們的思想體系也採納了它們。

家庭擔負著重大義務

■ 盧梭喚醒了家庭中的父母

沒有比盧梭對父母們的影響更深的教育家了。可能現在的人們很少在讀《愛彌兒》了，但是當代的兒童教育者又有誰不是從這部著作當中受到啟迪的呢？

盧梭那個時代的人們比我們更清楚，盧梭的品行不足以使他成為任何一個領域的學術權威，尤其不可能成為教育學的權威。在《懺悔錄中，他把自己描繪得很卑劣，我們沒有理由不相信他的自述。我們沒有迷惑於他優雅迷人的風格，也沒有被他「表裡不一」的形象所矇騙。在當時，他的大部分理論觀點都那麼的離經叛道，人們對他的評價極低，對他的哲學理論也無人敢大膽的認同。

但是盧梭具備只有天才才具備的能力 —— 他能夠洞察某些獨特的真理。在真理高於一切的年代，這種獨到的洞察力使盧梭成為了當之無愧的教育大師。「盧梭是一個預言家嗎？」直到現在還有人這樣問。在歐洲，他的教育理念已經滲透到許多普通的家庭，有成千上萬受過教育的父母狂熱的追隨他，這一事實很好的回應了人們的疑問。

不可否認，其他教育家的影響力連盧梭的十分之一都趕不上。盧梭的教育理念甚至有這種感召力，它促使現在的人們就好比離塵遠遁的俄國公主，跟自己的孩子生活在安靜的地方，用自己所有的時間和精力來盡父母的義務。為了更好的教育孩子，母親們紛紛退出社會舞臺，甚至離開自己的丈夫去攻讀古典文學、數學、科學。母親們自問：「不這樣做，我們活著還有什麼意義呢？」

　　由此可見，父母們都理解到了自己最重要的一項工作就是教育子女。

　　作為極少數的喚醒了父母本能的教育家之一，盧梭恰好掌握了開啟人們心靈的鑰匙，因此，就算他倡導的教育方法再偏激，也會有人來追隨他。

　　在今天，心智脆弱、悲觀失望的人們常常會說：「我們對父母已經失去了希望，讓我們為孩子們而工作吧！」而實際上，盧梭卻是這樣說的：「父母們，這是只有你們才能承擔起的工作。拯救、傳承和延續這個社會的重任只能依靠你們這些年輕的父母們才能完成。教導子女、讓他們長大成材是一件很嚴肅的事情，再沒有什麼比這更重要的了，而那些讓許多人廢寢忘食、辛苦經營的職業就像辦家家酒一樣幼稚。」

　　人們聽從了他的教誨，正如我們所看到的那樣：這些教誨激發了父母們從未有過的熱情，其迴響有如江水決堤，洶湧澎湃。儘管盧梭性格脆弱且不怎麼受人尊重，但作為這項正義事業的傳教者，他使所有父親們把心思都用到了孩子們的身上，從而為上帝造就了一批合格的子民。遺憾的是，他雖然奠定了這樣的理論基礎，卻沒有再提出更有價值的教育方法，如同地基打好了之後，造房子的人卻找不出比乾草、柴禾更好的材料一樣。

　　盧梭成功了，他的成功在於喚醒了父母們，使他們理解到為人父母應盡的義務具有約束性、寬泛性和嚴肅性；同時，他也是失敗的，因為他把自己還未成熟的想法當成一種教育模式來推廣。儘管如此，他的成功還是非常鼓舞人心。他明白，培養子女是上帝交付給父母們的重任。而他的教誨，就像海水對月球的引力做出回應一樣激起了極大迴響，使父母們敞開心扉去接受他的思想，並認為教育孩子是一項神聖的使命。

我們發現，任何做父母的人都意識到了這一不成文的法定義務，不過對這一義務的明確程度和崇高地位的認知他們不相一致。因此，如果我們試著把這些義務付諸文字，形成法律，或許會激起父母們更強烈的反應。

■ 家庭應當承擔的角色

「家庭是國家的基本單位」，這一創造性的論斷，在一定程度上揭示了父母的職責。

在社會發展的各個時期，公社性質的社會形式並不罕見，因為它有助於人們在公共事物和宗教活動中進行合作。近代以來，它更是幫助過人們抵禦種種不平等的環境。但是無論哪個時代，「全體成員共同享有一切事物」是這種社會形式的基本規則。對此，我們通常不加思考就以為這種合作最終必將失敗，但事實不是這樣的。

在美國，就有許多管理有序的公社性質的機構，究其原因，可能是因為那裡的僱傭勞動不像在英國那麼普遍，環境比較相宜吧。當然，也有不少嘗試遭到了慘痛的失敗，歸納其原因，應該是政府試圖實行民主原則與公社原則相結合的統治。一個機構只有在絕對統一的制度下才能興旺發達，而兩種原則若一起糾纏在公共事務中，只能導致每一派別的自以為是、我行我素。

家庭實際上也可以算作是一個公社。在家裡，成員們各司其職、地位平等，所有財產為全體成員共同享用。在家長制盛行的地方，家庭組成部落，家長就是部落的首領，具有絕對的權威。在英國，家庭的規模通常較小，成員包括父母親和嫡系子女，當然，作為家庭的組成部分，還包括自然隸屬於這個家庭的隨從及其親屬。

小規模的家庭往往會掩蓋它的特徵，所以我們無法領會本章開頭引言的確切含義。

我們說國家的基本單位是自然公社，也就是家庭，因為它的小巧、精緻和只適合小規模工作的完備，我們很難在它的內部看出它是在發揮國家的一切功能。

　　一個國家的文明程度與她跟別國所建立的友好關係成正比，這是不言而喻的，當然，這個國家應該是與許多而不是一、兩個國家保持聯絡；從另一方面來講，一個國家的落後程度與她的孤立程度成正比。同理，一個家庭如果從來不與外界打交道，那它在智慧、德行方面又怎能不退化呢？

　　一個國家是否強大，也跟她能否找到發揮自身作用的適當途徑，以及是否擁有一批她渴望納入統轄範圍的領地和屬國有著絕對的關係。作為國家的縮影，家庭的情況也是這樣。扶貧濟困、撫助孤兒、援助朋友等等，可以這樣說，所有這些助人為樂、樂善好施的行為，都是為了維持高層次的家庭生活。

　　就像人類的身體是由無數活的生物體組成一樣，國家也是一個有機的整體，有著活生生的肌體。家庭是國家的單位，家庭公社之間，只做到睦鄰友好、善待來賓，還是遠遠不夠的。只有當家庭為國家生活做出應有的貢獻時，家庭生活才能做到完美。總而言之，公共利益必須共享，公共事業必須分擔，公共福利必須均分。家庭和國家的一體性必須得到保護，不然，家庭就會失去其完整性，不再是一個活的整體，甚至會像動物體內的壞死組織一樣變成有害的成分。

　　國家在進行廣泛往來、與世界各國保持聯絡、促進人類共同進步的潮流中都發揮著領先帶頭作用。作為國家的一分子，家庭也應該保持這樣的態度，不將自己的利益僅局限於本國當中，因為每個家庭都是整體中不可分割的一部分，所以他們應當承擔起這種義不容辭的責任。

　　於是，我們就能很簡單而自然的實現「博愛」中的崇高理想：人們因愛的紐帶隸屬於一個家庭，而不是靠血緣關係；在聯盟契約之下，家庭組成了國家；國家之間以愛為盟，靠美德進行競爭。所有這些組織 —— 國家以及家庭，像小孩子似的在萬能的上帝膝前嬉笑玩耍，在他慈愛的注視中扮演著種種角色。

　　一小塊發酵劑能催發一大塊麵團，同樣，「小家」也能影響「大家」。作為每個家庭都須維護的神聖秩序，讓他們了解家庭契約的性質和義務就顯得至關重要，就像河水漫不過源頭，我們的生活也不可能超出我們對自己在

生活中的地位和作用的認知水準。

注重家庭觀念，重視教育和一切社會關係能產生什麼實際的效果嗎？回答是肯定的，這樣做能幫我們找到生活中任何問題的答案，所以這樣做很實用。

比方說，我們應該教給孩子什麼東西？哪個學科值得我們特別重視呢？當然，有一門或一組學科在道德上對我們給予了迫切的期望。

和其他國家保持睦鄰友好關係是一個國家的義務。在適當的情況下，作為國家組成部分的家庭，也擔負著跟其他國家的家庭進行兄弟般對話的義務。這樣，掌握鄰國的語言就不僅僅是為了獲得一種引進知識和文化的方法和途徑，更是為了這四海之內皆兄弟的更高道德規範（家庭的道德規範）的義務。

因此，每個孩子都應當努力學習語言，最好從幼兒園時就開始學習。除了需要掌握好母語，他們還應該再學兩門外語。

有一次，一個年輕貌美的英國女子和母親一起去一個德國家庭做客。當時只有她們倆是英國人，因此，這位年輕的女士手捧一本書，一直撐到宴會結束，幾乎沒有吃任何東西。她們似乎忘記了德國人比我們英國人更具語言天賦。這位英國女子整個宴會都沒有放下自己手裡的書，她跟她的母親嘀咕了幾句話，諸如「亂七八糟的，我都不知道那是什麼？」或是「我們還得和這些無聊的人們待多久？」如果她懂得任何一個家庭都不可能關起門來過自己的日子，沒有忘記她和她的母親代表的是英國；如果她懂得欣賞德國人的生活方式，她就會像那些德國太太們一樣，主動向宴會上的朋友表示問候了。

對於回歸傳統的家庭模式這樣有一個意義重大的話題，我們有必要做進一步的思考，可以以馬奈先生評析《愛彌兒》的一段精彩語言總結全文：「教育終於和家庭連結在一起思考了。在這場重建家庭的偉大運動中，教育認知的提高只能算是一個階段，在本世紀中葉之後的法國形成了極為壯觀的場面。教育終於開始把『父母與子女在各個年齡階段的關係』納入完整的體系進行綜合思考。人們在全面認識這些關係的同時，強烈希望能建立更加密切

的關係，形成溫情脈脈、長相依偎的氛圍。」

在「回歸傳統的家庭模式」這一偉大的事業中，盧梭付出的勞動足以說明他對人類心存的感激和尊敬。歷史證明，《愛彌兒》是一部影響持久、地位牢固的巨著。我們發現，今天法國的家庭關係依舊比我們英國更加文雅體貼、更溫柔親近、更富有寬容心。他們在世界範圍內產生了更廣泛的影響，形成了人類普遍寬厚和友好的行為舉止。

家庭的和諧如此令人滿意，甚至讓年輕人覺得沒有必要去「墜入愛河」。母親為了女兒們的友誼費盡心力，女兒們的回報則是全部的忠誠和熱情。儘管左拉（Zola）筆下並沒有出現這樣的情景，但法國女孩們的愛心得到了最大限度上的滿足，所以她們純潔、樸實、又可愛。

在英國，「回歸傳統家庭」則是一項需要所有人參與的勞動工程，每一個人在自己家庭範圍內從事這個工作，因為跟我們的祖父輩相比，我們現在的家庭契約關係要鬆散許多。可能沒有哪個地方的家庭生活比我們英國的更富有詩意、更令人滿意，但懂得學習新的東西，才是一個明智的人。

一個國家的舉止行事，應當像一個人那樣要按照自己的性格特點來進行。儘管從整體上看，我們對英式家庭感覺滿意，但還是得向法國家庭學習他們的包容性。

在法國家庭裡，姻親長輩，姑姪外甥，鰥寡孤獨通通受到愛護，就連侍從都有專門設計的小房子。在這樣的家庭環境下生長的小孩子，有更大的空間和更多的機會培養美好的禮貌禮節和鍛鍊自我約束能力，他們的這些素養則反過來促進家庭生活變得更加溫馨美好。

而在我們英國家庭裡，這些人只會成為妨礙家人的客人。當然凡事都有正反兩個方面，法國家庭生活中的東西未必全部可取，但它卻為我們提供了應努力效仿的直覺教學的範例。

另外，儘管英國在家庭生活方面最令人滿意，但其家庭卻容易變成自給自足，不問世事的城堡，不像他們的鄰國，家庭與家庭之間更多的是廣泛往來、坦誠相待。

家庭的影響

■ 不要讓家庭成為專制政體

我們繼續把家庭看作國家的一個縮影來討論。

這個「國家」在行使「權利」同時還要履行「義務」，還要約束她的「公民」。所有的家長都深知該如何治理這個「國家」。

在這裡，家長就是「政府」，而這個「政府」並無民主可言。與孩子相處時，有些家長懂得親近和藹，有些家長則會因為一點小事而暴躁發怒。可是不管怎樣，教育子女都是任何家長無法迴避的責任。

現在我們想先問一問家長；你治家有方嗎？你知道怎樣維護自己的權威嗎？

眾所周知，偏私的法官、虛偽的牧師或無知的教授，都不能很好的履行自己的基本職責，而昏庸的國王也不配治理國家，同樣，無能的家長也教育不好自己的子女。國家還可以請人代為治理，子女的教育卻無法請人包辦。或許你可以請人幫忙，但不能轉移自己的職責和權威，否則就喪失了作為家長的資格。

還記得那對英印混血的夫婦嗎？一個令人心碎的故事，他們把孩子託給別人撫養，監護人想方設法的教育孩子要懂得孝順父母。儘管如此，等幾年後他們回到孩子身邊時，卻發現孩子對他們極其冷漠，簡直視父母為天外來客，這真的令人覺得遺憾。但這一切又能怪誰呢？誰要他們沒有盡到做家長的責任呢。

一些家庭之舟為什麼會顛覆呢？在這裡我們將討論一下它顛覆的原因。作為家庭關係不可分割的一部分，有些家長認為他的權威是上帝賜予的，所以孩子從一出生，就只能服從自己認為正確的事情。

李爾王（King Lear）就不善於維護好自己的權威，一味的溺愛甜言蜜語的兩個女兒，對她們有求必應；而誠實善良的小女兒說出了自己真實的想

法，李爾王卻認為她大逆不道。於是出現了李爾王面對狂風哭訴的場景：不孝逆女原來比魔鬼更可怕啊！子女的忤逆與不肖的確會令父母痛苦萬分。

李爾王陶醉於女兒的甜言蜜語，沒能很好的履行父親的職責。在他疏忽家長責任的同時，也讓孩子們忘記了自己應盡的責任。家庭問題之所以層出不窮，溺愛是一個非常重要的原因。

一位作家曾經用這樣生動形象的文字描述過現在的家長：「妳並不怕我，對嗎，珍妮？」「當然，一點都不怕，你這麼的和藹可親，對我有求必應，我怎麼會怕你呢？」

對那些一直期盼得到孩子的愛的慈母來說，這樣的回答會讓她喜形於色；而得不到類似話語的鼓勵她們就會惶恐不安，生怕孩子會叛逆和無禮。

雖然我們可以透過多種方式獲得權威，但被子女愛戴絕對是不可缺少的一種方式。

普羅斯百勒就因為從來不顧及子女，把所有的時間都用於學習和修身養性，所以他的權威也隨之轉移給了安東尼奧。

這個故事給了我們一個啟示，假如不能履行自己的職責，權威就會像丟棄的手套一樣被別人撿走。很多家長終日奔忙，從來無暇照顧孩子。當他們終於有一天想好好關心一下孩子的時候，卻發現孩子已經不會接受自己的溝通與交流，「父母」這個詞彙對孩子而言也變得無關緊要。

還有些家長貪圖享樂，不願在孩子身上多費心思。儘管人性本善，但是即使孩子的天性再好，家長都不能忽視讓孩子好上加好的義務。因為孩子不僅要有善良的天性，更要有為社會多做貢獻的偉大理想和強烈願望。

教育子女不是一件輕鬆的事，而貪圖安逸、追求名望、忙於工作，這些只是導致家長失去權威的一部分原因。歸根究柢，所有導致家長喪失權威的原因就是：本應在家裡承擔國王義務的家長，卻像王宮裡頭戴金冠的王子那樣整日嚮往著寺廟的清淨，不願耗費自己的心力。

教宗的權威透過勤勉工作來實現，與其說這種權威代表了教宗個人的榮譽和尊嚴，還不如說它有助於教宗更好的使用自己的權力。部分家長以為，

要想保持自己的權威，就得專制、嚴厲，做任何事之前他們首先關心的是自己的面子和榮譽。採取這種做法的人，還不如那些不履行職責的家長呢！

而家長的尊嚴的確需要很多規則來維護，因為它能更好的幫助家長讓孩子服從自己的命令。事實上，很多優秀的品格，如謙遜有禮、尊敬他人等，都來自於家庭的薰陶。

沒有家長的提倡，尊敬和忠誠這些可貴的品德就會消逝在如今這個競爭激烈的社會中。

在追求民主的今天，大談權威似乎不太合適。有些教育家甚至主張孩子一出生就要對他平等相待。當然，家長極力保持的權威還可以透過孩子天性中的順從和依賴去實現。毋庸置疑，家長對孩子絕對是充滿自信和愛憐，並且在榮譽的影響下，他們在無形中放下了自己的架子。

在孩子們眼裡，母親就像是王后，父親則被尊稱為國王。父母親相敬如賓，共同操持著整個家庭。對於孩子的成長，這種幸福和諧、互相尊重的氛圍尤其重要。在這樣的環境裡成長，孩子將來就會懂得尊重別人，同時也容易贏得他人的尊敬。

■ 教育孩子家庭是神聖的社會義務

家長的權威得以建立，是因為他們是孩子的法定監護人，這種監護有兩層含義：

首先，作為孩子的法定監護人，家長除了要教育好孩子，還要維護自己的尊嚴。一個人的成長在很大程度上會受到來自家庭成員的影響。人們通常會繼承和發揚父母對自己的教育模式，形成自己的性格和世界觀，並將這個影響傳給下一代。人們對宗教的虔誠足以證明這一點。

其次，家長應當為社會培養孩子。孩子是社會的財富，不能狹隘的理解為「自己的孩子」。因此，教育孩子也是一種社會義務。

從這兩個意義上講，家長的權威和尊嚴更要明確，但他們也更容易放棄自己的責任。

　　我們在之前講過，有這樣一個國家，家長被剝奪培養教育子女的權利，因為他們不能按社會的需求培養孩子的各種美德。於是這個國家獨攬了教養孩子的權力，並盡可能的拒絕家長的任何參與，國家按照自己的方式把孩子培養成人。現在，這個國家的名字代表著種種美德的諺語。

　　甚至直到今天，還有一個國家在實施這樣的做法。在孩子剛學會走路甚至更早的時候，就將他們送到「媽媽學校」裡，一邊餵養母乳，一邊進行公德教育。這個計畫雖處在試驗階段，但肯定會被執行下去。因為他們早就發現並不斷的證實，必須從兒童開始按照既定目標培養和塑造一個人。

　　其實，這種公開剝奪家長職責的做法對一個國家未必是件好事。那些在保育員的照顧下一天天長大的孩子，既感受不到父母的溫暖，又體驗不了手足的友愛，更別說鄰里的友善了。雖然一段時間或幾年後他們可能會重新回到父母身邊，但維繫親情最有力的紐帶已經崩斷，感情已經變得疏遠，家長的權威也將消失殆盡，家庭已經不復存在。這種一出生就像孤兒一樣成長的民族，可謂世界一大奇觀。

　　即使是斯巴達的來古格士（Lycurgus），也贊成孩子 7 歲之前要由父母撫養。儘管有些媒體極力讚揚這種方法，但自然規律還在提醒我們，永遠不能喪失對家庭生活幸福的信心。撫養孩子不僅是家長應承擔的一種社會責任，更是自己的神聖職責。健康的家庭是維護社會秩序和國家的安定團結的基礎，因此，家長的權威非常重要，不能忽略。

　　家長權利的行使並不取決於家長自身，那麼家長的權利應如何使用呢？

　　首先，必須有利於孩子的健康成長。在教育子女方面，父母有著天然的分工。在孩子的成長過程中，母親會注重培養他一些在戶外活動時必要的能力；而性格內向的父親，卻很少考慮孩子的需求，只按照自己的興趣要求孩子，大多不能很好的運用自己的權力，為社會培養合格的人才。

　　其次，必須有利於家庭的幸福和諧。但是這種權威必須能鼓勵孩子獨立自主，否則就是失敗的。家長必須尊重孩子的權力，否則，自己的權威就會受到質疑。

再次，必須讓孩子明白家長的權威來自於社會，這種權威才能穩固。孩子如果知道父母培養自己是為了國家，是在履行自己的神聖職責，他們就不會那麼胡搞蠻纏了。

最後，必須讓孩子逐漸學會自我管理。儘管在父母的眼裡，孩子永遠是孩子，但是隨著孩子的一天天長大，為了讓他們更好的適應生活，就必須逐步培養他們獨立自主的能力，事實上，這也是孩子應當享有的權利。因為總有一天，父母會離開孩子，到那時，孩子只能獨自去面對人生，不管他是否做好了準備。

運用權威的最高水準，應當是在無形中運用，並且不留痕跡，而法律是用來懲惡揚善的。治理一個國家，如果無須任何法規就能維護和平與幸福、真理和正義、宗教和虔誠，那是最好不過的了。治家就像治國，沒有任何法規，「媽媽喜歡的」、「爸爸希望的」就是孩子們所有行為的準則，這樣的家庭才是幸福的家庭。

子女被賦予第二次生命

■ 父母謹遵神旨賦予子女二次生命

莫‧阿道夫‧蒙娜德說，孩子從母親那裡獲得二次生命 —— 第一次是自然的生命誕生，第二次則是智力、道德意義上的精神人生。

因為蒙娜德一直研究的是婦女問題，所以他在宣揚自己觀點的同時將父親的責任摘出去。那麼他是怎樣得出這一驚人的理論的呢？

蒙娜德觀察到，很多偉人都有偉大的母親，這些母親們大都能力非凡，不辭辛苦的養育子女。正是這種培育，使孩子邁入了更高層次的生活，因此稱其為第二次孕育生命。

蒙娜德堅決主張，每個孩子都有權利接受這一次生命，因為在這種更加神聖的生活中，在父母的教育培養下，他們可以成為更為完整的人。

如果這個結論僅僅是他靠著演繹推理法得出來的，我們可以不予理會，更沒必要研究這第二次生命的問題。但是很多父母卻經常剝奪孩子的這種權利，我們身邊的反面事例就多不勝數：有的父母善良，孩子卻殘忍邪惡；有的父母冷漠虛偽，孩子卻情真意切。對此，我們常常會用脫口而出的「誰之過？」為自己開脫責任，也使我們自己不用再辛苦的去管教孩子。

既然偉人們都有偉大的母親，那麼做兒子的好母親就是一件鼓舞人心、激勵鬥志的事情了 —— 但我們還不必過早的下結論。

在不可抗拒的迫切召喚之下，我們對待自然科學採取了科學歸納的態度。儘管科學的最新成果還在醞釀等待之中，但對於容易輕信的父母們來說，已經發表過的科學就是準則和真理。在潘朵拉的盒子成為現實的今天，母親們稍微大意就會讓孩子引禍上身。

但是，我們身邊那盛滿祝福的杯子不也同樣存在嗎？父母們可以從中攝取營養，透過它為孩子們創造出健康、活力、正義、仁慈、真誠和美麗的生活。

有的人可能會持反對意見，認為「每一份完美的才藝都一定是主的賜予，父母想要培養孩子的才能就是褻瀆了上帝。」現在，許多管理不當、經營不善的家庭醜事都是由這種殘留的迷信導致的，真正的宗教反而起不了什麼作用。

既然我們已經感悟到上帝把男人、女人，尤其是父母們當作了他傳遞贈禮的媒介，那麼要敬奉上帝，只有遵守並領會他的規則 —— 寫在石板和羊皮卷上，以及刻印在孩子心靈上的規則，而不是靠阿諛奉承換取主的恩惠。理解了這個規則，我們就會對主耶穌心存感激，就能明白上帝是怎樣憐憫、賜福給那些熱愛並遵守他聖訓的人們。

上帝的聖訓言簡意賅，而隨著科學新發現的不斷湧現，它將會變得愈加明瞭。因此我們必須儘早做好心理準備，以期跟上這些新發現的步伐。我們還須盡力觀望，看這些新發現和上帝成文的道理之間是否存在一致性和延續性。而上帝的意願也許就是，我們能夠接受兩者，並願意和服從將兩者融為

一體，那麼我們就將獲得快樂、至善的生活。

借助當代科學思想，我們可以明白孩子從父母那裡獲得第二次生命的過程和方法。

「按照孩子應走的道路去培養他，他長大以後就不會偏離這條軌道」。這除了是一個誓言，也是對歸納推理所得結論的一個聲明。

我曾經觀察過許多兒童的成長，收集過許多的資料，經驗告訴我，那些孩子可分為兩大類型——一類是施教得當，長大了會成為國之棟梁；另一類是則教養不當，結果只能淪為對社會不利的人。當然，任何時候都會有例外發生，而且只有這種例外才能更好的檢驗這條規律。

但是《聖經》中的聖言和啟示，無論在什麼樣的情況下，都經得起推敲驗證。我們可能會問「為什麼這樣？」而且不會滿足於說這是自然而然、是正確的籠統回答；我們會一直尋尋覓覓，直至發現這是一個無法避免的結論，除非有外來的影響，否則不可能有其他的結論。最後，我們對這一規則必然性的理解和對它的服從保持著高度的一致。

在研究第二次生命的時候，那些遺傳學方面的知識比如莫德斯列博士的遺傳論，並不在我們的思考範圍之內。這些知識只能用來解釋第一次的自然生命，正所謂「孩子身上的隱性或顯性特徵都遺傳自父母、祖父母；孩子的成長發展受其天性中的遺傳模式決定，孩子勇敢還是懦弱、慷慨還是自私、謹慎還是粗心、自負還是謙虛、急躁還是穩重等等，受遺傳的影響遠大於教育的影響。性格的基調與生俱來，後天的各種情緒以及帶有感情色彩的思想觀念都受其影響……系統的文化雖然會深深的影響人們，但這種文化影響的範圍、性質，以及構成人的後天一切變化的基礎，卻只能決定於遺傳的本性。」

如果遺傳的意義就是這樣，那麼孩子一生下來就能具有天生的性格，乍一看彷彿就是這樣，可是那樣的話還要父母做什麼呢？任由孩子自然發展、設法自救嗎？我們可以把這種做法稱為強硬的自然主義，現在看來，它使我們對教育客觀和局限有了一種傾向性的認識。

　　毫無疑問，它是一條準則，是一個真理，卻未必放之四海而皆為準。孩子這種與生俱來的性情，只是為其性格帶來某種傾向，真正形成性格還需要後天的加強或者轉變，甚至是管制。孩子的性格就像為收穫果實準備的花粉，是最初的性情經過教育、環境的影響，再加以修改、指導、發展，靠自我約束、自我培養所形成的東西，他是生活有所成就的基本保證。

　　作為唯一對人類有效的勞動，塑造性格這一偉大的工作，又該怎樣進行呢？

　　生理學簡單易懂、不容置疑，因此我們可以將它作為自己研究的基礎。

　　心理學家的接待室是給人快樂的地方，一般設在二樓，但是有誰會從第二層開始蓋房子呢？他的二樓是建在什麼基礎之上呢？像區分歌曲和歌手的聲帶那樣，武斷的把大腦的灰色物質和利用這種物質所產生的思想分開的做法，和承認大腦只是精神要素的一個器官這一創造性真理比較起來，前者顯然更唯物一些。後者認為，在目前的條件下，作為思想器官的大腦跟活躍的精神是密不可分的。就像書寫時手部的肌肉會運動一樣，如果我們承認在思考問題時大腦會在某個固定的區域做明顯的運動，我們就會懂得，大腦裡的灰色神經物質的確能為我們確立教育的必然規律和體制提供那麼一種可能。在這裡，「教育」一詞關係到性格的培養，具有非常重要的意義。

　　這是莫德斯列博士關於遺傳的理論，讓我們再去了解一下他的另一個理論，即「特殊的生活經歷」對人體細胞結構的影響，看看它如何幫我們解釋教育中可能發生的種種情況。

　　莫德斯列博士認為：「任何在清醒狀態出現過的完整意識，在人的思想或大腦中消失後，都會在將來某個人們清醒的時刻再度發生。」

　　我們認為心理活動沒有轉瞬即逝，它們會留下一些記憶的痕跡，確保以後能再次出現。感覺留給大腦的任何印象，大腦各區域之間分子運動的每一種趨勢，每一次轉化為肌肉運動的大腦活動，都會使相關的神經分子在功能上發生某種改變，留下關於自身活動的記憶。

　　在重複的記憶之下，意識的再生變得不再複雜，甚至越簡單出現的頻率

越高。所以，說意識在某些情況下不會復現的觀點不能成立。兩個本來沒有具體區別的並列細胞，如果對其中的一個加以刺激，它們就產生了區別。這種心理過程，就是記憶的物質基礎，無論其性質如何，都能為任何心理功能的發展奠定基礎。

莫德斯列博士闡述道：「神經分子發揮作用以後，其結構上的變化往往被冠以各種名稱，如殘留物、殘片、痕跡或殘餘、退化器官，或者被叫作潛意識。於是，神經系統產生的所有情緒 —— 愉快、痛苦、欲望等，不只是明確的想法，連種種外在反應，都會產生構造上的影響，打下思想、情感和行為模式的烙印。正如我們常常看到的，一個閱歷豐富的人，感覺和直覺也很敏銳；而那些曾經活躍的情感會在神經系統留下大量的殘留物，進而影響性格的形成。複雜的動作剛開始必須憑藉高度的專心和有意識的操練才能展開，但重複多次之後就會變成一種下意識的行動；最初的思想來自於有意識的想像，但結果卻會變成無意識的浮想聯翩。特殊的才能常常是被動生成的，一個人除了天生或原有的本性，其他性格特徵，像滿足、鬱悶、懦弱、勇敢，甚至道德等情感都是特殊的生活經歷所產生的結果。」

我們這個時代，已經擁有了一部偉大的教育憲章。事實上，我們描繪出的教育憲章已經足夠完美。如果我們能認識到自由權利的範圍，我們對教育的熱情一定不亞於早期的基督徒盼望上帝降臨時表現出的狂熱。

如果一個人預先知道自己能畫出世界上最美的圖畫，他又怎麼會有耐心去錙銖必較呢？同樣，我們如果能預見自己的孩子功成名就，又怎會不甘願竭盡全力來培養他呢？

當代科學已經揭示了教育的理念，而在神聖意志的驅使下，我們清醒的認識到這是一種道德責任，並開始適應這項工作。如果某個民族完全沒有道德觀念，那麼當他完全認清了教育的前景，他又會有什麼樣的反應呢？可惜人們醒悟得太慢了！「舊日的習慣固為冰霜，深似海洋，深深的壓制著我們。」

莫德斯列博士的這些理論以及其他生理學家的重要理論自提出到現在，已經過去了幾十年的時間。我們特地選擇這些理論，是因為它們經得住時間

的考驗，這是今天英國國內外 100 位著名的科學人士一致認同的事實。每一個科學家都相信他們的理論！那麼我們呢？我們一如既往，就像什麼都沒聽說過一樣，守著舊的習慣，日復一日的隨意的教育著孩子，不理會播下的種子是小麥還是毒芹，是荊棘還是玫瑰。

正如莫德斯列博士在上述引論中總結的那樣，我們也來簡單歸納一下我們那自由權利的教育憲章。

■ 運用莫德斯列教育原理

運用莫德斯列教育原理，我們可以為記憶鋪墊物質的基礎。當孩子尚在襁褓中踢腿伸手臂的時候，那些構成他最早記憶的印象就已經無意識的被他接受了。

我們所能做的，就是幫助他梳理那些記憶，確保最先映入他眼簾的是有序、整潔而美麗的情景；最先進入他耳朵的聲音是和諧、悅耳、輕柔的；他最先聞到的氣息也是純淨、芳香、清新的。刻印在孩子的大腦上的這些記憶，不僅不會因為孩子的不會思考而消失，而且會伴隨他一生。

正如我們以後會看到的，記憶可以組合，即在儲存了一些記憶的大腦區域，類似的記憶會聚攏在一起。事實上，人的一生正是按照最初的這些純潔而親切的記憶路線來條理和規範的。

我們這一基礎適合一切心理功能的發展。孩子們沒有不好奇、不敬畏或不喜歡神話故事的，也沒有不傻瓜、不天真爛漫的時刻。如果哪個孩子不是這樣的話，那一定是因為他渴望的心靈從未得到過滿足，就像等待受精的胚珠未曾遇到精子一樣。

下面。我們將援引莫德斯列博士的《思想哲學》，替父母為孩子的將來（甚至從嬰兒時期）應該準備的一些事情：

他對特定的問題，比如像人際關係這樣的問題，有無明確的觀點。

他習慣整潔還是髒亂，以及是否守時、節制。

他的整體思維方式，是傾向於利他主義還是利己主義，還有由此形成的

情感模式和行為模式。

他思考的內容是日常瑣事、物質世界、買賣交易，還是人類精神的產出以及上帝與人的關係。

他的傑出才能是在音樂口才方面，還是在發明創造上。

反映在家庭和其他親密關係中，他的性情或性格的基調是保守內向還是坦率真誠、乖僻傲慢還是爽朗可親、多愁善感還是活潑堅強、唯唯諾諾還是大膽勇敢。

父母給子女的精神口糧

■ 父母的思想教育

父母需要在孩子的心裡播種什麼呢？肯定是思想。我們需要儘早認識的是，手裡唯一的教育種子是什麼，以及這顆種子應該怎樣播種下去。

可是對於教育的一切認知，我們顯得太淺薄啊！儘管我們現在已經擺脫了那種「嬰兒空白的心理狀態」的錯誤思想，不再把孩子空白的心靈當作可以供教育家隨意塗抹的畫布，但是，這種錯誤理論畢竟由來已久，甚至衍生出了新的錯誤思想，認為教育者的智慧一貫正確，教育者的職責不可侵犯。接下來我們將描述一下這種思想的原始形態。

裴斯泰洛齊認為，教育應促進才能的和諧的發展，而不只是利用才能來獲取知識。

他的理論就好像是盡力擴充瓶子的容量，但如何填充它則不在思考的範圍之內。

依照福祿貝爾的理論，教育如同雕塑，它不再是一只需要陶匠的巧手去造型的瓶子，而是變成了一朵精美的玫瑰花，它變得更加清晰且美麗，一瓣、一褶都經過了精細認真的雕琢。父母的工作就是盡你的職責去雕塑那些花瓣，當然還要給予陽光和雨露，以及為花朵準備好綻放的空間和餘地。在宜人的環境裡，在幸福的氛圍裡，有時激發孩子的想像力，有時訓練孩子的

判斷力，有時啟發他的觀察力，有時還培養他的德性，以及開發他的智力，讓孩子逐漸綻放出瑰麗的生命之花。

「幼兒園」是一個非常重要的概念，這種解釋很有意義。無論是對教育的作用，還是對教育者的工作來說，它需要園丁們用極大的熱情和奉獻精神，對孩子關心照顧，就像照顧那些幼小的花木。到目前為止，關於教育的一個極其重要的思想概念，可能就是幼兒園的作用。

但是，隨著科學日新月異的發展，近年來無論是思想，還是在地質學、人文學、化學、哲學以及生物學領域，都在不斷的革新，從而改變了人們對世界的認知。所以，我們應該對現在的教育觀重新審視一下。

關於遺傳，它並不是父母或祖先直接就把能力和愛好，美德和缺點傳遞給孩子。關於這些，我們接受教育後就能知道。我們曾有這樣的假設，如果遺傳就是簡單、直接的傳遞，那麼大多數人就會繼承祖輩疊加無限誇大了的缺點，例如愚笨低能、野蠻瘋狂、先天疾病等等。然而，這些缺陷不是早已離我們遠去了嗎？所以我們應該安心。

現在我們對教育的問題進行討論。教育工作是否就是純粹的造型藝術？它是直接進行造型嗎？在教育就是對幾種才智的誘導、強化和指點這一簡易的學說中，屬於造型的又有多少？

父母們害怕孩子們失去個性，也不相信同一計畫可以培養所有的孩子。這樣的擔心完全正確。假如，教育就是靠規畫有序的努力去挖掘我們內在的各種潛能，那麼大家都會按照相同的方式發展成長，最終會被這種如出一轍的單調，厭倦在所難免！事情會朝著致命的相同點發展，是人們所擔心的。實際上，這種恐懼是沒有根據的。

我們必須相信每個人的特質以及個性都是造物主賜予我們的珍貴財富，它有助於人性的完整，因此，不會被經驗主義的教育的控制和支配。甚至最小的幼兒都不會受困於教育的影響力。由此看來，我們絕對的安全。

「教育就是生命」，教育對於人類以及整個世界有著非常重要的意義，並非看上去的那麼簡單。你也許會發育不良、挨餓受苦；也可能倍受關愛，享

受生活，以及心臟的跳動、肺部的運動、才能的發展都只是我們關心的表面的現象。

對教育，我們卻是那麼的無知。例如：人類的詞語中不存在完全能夠涵蓋維持生命意義的詞。「教育」一詞也一樣（e 表示「出來」：ducere 表示「牽引」）。它僅表達偶爾心理上的訓練，如同活動腿腳一樣。「訓練」成了「教育」的同義詞，就形成了錯誤的思想。才能的發展和運用才是教育的最終目的（當然，現在我們繼續用 education，直到出現更完備的詞彙）。

撒克遜語中「bringing-up」（教養）和教育的真實含義有點接近，可能是該詞的意義比較模糊，可是至少接近了我們的預期，因為「up」的含義是「目標」，「bringing」的含義是「努力」。

馬修・阿諾德（Matthew Arnold）的巧妙措辭，或許是關於教育的解釋中最完整、最形象的一個：「教育就是一種氛圍、一種訓練、一種生命」。馬修・阿諾德的確了不起。聰明的後人從他這句話中理解到，教育是生命中最重要的事情，需要付出畢生的精力才能完成。

分析一下這個定義是如何從三個方面進行闡述的。從主觀方面說來，教育是孩子的精神生活。從客觀方面說來，孩子是教育的載體，要接受訓練。而第三個術語，相對來說更加完備，因為教育就要在孩子所處的環境中營造一種氛圍。

只有我們客觀的了解到自己的能力有限，我們的工作才會進行的有序、有效。我們滿懷信心的開始工作，因為我們明白什麼是我們需要做的，什麼能做，以及什麼不能做。

當心中有了目標，我們就會機智的創造出靠近目標的途徑，而這個途徑就是方法。

孩子需要的不僅是道德和智力意義上的精神生活，還包括維持他們獲得高層次的物質生活，而所有這些都得依靠他們的父母。

精神生活深刻影響著思想的形成，教育的生命只能以思想形式得以維持。

有的人可能受過多年的教育，但對思想仍是一知半解。更多的是四肢發達，卻智力低下。有的還要防止虐待孩子。

幾年前我曾聽說過，一個 15 歲的女孩，她上了兩年學，但沒上過一次課。因為她的母親逼迫她把所有的時間和精力花在學習針線工作上。

實際上，很多學生並沒有產生思想的激動和覺悟，但他們仍然憑著學分通過大學考試。如果我們避開了這種躁動的影響，畢業時也就能算「完成了教育」。可是如果之後我們就扔掉課本，緊閉心扉，那麼我們就會停留在愚鈍和閉塞的狀態，思想和情感世界永遠無法更新。

■ 父母應該給孩子什麼樣的思想

什麼是思想？從柏拉圖（Plato）到培根（Bacon），到柯勒律治，他們都認為思想就是頭腦中一個有生命的事物。

我們說起思想，就會說被它打動了，被它抓住了，被它占有了，被它控制了，它讓我們留下了極深的印象。一般來說，這些說法比思想就是有意識的思維的說法，更形象，更生動。事實上，我們的描述相對於思想所引起的行動，產生的力量，絲毫也不過分。

當我們樹立了一個理想，或者說是一個具體的思想，那麼，它就會影響我們性格的形成。有的人會為了一種追求、一項事業奉獻自己，這是為什麼？可能會有「二十年前，一個這樣的想法曾打動了我。」這樣的回答。它反映了一個有目的的人和有意義的生活需要的歷程。全力以赴去實現一個想法就是有意義、有目的的生活。這樣我們就理解到了思想的作用，然而它所包含的概念和詞彙，在我們的教育思想中，卻沒有多少出現。這的確令人費解。

今天的科學領域的「思想」一詞，就是柯勒律治先運用的。它不同於哲學上的「思想」。它是一個難以解釋的詞彙，為此，柯勒律治曾為自己首次使用的那個詞彙道過歉。另外，關於大腦和精神的相互關係、相互影響的科學，被繁瑣的稱作「精神生理學」和「心理生理學」。

　　哥倫布（Columbus）在未知的海洋上首次發現磁針的變化，恐怕算是人類歷史上最能打動人想像力的事件。當然，這樣的事件還很多。造物主向他選中的人展示了大自然的奧祕。這些思想存在預定的規則、順序、體系，它注定會為人類的生存方式帶來偉大的變革！由於哥倫布有著聰明的頭腦和清晰條理的思維，使他能清楚的理解那個偉大，著名的思想，於是他從一個普通的航海家變成了一個科學領域公認的預言家。

　　思想如同大氣一樣籠罩，而不是像武器那般撞擊。幾何學家把思想比作是圓，讓它有了明確、清晰的形式；或者說它是一種本能，一種傾向，如同讓詩人熱淚盈眶的衝動，那是一種說不出理由的傾向。活化這種本能的向善、向誠、向信的傾向，是教育家應極早開始的重要的工作。

　　如何向孩子灌輸以傾向顯示不太明瞭的思想呢？這思想的傳遞不需要固定的目的，也沒有固定的時間，需要的只是在孩子的周圍營造出這種氛圍，讓孩子像呼吸空氣一樣輕鬆感受它。父母應當親手創造這種激發孩子樹立正確的生活觀念的環境。把每個溫柔的表情和關愛的語調，每一句和善的話語和一個友善的舉動，全都滲透到這個散發著思想氛圍的生活環境中。這些可以活化他生命中那個決定著一切行為的本能傾向。

　　或許，他永遠不會想到這些，但是，如果小孩子能夠生活在這樣的環境中，真是幸運極了！

　　大多數人都擔心孩子會把我們粗俗的言行作為他的成長的起始點和發展的方向，因為孩子能夠從自己周圍不經意的生活中受到啟發，得到暗示。父母們不可避免，他們必須做孩子的榜樣，如同行星周圍環繞著的大氣層，他們的周圍就是供孩子發展思想的環境，孩子所需要的持久思想和一生的「本能性傾向」就是在這中間汲取的。孩子周圍的環境決定著他的舉止粗俗還是高尚；才能平庸還是非凡。

　　明確的思想應有的秩序和進步。柯勒律治認為明確的思想不是像空氣一樣被呼吸，而是像營養一樣被大腦汲取。

　　「第一個或最初的想法像種子發芽一樣發展生長，形成一系列的思想。」

「事件和形象對於孩子稚嫩心靈的刺激就像陽光、空氣、雨露對於種子一樣，太多了反而會使它腐爛、夭折。」

「每一種途徑都有其獨特的指導思想，因此我們必須透過各種途徑尋找最佳的行動方案。」

「那些指導思想經常處於從屬地位，和它們指引的途徑一樣方式各異，方向重心交錯。現代科學經歷了極大變化，從開始要求證據和忠實，到後來的非局限性的親身體驗，科學的秩序和規程被搞得翻來覆去。」

「思想的發展遵循它開始時確立的方向，同時它還必須擁有一顆清醒的頭腦，以保證它在應有的範圍內發展。因此，最初的想法一旦存在差異，思想發展的條條軌道也一定會有區別。」

柏拉圖的學說認為：「思想是一種可辨別的力量，它透過自行確定與永恆的本質相統一。」

有見識的人們認為，它能幫助我們推論和解釋，那些影響我們的「思想方式」、規劃我們的性格、主宰我們的命運的潛意識思維規律。

在教育中唯一重要的是思想，這是一個比較深奧，但非常實用的話題。「教育的功能就是訓練」這個理論不夠完整，我們的思想絕不能被它誤導。

在孩子的幼年時，無論父母採取的是「教育如同填容器、塗畫板、塑雕像」的做法，還是「教育是養育生命」的態度，在孩子的幼年時期這些也許不會產生明顯的區別，但是我們會發現，最終能夠真正融入孩子生命裡的是那些滋潤過他的思想，別的都被淘汰。最糟糕的是，孩子吸收的有些東西，如同機器中的塵埃那樣，它會阻礙重要的生產過程，並構成危害。

■ 怎樣設計思想教育程序

教育程序應當怎樣進行？教育程序的運行或許應該是這樣的：造物主賦予教育生命力；它依靠思想來維持，思想存在於精神之上，我們只有透過互相交流，才能得到這些思想。

用思想去充實孩子的內心世界就是父母的責任。孩子具有可塑性，他的

選擇可能是這個，也可能那個。所以在清晨播下的種子，晚上也需要照顧，因為你不能夠判斷哪一顆種子會發芽。

孩子對於所有的事都有好奇心，不管它是好事，還是壞事，因此必須避免他接觸壞事的機會。因為啟蒙思想會影響一系列相應的思想，所以必須確保孩子獲得正確的基本思想，包括生活中的重要關係和義務。指導思想存在於每一項研究、每一個思想方向中，所以研究兒童的人都會被這個指導思想所鼓舞，並迅速發展，進而推動和加強現實的教育。

可靠無誤就是正確，這樣的理性就是繼初始的思想之後，經過必要的合理的路線發展起來的不自覺的思想。透過最初的思想，就能夠預測結果。

我們已經養成了這樣的習慣，總是運用這樣思考問題，去推導結論。雖然思考的深度與起初的思想越來越遠，但是思考的方向卻始終不變，因為大腦組織會發生結構上的調整以適應我們思考的方式，還會產生思想運行的空間和途徑。我們由此明白了幼兒園時期塑造的思想，如何決定人的命運。

我們必須讓孩子認真完成自己簡單的任務，以此來培養他的責任意識；讓孩子大致了解別人的過錯和痛苦，以此來磨練他的意志。

家長怎樣做好老師

■ 不要什麼都指望老師管孩子

家長總是認為，長大後的孩子，會被學校的老師管得服服貼貼。在家裡時，很多孩子特別不聽話，常常到了睡覺時間，他還拖拖拉拉，即使母親大聲斥責，他也不理不睬。有人認為，孩子的這些情況，會隨著環境的改變而改變。但是能指望，一個在家裡隨心所欲的孩子，到了學校能乖乖的聽老師的話嗎？很多家長要把教育孩子的任務留給老師，是為什麼呢？不妨研究一下。我們常常會聽到這樣的話：

「哦，孩子年齡還小，長大就會懂事了。」

「應該讓孩子享受快樂的童年，上學後再管教，也不晚。」

「我們應當讓孩子享受愛，而不是去懲罰他們，讓他們自由的成長吧！」

「孩子的童年應該有美好的回憶，至於困難，等孩子長大再去面對吧！」

「自由自在是所有幼小生命的需求，就讓孩子像小馬駒一樣自由的成長吧，上學後，老師會約束他們的。」

「俗話說，龍生龍，鳳生鳳。為了使他的個性完整，我反對極力塑造孩子的做法。」

「隨著他年齡的增長，就會越來越懂事，也會慢慢的改掉那些壞毛病。」

這樣的說法數不勝數。不少人認為：把教育孩子的任務留給老師，是天經地義的。

但是老師真的出色的完成教育孩子的任務嗎？老師又能把那些沒有自我管理能力的孩子，教育到什麼樣的程度呢？其實，那些具有良好家庭教育的孩子，才是老師的成功和驕傲。教育這樣的孩子，會讓老師感到其樂無窮，會使老師不遺餘力的履行自己的職責，直到幫助孩子走向事業的成功。對這種極大成功的期盼，老師甚至會遠遠超過家長。但是老師不會把這些成績當作自己的榮譽，他們是那麼的謙虛，即使他們的許多美德並不被認可。

事實上，老師的成功在於那些得到良好家庭教育的孩子。我們常會聽到學校的老師說：「某同學真是做什麼像什麼，跟他在一起，可以做任何事。他的父母把孩子教育得真棒。」這裡我們可以看出，老師一點也沒把學生的成績，當作是自己的歸功。

無數經驗證明，老師只能教給學生種種知識，以及引導孩子學習，學生將來的成就如何，取決於孩子的基本素養。老師需要思考的是，人們把天真的孩子送到學校，該如何去做？而家長關心的卻是，老師是如何教育這些無知的孩子的呢？

人們知道，任何辦法也無法使牡蠣「坐起來」，其實鱈魚也一樣。必須有脊梁骨，才能「坐起來」，不只是有，重要的是脊梁骨要發揮作用。所以，如同牡蠣一樣的笨人有脊梁骨，像鱈魚那樣笨拙的人也能「坐起來」。

只有付出極大的努力，才能使本該爬行的動物坐立。

不過也會出現令人吃驚的個別情況：笨學生在老師的幫助下，獲得進步並且看上去情況很好。在一段時間內，即使不用理他，他也能保持進步。於是老師鬆了口氣，這時家長可能會說：「不是說過嘛，傑克一定會獲得進步的。」但是，等一下，這樣的結論恐怕還下得太早了。

學校生活如同軍旅生活一樣，多少有些單調。所以學生早期的習慣，就非常重要了。人們常說「三歲看老」就是這個道理。

約翰·布朗先生小的時候，天資聰穎，活潑可愛，另外，他的家庭環境還十分優越，所有的因素對他的發展十分有利。誰能想到，他竟然失敗了。其實，他具有的素養，足可以成就偉業，假如從小得到正確的引導，他的成就可能不只這樣。

隨心所欲是個貶義詞，但在適當的時候，我們當它褒義詞用。司各特（Scott）在《愛德華·沃維利》一書中，對隨心所欲做了令人愉快的詮釋。

愛德華·沃維利的理解能力非常強。運動員常說，他需要的就是老師向他講清楚遊戲規則，然後自己就能做得非常好。對於知識，老師只須傳授給他恰當的學習方法，再使他遠離懶惰，還須幫他樹立習慣，並追求遠大理想。

人們的好奇心一旦得到滿足，便會放棄學習，失去了戰勝困難的喜悅，進取之心就會失去動力。愛德華·沃維利雖然天資聰穎，但是他的性格卻不夠堅定，因此，他的一生，只能生活在命運的嘲弄中了。由於年輕時，沒有學會如何掌握自己的命運，致使他只能面對種種不幸。作為一個男子漢，他受的教育沒有給他應有的警覺和自控能力。

他也遇到過很多好事，但全不是靠他自己的智慧得來的。他努力得到的，好像只有和蘿絲·布拉德沃迪的愛情。不過女士們對待愛情，是那麼的糊塗。愛德華·沃維利獲得的一切利益和成功都是別人的成果。後來他不僅很富有，而且很有人格魅力，還結交了不少朋友。他並沒讓人失望。

為了把自己的命運牢牢掌握在自己的手中，他一直都在努力的克服各種困難。其實，他的叔叔也很有錢，也有很多朋友，生活情況十分好。

誠然，大多數年輕人不會像愛德華·沃維利那麼幸運。現實中很多家長滿足不了兒女的要求，也給不了兒女想要的生活方式。因此，小說家謹慎的指出：愛德華·沃維利所受的教育，使他總是生活在失敗中，他的才能的確出色，不過年輕時候，卻總隨心所欲，不會用理智來控制自己，而且他一直也沒有學會，做自己想做的任何事情。

現在，很多家長存在這樣的觀點：學校能制服學生。因此家長把這項任務留給了學校。他們不懂得紀律能夠培養控制能力，在家裡，也不會用紀律約束孩子。當他們把培養孩子控制能力的任務交給老師時，遺憾的是，已經錯過了最佳的培養時期。

家長的懶惰和放任，導致孩子形成不了良好的習慣。除去品德教育的其他事情上，我們應該讓孩子像小鳥一樣自由自在。但我們要杜絕他撒謊，避免他討厭功課。這些都需要我們用一種巧妙的方式使他明白這些想法的危害性。

我們並不是說要讓孩子在自然狀態下長大，但自然的事就包含著淳樸的、甚至是伊甸園詩般的夢幻色彩。這的確是人們嚮往的理想狀態。

盧梭倡導的自然教育學說，擁有眾多的追隨者。但是，我們經常會在生活中遇到下列情形：哈利氣急敗壞的從傑克手中搶回自己的小鼓；不到兩歲的小瑪喬莉歇斯底里的喊著，想要蘇西的布娃娃。面對這些，我們會說，這就是人類的本性吧。因此，我們必須及早解決這個問題，甚至我們要教瑪喬莉，如何使她表現得更好。

愛德華的聰明的媽媽說：「孩子不到 1 歲，我就讓他懂得必須聽話。」當你了解孩子的特點以及可塑性，也會對這種做法表示贊成。

1 歲左右，孩子學會了服從，對他以後接受各種良好習慣的培養，產生重要的作用。每年都要有不同的培養計畫。這樣當愛德華長到 6 歲，就不再是個自私的孩子了。

他父母在日記本中有這樣的話：「造物主保佑，在 6 歲生日這一天，他下定決心，希望成為一個大方的孩子。」

有的人還會笑談本性難移，固執的堅持，孩子的天性不可改變的觀點，這是因為他們還沒懂得，培養孩子的紀律觀念是家長的重要工作。

■ 家長要培養孩子遵守紀律

世界上的任何事物都需要發展完善。培養孩子遵守紀律的意義在於，避免孩子的粗俗、討厭的行為舉止，使他們成為舉止優雅的孩子。

對所有關心兒童成長的我們來說，這是義不容辭的責任；從小就能得到良好教育，是每一個孩子的權利。

很多家長不相信「龍生龍，鳳養鳳」的愚蠢說法，他們相信透過教育，孩子的智力可以無限的開發，他們信心滿懷的去履行自己神聖的職責，他們對孩子進行各種訓練，使孩子養成良好習慣，覺得就是自己的責任。完成這些後，就可以高高興興的送孩子上學去了。

紀律約束並不等於「棍棒教育」或者一些無效的懲罰方式。不少人堅持「棍棒底下出孝子」，因而，體罰在某些家庭裡時有不斷。這裡是說沒有必要體罰孩子，而不是說它沒有任何意義。實際上，很多人沒有懂得什麼是教育，他們只清楚教育就是獲取知識，對教育可以克服孩子性格上的一些弱點，還不太了解。

如果家長不會教育自己孩子，就會讓生活去磨礪孩子。孩子的天性是服從紀律，這一點我們必須牢記。受不了約束的人，必定是四處碰壁。為了孩子將來的成功，家長必須擔起教育孩子的重任。家長對孩子放任與否，影響著孩子將來的體魄、脾氣、氣質、感情或願望等很多方面。

紀律約束不等於懲罰，約束是什麼，約束這個詞並沒有懲罰的含義。家長們都清楚，孩子天生追隨的人就是自己，他是我們的追隨者。現在的人們不會因兒女眾多而感到自豪，兒女們也不希望家長一天到晚的嘮叨。因此家長的使命就是合理的培養孩子正確的世界觀和責任感，這一使命必須要時刻牢記。

■ 如何巧妙誘導孩子

哲學家要召集信徒，不靠武力，靠的是學說本身的吸引力，以及哲學家令人折服的表達能力，還有信徒高漲的熱情。因此，懂得享受生活的家長，也懂得如何勸導孩子，促使他們為追求美德和高尚的東西，而不斷努力。

在學校，老師對學生的教育，是精心設計、科學規劃的，是一點一滴，循序漸進的，而不是不間斷的硬灌。因此，為了孩子有良好的天性，家長都會對孩子的各種美德和修養，進行有計畫、有步驟的培養。

忠誠的特質，孩子天生就有。以此為基礎，培養孩子的種種美德，再教給他豐富的知識，進而培養他的自我控制的能力，以及使他的耐心得到鍛鍊，還要教會他虔誠和善良，最後讓他要懂得愛的真正含義。

聰明的家長就會按照「多一份愛心，多一份幫助，多一份希望，凝聚愛的力量，獻出一份愛心」，有系統的培養孩子，他們也一定會獲得成功。

其實，每一種特質都存在一定的不足，每一個不足都會有它的特點。所以，必須仔細的觀察自己的孩子，他一定有自己可塑性極強的特點。避免他變得脾氣急躁，魯莽衝動，一意孤行，否則他將會成為我們的敵人。只有家長付出極大的努力，才能讓孩子改掉缺點，才能使他並不斷得到完善。

施教者既要博學又要講究方法

■ 父母的知識儲備對孩子的影響至關重要

「當今的英國社會，大家會說，每個階層需要追求的教育理想不同，每個階層需要去努力實現的目標存在差異。」對於這些，這裡僅表示含糊的同意，不過它卻可以幫助我們明確自己的立場。關於階級劃分的問題，我們應該依靠自己的科學依據。教父們（為什麼我們不能像神學一樣在教育學樹起教父的旗幟）往往能做出直接影響到窮孩子的教育設想。

有些要人們幫助的孩子們，他們掌握的詞彙量很小，並且缺乏觀察力的

培養。裴斯泰洛齊教他們先觀察再表述：「我發現地毯上有一個洞，我發現地毯上有一個小洞，我發現地毯上有一個小圓洞。我發現地毯上的小圓洞周圍有一圈黑邊邊。」就是這樣教法等等，它會給予這些孩子們一定的幫助。但是我們要教的孩子們是哪些情況呢？今天，在科學基礎之上的遺傳理論，我們相信了，當然在這個問題上，我們的信念還靠自己的經驗得以維持。

「親愛的，過來看看這個噴氣的東西。」「奶奶，妳說的是火車吧？」其實，比起大人們平常的說話來，一個四、五歲的孩子用詞更豐富、更準確，而且他的詞彙量還在不斷的迅速擴大，因此對這一階層的孩子，只教單字，對直接教育的作用是微不足道的。同樣，也沒有什麼事情可以逃過小孩子敏捷的視線。因此，對這些孩子的培養重點不在觀察力上，應在培養他們有條理的觀察能力，以及能夠對事物做出準確描述的習慣。

世代依靠體力勞動的家庭不大懂得去培養孩子的想像力。因此，為工人家庭的孩子們，提供一些為他們量身訂做的遊戲，使他們積極參與到戲劇性的表演節目中，從而使他們學會自己編製類似的戲劇性節目。這應該是一種不錯的教育方法。

而有文化背景家庭的孩子，則完全不需要類似的訓練。他們的問題在於，想像力太過豐富，以至於經常沉迷於想像的王國裡。課文中的一句話、聊天時的一個詞、歷史人物的素描像等等，都會使他玩味幾天，並想出無數故事。

就像丁尼生（Tennyson），這些情景會在兒童時期的腦子裡停留幾個星期，他會設想一場城堡攻守戰（土墩做城堡，木棍當士兵）。這樣一個有趣，更富想像力的孩子，如果讓他像小鳥一樣振動翅膀，或像羔羊一樣圍繞老師做各種幼稚的遊戲，他會覺得傷害了自己的尊嚴，儘管他十分熱愛自己的老師，儘管他也喜歡這類遊戲。想像力需要精神營養，家長受過教育的孩子，在他們的心中，文化不會束縛想像力，因此教育內容就不必直接考慮孩子的構思能力。

關於孩子的推理能力，很多父母都有這樣的經驗。湯姆 5 歲了，媽媽偶然和他談起了海底電纜，媽媽說她不明白電纜是如何絕緣的。第二天早上，

湯姆說他思考一夜，他猜測可能海水就是一種絕緣體。這樣看來，根本沒必要刻意開發孩子們的推理能力。對於聰明孩子無窮無盡的「為什麼」，父母們通常會把它當作是造物主賜予孩子這樣的天分。

　　發展智慧對無學識和有缺陷的孩子至關重要。教育對於無知的或有缺陷的孩子們的首要任務就是開發孩子智慧。父母受過教育的孩子一般不會無知。對這個世界他們充滿好奇，充滿了對知識的渴望，而且具有敏捷的思維，這樣，使我們重新利用遺傳的原理，認識到自己的教育職責，並且認識到聰明的父母生養的孩子，天生具有自我發展的才能。

　　於是，教育就被分割成兩部分，一個是有文化背景的孩子的教育，另一個是無文化背景的孩子的教育。實際上，儘管我們極力逃避，但日常生活中的階級問題，在教育領域的確存在。教育必須適應個體需求，而且必須指出，如果教育的這一個部分對一個階級或一個孩子尤為重要的話，那麼對另一個孩子或另一個階級則可能顯得不太突出了。

　　倘若科學限制我們在開發才能方面的工作範圍，它必將影響我們培養習慣的工作。

　　在此托馬斯・肯皮斯說過，「一種習慣克服另一種習慣」，這也就是我們的觀點，但是生理學家對習慣這種規律的基本原理以為我們講得十分清楚了。父母的主要責任就是培養孩子正確的思考習慣和行為習慣，況且這類工作能夠在特定的時間地點，明確的實施到每個孩子身上。這裡必須提醒父母們，必須注意孩子已經知道的事情。

　　父母的又一個責任就是：每天用仁愛、正確和高尚的思想滋潤孩子的心田。對於這些，一個受過某種思想教育的孩子，會以自己的方式吸收，並融入自己的生命組織，媽媽隨意的一句話，可能會讓孩子形成一種愛好，甚至會讓孩子成長為一個畫家或詩人，以及政治家或慈善家。課程教育的目標具有雙重目的：一方面，培養孩子的心理習慣，如注意力、準確性和敏捷度等等；另一方面，要用思想滋潤孩子的心理，這些思想最終要在孩子的生活中結出果實。

對於已經證明成熟的其他一些教育原則，我們必須牢記在心，不過，眼下我們最關心的事，就是突出教育在習慣的培養和思想的呈現，這兩個方面的重要作用。這也是我們的一個目標。而作為一個必然的結果，就必須承認教育的最高目標，並不是發展智慧。因為，我們的前輩已經為孩子們做好了這個工作。

我們承認人性的物質原理和精神原理，但它們都是怎樣運行的呢？它是今天人們思考的問題的對象嗎？是它，讓人們對人性的物質原理和精神原理有了充分的認識，因此它必定實用。我們做好回答最先進的生物學家問我們的所有問題的準備。假如他說「思維只是情緒的一個模式」，我們不會驚異。因為，我們大腦中99%的思想都是不自覺形成的，是習慣限定了的大腦組織發生改變時必然的結果。

卑鄙的人有卑鄙的思想，高尚的人有高尚的思想，因為我們都是依靠習慣的思想方式進行思考，對這些生理學能夠解釋清楚。另一方面，我們必須承認人類的精神比精神控制的物質更重要。每一種習慣都有自己的起源，而讓我們激動並終於控制了我們的思想，就是這個起源。

我們承認造物主是至高無上的教育家。生命的動力是思想，正是由於我們認識到思想的精神力量，才能夠甘之如飴的接受這個事實。造物主就是至高無上的教育家，它對我們每一個人反覆的進行治理，無論在神聖的方面，還是在世俗的方面。我們始終接受思想的影響，不管這些思想是透過閱讀還是口授傳遞給我們的，也不管是否在無意識中產生的。

所以，學習受到人們的重視，思想存在好與壞。因而，按照我們接受的教育，選擇自己心中萌生的各種思想，對一個人來說是重要的責任。我們應當給予孩子這種選擇的能力。

我們應當問自己：「讓孩子學的種種內容是否蘊含了豐富的思想？」我們必須拋棄把發展智慧作為教育的主要任務的認知，我們往往會把那些沒有重要的思想依據的學科看作無價值、無收效的東西，並將它拒之門外，然而我們又不是一成不變的保留一些學習科目，也沒有訓練清晰、條理的思考習

慣。我們一些思想訓練內容就是為了訓練清晰、條理的思考習慣，以及鍛鍊我們智慧。

比如數學、語法、邏輯等等不純粹是訓練課程，如果一個像公牛一般的大老粗也有智慧的話，這些課程就可以發展他的智力。從學校這個角度，我們不能拋棄熟悉的教育模式，因為它的作用在發展某些才能方面比較顯著，然而它們會在人的大腦組織上留下智力習慣的痕跡，那才是我們更加注重的。

■ 設置科學的目標課程

孩子應當對他看到的東西有生動、切身的體驗，這是我們關於自然和知識的第一種看法。其實我們更關心的是他能夠區分麥苗和韭菜，能夠了解哪裡生長什麼，長得如何，而對他是否能講述花蕊的上位和下位，我們不會理會。這些知識都屬於孩子的智力範圍，我們以後再開發他這些智力也不遲，最好等到孩子看過、學習過活的植物，甚至已經能夠很好的臨摹這些植物的色彩和姿態時，再讓他了解這些知識。

目標和課程目標和課程的關係也是這樣。我們不必忙著培養孩子觀察一切瑣碎事物的能力，忙著教他將把某東西說成是不透明的、易碎的、柔韌的等等。最好不要讓這種方式挫傷了孩子的好奇心，其實，如果他願意接受並且重視和大人聊天提問題的機會，這是我們希望看到的。

比如一起說說河裡的閘門、割草機、耕地等等這類機械東西都是怎麼一回事，這樣能夠在孩子的心裡播下真正的知識種子，而不會把他變成一個誇誇其談、自命不凡的孩子。

好的書籍，是一個可以被我們利用的思想寶庫，其中的許多思想在歷史的發展過程中產生了非常重要的作用。把打開這個寶庫的鑰匙交給孩子，就是我們最渴望的事情。

有人認為，現在的教育培養不出偉大的領袖人物。但是，我們還是會努力，我們先給孩子讀《叢林的童話》，等他稍大點後，再給他讀《普魯塔克》，盡量不要打斷故事情節或者隨意更改故事內容，應該把完整的內容呈

獻給他，給予他思考、判斷的權利。

對孩子進行教育和管理，我們應當遵循自然的方法，根據他們和我們的天性。我們並不承認「孩子是天生如此」，我們把「兒童是人生最快樂和美好的時期，但同時也是最脆弱和天真的時期」，作為我們的觀點。我們不能削弱他們的生活感受，我們應該以他們的接受能力為限，讓他們適量的接觸生活，為此我們必須小心從事。

不要輕易隨便改變孩子的個性，絕不輕易去改變孩子們的尊嚴，這是我們的宗旨。其實，這些發展是穩定、長期的，不存在過渡階段。這種教育是先進的，但也是最廣泛的。我們必須聲明，我們的常識以生物學的科學理論為基礎，我們所做的一切都有它的理由。我們還要承認「事物之間的調和科學」，我們只告訴孩子最重要的事情，而對於孩子的行為不去過多的進行干預，為他們提供天性、提供超乎自然的力量發揮作用的時間和空間。

我們可以從另外一個原理中得到更多的指導和激勵。我們對康德（Kant）的觀點，即人的大腦擁有先天的知識，持保留意見；我們也不去反對休謨（Hume）的說法，即人的大腦擁有天生的思想。一個比較讓人滿意的見解認為，人的大腦具有適應大千世界各類知識的變化能力。我們可以發現，假如在教授孩子知識時，我們用適當而熱情的方式，那麼孩子們也會熱情的學習傳授給他們的知識。所以我們認為，必須為孩子們提供寬泛和豐富的課程內容。

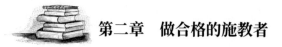

第二章　做合格的施教者

第三章
兒童是有人權的個體

兒童是人類的財產

■ 父母要正確撫養兒童

那些受過教育的女性往往能獲得較高的地位，不斷增長的工作欲望就是她們的基本象徵，而當今社會也的確需要這樣的女性。現在，教育更加普及，越來越多有能力工作的女性變成了職業女性。即使不是迫於生活的壓力，她們也願意做這類有益的且穩定又有固定時間的工作。

裴斯泰洛齊說，造物主之所以賦予母親作為兒童第一監護人的使命，就是要求她們對孩子付出自己的愛。小孩天生具有完整的器官，但是如何利用它們，比如心臟、頭、手等如何開發利用？它們又為什麼服務？這些都需要母愛的教育。孩子的未來能否幸福，就是母愛的動力。

母親能夠清楚的意識到自己的責任，而且她們受過更高程度的教育，所以她們將變得更為稱職。她們覺得 6 歲前兒童的教育，除了自己以外，幾乎不能託付給任何其他人。她們把教育孩子當作自己的事業，如同男人在他們的職業中那樣，勤奮守時，態度端正。

母親應該明白她們這種工作是多麼重要。所以她會掌握教育理論，以及這些理論所依賴的基礎 —— 兒童本性的狀況，不會去採用那些道聽塗說的說法。

赫伯特・史賓塞（Herbert Spencer）說：「在兒童的教育上，德、智、體等方面的教育本身就有很大的缺陷。」

由於父母缺乏正確教育孩子的知識，在一定程度上教育就有了缺陷。我們不能奢望，極為複雜的問題教給那些從不思考解決它所需要原則的人。

對於製鞋業、建築業，以及輪船的駕駛，需要長期當學徒，那麼，人類身體和心理的發展過程真的是如此的簡單，以至於誰都可以輕而易舉的調整它嗎？如果不是，這一過程將比其固有的本性更為複雜，並且對它進行調控非常困難，那麼對這樣的任務不進行充分準備，可以嗎？

想要正確撫養兒童，有些知識必不可少，比如關於生理學第一原則的知識，以及心理學的基本原理等。以下的事實無可爭辯：

兒童身心發展一定遵循某些法則，只有父母在一定程度上認同這些法則，並嚴格遵循這些法則，希望才不會破滅的，否則可能導致嚴重的生理和心理缺陷，也只有完全遵循這些法則，才能達到比較完美的成熟狀態。所以，那些已成為或將成為父母的人都必須努力學習這些法則。

每個做父母的都會把孩子看成是一張空白的紙張，希望按自己的想法圖畫。隨著年齡的增長，孩子就會彰顯個性，父母的方式也隨之變少。

開始時孩子個性的表現比較奇怪，父親會令他愉快，母親則會使他變得陰沉，這也會使大人感到疑惑。不過孩子大點以後，就會表現得有感情、欲望和意志，這時新奇感也不復存在。當孩子沉湎於書籍之中，或者參加屬於男孩子的遊戲時，他的父母也就不再疑惑，並且習慣於這種狀況。這時，父母就會轉變為兒童包辦一切的觀念。

父母最大的快樂莫過於看著自己的孩子像花開一樣健康的成長，只要孩子能自主，他就會得到鼓勵。孩子自主性越大，父母可做的就越少，到了最後，他們能做的就是為孩子提供便利的食物。

現在，我們也許明白了，孩子能夠合適的自我調整，父母所需要做的就是供養，供養的東西必須健全或者有營養，無論它以圖書、課本、朋友、牛奶麵包還是以母愛的方式。大多數父母所理解的教育就是按照自己的愛好，給兒童們更多的營養、關愛以及文化，然後任其自由的發展。

事實上，在父母的幫助下，兒童能夠按其本性成長是最好的，這樣對孩子不僅沒有什麼不良後果，反而會有很大的好處，除非父母溺愛他。但是「任其自然」這種觀點，並沒有真正觸及影響人類發展的法則，因而它並不完整，不能完全反映父母的本意。

兒童的事情非常繁雜，看似愚蠢的話語和行為方式往往包含重要的意義。只有父母細心入微的觀察，才能懂得其中的意義。兒童開放的思想中包含著教育的最大可能性和正確方向。

「家庭是國家的細胞」經常被老一輩的教師提到嘴邊。它含有很多教育思想，比如，部分小於整體，整體包含部分，整體決定部分，這樣看來，兒童就是國家的財產，應由國家來撫養，他們是國家的未來，而不是為了父母親個人的意願。

所以，父母雖有教育孩子的權利，但也不要忘記，孩子是國家的財產，撫養孩子是每個人的職責，即使是那些未婚的和沒有小孩的人，他們也不只是「旁觀者」。

父母不必面對教育問題的所有方面，就是傳統教育的方式。到目前為止，傳統的教育方法仍然流行，很多兒童就是在這種方法下長大成人的。前人的經驗存在於大量的教育格言之中，代代相傳，其中少數格言變成了常規的教育慣例。

但是，教育理論中先進的科學如何發揮作用，我們始終領會不到。傳統教育理論在實踐中存在很多不足，新的理論還沒有流行起來，父母只能靠自己僅有的資源，並加上自己的準則，來得到一種教育方法。

按照前面所提到的規則，為了對孩子有好的教育效果，以及不被責怪，母親只好經常運用她的妥協。現在，兒童被看得很神聖，雖然他也有錯，但是為了道德的目的，一般不允許對他進行懲罰。

關於兒童的老規則是「打得越痛越好，欲望會導致莽撞」。如今，小孩的飲食要求至少和他們年長的兒童一樣豐盛。懇求得到某種食物就是食欲，以前把它作為一種不好的傾向，常常被壓抑。現在，它卻成了父母為孩子安排飲食的依據。

我們應該把小孩訓練成經得起考驗的人，這是一個古老的原則。一個被帶出去觀看火把隊伍的 5 歲的兒童說道，「不經歷風和雨，我將放棄這次遠航。」在天寒地凍的環境中，他拒絕了避風所。現在，類似的保護隨處可見，生怕小孩子受苦遭罪。

對於孩子來說，以前的教育理論是希望他們按照父母期望的那樣去做，好好學習，如同一種責任。而現在，他們的快樂往往來自於他們更多的要

求，而不是承擔的責任。

以前，他們是在被動中長大；現在，家長做出了讓步，孩子在主動中成長，變成了世界的中心。

英國人很少有《法國人的家庭生活》一書中所寫的那樣，替他3歲的女兒脫衣服讓她上床睡覺，等她睡著以後才能悄悄溜出來，以致參加宴會遲到。我們不一定這樣，但這呈現了我們的一種傾向。新的教育理論相對來說是明智的和仁慈的，它吸納了生理學和心理學知識，並且在多大程度上呈現了我們那種傾向。

設計達到目的的方法具有兩個方面：一是達到目標的方式，另一方面是各步驟執行的程序。也就是說，方法意味著為達到目標所採取的觀點和心理步驟。

什麼是教育小孩需要的方法呢？應該是自然簡便、謹慎靈活的方法，然而它還需要具備可監督性和強制性。從教育目的的角度看，方法不像太陽那樣，僅僅依靠光照就使風吹水流，它需要動用各種手法以實現教育目的。

也就是說，父母需要借助於方法來教育他的小孩，必須充分利用孩子生活中的所有環境。簡便而趨於自然的教育方法，可以使兒童隨時隨地接受教育，就像呼吸一樣，令他難以意識到這一點。幼兒園的教育方法恰如其名，它由受過教育的人構思或執行，以幫助兒童各方面的發育、成長，可是一些無知的從業者卻認為，這只不過是一種非常機械的系統。

體系比方法更簡便，這是獨具吸引力的構想，它在一些方面的確比方法更好，它能確保設定的結果。依照系統的方式，某些發展可以透過遵守一定的規則而實現。透過體系可以學會速記、舞蹈、會計，以及如何成為一位女性等等。

體系是指在活動中透過養成行為習慣、透過按照某種方式行動而實現。假如人類是機器，教育就是使它按照計畫的形式運轉，而不可能是其他，教師的工作就是去適應一個好的工作體系。但是，教育者需要注意自己的行為、自己的發展，引導、輔助孩子走向好的方向，消除那些不良因素，幫助

孩子在將來的社會中謀得自己的位置，發展他們的潛能。

體系作為一種教育工具，作用很大，但是也有一定的危害，因為它把鮮活的生命機械化了。

還要清楚，體系與方法有著不同的特點，父母往往認為，有看似合理的「體系」就足夠了，父母的目標一般是單方面的，如肌肉、記憶、推理能力等方面得到發展，他們認為教育就是單方面的發展，而忽略了全面的發展教育。這是由人類懶惰的本性造成的。因為，人們往往更願意接受確定的安排，而忽略不可預見的行為。

把兒童的完整存在，作為對他進行教育的手法，就不太被人所重視了。為了孩子的發展，父母也許會減輕孩子的勞動，但是為長遠考慮的話，設法創造對孩子有利的環境，才是最重要的。

■ 要充分尊重孩子

兒童注定是遵紀守法者，該做什麼，不做什麼他很清楚，他也能夠區分對錯，所以當母親批評孩子是個「淘氣的小孩」時，他就會垂下腦袋，羞得臉紅脖子粗。儘管兒童很可愛，但人們為了看到孩子幼稚的表現，就說他是個「淘氣的小孩」。兒童這種感情、意識的表露，不就意味著這個事實嗎？

兒童天生帶著警告來到我們這個世界，所以「注意不要冒犯任何一個兒童」。可是，那些沒有遇見較大的孩子的人，沒有正確思想的父母，他們還不知道這意味著什麼，他們不會因神聖的「職責」而激動，他們只清楚「我想」、「我不想」、「我喜歡」和「我不喜歡」，並不知道其他更高的生活法則。

人們會有這樣的疑問，在還沒有懂得人類語言時，就能敏銳的辨別是非的兒童，為什麼就不知道遵守紀律了呢？

生活中有這樣的情形，當孩子的手伸進糖罐裡時，母親就會說「淘氣！」當孩子做得正確時，又會用調皮的眼睛偷偷的看著母親的眼睛。他那些有趣的行為，母親會不禁發笑。小過失常常在「淘氣」後，被母親允許。

但令母親想不到的是，一個過失就這樣被小孩記在心中，讓他懂得「淘氣」也許會免受懲罰。但小孩已經知道了，只要母親不反對，就沒有什麼可怕的。這樣，孩子就認為母親好像允許他，去做不被允許的事情。接下來，孩子就會經常做自己所選擇的事情。長此以往，小孩開始了爭取按他自己的意願行事的戰鬥，而在這場戰鬥中，父母往往左思右想、一敗塗地，而小孩就知道堅持做他喜歡的事情。

母親剛開始責任感並不強烈，她認為，自己可以隨意的支配孩子，允許或是不允許孩子，完全按她的意志行事。孩子並不知道母親不允許他損壞姐姐的玩具，不允許他狼吞虎嚥的吃蛋糕，不允許他影響別人的愉快心情是為什麼？

面對那些被禁止做的事情，孩子會表現出他這個年齡所具有的溫順和服從。但是，當小孩覺察到父母親的強制性時，他完全有可能會做出某些不適當的行動，甚至損害父母的尊嚴 —— 這就是父母強制的後果。

■ 細心的了解你的孩子

對於兒童的健康，父母可能傷害到他們的孩子。慈愛的母親允許兒童在某方面的錯誤，這僅是她犯的眾多錯誤中的一個。母親的無知、任性都很糟糕，最糟糕的是她常常跟著孩子犯錯誤。

比如，她也會為孩子提供缺少營養的食物，讓孩子睡在或生活在通風不暢的房間裡，這些做法違反了孩子健康的原則，都會影響兒童的身體健康。如果健康方面的知識極度匱乏，就會導致極大的危害，這就需要科學家把這類必要的知識傳授給每個人。

對於兒童的智力，父母可能傷害到他們的孩子。用刻板、沉悶的課程來啟蒙兒童的智力，是最不明智的。它不可能使兒童獲得應有的進步，也不能使兒童懂得學習的真正意義，並且不利於兒童智力的發展，使他們不能超越。許多女孩，長大後只喜歡看無聊小說，以及談論衣服或化妝品。這是由於她們沒有真正的體驗到學習的樂趣，離開學校後，就會厭惡腦力活動，並

且這種厭惡將伴隨她的一生。

對於兒童的道德生活，父母可能傷害到他們的孩子。很多母親只是注意家庭對孩子的影響，但是她們沒有對孩子進行行為準則和道德觀念的教育，沒有教授孩子如何面對外面世界。更令人遺憾的是，孩子常常得不到家庭應有的關愛，尤其是較普通或相對愚笨的孩子，總是被冷落，而父母的愛總是給予家裡比較聰明的孩子。得不到愛的孩子當然不會去愛她的兄弟姐妹，因為她覺得他們獨享了她應有的那份。有多少人知道，那些在童年期遭受這種待遇的孩子，他們真正的痛苦，又有多少人知道，究竟有多少孩子處於這種愛的壓抑中。

一位女士曾對我說，「我的童年是可怕的，母親寵愛弟弟，她每天讓我去托兒所照看他並逗他玩，但是她從不關心我，幾乎不對我說一句話，也不會看我一下，更別說給我一個微笑，甚至不會過問我存在。這一切我永遠不會忘掉，儘管她現在對我很好，但我仍然不能原諒她。假如我們姐弟兩個一起在母愛中長大，那麼我現在的感覺又會如何呢？」

對於兒童的自尊，父母不能輕視。「輕視」在字典裡是「低的評價、低估」的意思。一個好的母親就是，即使孩子冒犯她，她也不會輕視自己的孩子。

但事實上，大人們不管多麼喜歡孩子，對孩子的評價都不高，即使是一位不輕視自己孩子的母親也一樣，否則，她不會把幼小的孩子完全託付給一個教育程度不高的保姆。母親應仔細的挑選聰明的保姆，再認真的培訓她，還要時刻注意托兒所裡的所有活動。因為這個時候的孩子，如同空白的底片，這時期所接受的東西將永久的保留下來。

很多受過教育的人們希望孩子圍繞在他們的周圍，經常帶孩子參加社交活動，這樣對孩子的刺激非常大，因為，母親在社交時不斷變化，呈現出不同的形象，都會為孩子帶來刺激。所以，母親應該讓孩子分享她那新鮮的、快樂的時光。

保姆的魯莽、粗暴，將會對柔弱的兒童帶來永久的傷害。兒童的道德感

發展極快，一些很輕微的、不公正的、欺騙的或哄騙的言行很容易被他們察覺到。保姆常常對兒童說：「只要你能做個乖孩子，我就不說出去。」兒童從話裡懂得了，如何應付對他瞭如指掌的母親。

由於人性存在一些弱點，兒童很容易接受一個壞的模式。所以，假如我們把一個能夠清楚表達自己意願的孩子交給一個魯莽的、粗暴的、狡猾的保姆，那麼這個孩子就會染上這些惡習。

對於兒童的錯誤，父母一般採用不是很重視的方式。兒童常常表現出各種缺點，例如，有時貪婪的連別人的那份糖果都想全部吃掉；有時對阻止他的人，用打、咬的方式進行報復；有時用謊言堅持自己沒有碰糖罐或果醬瓶等等。這個時候，母親一般不及時阻止他們。儘管她知道此時必須提醒孩子的不良行為，但她又說：「哦，沒關係，孩子還小，等長大一些他會知道的。」這些問題沒有得到應有的重視。

如果母親總是認為，孩子們無意識的錯誤行為不是什麼大事，何況孩子還太小，沒有糾正的必要。如果兒童第一次犯錯誤，就應該阻止他，僅僅一個遺憾的眼神就足夠。

否則，他的錯誤一直繼續就會形成壞習慣，再想糾正就不太容易了。認為孩子太小，任由他的壞脾氣發展，而不去管，只會種下惡果。

■ 遵守健康原則撫養孩子

為了讓孩子們擁有更多的接受教育的能力，就要培養他的智力、意志和道德情感在他的頭腦中各司其職。

具體說來，眼睛是視力的器官，頭腦或其某些部分是思維、意志、愛和欲望的器官。儘管權威們對大腦的功能如何定位的意見各不相同，可是至少有一點是很清楚的：

沒有那種叫作「腦」的灰色和白色的神經物質的真正活動，大腦的一切功能都不可能實現。

這不僅僅是心理學家關心的問題，每一個父母親也應該參與討論，因為

我們身體的各個活動成員和諧相處並健康的活動，需要我們的大腦，而思考所用的完美的大腦，只有在鍛鍊、休息、營養等條件能夠確保身體每一部分健康安全的時候才能保持好這一切。

現實生活中存在一些古怪的或愚蠢的人。這些人難道是天生就比其他人的腦容量少嗎？也不一定。可能是沒有培養他們形成正確的道德和智力，任由他們的思想和意志，不做任何努力的混過青春時代造成的後果。

如同一副健康的手臂被繃帶吊起來幾年從不使用的結果是一樣的，本來靈活的大腦，如果不經過日常鍛鍊，也將變得虛弱和遲鈍。健康的智力活動應該按規則進行，大腦的活動並非率性而為，它會在一定工作範圍，以適當的方式從事工作。否則就會變得很古怪。

有一個精明的人曾建議，如果發狂和低落情緒襲擊大腦時，可以偷個懶，就是使孩子們不用在智力、道德、意志上做任何努力就度過每一天。讓他們獨立自主，輕鬆和愉快的把事情做好，不過前提是，使思想的物理器官更加精力充沛的工作。

大腦得到應有的休息是非常重要的，換句話說，工作與休息應該交替進行。

首先，同一環境下，大腦和其他任何器官一樣應該積極的工作，把大量的血液集中到頭部，提供努力工作所需要的物質營養。晚飯後，是器官最勞累的時候，這時的血液已到工作的極限，食物還有待消化，假如這時立即帶孩子出去散步，長此以往，他就會成為一個消化不良的人；倘若讓他飽餐後去讀書，情況也很糟糕，因為本來用於消化的血液卻跑去支持大腦工作了。

學習的時間應選擇在大腦休息之後，這時整個身體系統的任何部分還沒有過度的工作，比如在睡覺、玩耍之後，所以，讀書和進行智力活動的最佳時間就是早上起來和早飯之後。而下午的時間比較適合一些機械的任務，如針線工作及畫畫練習。

到了晚上，孩子們的智力就更活躍了，不過太興奮的話，它會有一種慣性做這項工作，如做夢、失眠。若稍大一點的孩子晚上經常補習功課，他們

也應該在入睡前的一、兩個小時進行娛樂。事實上，我們往往忽略孩子晚上休息前的「準備活動」。

赫胥黎（Huxley）說過：「目前還沒有充分的證據顯示，某些特殊的官能影響大腦半球的特定區域。」它對於我們來說極具權威性。

我們不可能把「能力」限制在大腦的某一範圍。比如右腦用於注意，而左腦用於培養藝術能力。這對教育家來說很重要，當某一功能使用時間過長，大腦的相應部分就會疲乏。

例如，孩子一直做算術題，時間久了，反應不知不覺就遲鈍了。如果讓他讀歷史，這時他的智力明顯又恢復正常了，沒有用於數學的想像力，在歷史課中得到了充分發揮，孩子又能活躍的、不知疲倦的學習新的東西了。

學校的課程表一般也要按照這個規律，才能有利於開發孩子的多元智慧。在學校裡，不進行有效的課程改革就是使學生身心疲憊的原因。

大腦需要豐富而又適宜的營養，這樣才能促進大腦有效的運作。有人進行過這樣一個運算，大腦有多少盎司參與這項工作，就有多少盎司同時參與另一項同樣的工作。一套血管系統運輸大量的血液到全身器官，供給養分，補充體內的消耗。血液供應的品質好壞和數量的大小決定了大腦是否健康、精力是否旺盛。

目前的資料顯示，血液的品質受以下幾個因素的影響：

首先，血液的營養成分主要源於我們攝入的食物，攝入的食物越有營養、越容易消化，血液品質就會越高。並且，攝入的食物必須是多樣性的混合食物，因為這樣的食物能提供不同的營養成分，以滿足組織對不同成分的需求以及補充組織中不同成分的消耗。

其次，孩子能量的消耗，大得令人吃驚。他們身體的運動、情緒上的不安定、精神狀態的旺盛和舌頭的不停動作，這一切都意味著能量的消耗，這種能量的消耗要及時得到充分的補充。最後，孩子的身體比成人的身體更活躍，攝入和消耗更要求趨於平衡，原因就在於孩子的大腦總在設法做搖擺不定的努力。

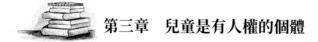

最後，據不完全統計，一個成人的腦重僅是機體的四十分之一，然而卻需要十五分之一或十六分之一的血液來補充這劇烈活躍器官的營養。但對孩子來說，大量的血液供應主要用來維持大腦的正常動作，加上孩子對能量的需求旺盛，他不僅要補充消耗，維持機體平衡，更重要的是要生成腦和機體組織。

關心膳食是一個明顯的結論，孩子必須要吃得營養。我們遇到過不少由於小時候膳食搭配不當，而壽命短暫的人。的確，在為孩子提供有助於身心健康，全面發展所必需的食物方面，很多父母並沒有意識到他們的責任，而不是什麼立場不同。

父母提供給孩子的食物不僅能吃，易於孩子消化吸收才是最關鍵的，應該選擇能夠為大腦和身體提供豐富營養的食物。眾所周知，油膩的點心，豬肉、油炸食品、乳酪、味道很濃的任何種類的食品並不適合孩子；食用新鮮的麵包、有營養的蛋糕和果醬時，拒絕使用胡椒粉、芥末、醋、醬油等調味品；像李子、醋栗這樣的水果，它們的果皮也可食用；牛奶、水忌煮得太熱；可可粉是很好的飲料；家長還須培養孩子飯後喝飲料的習慣；早餐吃點新鮮的水果是很不錯的選擇；還有燕麥片粥、蜜糖以及上等的烤肉，這些有營養的食物可以當作早餐。另外，早晚喝一杯水對身體也有好處。

而且飲食必須有規律。比如最好是在早餐後 5 個小時左右用午飯，特殊情況除外。

愉快的進食必須強調的是，易於消化的食物才會對身體系統有好處。另外，人們應該記住：精神和道德狀況好壞對一個人的消化程度作用極大。

眾所周知，當情緒高漲、心理滿足時，胃液可以促進食物的消化。如果孩子在食用他不喜歡他的午餐時，會表現得很費勁。倘若他悶悶不樂的進食，就不可能品嘗到飯菜的美味。

由此看來，進食是一個健康的、攝取營養的問題，而不是飽不飽的問題，也就是說，孩子應該愉快的進食，享受其中的滋味。

我們應該養成全家人坐在一起吃飯的習慣，每個人都應該努力將用餐

時間變為一天中最輕鬆的時刻。如果父母允許孩子每次吃飯都與自己共餐的話，對孩子大有益處。這時，父母可以培養孩子的舉止和道德禮儀，也可以要求孩子細細咀嚼食物，使孩子養成對身體健康有利的良好習慣，在這種氛圍中，家庭和睦又融洽。

飲食種類的變化，愉快的環境和可口的食物，對精神狀態處於極度旺盛的孩子來說仍然不夠。他們的食物應該簡單，但也有花樣。每天變著花樣比較好，但是，小孩的飲食每週固定不變，他就會吃膩，也會營養不良。

母親必須盡力為孩子做多樣的食物，最好半個月不重複。魚，就是不錯的換口味的食物，還富含人類大腦所需要的磷。應該注意兒童吃的布丁，兒童喜歡含澱粉和糖分的布丁，因為與含有脂肪的食物相比，布丁能為他們身體帶來更多的熱量。但是要盡量為他們提供多樣的種類，不能老吃同一種澱粉食物。明智的母親也不能說「我總是給孩子……」之類的話，不應該「總是」吃某種食物，至少每餐都得有點小小的變化。這並不是說他們想吃什麼、喝什麼就能得到什麼，如果這樣的話，孩子就變得貪吃，而孩子營養不全往往是因為貪吃。

空氣和食物一樣重要，我們吃的食物，以及我們所呼吸的空氣決定著血液的品質。

肺的所有細胞，每兩到三分鐘，就要對全身的血液進行過濾，空氣中的氧氣，在這個過程中發揮著相當重要的作用。空氣中所含的大量氧氣不僅充分的氧化了血液，還為呼吸或燃燒的物體提供需求。

這樣看來，每天讓兒童在空氣清新的戶外做肢體運動和呼吸活動是十分重要的，且非常有必要。

兒童最好每天散步，一旦天氣適宜，就應該帶孩子出去，而且每次最好不少於一個小時，這樣最好。

大部分大陸國家的人們習慣於戶外活動，所以法國人、德國人、義大利人以及保加利亞人一般比海島生活的英國人更快樂、更堅強。人們常對不能吃東西的殘疾人說：「你不能只靠空氣過日子！」是的，任何人都不能只靠

空氣生活，但是空氣在支持生命的三種物質中無疑是最重要的。只有透過呼吸，人的血液才能到達肺部，再從肺部經過血管流向全身。

正是空氣中的氧氣使血液重新獲得生機，用來供應全身；也是它穿過薄薄的血管壁進行化學交換，使系統的廢物變成有用的液體，從而支持肌肉組織和神經組織。

我們並不清楚，氧氣也有一定的局限性，它需要發揮的空間。一個日益嚴峻的問題就是：燃燒物體和呼吸的生命都需要消耗氧氣來維持。隨著社會的發展，燃燒越來越多，同時聚集在大城市中生命也逐漸增加，有限的氧氣不堪負重。人類只有在氧氣充足的環境中，才能健康快樂的生活。如果氧氣有限，就只能維持較低水準的生命了，因此，在一些大城市中，人們變得矮小，體弱多病，甚至縮短了他們的壽命，使他們幾乎見不到自己的孫子或孫女。

城市中，貧民窟裡以撿街上的食物為生的兒童，為什麼會比那些在家裡嬌生慣養的兒童看上去更加健康呢？因為他們擁有更多空氣。城市裡的貧民窟空氣比較流通，保留著農村般令人愉快的生活氣氛。那裡的孩子在街上度過大部分的時間，他們所享受到的空氣，遠不是那些待在空氣不暢的大公寓裡的孩子可比的。

前面我們談論的大都是室外活動，其實，真正重要的是室內活動。在戶外受傷，短時間內很難癒合。當你進入房間，像發生火災和瓦斯中毒一樣，屏住呼吸 2 至 3 分鐘，感覺一下空氣的對流，再盡情的享受新鮮空氣。

居住條件中最為重要的就是，定期維護有利於房間的通風設施，使汙濁的空氣順暢的排出，新鮮空氣盡情流入。臥室的空氣流通尤為重要。各種通風裝置必須有利於睡眠的兒童，開一英吋，或者更大，甚至整年開窗，讓兒童去感受那夏天一樣的呼吸。

人們普遍認為晚上的空氣沒有早上的好，但是你必須明白什麼是有益的空氣。它應該包含著充足的氧氣供給，還應該考慮是否有活力。所有燃燒的物體，如火爐、瓦斯燈，它們燃燒就要消耗空氣，並放出含碳的酸性氣體，

那是最有活力的氣體。那樣你就會懂得，在一般的環境下，夜晚的空氣要比白天好。

有句廣告語是這樣說的，要想使孩子們的血液達到最好的品質，僅有純淨的空氣是不夠的。血液時時刻刻的循環著，紅細胞就在健康的血液中自由的生長的。研究發現，經常晒太陽的人，他們的血液中存在大量的紅細胞，因此他們的臉色紅潤。由此可以得出這樣的結論：陽光可以促進血液中的紅細胞產生。

應該提醒媽媽們，盡量把孩子們的房間設在向陽朝南的那一面，使孩子的房間保持光亮通透。當孩子們從他們所住的房間，從托兒所，從早餐室裡走出來時，那正好使空氣穿過窗戶和門，使房間得到徹底的通風。如果室外建築和大樹擋住了陽光的進入，那麼我們就應該二話不說的移開它們。

孩子流汗是值得注意的問題。皮膚對於人體十分重要，它從事著必要的廢品收購者的工作。因為血液為了大腦能被健康的滋養，它需要接受並清除血管中的垃圾，再透過皮膚排出體外。這意味著，每分鐘都有數百萬個毛孔透過皮膚，幫助血管進行代謝，並且每一個毛孔都在不停的工作。

不管我們是否感覺得到，分泌從不間斷，只有皮膚表層分泌過多，我們才會感覺到潮氣。假如皮膚的功能被調整，或者大部分皮膚損壞，它就失去了滲透功能，就會導致死亡。就像人在燙傷或灼傷的情況下，即使任何器官沒被傷害，仍要死亡一樣。當大量能夠帶走血液中有害物質的毛細血管被封閉，儘管剩下的表皮和重要的器官仍要更努力的工作，但也不可能彌補這一損失。

所以，保持整個表層皮膚在幫助血液代謝時的良好狀態，對腦部能夠得到充分的滋養十分重要的。

小孩應該講究衛生，首先要每天洗澡，其次是揉搓皮膚，這不難理解。但是令人不解的是，小孩為什麼必須穿透氣的外套，才能使皮膚得到呼吸？為什麼當瘦弱的女人穿著皮衣時，容易暈倒或者感到頭暈呢？為什麼人們從絲綿被子中睡起時，經常有不舒服的感覺呢？這是因為，人們穿的衣服和蓋

的被子不利於排汗，使皮膚排泄血液中的廢棄物的功能受到阻礙。很多人穿著不利於排汗的衣服時會感到精力不足，也就不奇怪了。

小孩應當穿舒服的衣服，最好是疏鬆的羊毛外套和法蘭絨衣服，而且要為夏冬兩季準備不同的衣服。羊毛有很多好處，它比棉花和尼龍更具透氣性，還能防止熱量散失到體外，並且還具有很好的吸汗性，使身體避免潮溼。假如我們能睡在羊毛被上，就一定會感覺到非常舒服。

我們多次強調，大腦的運轉需要一定的營養，教育正是建立在這個基礎上的。這些健康原則是如此的明瞭，因此我們就不能違背它，按著去做，它的重大作用才會展現。

生理學方面的教育是最低階的臺階。雖然它是最低，但是這最低的基礎正是形成教育的其他部分的必備環節。

實際上，我們的智力、道德甚至精神生活等各方面的進步，全都依賴於身體條件。

換句話說，身體是革命的本錢。誠然，儘管有好的身體，也不一定決定人的善良、聰明，但是善良、聰明的人必定需要一定的身體基礎，才能彌補智力運用所帶來的能量消耗。

孩子是相對獨立的社會個體

■ 兩位偉大的倡導者

當我們把目光轉向德國教育思想學派時，一種耳目一新的感覺油然而生。這個學派有兩名偉大的倡導者，即裴斯泰洛齊和福祿貝爾。我們提倡快樂教學，調動兒童的積極性，鼓勵老師愛學生，並做一個受學生愛戴、希望學生能愉快的度過在校學習的時光的老師，這都得益於該學派的教育思想。

當別人試圖從我們獻身多年的心理學體系中找毛病時，我們會覺得人家是在雞蛋裡面挑骨頭，就像當有人送我們一匹馬作為禮物時，我們非要掰開嘴看牠的牙口一樣。

可是河水漲不過源頭，他們認為孩子就像園子裡需要精心照顧的植物，這個比喻是否恰當有待商榷，但是孩子們是否會被照料得過了頭？大自然對這些小幼苗是否過於體貼周到？環境是否布置太過於完美？誰又能相信，跟讓孩子開心尖叫的兒童樂園比起來，嘈雜混亂的幼兒園要更有利於孩子的個性發展呢？

大家應該都曾注意到了，在家中玩耍、和外界缺乏交流的孩子，在接受能力和獨創能力這兩個方面，其敏銳性要遠遠勝過學校裡天使般的孩子。

讀者們都看過安傑利科修士（Fra Angelico）的畫〈最後的審判〉吧？其中有一個情節是一群小修士（就好比是小孩子）圍成一圈，手拉著手在跳舞。畫面上還有幾個美麗的天使正在飛往天堂。很明顯，小修士們玩得很開心，但是個性的力量似乎被作者遺忘了。如果在幼兒園，這些小修士不能讓自己排成一行的話，他們很可能會遭到責備。

■ 關心孩子的個性發展

事實證明，只要孩子高興，他們就會聽話。勤奮是衡量美德的首要標準，這都是因為人們常說「只要你表現好，你就會幸福」。可是，這真的能幫助我們培養孩子的發奮精神嗎？

如同前面拿孩子比作植物一樣，幼兒園的老師表現得再出色，他們中間難免有很多人在一定程度上存在著局限性，那就是沒有培養孩子的個性。

這位德國哲學家的思想，只反映了讓「植物」生長開花是教育工作中神聖而重要的組成部分，卻忽視了孩子的其他方面，也需要在一定的條件下隨著自己的特性發展。

拚搏、抗拒和抵制作為一個人的生存法則，似乎忽視了一個問題，那就是人總是要受兩個自然法則的約束，一為物質世界的法則，一為精神世界的法則。

有的人覺得，對孩子來說，這一法則並不適用，他們完全可以在度過一個幸福的童年之後，再開始為生存拚搏。作為適合教育全過程的理論，這兩

個原則在任何一個過渡階段都不應喪失其整體性和連續性。儘管它們的實踐活動與現代思想保持一致，但只要有心，所有的幼兒教師都可以清楚的理解到這一理論的局限性所在。

在過去的老幼兒園裡，孩子們用鉛筆在方格中畫畫，這樣畫出來的線條纖毫難辨；而在現代的幼兒園裡，孩子們則是用畫筆自由的繪畫，顯示出他們的獨立性。所以，現代思想正展現於用畫筆取代鉛筆的過程中。

牢記我們的出發點，才能察覺並避免危機，這一點是非常有必要的。

■ 赫爾巴特心理學並非毫無瑕疵

因為篇幅有限，對另一門心理學我只能粗略的講解一下。該心理學比較深奧難懂，它說美國人的思想，也是把心理學視為自然科學的一部分。而英國的老師們對它非常欣賞，就像快淹死的人抓住了一堆救命稻草一樣，認為它是救命的方舟。這門心理學就是赫爾巴特心理學。

赫爾巴特是 18 世紀初德國著名的哲學家、心理學家和教育家，科學教育學的奠基人，與裴斯泰洛齊和福祿貝爾生活在同一鼎盛時期。

赫爾巴特的心理學，全面的研究了人的理論，涉及我們討論過的所有心理學。看上去，這一理論可以作為教育有效的理論基礎。正如我們曾經討論過的那樣，赫爾巴特心理學與這兩位偉大的思想家有一定的淵源，世界教育的基礎就是由他們的思想所奠定的。

但是，在我們驗證赫爾巴特心理學與這兩位偉大的思想家的關係時，發現他的理論也並非毫無瑕疵。

赫爾巴特對個體的解釋和我不同。赫爾巴特承認有靈魂，可是他又說「人的靈魂（心靈）是宇宙中無數實在的一種，它與其他實在即外界事物發生關係，便產生『觀念』。人的靈魂像其他實在一樣是永恆的，其最初是空無所有、沒有任何天賦觀念的，其自身是不可知的。人們只能認識其現象，即人的靈魂與其他實在相互作用而產生的、並構成靈魂內容的無數觀念。」

可以這樣說，靈魂本身在受到某些影響之後，就不再是原來的靈魂。於

是，問題就被簡化了。

在靈魂敞開大門迎接思想的到來之際，我們所有關於理智、意願和情感等的概念全部剔除。在這樣一個公正無私的場合，作為一個活生生的個體，每個思想都按照自己熟悉的柏拉圖概念，依次等待著靈魂的接納。只要它們被接納，就會立刻去找它們的盟友，在擁擠中繼續等待被安排到最好位置和接受最好的組合。它們跳躍著改變自己的形狀，力圖形成一個牢固的「概念群」。

這樣看來，靈魂除了為這場思想劇目提供舞臺以外，並沒有明顯的作用。無論我們如何稱呼它，這個自我、靈魂或個體都只是個結果，而不是起因，更不是最初的事實。

這位重視思想潛力的哲學家為教育事業做出了重大的貢獻。一個完美的理論呈現在我們面前 —— 如何始終如一的為孩子提供適合他們發展的思想和感情，使它們在越過門檻進入孩子的靈魂以後能自然的融合到一起，形成牢固的「概念群」。

■ 一個新的計畫

為了應用方便，教育界簡化了所有相關的理論，除了選擇教育思想和制訂培養目標以外，剩下的那誘人的整體計畫和連續計畫，在我們面前展現出一幅迷人的遠景。利用同一個「概念群」，可以把與書本有關的整體計畫跟所有知識結合在一起。按照這一原理，你可以去學校在一個月內上完全部課程。

你可以先從書的顏色、形狀和尺寸等實物知識學起，然後再根據實際需求，學習造紙和書籍裝訂；然後再進行書籍裝訂的實踐；然後根據自己的需求，從 ABCD 和捉迷藏開始，再逐步開始學習哲學和詩歌。

只用一個月時間！這聽起來有點不太可能。如果那樣，學校的全部課程就可以圍繞著書組成一個龐大的「概念群」了。以前有人曾在倫敦公開的做過這種實驗，比如蘋果就是以「圓」的概念被「概念群」接受的。

如果在向兩個靈魂灌輸思想時，按照完全相同順序和內容，那麼我們就會得到同一個人的兩個複製品。這樣一來，民族大團結的思想就將永遠不得翻身。

我們堅信人是神聖不可侵犯的，那麼對我們所關心的個性而言，赫爾巴特關於人的理論又有什麼幫助呢？人本來單純如白紙，他的思想只是外來物而已。人隨意的接收任何思想感情，從無特殊的要求，比如適合某一種思想或不適合另一種。至於個人的進步，也只是占據他軀殼的思想在進步、在擴展，並不是他在進步啊。人看上去更像是一種運輸用的容器，能夠把思想輸送到適當的行為領域。

赫爾巴特心理學對教育學具有建議性的作用，但是我們卻不能依樣畫葫蘆，否則就會失去兩個主要原則的教育價值，而這兩個主要原則，正在為全人類做出普遍貢獻。

■ 心理學必須滿足實際需求

在三、四門與教育思想有關的心理學學科中，每一門都具有真知灼見，但都不是那麼完美無缺，無法作為教育工作者的實用理論根據。所以人們在教學時，要麼單憑經驗，要麼在需要的時候東拼西湊的找些理論作依據。

如同在知道答案的情況下做一道難解的數學題，為了知道怎麼得出答案，他們或用除法，或用乘法，也許還會試著用減法，力求做題方法與答案一致。

所以很多心理學家，儘管沒有寫過什麼專著，卻能有效的解決教育中的許多問題。

不過，他們是根據自己從固有原則中發現的規律解決問題的，並沒有借助已經得出的答案。

在我看來，一門實用的心理學必須能滿足我提出的要求。在研究這樣一門心理學的過程中，我們應該提出什麼樣的要求呢？

我們謙虛而又實際，所以我們不會自稱是心理學家，我們只是想尋找完

美的教育理論根據而已。儘管心中忐忑，我還是要宣布一下我所從事的工作。

根據這幾個指導原則，當我們讓一些不存偏見的人來從事這項工作的時候，儘管我們可能還沒有把這幅原則的拼圖拼好，但我們卻可以模糊的了解到，這密切相合的輪廓將預示著一個連貫而且實用的教育方針。隨著這個方針的日趨清楚完善，它最終將以教育準則的形式呈現在我們面前，成就我們這個時代。

作為大家所共同擁有的教育真理，雖然有的人付出較多，有的人得到較少。但是，沒有人也沒有哪個社會敢這樣說：「這個真理是我的，那個真理是他發現的。」

多少年來，一門相當適用、相當需要、富有時代氣息的心理學，一直是我們執著追求的目標。在這種教育思想下成長養起來的年輕人，無論他們身處何地，身上都具有某些相同的特質。

這些年輕人有著一種令人難以置信、不知疲倦的活力，雖然在運動場上並不活躍，但他們絕不會坐在教室裡發呆；即使是在一個公認的單調乏味的地方、比如在家庭教室裡，聽家庭教師講課，他們也會覺得興味盎然。和那些總跟玩伴在一起或者師長在一起的人不同，他們的生活是有條不紊的。他們坦誠直率，富有朝氣，對任何事情都滿懷興趣，因此對他們的教育也要有連貫性。

小孩子的求知欲都很旺盛，在小學四年級以後開始降低。可是這些孩子經歷的人生之路畢竟還是連貫的，從嬰兒階段，到童年階段、青年階段，接著便開始了做父母的階段。這些階段不是轉折階段，有的只是簡單、自然和充滿生氣的進展。我的這些闡述，雖然也引用了一些人的論點，但主要還是以我們的工作原則為依據的。

■ 把孩子視為和我們一樣的實實在在的人

我們在一開始就應該這樣，把孩子視為是和我們一樣實實在在的人，而且應該更加重視他們。

　　如何理解人的含義，是擺在我們面前的第一個問題。我們認為，作為一個密不可分的整體，思維、不可見的靈魂，與行為、可見的身體之間關係非常密切，以至於「肉體對靈魂的幫助遠遠超過靈魂對肉體的幫助」。

　　如果我們解釋不了復活的學說，那就有必要讓它以某種實際的形式來揭示對人的認知。我們對一個朋友的印象，跟他透過各種微妙的面部表情表達細小的情感變化，他的教養、目的、悟性和能力，他乘坐的那輛我們倍感親切的車，都有關係的。

　　透過對大腦皮層的研究，心理學家和生理學家發現，人的大腦皮層有著各種奇異的功能：它有知覺功能，使我們產生想像和衝動；它有運動功能，使我們產生行為；它還能左右大腦的意圖，幫助人養成習慣，而且大腦皮層還能夠讓孩子養成各種與之配套的行為習慣和思考習慣。

　　我們完全相信並且樂於接受這個說法：借助一定的措施，我們就可以使這些習慣成為大腦中可以被活化的記憶。在這個時代，我們才完全發現這個心理學基礎，並且對於決定著理性教育的可行性深信不疑。

　　如果我們相信這樣一個假設的話，那麼所有微妙的作用機理都將隨之變得失去說服力。實際上，人應該具有表達思想的途徑和與外界交流的媒介。我們堅信，人作為有意願、有思想、有感情的動物，他一直都是存在著的，雖然有時意識不到自己的存在。

　　人不可能有零部件和助手，無論做什麼事都得親歷親為，連散步或寫書，都不得例外。人們太習慣於把人看成軀體和靈魂兩部分了，而實際上是一體的，所以這個問題有必要搞清楚。雖然人只不過是「思想＋神經＋肌肉組織」，但人是一體的，並不是多體的。儘管人需要兩種營養，但是也不能就此說明他是兩個個體。

　　美味能使人快樂，美酒能使人興奮。眾所周知，吃一頓飽飯可以讓飢餓的人精神振作，而不吸取任何思想營養的話，衣食無憂的人同樣也會臉色蒼白、毫無神采。靈魂的發育跟軀體一樣，都需要敏捷而生動的思想作為營養。

■ 堅信自己的教育理念

我們始終堅信，我們的教育學說理由充分。因為我們在熱烈追隨生物心理學的每一點發展和收穫的同時，同樣也在認真的追蹤哲學的發展。

在這期間，我們認識到，這兩門學科都從不同的角度為人下了定義：人被分成兩部分，甚至更多。雖然在生活和思想方面，我們並沒有遇到過因為受教條限制而無法解決的問題，可是我們的教育信念是結論性的，所以我們有理由認為其他學說目光短淺。

我們不會大言不慚的說自己的學說至關重要，但是我們卻敢說，只有包括人的全部本能和科學研究成果的理論，才真正有可能不可或缺。

對我來說，這三個偉大思想就像教化世人的小學老師一樣，因此我一直與它們保持著連結。我們不能拿智慧、道德或者靈魂為藉口把他的個性埋沒，因為孩子的人格同樣神聖不可侵犯。我們甚至還應該補充一個 —— 拒絕以身體發育為藉口掩蓋他的個性。

以上所有這些都是人的概念，其實應該更多。在教育工作中，我們必須保護孩子的創造性。而且必須靠後排坐著，因為只有老師才有資格坐在前排，即使父母同時也是老師，也不能例外。

事實上，除了 1950 年代的個人偶像具有如此廣泛的影響以外，沒有任何其他比較溫和的辦法，可以掩蓋人格和個性發出的光芒。

■ 孩子有權建立自己的多種連結

可以說，教育是一門關係學，說得更全面一點，教育是研究人與人之間適合建立怎樣的連結，以及如何使這些連結得以牢固的科學。

我們覺得，孩子在剛出生時就有能力建立許多種連結，我們需要關心、實施的措施只有兩件：第一，在恰當的時候，提供正確的思想來幫他建立這種連結，並使他養成良好的習慣。第二，在建立那種連結時盡量不要干預、阻止他。

我們所接受的教學內容，有一部分難免會產生著反作用。

對成為偉人或者各式各樣的人來說，口頭表達課、講座以及記筆記並沒有多少幫助。孩子們的科學知識主要來源於課本，儘管他們也從實物課上汲取知識，也要到自然界中去驗證所學，可是，他們和這些實物之間根本沒有建立起真正的連結。因為孩子們的老師讓他們相信，了解事物和親自接觸事物沒什麼差別。老師原本是出於好心，沒想到卻起了阻礙作用。

事實證明，儘管很多孩子都聽說過愛德華王子，但他們卻不了解這位王子。有的人撰文寫道，我們學校中擺放的圖書不就說明了它的重要性嗎，但是他們卻沒有看到孩子是有選擇的利用圖書。

事實上，書能直接的影響著孩子的心靈，促使孩子的思想與各種偉大思想進行直接接觸，所以，它也組成了關係學教育的一個重要部分。據我了解，有些老師會自己創作一些歌曲和詩歌在教學中使用。仔細想想吧！連我們的詩人都不允許去干擾可憐的孩子們，這些思想平庸的老師又怎麼能這樣做呢？

當教育者領悟到自己必須做和怎樣做那兩件事情的時候，不干預藝術也就成了一門完美的教育藝術，因為孩子將發展適合於自己的關係能力。而一個人的這種能力得到了開發，那麼他自然也就能進步了。

全面的敘述我們如何為民族團結而拚搏雖然很有必要，但我們不應向孩子灌輸那些古代的歷史概況，而是要讓他們親自研究那些生活在古代的思想家。除了讓孩子了解本國的歷史，我們還應該盡力為他補充一些其他國家比較活躍的思想。講授歷史時，為了更加生動，我們可以插入一些當時的文學作品，最好是一些歷史現實小說或關於這段歷史的詩歌。同時也可以穿插一些其他學科的相關內容。

以上這些做法雖然並沒有什麼新鮮之處，但我們卻敢說，我們的工作統一而又富有活力，那是因為我們有了一套完整的教育理論作指導，和正確的心理學作基礎。

孩子應該享有的人權

■ 孩子的玩耍自由

前面已經說過，在教育孩子的過程中，對孩子適度的寬容的必要性。現在，仔細研究一下孩子各個成長階段的細節，適度的寬容適用各階段。首先討論的是關於孩子的玩耍的問題。由於教育的內容和課程安排太多，根本就沒有多餘的時間供孩子玩耍，這是一種令人擔憂的現象。

我們不是在否定體育課程的價值，事實上，我們非常支持體育課程，因為我們知道，體育場上也蘊含著很多知識，從某種程度上講，紳士風度來源於體育規則。我們還希望人人都參與到這一運動中來，包括女生，因為運動場中的規則、道德規範以及其中的無窮好處，會伴隨她們健康快樂的成長。

在我們看來，有組織的體育活動不屬於玩耍。玩耍是指不管男孩，女孩，去創造一個情節進行冒險、像英雄那樣生活、設埋伏和據點等。對於這些遊戲，長輩們不應該干涉，更不應該不懂裝懂。他們放下架子，承認自己不懂。假設一下，一位沒被邀請就加入到遊戲中的人指揮自己部隊的「將軍」繫上鞋帶，這對於「將軍」來說會意味著什麼。

一般人有這樣的想法，認為孩子需要大人教他們如何玩，比如充當小魚、扮演小羊、學蝴蝶等等。的確，孩子們喜歡大人為他們編排的這些遊戲，但是這裡面潛伏著孩子希望依靠大人，缺乏獨立的危機。

如果孩子過於依賴大人，那麼就永遠也學不會自己走路。一直和大人一起玩耍的孩子，就會缺乏獨立創造遊戲的能力，因為他們失去了自我學習的機會，以及獨立創造的能力，他們會的只是一味的模仿。

■ 孩子有自己選擇學習的權利

家長往往喜歡干涉孩子的學習。有利於孩子獨立創造能力發展的機會，家長都喜歡。看見孩子有機會做任何他們可以獨立完成的事，家長很高興。

事實上，人們喜歡任何自由空間，比如鍛鍊手工技能的空間、演滑稽劇或者擴展思路的空間等。根據現在的教育，給孩子發展空間讓他們發展自己的獨創能力，還不太現實。因為需要孩子做的作業，以及了解的知識很多，所以孩子發揮自己的特長的機會並不多，就讓孩子充分利用這些機會吧。

在哈克尼的學校運動場上，進行了一項有趣又有啟發意義的實驗。薩金特（Sargent）先生在這裡召集了 80 個男孩和女孩，全部來自一所由創辦人資助的普通小學的。這所學校沒有教育部資助，也沒有地方稅務資助。但是，教學效果很令人滿意，孩子們的繪畫能力得到驚人的提升。教師們提供某種植物後，孩子能很快的熟悉花和花蕊的輪廓。在老師鼓勵下，這些學生在經過很短的培訓，創作出了非常美麗的花卉圖案。這令不少家長感到吃驚，因為他們的孩子，學習繪畫多年，但沒有明顯的進步。

這些孩子的進步，來自於自學學校的雜誌，他們還自己創作童話、詩詞和小說。這些是自己選擇的，並不是老師安排給他們的作業。孩子們的思想受到啟發，他們的腦子裡有很多故事，或者許多突然想到的事情。「他能感覺到自己的腳了」，這是保育員用來形容剛學會走路的幼兒。

在教育方面，「抱著孩子」做完家庭作業，是我們失敗主要原因，我們根本不讓孩子感覺一下「自己走路」的樂趣。

■ 孩子有失敗的權利

我們大人還有這樣一個問題：沒有給孩子足夠的自由空間，讓他們獨立完成自己的事情。我們一邊不停的激勵他們，一邊又扶起摔倒的孩子。

人們的懶惰是現代社會的特點之一，所以就需要別人的鼓勵，並且是整套的，一系列的刺激手法。比如，在別人的鼓勵下，我們才去履行社會義務、慈善義務等各種義務；在向慈善事業捐款時，在捐款日到來前，我們還在期望著祕書的鼓勵；在參與會議時，我們需要他人的多次督促和提醒下去參加。

也許是緊張氣氛致使工作上出現了的分工，同樣社會上就存在了鼓勵他

人的人，被他人鼓勵的人。實際上，並不是所有的事需要鼓勵才去做，也不是所有的人都喜歡被人誇獎。

生活中，我們需要鼓勵別人，同時也都接受別人的鼓勵。在這種情況下，偶爾的鼓勵對他人和自己都有積極作用。但人的本性需要一種倚靠。

在教育孩子時，我們應該做的是避免給孩子過多的鼓勵，避免鼓勵成為一種習慣。

學校有一整套針對學生的鼓勵，比如分數、獎勵和展覽，但是鼓勵措施不能準確的區分「必須做」和「理應做」的概念。這樣，學生對鼓勵也就變得麻木不仁。

有時，應該讓孩子體驗一下沒有完成任務的感受。來自各個方面的督促和鼓勵充斥在孩子們的生活中，所以他們根本沒有選擇事情的權利。

過多的鼓勵，會使人變懶，影響完成工作的主動性。孩子本質上都是好的，都有履行自己義務的願望。假如我們也能像童話裡說的那樣，對孩子不再督促、懇求，也不用獎懲手法，想什麼是什麼，那麼我們十有八九能如願以償。很多人過於自信，而忽略了對孩子的信任。事實上，孩子本質上都有責任感，能夠辦好大人要求他做的事情。

■ 孩子有權選擇自己的朋友

為了對孩子放心，我們還需要讓孩子知道如何選擇朋友和夥伴。假如我們能充分信任孩子，就會發現孩子值得信任。

比如說，如果佛雷德和哈利·瓊斯做了朋友，而哈利並不是個好孩子。那麼，即使沒有人提醒佛雷德，他也會很快就發現真相，並且可能還會主動找媽媽商量，如何擺脫這個他不喜歡的夥伴。這樣的話，哈利可能被大人拒之門外，也可能得到各種警告，此時，如果佛雷德是個大度的男孩，他就會遵循道義，站在同伴一邊。結果，本來容易就能擺脫掉的不良關係，反而變得更為牢固。

埃塞爾是一個出生書香門第的女孩，她的同桌同學是莫德，她是一位

商人的女兒，她和同桌同學怎麼也成不了好朋友，這令埃塞爾非常困惑。其實是，媽媽提出了關於門戶對應和品行外貌等原因，來干涉孩子對朋友的選擇。媽媽試圖創造出一種模糊印象，使人感到人品的好壞關係到多數家庭的盛與衰。事實上，父母在這件事情上應該像其他事情那樣保持適度的寬容。

這樣看來，大人雖然沒說輕視孩子的夥伴的話，也沒做輕視孩子夥伴的事，但是孩子可以覺察出父母的態度，還把它作為判斷人品的基本準則。

■ 孩子有權支配自己的零用錢

對零用錢的支配，是需要孩子發揮獨創精神的，父母對它應該保持寬容態度。雖然爸爸每個星期都給孩子零用錢，但是從沒思考過，如何讓孩子自己思考關於錢的事情。

例如，在經濟拮据的時候如何為孩子留出零用錢；如何分配日常支出；如何積存需要購買的家庭大件物品的錢；如何在生活困難時，如何合理用錢。又比如，我們在吃的方面要節儉，除了和客人一起享用美味佳餚以外，平時是不可能的。

還有，在購物時，如何三思而後行等。很多父親認為，這些並不是孩子們應該思考的問題，這樣只會讓孩子覺得錢就是滿足個人欲望的東西，而使他們不會用另一種眼光來看待錢。這並不是要求家長立刻限制孩子的零用錢，孩子仍然可以按自己的計畫使用，因為家長允許他們自由支配零用錢。

小時候，零用錢可以用來買手套和手帕等。等女孩子十幾歲的時候，就可以任由她用零用錢買連衣裙以及個人用品。如果父母在這方面給過孩子教育，但仍然不信任孩子，那麼他們就會讓孩子難以適應將來的社會生活。因為在社會生活中，鑑別人品的重要依據就是能否明智、合理和慷慨的花錢。

■ 孩子有權發表自己的見解

孩子應該有自己的見解，在這個問題上，照顧孩子的家長，完全可以採取「放手」的做法。

　　雖然男士們仍然受那些懸而未決的問題的影響，但是關於各種社會問題，我們都堅持既定意見，比如關於政治問題、科技問題、文學藝術問題等等。在這些事情上，我們必須保持接觸時代的思想潮流，否則就沒有什麼值得自豪的。認真形成自己意見，是對自己負責的一種表現。如果我們最初依據的理由仍然成立，我們應該堅持原來的意見。

　　不過，我們無權把自己的意見轉嫁到孩子身上。

　　眾所周知，讓孩子崇拜自己，這很容易做到，況且在任何事情上，大人都樂於採取孩子的辦法。但是當孩子反對時，說明孩子們的思想傾向與我們的可能存在大的差異。

　　例如，紐曼家的媽媽是個虔誠的福音派教徒，在兒子很小的時候，她就把自己的信仰傳輸給他們，可能她認為，兒子們繼承了她的思想，就能變成孩子自己的想法。但是，當他們長大後，都擺脫了媽媽的思想束縛，其中一個兒子開始信仰羅馬天主教，另一個兒子選擇了為自己創立信仰的道路。假如當時這位媽媽能把基督的信仰原則告訴孩子，那麼這位虔誠的母親或許可以少些煩惱。她可以從小教育孩子接受她的某種做法，但要求他必須站在福音教這邊，並把它作為唯一的信仰的話，那就不對了。

　　政治上也應該這樣，要使孩子充滿愛國情懷，還要教育孩子必須承擔公民的義務。

　　孩子成熟後，有了分析問題的能力，自然就會擁護父母的觀點。這就要求，在孩子小時候尚沒有分析問題的能力時，父母最好別把自己的看法強行灌輸給孩子。最好用寬容的態度和不干預的方法，這樣才能把孩子培養成「有獨立見解的人」。

　　另外，主動性是孩子的一種美德，但主動性並非是孩子先天固有的。其實它作為一種美德來說，是教育的結果。也是基本行為準則的耐心說教，和在執行這些準則方面採取的寬容政策。培養家庭習慣的權力就掌握在父母們的手裡，所以「不要讓一個壞習慣破壞家風」，這是特別需要注意的。

不要利用權威進行強迫

■ 隔代人的時代特徵

對於時代的特徵，所有做教學工作的人都十分敏感，這些特徵，一般會從孩子的言談舉止中表現出來。現在，孩子與父母乃至與成年朋友之間的關係比過去親近多了，我們應該為此而感到高興。

過去，一條很寬的代溝，存在於孩子與父母的思想之間，父母們曾急迫的想跨越這條代溝，但是難以如願。當我們還是小孩子的時候，家中的主人是那樣的專制。我們從父母那裡獲得麵包和牛奶，甚至母愛，都帶著一定的感激之情，然而我們只能順從他們。一旦他們產生疑問，不清楚給我們哪樣東西會更好一點，他們就會哪個也不給。

所有東西都是父母賜給我們的，然而賜給的東西是沒有選擇餘地的。當然也有比較叛逆的孩子，也許十個或一百個孩子中，才有一個，他們淘氣時，具有米爾頓（Milton）筆下的惡魔般的膽量。他們沒有什麼事不敢做，總是勇敢的與他人處在相反的立場。這些孩子公開的反叛，下場一定好不了。人們常說，自然默默的信以為真。對其他人來說，也沒有什麼商量的餘地。他們在父母的高壓政策之下，根本不存在反抗的權利。

1940、1950年代前的孩子，大部分由專制的父母帶大的。而現在的許多年輕父母，組建的家庭一般都是幸福的、充滿愛心的、甚至可能很開明的。不過他們的家庭也存在專制，還有一些孩子，他們的家庭根本不能給予他正確指導。在這類家庭中，孩子們只能根據自己的理解來做事。只要存在軟弱懶惰和沒有負責心的父母，這種情況就會永遠不會消失。但是存在一些例外，從正面支持了這種習慣。

在多數中產階級家庭中，孩子會因這種習慣和傳統，度過一個有條理並受到良好教育的童年，報上的傳記就是例子。在20世紀前半葉就非常有名的人物是：約翰、斯圖爾、米爾、拉金斯、勞倫斯一家和坦尼森，他們幾乎都

出自家教森嚴的家庭。可是我聽到過一件事情，70 年來我從未忘記它。

有個男孩，十二、三歲時，在一個寒冷的冬天外出打野兔，天快要黑了時他才回到家。他父親是一個備受孩子愛戴和敬重的慈父。父親問他，從哪個門進的獵園。他回答說：「從……門。」「把門關好了嗎？」「我記不清楚了。」「那你馬上回去看一看。」此時的孩子，已經十分疲倦，不過他還是聽從了爸爸的訓斥，立刻返回，去查看那個一英里以外的大門是否關好。

現在，類似的事情幾乎不可能發生，因為孩子會強烈抗議，說自己非常累。倘若那扇門真的非常重要，必須要關好才行（雖然故事中並沒有反映出來），他會希望派個大人去。可是，在這個家庭中，獨斷專行和無條件的服從已經成為習慣。即使是在當今社會，這種家庭專制的意識依然存在。

我還聽說，有一次，一位蘇格蘭男人，把自己 18 歲的女兒關在房間裡，時間長達一週，原因就是她犯了一些並不嚴重的錯誤。

那時的情況，與現在大不一樣。現在，假如你看到專制的父母，你會清楚的知道，他們和現在的思想潮流以及文化格格不入。但是幾十年前，父母專制是按照固有的原則，也就是依據他們自己童年時所受教育方式的理解進行的。

專制教育並不是徹底失敗，它塑造出了很多堅定、有能力、有才氣、有自理能力和舉止文雅的人們。當我們信心不足的時候，看看今天的孩子就會想，他們最終是否也會十分出色，像他們的父輩一樣？不過人們不必擔心，教育思想的進步如同海潮一樣，後浪推前浪，一浪高一浪，便你很難判別是漲潮，還是在看退潮。但是過一個小時以後，結果便很明顯了。

■ 正確的教育思想

雖然我們容許潮漲潮落，也原諒那些失敗和過錯，但是我們真正需要的是一套正確的教育思想，只有它，才能造就更多的優秀人才。

首先專制產生於傳統習慣中，所以父母們清楚他們必須這麼做。正直的亞伯拉罕也是專制家庭的產物。高高在上的統治家人，比和家人保持親暱關

係容易得多。但是，和那些明顯高於你，以及和你處於不同階層的人，就不能夠太輕率和太隨便。假如你是個孩子，就更應該這樣了。儘管讓孩子保持沉默讓人難以理解，不過也有這樣做的理由。

孩子們在心情好的時候，就會進行自我的思想交流。我們回憶自己童年時代令人悲傷的往事，那時的我們，常常會被一句話所鼓舞，忘掉了當時的委屈，不過就是它構成了我們一生中多年的祕密歷史。

在查爾斯夫人的自傳中，向我們講述了她的童年，一個令人苦惱的惡夢襲擾著當時的她：她夢見自己的媽媽消失了，於是為了尋找媽媽，她就在一座陌生的大樓裡，沿著沒有盡頭的走廊一直走，但是怎麼也找不到。這是由於害怕黑夜所致，不過她從來沒有告訴溫柔的媽媽這件事，可能任何程度的愛撫，也不可能把孩子緊閉的性情大門永久敞開。

我們大概認為，這個令人難以理解的世界裡，所有的神祕壓力早已降落在孩子們的頭上；可能還會認為，我們每個人都必須打消獨立自主的念頭。由於有人會理解孩子的困惑，因此孩子可以問問題，可以把困惑自己的事情說出來，但是他們並不清楚為什麼要這麼做。儘管這並不是愚弄孩子，但是如果對他們表示真誠的同情，也非常不恰當，因為孩子感到厭煩而被人同情。其實你只須向他們講：你能夠提出問題，也能夠告訴別人如何去做，這是一種發洩情感的好辦法。對父母而言，他們有機會行使權力，進行指導；而從孩子的角度出發，他們可以獲得自由和自然發展。

理由一貫正確論，是對教育問題的一種認識，我們應該再看一看另一個最重要的原則。

20世紀初，家庭權威統治著家庭中的一切，孩子只好無條件的服從，把反叛精神丟到了一邊。不過我們對它的了解可能很少。這大概是由英國的哲學思想的引導和每個家庭中的長幼關係造成的。

兩個世紀以前，洛克公布了「理由一貫正確論」。該論點被人們接受後，個人主義成了至高無上的權威，任何人都可以自由的去做自己認為正確的事。如果充分利用這個論點（洛克可能會補充說），並指點孩子具體情況

下應該如何做,那麼結果會如何呢?

但是「如果」被忽略,剩下的就只是基本論點。

用教育孩子的老清教徒信條和老傳統,還有洛克本人的宗教情感和責任天性,對英國的新哲學來說都太強硬了。不過在法國已經為這顆種子準備好土壤。由於洛克的觀點與當時的思想相符合,人們便如飢似渴的學習他的論點。當他的原則被運用於實踐後,卻導致了令人痛苦的結局。有遠見的作家認為,這個英國紳士,雖然有宗教信仰,有良好的家庭教養,但與法國大革命的罪惡暴行如出一轍。

■ 放下長輩權威的架子

在 20 世紀,我們失去了一些 17 世紀保持良好的安全保護措施,由於我們有了自己的可能是更偉大的哲學家,他們沿用洛克的學說,直到得出洛克不能面對的必然結果。

赫伯特·史賓塞先生推崇理由至上,就像法國人的做法一樣。他認為的理由一貫正確的原則,直接違背了當時的權威思想。他一直探索這一最後的權威思想,最後發現它產生的根源。假如人們相信有造物主,就必然會相信權威,無論是至高無上的權威,還是權威的化身。然而史賓塞先生還說,實際上每個人都可以發現自己的理由,說明自己同樣具有權威性。

這位哲學家十分勇敢,他將自己堅信不疑的發現公布於世。就像法國人的認知一樣,他看到推崇理由,具有貶低萬能的造物主的重要作用。經過不厭其煩的推理,他留給我們的告誡就是:「我們喪魂落魄地坐在自己的墓地上,既不知自己從何而來,也不知自己歸何人。」

對神的淡化,就削弱了人類的權威。不管是在國家中,國王及其的代理人的權威,還是在家庭中,父母的權威全都被削弱了。這時,我們受到的教育就變成了權威主導下的行為,而它就會侵犯孩子和大人的權力。

孩子從小就應該在自我指導的薰陶下生活,讓他們做自己認為是正確的事。儘管他們判斷是非的能力還有待於提高。做事違背規則的人,就會受到

生活的懲罰，而孩子正是一次又一次在被懲罰中掌握這些規則。但是「你不可以」和「你必須」命令式的語言，父母必須杜絕。史賓塞先生制定了完美又詳細的計畫，就是要把孩子從約束中解放出來。他甚至不同意孩子學習語言，因為他認為，語法規則與自由原則不符。

權威並非天生的，而是後天滋生的。對教育思想來說，史賓塞先生做出極大貢獻，因為他的《論教育》價值極高，許多父母讀完後深表贊同。但是，人們並未了解到，它屬於哲學體系中的經過深思熟慮的一部分。而這個哲學體系，父母們不一定能夠接受。

史賓塞先生主張，教育孩子時不使用權威，為孩子留下自由發展的空間。在這一點上，父母們接受了這位哲學家的教導。但是他們或許根本不清楚，作者耗費了一生的精力才把權威思想從教育領域中廢除；他們或許並不知道作者反對父母的權威的原因是，權威是連結教育領域和造物主鏈條中的一環。無論大事上還是小事上，我們都無權行使權威。

在閱讀《論教育》時，我們必須牢記，自己正在接受一位哲學家的指導，儘管它簡潔易懂。這位哲學家對任何事情，即使是最不重要的事情，他也要認真考慮它們可能導致的結果。他不希望看到孩子對大人的意願唯命是從，不希望看到孩子長大以後只會服從權威，而喪失了自己的主見。

史賓塞先生的理性主義哲學影響的人，不僅僅局限於讀過他書的人，甚至也不局限於讀過這本教育手冊的人。快如閃電是普通詞如「但是」、「假如」，為了了解思想傳播有多快，來測算一個想法的強度、興奮度和速度，這會是十分有趣的事。

你肯定很想了解，在研究中產生的想法，到變成家喻戶曉的想法的速度有多快。他們常把這些廣為流傳的想法視為己出，而對它的來源一無所知。不過這樣的測算方法根本沒有。實際上，即使是最底層的文化也難尋究它的來源。在這種落後文化中，教育理論既不被認真採納，也沒有遭受排斥，因為有些父母根本不知道這位哲學家。

可以這麼說，一個思想一傳出，就處於傳播狀態，人們不知它從何而

來，也不知它會去到哪裡。雖然以道理為準繩的提法過於極端，但是，由於哲學思想太微妙而且很有影響，這樣我們就要負責的對每一個原理仔細進行審核。當我們能以此種方式保護自己的時候，我們就能從一些極端錯誤的著作的智慧中獲益。

在 20 世紀初英國，很可能出現一位真正偉大的哲學家，他既沒有受到理性主義思想的束縛，也沒有受到物質主義思想的束縛。人類已經對自己很不耐煩，以道理為準繩的提法令人難以忍受。只有造物主能滿足人的精神需求，其他任何東西都不可以。而在某種程度上，英國國內外的哲學思想孤立無援的脫離了應有的航線，按照其他航道向神聖的造物主駛去。

權威與服從是基本原則，這一新的構想的第一步就是為我們建立了一座新的精神寶塔，也就是把權威作為一個基本真理，恢復到它的初始狀態，使它一直約束人們的心理，就像萬有引力定律那樣，放之四海而皆準。適應權威就像滾珠要適應軸承架一樣，這就是通用而簡單的服從原則。在原則之上，人們還會受法律與秩序、管理與進步的影響。

班傑明・基德（Benjamin Kidd）先生在自己的《社會進化》一書中指出，這兩個基本原則需要大量的論證工作。為什麼足球隊要服從隊長的指揮；為什麼軍隊要服從長官的命令；為什麼成群的流氓會害怕兩、三個警察；為什麼一筆歸少數人擁有，而多數人都想得到的財產要受到尊重，一句話，為什麼世界上應該有專制，而不應該處於混亂狀態，這些都是基德先生研究的問題。他向「道理」尋求答案，但是毫無收穫。

「道理」的宗旨就是利己。無論我們做什麼，是個人做還是群體，都是為了自己的利益，我們才去做。為什麼一個連隊接到命令後，立刻就會趕到喬治廣場列隊待命？為什麼能勇敢的衝進死亡谷？因為他們沒有過問「為什麼」的權利，他們所能做的只有服從和勇敢的去面對死亡。含糊的「道理」作用不大，唯一作用就是聽信權威導致服從。命令他們去做這些事情，他們就去做。事情就是這樣。而且他們都做得很好。我們的良心可以作證，這種行為就是英雄主義行為。

　　因此完全可以相信，人類本性的出色表現，很大程度就是對權威的服從行為。濫用權利就會導致了暴政和奴役，不過奴役與專制，就是建立在人性的基本要素之上的。

　　我們在本質上都存在奴性和霸道，還會根據自己的處境去統治別人或者被他人統治。對於所有人而言，幻想自由就是唯一能做到的，儘管幻想是沒有實際意義的。就像你可以幻想一個世界，在那裡蘋果是四處亂飛的，而不是從樹上掉落在地上。畢竟，現實並非如此。

　　什麼是權威這個問題說明，唯理論哲學家的工作在思想的演化過程中同樣十分重要。正因為有了他們，我們擺脫了專制制度。他們就是為了維護人權而工作，他們要證明，人生來都是平等的，自由是他不可剝奪的權利，倘若侵犯人的自由權就是犯罪。這是真理。

　　有些家長和老師十分野蠻與專橫，就是由於他們的孩子和學生過於順從和軟弱了。

　　他們會說：「我要你怎麼做，你就必須怎麼做。」所以，對於唯理論派，這些家長和老師比別人更應該感謝，因為他們同樣提倡人類自由，包括孩子在家庭中的自由。這是個可以征服世界的可靠原則，而不只是個好習俗。一位哲學家對這類思想吹捧到了一種荒誕的程度。後來出現與之不同的思想原則也同樣受到推崇和讚美。再後來哲學家們發現，人們賴以生存的思想原則不只一個，而是兩個。

　　我們教育自己，就是透過這些思想力量中的逆流來進行的，正是它們糾正了我們的權威思想。我們曾處於危險的境地，使我們難以忘懷。我們曾經認為，權威就是某些人特有的，他們專橫跋扈很正常。而其他人順從他們也是應當應分的事。從宗教信仰中得出這一統治理論，正因為我們相信造物主的意旨本身就是獨斷的，才使我們信奉國王和父母的神聖權威。但是，我們現在悟出的道理更加正確：只有政府機關才擁有權威，倘若權威被當成個人的所有物，那麼它就應當被推翻。

　　我們現在清楚，一個有權威的人就是被授予權力的人，不過他還會受到

上級權威的制約。受權人擔負著一定職責，他必須履行好這些職責。如果他為了私利而去做事，那麼他就不再有權威了，他就會代表個人獨斷專橫。不過這種獨斷專橫的行為，必須將受到刑事法典的制約。這樣的話，權威與懲罰之間就會出現思想混亂。獨裁者開始行統治時，一般手段都比較恐怖，這才能維護他的沒有基礎的統治，他懲罰了一個又一個。相反得到授權的人，則不用嚴厲的法律支持，因為他們的後盾就是權威，在他的面前還有相應的服從原則。

■ 學校和家庭權威的表現形式

正如某些人說的那樣，奧古斯特·哈爾先生的記憶力很特別。他寫了一本書——《我的生平故事》，書中忠實的記錄了從他出生起所受到的所有輕視和冒犯。雖然此書充滿了有趣的細節，但讀起來卻十分一般，並沒有令人愉快的感覺。但畢竟是到了我們手中的東西，也就只好看看了。不過很少有如此有教育意義的童年紀錄，並且我們必須承認，他在清楚的教育我們，不要做那些事情。

自這位年輕人出版了《平靜一生的回憶》一書後，奧古斯特·哈爾夫人的優良性格和品格便被人們所了解。但是當我們看到，這位夫人是如何曲解她對親愛的養子的責任時，我們懂得了，自己所閱讀的並不是一位普通婦女的錯誤。夫人一直按原則辦事，假如她錯了，就是因為原則是錯誤的。她把權威原則與專制原則混淆了，她認為父母的專制行為具有特殊的功效：如果孩子接受的專制訓練越多，他就會變得更好；命令口氣越嚴厲，甚至是粗暴，訓練效果就越佳。

這是一個例子，一位充滿愛心的母親老是強迫自己去做一些事情：「到現在為止，晚飯只是米飯，甜點和烤羊肉，除此以外，就不讓我吃別的東西了。時代變了，飯桌上談論的竟是最鮮美的甜點，一直說得我特別想品嘗一下。這一時刻終於到來了，在我面前的桌子上，它們靜靜的躺在那裡。然而，正當我要吃的時候，卻搶走了。我痛苦的站起來把它們送給村裡的一個

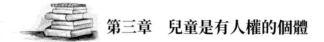

窮人。我想，雖然我對吃的東西並不是十分計較，但是我對她處理甜點的處理方式，十分不滿，並感到憤怒，畢竟最不幸的是我。」

另一個專制的例子：夏天在家過禮拜的愉快心情，也常常被破壞了，母親採納埃絲特姑媽的建議，在禮拜儀式期間，我被鎖在教堂的廂房裡。熬這3個小時，的確令人痛苦，吃飯時僅給一個三明治，每個星期都在那裡受罪。儘管我不希望看到鬼，但是赫斯特蒙蘇教堂所在的位置偏遠，那與世隔絕的環境令我更加恐懼。我爬過公爵的墳墓，那墳墓高高的突起，如同一道屏障擋在廂房的一側。墳墓上的兩個陰森森的白色大字赫然躺在那裡，使我感到驚恐萬分。而廂房裡，老鼠在地板上爬動的聲音，讓我想起一陣大旋風一樣……在真正的禮拜時間裡，我跟著大聲重複著聖歌中所有的賭咒，只有這樣，我感覺一點安慰。在這些聖歌中，大衛產生了一些邪惡的念頭，還把它們加害到埃絲特姑媽她們身上。由於所有的聖歌都被當作美來讚頌，所以英國教堂一直用它們進行教育，我想這種想法應該沒錯。

然而這位好媽媽十分聰明，她相信的是自己的知覺和洞察力，而不是一個漏洞百出的原則：「我發現，當孩子做任何事情的時候，相信孩子能把事情辦好，遠比老是檢查他要好得多。一旦你對孩子的服從能力表示懷疑，那就相當於給了他一個猶豫的條件，『我做，還是不做呢？』如果你對孩子的服從能力表現得深信不疑，那麼他就會感到對他的一種信任，因此為了維護這種信任，他就會出色的完成父母交辦的事情。一個命令最好不要重複兩遍，也不須對『為什麼』給予答覆。」

哈爾夫人像許多其他管理者一樣，都會過失，這並不是因為懶惰，更不是由於不細心。真正的原因是，她沒能正確的理解自己的權威的實質是什麼。專制就是唯我獨尊或自封的權力。反過來，權威則不是自封、不是唯我獨尊的權力。聖歌隊的隊長說：「我也相當於一個得到授權的人，何況我手下有士兵。如果我讓一個士兵走，他就得走，讓另一個士兵來，他就得來。假如我讓傭人做什麼，她必須照辦。」

我們有權力的同時，也有相應的限制，百人隊隊長是獲得授權的，因此

他可以命令士兵走開或過來，以及做其他事情。他可以確信他的命令將一一落實，因為他掌握的職務就是確保這類的任務順利完成。而他本人不過是一個擔負明確任務的僕人而已，僅僅是為了他的任務是行使權力。他說：「我是按照上級的意願辦事，不是憑自己的意願來做自己的事情。」這就是他的任務，也是他不可推卸的責任。正因為這樣，他才會以權威的身分發號施令，他明白自己身負重任並獲得了支持。

權威的表現形式並不令人討厭，也不是吹毛求疵或無限制的縱容，這些只是專制行為的範疇。專制者隨時隨地、甚至惡狠狠的觀察著違背其意志的行為，一旦發現，立即懲罰。不管是在國家、在學校，以及在家庭，專制都曾有極其嚴厲的處罰，它有很多規矩，「你必須」和「你不許」是專制者常說的。

尋求自封權力的傾向在生活中十分普遍，即使非常溫順的人也存在這種動機，因此必須提高警惕。不僅這樣，專制行為除了表現在對別人實行懲罰以外，還表現在推卸責任和遷就別人的方面。

■ 教育者應有的素養

當一個孩子扮出一種逗人喜愛的樣子，走到你面前說：「今天上午，您就讓我待在家裡吧，只一次。」這時，你會開心的答應。不過，下一次孩子就會說：「我不想出去。」再下一次，「我絕不出去。」他的口氣會越來越堅決。倘若在這方面，老師或家長不遵照一定的原則，那麼他們很快就會發現，孩子也變成了專制者，他的霸道性和好鬥性，甚至能達到令人提防的程度。

當權者既不會太苛刻，也不會縱容他人。他應該十分溫和，不會太計較那些小事，不過，在真正重要的大事情上絕不動搖自己的立場，必須始終堅持著自己的原則。

比如，在有害孩子的健康時，在孩子要不要履行職責的問題上，老師和家長絕不能有半點含糊。他們不能放縱孩子，比如不能讓孩子吃大量的甜食，不能讓孩子隨意發展不利於健康的習慣，當然也不能讓孩子對任何一項

平常的義務逃避。例如，服從管教、待人誠懇、尊敬師長和努力學習等。當權者們十分聰明，他們能夠預測發生的一切事情，以及事情的發展趨勢。他們應該履行的格言，「讓管理者勤奮的管理吧」。他們的能力很強，還須履行「讓憐憫者高興的憐憫吧」這個格言。

仁慈和溫順是十分有效的管理工具。常發生這樣的事：孩子是正義一方，而父母在另一方。這時孩子就可能會抗議，或者拒絕服從他們，這樣就會形成孩子與老師或家長對立的局面。這時，老師和家長必須迅速而又仔細的回憶一下整個過程。若孩子的確是對的，那麼父母就應當及時的、急中生智做出體面的讓步，用自己熾熱的愛心和信心，處理好孩子的抗議。

伊莉莎白女王（Queen Elizabeth）對這一點理解得最為透澈。她把自己規劃成一個奇妙的人物：一方面是管理者的典範，另一方面又是一個文弱女子。

人們對她的評價很高，說她知道適時的讓步，以及具體的操作。在處理許多危機時，她表現出的精明得到了歷史學家的一致讚揚。但是精明還不是她最大的優點，她的最大優點是具有所有掌權者天生就有的老練與沉著的特質。換句話說，就是一個肩負使命者的溫柔性格，樂於協商的心態，對自身價值的定位（不是為了女皇身分而當女皇，而是為了自己的人民而存在），以及親切和自然的同情心。這使她對待每個問題，不只看一面，還能真實的看清優於自己的一面。這些就是管理者都應具備的素養，不管他是家庭的、學校的或者國家的。

具備了這些素養，父母命令和控制一群脾氣暴躁而又精力旺盛的小傢伙就顯得十分輕鬆，如同伊莉莎白管理她的王國那樣。當時的人們生活在各種新思想的衝擊中，憧憬著生活可能會帶給他們歡樂與幸福。

把機械服從與理性服從區別開來，的確有些不容易。我聽一位很成功的母親說，「孩子剛一週歲時，我便開始培養他的服從意識了」。的確，從這個年齡開始使孩子養成服從合法權威的習慣，是比較合適的。

赫胥黎先生曾寫過一個故事：一名退役士兵，從麵包店買好星期日的晚餐，正往家走。一名路過的中士從他走路的姿勢上判定他當過兵，於是決定

開一個小玩笑，他喊到：「立正！」這個士兵立刻站在那裡，一動不動，而他手裡的羊肉和馬鈴薯卻掉到水溝裡去了。像這種服從只是神經和肌肉的習慣性反應，同時也是腦組織的一種習慣。但是它與道德意識卻毫無相干。

除了理性服從以外，任何其他服從行為都在被貶低，好像這是一種時尚。好像構成我們這種生物的只是思想和精神，或者像一個身體能迅速對精神支配做出回應（就像船對舵的反應一樣）的動物。不過，不必過分的關心我們的弱點。這只能說明我們在接受機械服從訓練後的情況。

大家都知道，從思想上講，孩子非常樂意做正確的事，然而他們又具有極強的行為習慣，會影響他們做好事的願望和決心。假如希望孩子長大後能安分守己，服從管教，那麼，我們必須從他們小的時候，就開始進行這個方面的教育。應該進一步引導孩子在平常瑣碎小事上的服從習慣，使它最終養成服從權威的自然習慣。

有人可能認為，孩子養成服從習慣，就會失去了自主做事的能力。然而，我們所討論的服從行為，通常都與身體上的服從有關的問題，如「趕快回來」，「坐直了」，「快把靴上的扣子扣好」等等。這些就像體操訓練一樣，其目的只是使孩子更好的運用身體機器，使他做出更多動作來。就好比要操作一臺機器，如一臺打字機或者一輛自行車一樣，只有經過大量的練習，才能養成無須思考，機械的使用它的習慣。培養孩子練就戰勝自我的能力，就是為了把他培養成人。只有先學會了服從他人的意志，才能再學會服從自己的意志。

生活中的失敗者，並非他們缺乏良好的意向，而是他們本性還沒有養成果斷服從的習慣，這是一個古老的說法。能強迫自己做自己想做的事情的人，擁有光明的前途，不過，只有父母，才能培養孩子養成的自我約束能力的習慣。

可能有人會說，既然造物主是透過人的意識來傳達他的意旨，那麼，按照造物主的旨意訓練孩子不就可以了，何況層次也更高啊。的確，我們可以這麼做，不過絕不能放棄機械服從訓練。多數父母都非常認真，也能憑良知

來對待孩子。這種迫切的需求更多存在於老年人和年輕人的生活中。因為我們必須按照精神上的要求來做精神上的決定；必須靠自己有意識的努力選擇美好生活，同時抵制各種邪惡。這就是造物主的意思，也是我們必須要做的。

　　一位著名哲學家說過：生活中最大的決心，就是做決定所需要的決心。大家也認為如此，我們常常會面對的是，採取這種方式還是那種呢？選擇這種顏色的毛毯還是選擇那一種的？送孩子去這所學校還是去那所學校？這類決心十分煩人，並且傷腦筋，導致神經明顯的損耗，還會引起頭痛。由於這個這樣，我們就應該虔誠的相信造物主，他把我們造就得非常神奇，也十分寬容。

　　因此說，我們做的多部分決定都是自然而然的結果。也就是我們所做的事情，不管好壞，99％都是習慣的作用所致。我們的身體組織就可以記錄，重複行為。

　　刺激是一種方式，往往可以減輕生活中的壓力，使我們發現生活中更多的幸福和歡樂。假如我們變得像小孩子一樣，那麼追求幸福和歡樂就是我們唯一的目的，它是那麼的神聖。

　　但令人震驚的是，一些孩子的父母很有意思，他們把本該由父母解決的問題，交給了孩子，使孩子整日忙碌。

　　一個叫莫德的孩子，就有過類似的經歷，結果使她精神緊張，情緒激動，頭腦異常活躍，臉色蒼白，還伴有行為過於激烈的特徵。經過診斷後（由於不知莫德家的經濟狀況），確診是大腦負擔太重，必須休學半年，還要經常呼吸新鮮空氣，而且要吃以奶為主的流食。然而治療竟然無效，父母也依舊找不出使女兒疲憊的原因。不是課程的壓力太大，而是她一天要做20次決定，這很傷腦筋。同時，還有試圖擺脫束縛的心理抗爭，更使她那疲憊的神經不堪負重。

　　儘管人們對日常生活中的各個細節都考慮到了，但是孩子的病情仍不見好轉。其實孩子一直想做的事和大人的期望恰恰相反，況且莫德想做的事，一般都要做。這樣，這個可憐的女孩的神經疲憊不堪，也就不足為奇了。

　　儘管孩子存在很多問題，但是通情達理，仍是他們的主要特點。因此，如果向精明能幹的孩子下達一個毫無道理的命令，他們就會忍受不了。而倘若孩子對每個命令的道理都提出疑問，不必向他們詳細解釋，聰明的父母選擇折中路線。他們對培養孩子的習慣極為認真，使孩子日常工作能順利進展。假如需要一個新規定這樣的特殊情況，他們只是隨便提一下為什麼這樣做。假如當時不便說，也許情況很尷尬，他們只需要在向孩子下達命令的時候，含糊的告訴他「因為這是對的」。一句話，家長應盡量避免觸怒孩子。

　　從管理國家的有效方法中，可以看到恰當的運用權力的另一個啟示。首先必須加強預防措施，警察、陸軍和海軍就是強大的國防力量。家庭權威同樣需要把力量放在預防上，隨時準備應付可能發生困難。如「我們在7點之前讀完這一章時間很充足」，或者「在上床之前最好還可以再複習一遍」。在關鍵時刻要給孩子一定的時間，使他平靜下來，聰明的母親最清楚這麼做的重要性。必須為孩子留出時間，做他們喜歡的、開心的事。

　　在關鍵時刻，絕不讓孩子隨意消磨掉每一分鐘，否則就會導致孩子養成懶散的習慣，而這種習慣一旦養成很難更改。因為這時，孩子的意志已經萎靡不振了。因此在孩子遊戲之前必須全面考慮，以便到了適當的時候或者正好玩得最高興的時候，能夠叫停他們。面對這種事情，若父母能考慮周全，就可以給孩子5分鐘自由時間，而不是讓孩子在上床之前毫無目的消磨時間。

　　在所有需要遵守諾言的事務中，施教者都是正義的和可以信賴的，這一點不必再提了。施教者同樣應該是個考慮周全的人，這就是一位好母親也是一位好的家庭管理者的原因。她直接接觸孩子，清楚孩子的想法，以及他們尚未成型的願望。出現不能讓步的情況時，她會馬上轉移孩子的注意力，她從不強迫孩子，因為強迫是一種沒有同情的管理手法。

　　關於轉移思路對孩子的習慣養成的重要性，我們已經十分清楚了。我們必須重視繁雜的每一天，做事上還要精益求精。假如我們從小培養孩子的機械服從習慣，那麼一定會得到應有的收穫。倘若我們不這樣做，就只好去慢慢的引導孩子。

　　這就需要施教者不斷的監督他們，不斷的運用權威來強迫他們，力求把他們引導到「樂於自我約束的」程度上來，像騎士那樣為得到命令而歡呼，並自覺的把命令看作盡義務的好時機。讓人覺得欣慰的是，難管教的孩子儘管容易抵抗直接命令，不過對有刺激的主意，他們反應卻最快。提供有刺激的主意，實際就是一門絕妙的藝術，我會在其他章節裡詳細討論這個道理。

　　我並不是要把施教者和被教育者區別開，這的確也不可能，因為孩子本身也是施教者，只不過他們施教對象是布娃娃和玩具士兵罷了。再從學校和幼兒園的角度來看，儘管我們是管理階層，但是如果有人好心給我們建議以及最好的辦法，我們也會順從的照辦，對孩子的自立能力，我們不必過於小心的呵護，它會自然發展起來的。

　　結論是，權威並不是天賦的，而且是恩賜的。「正如每條彩虹都是亮的一樣，每個恩典都是愛」。權威就是父母奉獻給孩子的愛，父母都了解這一點，因為對父母來說，這意味著不斷的自我否定、自我壓抑，以及自我犧牲。孩子一定會認識到這是愛，因為對孩子來說，它意味著可以安靜的休息和維持愉快的心情。在家裡，維護權威的最好辦法，可能就是施教者每天問自己「是誰給你的權力？」

知識教育的革命

■ 知識教育方面的缺憾

　　書本教育可以分為6組，每一組裡又包含幾個學科。對這種烏托邦式的教育，有經驗的老師往往是不屑一顧的。在實踐中，我們發現，使用書本可以縮短獲得知識的時間。在學校裡，低齡班的學習時間是9時至11時30分；高齡班的學習時間是9時至11時。在這段時間裡，孩子們需要做的是看書、寫作、預習、寫報告等，中間會有半個小時的休息時間。

　　根據年齡和班級的不同，孩子們下午會做1至2個小時的手工，進行實

地考察或繪畫等；晚上是自由活動時間，孩子們可以進行自己的業餘愛好活動，如在家裡閱讀等一類的活動。這樣，他們就能接觸到多種內容，完成每樣任務所用的時間也會比平時更短。在這種教育方式之下，孩子們養成了專注的習慣，並且不斷發展，逐漸形成了穩定的興趣。

我想引用 W・萊基（W. Leckie）《歐洲道德史》中的一句話來說一說教育，即「功利主義絕對是不道德的」。對孩子來說，任何急功近利的教育，不管是商業能力還是生產能力，都會讓他們在這一方面變得更加無知。大範圍會包括小範圍，但小範圍絕不可能包括大範圍。作為教育工作者，我們最應該做的就是為國家培養它所需要的各種人才，而只有才智兼備的人才能出色的完成這項工作。

我們始終在談「聯想」而不是「興趣」。每個人，即使是最無知的人，也會有某種興趣或愛好，但興趣卻可能是隨意的、短暫的、毫無價值的。而從某種程度上說，聯想就是對另一領域的初步探索。

我們當前的教育思想中，有這麼一個誤區，那就是認為知識不是最重要的。比較而言，這些理論家更注重的是教育的過程，而並不太關心教育的結果。也就是說，他們認為，孩子學會思考，比掌握知識更為重要。這樣的教育，只能導致所有人（無論大人還是小孩）的精神空虛。

我的觀點是：沒有思考就不可能獲得知識；反過來，知識如果不能被充分利用，思考也就無法進行。

我們都知道，閱讀一篇文章是能夠激發我們的思考、提問和推理，從而獲得一些額外的知識的。當然，這些教育家並不故意輕視知識，他們只是從來沒有意識到這一點而已。實際上，人們越是把教育看作是一系列的心理活動，就越容易輕視甚至完全忽略知識。但對於人的頭腦來說，知識就是空氣和食物，就是運動，甚至是整個生命。教育缺乏充足的知識，就像最大量的運動卻提供最小量的食物一樣。對兒童進行教育，是為了讓他們獲取知識並享受知識所帶來的快樂。《聖經啟示錄》中這樣說道：「如果一個人有獲取知識的能力卻死於無知，這就是悲劇了。」

整體說來，我們之所以在知識教育方面導致失敗，主要有以下六種原因：

◆ 口語課。廢話連篇是最糟糕的口語課，講得再好也遠不如一本好的教材。無論過去還是現在，好的教材不勝枚舉，但我們一定要精挑細選。同時我們還要弄清楚孩子們到底喜歡什麼，討厭什麼。

◆ 講座。通常是由老師從眾多的書籍中收集資料並加以整理，然後匆匆忙忙的講給學生，再由學生去死記硬背。講座的內容雖然是精心準備且論證充分，但它的教育價值，卻遠不如直接去拜讀原著本身，那樣我們還可以直接了解到作者成書的初衷。我們聽過阿諾德、斯林、鮑恩（Bowen）的講座，確實非常精彩，但他們也只是就某些科目辦講座，而且每一個講座都要經過長期、大量的知識累積。並非所有人都能像阿諾德或鮑恩那樣，這一點是我們需要注意的。

◆ 課本。一般的課本都是從一本或幾本巨著壓縮出來的。這種課本可以分為兩類：一類是羅列事實和細節，整體卻顯得枯燥無味。另一類則是簡單的消遣讀物。我敢說，這兩種課本都沒什麼教育意義。

◆ 激勵別人追求知識而自己卻懶於思考。

◆ 小學的教育過分依賴教學儀器和設備，容易令人精神沮喪。

◆ 還是在小學校，對「文選」的使用，無論怎樣精挑細選，也不可能具有和原作同樣的價值。

■ 用書籍進行教育

在過去的 12 年裡，我們一直在嘗試用書本與實物相結合的方式培養兒童。整體說來，效果還令人滿意，一般的孩子都能「快樂」的學習。雖然他們未必能記住教給他們的所有內容，但是，套用珍·奧斯丁（Jane Austen）的一句話，他們將在許多知識領域都「有所了解」。

我們先暫時離題一下。無論是在教育思想方面還是教育方法方面，我都有一個忠告，那就是不要盲從，在教育方面，我們不可能輕易就找到萬能的

鑰匙，但根據生物進化的理論，我們可以推斷思想也有它形成和發展的過程和規律。一位博學而又睿智的中國人，能夠從外部世界和別人的思想中提取自己需要的東西。當他感到空虛時，其隨心所欲的筆下，畫出的並不是他曾經見過、聽說過甚至想像過的內容，而是一些弧線組成的象形文字。

　　如果他剛好是一位藝術家，一定會非常滿意這幅作品，甚至會拿出去炫耀。然而這只不過是隨意運用符號的特點而產生的一幅莫名其妙的作品罷了，儘管他的夥伴更願意把它看作藝術品，並隆重的掛在展示廳裡。可見，有人天生就知道流動的曲線在這種符號語言中所代表的「快樂」。

　　現在，湧現出了很多極富吸引力的新思想和新觀念。西方思想總是很樂於接受這種玄幻的魅力。這是否正好能解釋了下面這個令人迷惑的問題呢？史上人數眾多、道德高尚的民族數不勝數，他們思維敏捷，思想深刻，然而幾千年來，他們的文明為什麼卻停步不前呢？大概是這些人們容易盲從的原因吧？

　　這些人沒有了解到，方法意味著結果，走向結果的過程必須循序漸進才能獲得進步；他們也沒有了解到，只要加以某種形式的衝擊，一個念頭就會變成卓有成效的思想。盲目自大讓他們堅信，自己一定會在偶然中發現規律，因此他們只能在所有的事情上停滯不前，無法更進一步。

　　現在，我們的教育也常常困擾於某種危險。我們總以為，但凡一種理論必定有其可取之處，因此總會不假思索的利用在教育之中。然而事實證明，很多理論其實都毫無意義，並不能真正解決現有的問題。有些人認為，只要有勇氣去嘗試，就會獲得非凡的成果。但是，為了孩子們的未來，我們還是應該謹慎從事，不要把孩子們的興趣寄託在某種方法上。教育工作者不能食古不化，可也不能隨波逐流。做一名先鋒固然令人興奮，但是，除非我們知道已經有人嘗試過並獲得了良好的效果，否則，千萬不要盲從。

　　知識是相對而言的，一個在校生很可能還不如一個小孩所掌握的知識全面。所以，有知識的孩子是存在的，他們把學習當成了一種快樂。他們所有的知識都是為滿足興趣而學的，因此就顯得廣泛而準確。

　　實事求是的說，大部分孩子都還是願意上學的。他們喜歡學校生活，是因為喜歡與夥伴們相處，渴望得到獎勵和讚揚，學校裡有很多有趣的事情，老師的性格非常迷人等等。但是，說他們上學是因為渴望知識，這一點卻很是讓人懷疑。重要的是，在學校生活的所有動機當中，對知識的熱愛決定著一個人今後的生活，而只有它是唯一持久的。

　　不過，令人欣慰的是，所有的孩子都有學習知識的能力和熱愛知識的潛力。要獲得關於人物和國家的知識，向書本學習是最好的方法，孩子們也應當從自己的書中獲得這方面的知識。

　　很多人物傳記中都提到，那些偉人們從小就熱愛書本的故事。在很多學校，書本學習無疑仍然是主要的學習任務，這大概就是我們那些偉大的公立學校歷久不衰的原因之一吧。有些公立學校還是能使孩子們受到良好的教育，至少能培養出一些思考想像能力。儘管如此，大多數公立學校的教學效果並不理想，因其課程範圍太過狹窄，孩子們不但興致不高，甚至因此而學不到東西，於是長大後往往也適應不了飛速發展的社會。

　　我們必須牢記這一點：如果一個人到十七、八歲離開學校時還沒有養成勤奮閱讀的習慣，可以肯定的說，那他將再也無法把讀書當成一種樂趣了。現在在很多公立學校進行的卓有成效的教育改革中，擴大小學生的課程範圍就是主要內容。

■ 一場教育革命

　　我增加了幾個附錄用以說明：

1. 在家長學校裡，應如何設置課程和使用書籍，才能使其發揮作用。
2. 在這種條件下，12 歲以下的小學生應該達到怎樣的水準。
3. 如何利用口語課。

　　家長學校裡的孩子們對知識有著強烈的興趣，他們的思想和思考能力隨著閱讀的書籍而迅速增長，因此有權涉獵更廣泛的知識領域，但他們的這些

能力光靠聽講座是根本培養不起來。至於讀者是否相信我所說的這些事實，我想大家會看到的：一場範圍廣泛的教育革命就在眼前，我們每個人都必然會投身其中。

經驗證明，在孩子們 12 到 14 歲之前，我們要盡可能多的為他們打開智慧之門，當然這些門只能是「好房子的門」。泰納說過，教育只不過是通往一個華美壯麗的大廳的邀請卡；無論什麼學科，我們都不能採取簡編、摘要或選編的形式對其作介紹。

年輕人只有從原汁原味的書籍中，才能懂得歷史是什麼、文學是什麼、生活是什麼。

這並不難做到，因為人們在很大程度上已經能夠做到了。

如果我們對上述說法深信不疑，兒童知識自由的《大憲章》就擺在面前了。這種需求迫在眉睫，方法也已經很明確，我想我還得再聲明一下：12 歲以上的孩子，至少應當採用一些我們前面談到的，像《讀書的習慣》這樣的課程進行教育。

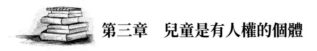

第三章　兒童是有人權的個體

第四章
教育孩子形成好習慣

教育就是幫助孩子形成好習慣

■ 人具有建立多種連結的能力

在這之前，我已向讀者闡明我們討論的前提，那就是，作為一種有精神的生物，人都是一樣的，都能對精神衝動做出反應，都有接受和表達思想的器官，也都有和物質世界建立連結的各種方式。在人的整體組成部分中，並不包括意願、道德、情感和理由，它們只是人的不同行為方式而已。人之所以有多種行為方式，是因為他具有建立多種連結的能力。

據我們了解，人在建立某些連結的時候，他的拓展能力既可以受到節制，也可以無限擴展。

一個人的所有或某種適合他的連結一旦被剝奪，那麼他朝著這些方向發展的能力也將消失，儘管從表面看來，他好像沒有失去任何的連結能力。

實際上，在大腦的神經組織中，此前建立起來的任何連結都會留下其有機的記憶。

一個思想或者是一個經歷，它們在進行生理登記時，也可以說是對一個經歷記憶或思想記憶進行記錄時，習慣發揮著至關重要的作用。

我們的生活有 90% 是由習慣規律支配的，所以，從教育角度出發，我們應該了解這種習慣是如何建立和發展起來的。於是，了解一些有關習慣養成在心理和生理方面的歷史知識，這是非常必要的。

總而言之，接受教育實際上是在形成習慣和吸收思想。

習慣形成的基礎，比如會走路的人基本都能識字，這一理論已經由生理學家和推理心理學家清楚的向我們說明了。思想以及它的那些性質、作用、行為是如何影響大腦兩半球，最終形成某種感知印象呢？

雖然這些問題一直困擾著我們，但睡眠、生命和死亡這類現象不是也同樣沒有得到最終的解釋嗎？所以，我們大可不必感到灰心喪氣。

在科學的各個領域，作為所謂的知識基礎，我們一切都須以事實為依

據。前提是，那些在我們眼裡最充分和最富有成效的根據，才是我們要接受要研究的地方。柏拉圖認為作為一個實體，思想是大腦中真正起作用的東西，對此，我們還是同意的好。

思想是由大腦共同醞釀出來的，任何人都不可能憑空產生出一個思想。「讓我記住它吧」，這樣的一句話，其實就蘊涵著最簡單卻又最深奧的思想。

思想一旦產生，就會被畫到圖畫裡，寫到書中，刻到椅子上，或者在眾人之間口口相傳。雖然沒有人知道它能流傳多久，但它似乎能無限期的存在下去。它的生命力非常頑強，可以在一個時期隱匿起來，等條件成熟的時候再次出現，關於這些，歷史學者們再清楚不過了。即使我們的子孫後代全部消亡，也沒有人能準確的說出一個思想的起源並預言它的破滅。

雖然新思想的產生源於舊思想的交流和碰撞，但是在經歷這一發展階段之前，這個思想可能只是一個想法而已。由此可以推斷，不同的人喜歡不同的思想。

這並不是因為思想本身能夠物以類聚，而是因為特定的人群有特定的傾向，他們天生只適合接受某種特定的思想。

我們不妨舉例說明，就拿花粉與將要受精的胚芽的關係來說，傳授花粉的方法雖然多種多樣（不包括雜交在內），但特定的花粉只會與特定的胚芽相結合，並最終結出同一類種子，其結果沒有任何偶然性。

人也是如此，特定的人產生只屬於他本身的思想。

核心的問題在於，純粹的精神怎麼能夠和思想一樣，在最敏感的物質資料上留下其印記呢？

關於這個問題的答案我們一無所知，我們只能說，它之所以這樣，是因為現實具有反射作用，能對突發的想法做出明顯的反映。

面對這種情況的人們，眼睛發亮，脈搏加快，面色潮紅，整個人活力四射，狂熱不已，再也感覺不到肉體的沉重。我們的任何習慣都來自於它的原始想法，反過來說，我們獲得的任何想法都能形成一種思想習慣和行為習慣。而且，人都能夠用自己的想法去感染別人。

在我們的腦海中，眾多想法並不是混亂無序、紛至沓來，而是有選擇性的出現的。

就好比一個具有無限交際能力的新人，在來到這個世界之初，總會有選擇的建立某種特定的連結，儘管他還不能適應這些連結。

確保人的適應性、發展和行為都朝著良好的方向發展，並幫助他建立起適合他本身發展的連結，這正是教育學應該做的工作。

在人的主要思想的引導下，每一個連結都始終由思想和習慣兩個因素相伴，並依靠相同想法的支持建立起來，然後再從習慣轉變成物質。這就是我們需要研究的領域。

■ 一個特殊的試驗

下面，我會簡單講述一下《紐倫堡的孩子》中卡斯帕爾‧豪澤爾（Kaspar Hauser）的故事，以此來更清楚的闡述我的觀點。

據說，在卡斯帕爾‧豪澤爾這個孩子身上，有人曾對他進行過一種特殊的試驗。因為試驗的性質不合法，最終被取締了。這個故事就像本書中列舉的大量資料一樣值得信賴。

如果這個男孩的經歷與我們所認可的幼兒經歷相符，在應用官能（比如視力）方面與一個成年人的經歷相符，這樣，我們才有理由肯定它是真的。

西元 1828 年 5 月 28 日，紐倫堡的一個鞋匠發現了一個大約 17 歲的年輕人，他頭髮金黃，長著藍色的眼睛，臉有點像猴子，略向前突，樣子非常奇怪；他靠牆站著，身體向前傾斜，似乎站立不住的樣子。當鞋匠試圖靠近他的時候，他發出一陣含糊不清、咿咿呀呀的學語聲。

看見他的人都說，他的智力跟兩、三歲的孩子差不多，可是他的身體卻似乎已經發育完全。事實上，他並不弱智，記憶力也很好，能立刻學會別人說過的話。任何人，只要在第一次見面時把名字告訴他，他就不會忘記。

為了安全起見，起初他被放在看護室，由看護室的孩子教他走路和說話。這些孩子用保姆帶孩子的方法來教他，他也不膽怯。過了六、七個星

期，市民們決定接受他為「紐倫堡的孩子」，並將他交給道莫爾（Daumer）博士負責。

博士對此非常感興趣，從此便開始了使這個孩子的身體與智力相符的這一艱難工作。透過仔細問話，道莫爾博士了解到一些他以前的生活狀況。

原來，這個孩子根本不知道自己是誰，也不知道自己是從哪裡來的。他以前住在一個洞裡，洞又低又矮，他只能坐在稻草上。他從來沒有聽見過聲音，也沒看見過光線。

在那裡，他除了睡覺還是睡覺。每次他醒來，就會發現身邊有一個麵包和一壺水。有的時候，水似乎不大好聞，於是他繼續睡覺。他從來沒有看見過為他送飯送水的人。最後，那個人將他從洞裡抱了出來，並教會了他站立和行走。來到紐倫堡的幾個月以後，他仍然會對肉、啤酒、葡萄酒以及奶的味道感到噁心。事實上，除了麵包和水，他什麼東西都不吃。

在前 4 個月裡，道莫爾博士發現他的視覺、味覺、聽覺和嗅覺都驚人的敏銳。白天他能比多數人看得都遠，而且還具有夜視能力。並且他看見什麼都是平的，所以他無法區分實物和畫面，在很長時間內都沒能學會如何判斷距離。他認為皮球滾動是因為皮球自己的意願，不明白為什麼動物跟人表現得不一樣，比如在飯桌前他的狼狽舉止。他的嗅覺敏銳到使他痛苦的地步，因為衣服上的染料味和胡椒味等使他很難受。與此同時，他可以透過氣味來辨別樹葉。

大概又過了 3 個月，在熟悉了自己的器官功能之後，道莫爾博士開始教他其他的知識。博士教他寫字，並鼓勵他以各種方法練習使用手，如在院子裡掘土等。在往後的 11 個月裡，他和他的朋友兼導師一起過著幸福而又簡樸的生活。雖然他仍然是那麼的乖巧、聽話，像孩子一樣人見人愛，但正如道莫爾博士所說，他敏銳的器官功能正在逐漸退化。

這個例子說明，在沒有任何幫助和阻撓的情況下，天性對孩子的強大作用。因為它是有據可查的，因此還比較可信。

很久以後，當卡斯帕爾・豪澤爾再次出現在大家面前時，他變得極其聰

慧，極其敏銳，性情也十分的溫和。這是一個不可再重複的實驗，儘管這個啟發性的故事是真實存在的，我們也找不出其他例子來證實它的重要性。

卡斯帕爾‧豪澤爾剛出現的時候，在某些方面只相當於一個手舞足蹈的嬰兒，因為他不知道什麼是圓，什麼是平；也無法區分什麼是遠、什麼是近；什麼是熱、什麼是冷。總之，他沒有任何經驗。而另一方面，他的智慧、認知能力、記憶力以及溫順可愛的秉性都稱得上有兩歲孩子的水準。

卡斯帕爾‧豪澤爾的故事和人類共同的經驗告訴我們，沒有必要在發展本能或者培養官能上白費功夫，人的本能發展根本不需要我們的操心。

可以想像到，即使在最不利的條件下，只要讓天性自由發展，它就能創造奇蹟。令人遺憾的是，誤導總會存在並妨礙天性的正常工作。除了孩子的父母和老師，大自然也同樣具有管理孩子的責任。這個唯一的例子說明，在大自然中，孩子的天性，諸如敏銳的認知能力、敏捷的智力和令人喜愛的可塑性，到他成年之後才會逐漸消失。

很明顯，孩子們擁有各種可以在他一生中為他服務的能力，我們無須為他們個人的發展而傷神。那麼，我們還應該為他們做些什麼呢？

總有一天我們會知道，當人們把開發能力當成是老師的工作時，教育這個詞更應該理解成「思想教育階段」才對，或許用「應用智慧」來表達要更為恰當，因為智慧是交際的科學。

為孩子們盡可能的創造適合於他們的交際的條件，是我們必須為他們要做的事情。

■ 交際程度決定生活是否充實

我們開始懂得應該以什麼方式養成習慣，也明白了如何幫助孩子克服棘手的問題。

我們已經不再追究是古典派，還是現代派。所以現在，是深入系統的學習幾門課程，還是膚淺的多了解幾門知識，也不再與我們有任何關係。

我們在考慮為孩子建立起什麼樣的交際時，我先說一下梯子，我們傾向

於稱之為「最下面的橫檔」。

可以說，正是為了與感情、歡樂、關係和知識建立連結這樣一個明確的目的，人才會來到這個幸福的世界上。這個世界有生物，還有聖弗朗西斯（Saint Francis）稱之為哥哥的大山和稱為弟弟的螞蟻，滿天的星斗也是他們的同胞。正是「連結」，建立起了一個美滿又充實的生活，可是我們對能夠建立起哪些連結卻知之甚少。因此，還是先認真思考一下這個問題吧。

比方說，讓一個男孩同時學習兩門或者兩門以上的理科課程的話，他很可能會混淆了這些課程。當我們問他「哪些課程最容易及格」、「哪些課程最容易學會」時，答案往往就是那些範圍最小的教科書。

孩子在學習課程時，儘管他聽了講課、做了筆記、看了示範，甚至能暫時說出關於自然現象的事實和結果，但是他卻不曾與大自然建立起過任何親密的連結。

接下來，我將陳述一下，我眼中的孩子建立連結的最佳方式。

識別是建立密切連結的第一步，這是孩子的父母必須要知道的。對孩子學習成績的評價，除了要看他在基本「三會」（讀、寫、算）方面的進步，還要看他能識別出多少種生物，叫出多少種的名字，關於它們的產地是否知曉。

一個僅僅 6 歲的孩子，能不假思索的按順序標出各種樹的發芽時間；他還知道什麼是籬笆，什麼是草原，什麼是灌木，以及怎麼尋找小米草、酢漿草和黑莓；他相信每枝花都很喜歡呼吸空氣，因此花是不可以隨便採摘的。他會帶著他的朋友去看菊花、睡菜和香楊梅，也知道什麼時候到哪裡能找到紅尾鴝；他會欣賞水扁擔和蜻蜓；他還會瞪大了眼睛欣賞水晶的美，雖然那不一定是真正的水晶，但是他能識別出石灰石、石英、可愛的粉色長石，還有許多其他礦物的晶體的形狀。

■ 孩子的直接體驗

審美能力與識別能力密不可分。在開發孩子的審美能力上，聰明的媽媽總是很慎重。儘管孩子從很小的時候就試圖用自己的畫筆去描繪那些形狀高

雅且顏色美麗的花朵，但她還是會讓孩子從遠處觀察一棵野櫻桃樹或者一棵柳樹的柔軟的柳絮。屏風上的圖案也是教具，她還會讓孩子仔細觀察它，並告訴他屏風上的圖案畫得很漂亮。等到孩子真的拿著櫻桃花或者柳絮和屏風上的圖案做比較時，他會認識到它們的極大差距。

所以，很小的孩子，都會逐漸明白繪畫和實物是兩件不同的事情，前者是一門更能令人心曠神怡的藝術。

隨著年齡的增長，那些熟悉而又親切的事物。慢慢轉化成孩子的知識，我們也把它叫作學問。

孩子開始發現了野玫瑰花和蘋果花的相似之處；毛茛花和銀蓮花，大杜鵑花和歐石南小花也有其共同點。稍加提醒，孩子就能確切的找出它們相近的特徵，於是植物家族的概念會很輕鬆的成為他的知識。

因為是直接獲得的，所以他的這些知識是精確的知識。就這個意義而言，他就是另一個林奈（Linnaeus），即「小植物學家」。

孩子們始終懷著愉快的心情去累積經驗，他們一旦開始對事物的欣賞性有所了解，那麼，當他們步入老年重新回顧起那些美好的往事時，他們就會發現，作為依靠孩子的自然願望而產生的活知識，精確知識的上層結構與書本和考試基本沒有關係，並且很容易就能得到提升。而在藝術欣賞看來，情況也相同。

事實上，在大人的教導下看待事物的孩子，在欣賞繪畫作品時，總是帶著挑剔的眼光。

孩子正是透過下列方式建立起新的連結的：

有一名第一次去划船的小女孩說，她的槳不是划得太深就是太淺。第二天她又會說，她划得比前一天好多了。於是有人問她是如何知道深淺的時候，她說，嗯！因為水有韌性，槳很難划到水裡去，我還差點從座位上跌了下來。

雖然孩子的回答似乎不著邊際，不過她是在汲取真實的知識，並且很快她就會明白事情的真正原因。比起課本上給出的答案 ——「水分子沒有黏合

力，能容易的被硬物劈開」，小女孩的方式不知道要優越多少倍呢！

我們以為，教育的作用就是把孩子置於適合於他的連結之中，並向他提供有啟發意義並能創立一種連結的思想。因此，建立道德連結和知識連結才是我們一生中應當關心的主要事情。一旦具備了這種概念，我們就會發現，類似於例子中的小事可能比考試合格更重要。

習慣是父母可以利用的方法

■ 注重以自然法則為基礎

我迫切希望，能提供一種以自然法則為基礎的教育方法，展現在讀者面前。首先，我們必須考慮哪些需要遵守條件，使大腦保持良好的工作狀態，因為積極工作和營養充沛的大腦的功能，是良好教育的前提。

我們應考慮把戶外生活作為建立教育方法的基礎。因為我們就是為了展現，兒童出生後的前 6 年或 7 年的主要發展和行為，去發掘他能做什麼，他會用自己的五官感覺去注意那些事物，對自己注意到的東西，他有一種十分旺盛的求知欲。所以，父母應當讓兒童常常保持自由接觸大自然。

感覺和知覺的活動能力是童年階段的智力主要象徵，因此兒童的智力教育就是感知能力的自由運用，而教育者智慧的表現，就是要跟隨人類已經完成的自然進化並加以引導。

以下考慮的因素就是心理關鍵期，這個因素並不新奇，它對我來說始終非常值得注意，它合理的教育方法奠定了基調。

從「習慣成自然！」這句諺語中，教育者能夠得到非常大的啟迪。我也希望別人都能看到這一點。

對母親來說，習慣就像輪子對製陶者、刀子對雕刻者一樣重要。媽媽可以利用習慣，按照她頭腦中的計畫和構想培養她的孩子。必須注意，材料是工作的前提，只有輪子而沒有糰土，精美的瓷杯就不可能從製陶者手中造出，當然，工具與材料以及設計全是必要的。

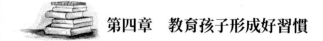

第四章　教育孩子形成好習慣

　　如果讀者有興趣的話，我樂意簡述一下，為什麼我逐漸將習慣看作是父母按照他們的設想對兒童進行培養的方法。這個觀點對某些父母來說，是已經成為家喻戶曉的道理，但是對別的父母來說，就可能沒有多少認識和分量了，他們需要一步一步的對這個觀點進行理解，還需要看看別人是如何逐步理解的。因而，我想說說我的觀點。

　　很多年前，布道的牧師那裡是我常常去的地方，在那裡，至少每4個星期天，我都要聽到一次「習慣成自然」這句話。那時，我還是一個年輕的教師，對工作充滿熱情。

　　成為教師是我心目中的一件美妙事情。如果教師想把學生踩在腳下，那幾乎不可能。因為不管學生在校內或校外有什麼問題或者做了錯事，責任全都是教師的。年輕時，並不是只有熱情，責任感我們也不會忘。可是，儘管自己熱情高漲，但並沒有什麼特別的事情發生，這多少有點令人失望。

　　孩子們由於他們的父母都有教養，加上行為舉止太「順其自然」，整體上還不錯。

　　他們已有的錯誤一直存在，他們的美德還是像從前一樣僅是偶爾為之。聽話溫順的小女孩撒著無足輕重的謊，開朗大方的孩子卻始終懶懶散散。課堂上就是這樣。懶散的孩子依然懶散，反應不太快的孩子依舊遲鈍，真令人無奈。孩子們的確有些進步，高貴的品格，良好的心智潛藏在他們每個人身上。

　　可以翹起這些小小世界的槓桿究竟在哪裡呢？這樣的槓桿一定存在。如果我們的教育，就像磨坊中的馬一樣不斷轉著圈，同時學習著地理、英語、歷史和算術等。其實，這不會比嬉戲玩耍更有效。因為誰還能想起，童年時自己曾絞盡腦汁的學習一些零碎的知識，將來數小時的運用不是比童年時苦讀一年更有效嗎？如果教育是一個人和一個民族的希望，那麼教育就應該是高於和超出以教育的名義進行的單調枯燥的日常瑣事。

　　我尋覓著、閱讀著關於教育的文獻。從多種多樣的泉源中汲取養料，雖然沒有找出一個成為指導我前進方向的權威，換句話說，我還沒有找到一個權威的思想。

權威思想應該是，不但包容了兒童天性中所蘊涵的思想的多種可能性，而且同時估量了教育活動的涉及的範圍。我看到，信仰教育能夠給兒童極大的幫助，能夠給兒童力量和動力使他們繼續努力，使他們嚮往那些美好的事物；我看到法律在限制罪惡方面起了極大的作用；我看到愛的力量使人向善。但是，儘管有這些的幫手只能從外部和表面使勁，但教育仍是那麼令人鬱悶，如同一個人在黑暗中負重前進一樣。年輕人在道德、智力和力量方面的進步總是搖擺不定的，一年一年，幾乎不會有實質性的進步，只是能做幾道更難的算術和能讀幾本更厚的書本而已。

想一想，失敗的原因很明顯就是：儘管每一個兒童心裡都有一縷溫暖之光，但是他們都不能堅持不懈，由於他們沒有意志力，不能強迫自己去做應該做的事情。毫無疑問，這一點上，就是父母和教師應在發揮作用的地方，他們必須鼓勵孩子，去做由於自己自制力差而沒有完成的事情。不過，不恰當的做法，也會使孩子形成依賴父母毛病。

意志力軟弱，不僅對我們多數成人是一味毒藥，而且對兒童也是這樣，找到彌補意志力軟弱的方法，就是教育的任務。

兒童不應費力去做決定，正如那些成功之人所說的那樣，做決定是人一生中最困難的事情。這對我們來說也是一樣，甚至對一些無關緊要的事情做決定也會令人難以抉擇，比如去還是不去、買還是不買。所以，老是讓兒童徘徊在正確和錯誤之間，是很不合適的。

■ 讓兒童的天性順其自然的發展

「習慣成自然」不斷迴盪在我耳邊，使我徹底理解了這句分量很重的俗語。也許當它實施到教育中，就會產生出一種神奇力量，一種我所找尋的「芝麻開門」的神奇力量。最重要的是我們必須清楚，什麼是自然，以及什麼是習慣？

當我們對「孩子是什麼」進行思考時，就會驚奇的發現，孩子只是作為一個人而誕生的，不管他們的種族、國家、家族如何，他們都是這樣。

　　事實上，所有的人生都具有相似的基本欲望。我們必須承認一個令人震驚的事實，由於我們的本能和欲望基本一致，所以大致相同的行為規則制約著所有的人，無論他身處何地。例如，同樣的欲望，既會攪亂野蠻人原本躁動不安的心，也會激起智者雅士心中的波瀾。

　　兒童天生就有好奇心，急欲用自己的眼睛探求事物，他們所展現的求知欲，對於任何人都能產生同樣積極的作用。他們積極的參與著社會生活。

　　你常常可以看到，當兩個小孩在一起時，他們會非常興奮、愉快而且友好。也是因為這個原因，村落社會就會存在於原始部落，以及有學問的哲學家中，這裡，對尊重的渴望隨處可見。一種神奇的權力被教育者所掌握，這樣，他們就使一句讚揚的話，比兒童期望的其他任何獎勵，更有力量；也使一句責備的話，比兒童害怕的其他的任何懲罰，都更想迴避。

　　所有的人不僅欲望相同，而且感情和熱情也相差無幾。當被刺激時，它們起作用的方式也會一致：歡樂和痛苦，愛和恨，慈悲心、同情心、恐懼，以及其他的情感，都常常出現在我們身上，當然常常出現的還有良心、責任心。

　　李文斯頓（Livingstone）博士提到，某一澤伯西部落的道德模式，他認為已經很完備了（不管他們是否遵守自己的法律），只須加上「一夫一妻」的規定就更加健全了。雖然這些黑種民族的人們並沒有被基督教文明所影響，但是他們同樣認為「說髒話、撒謊、違背父母、對父母不孝」都是有罪的。人類不僅對責任感有相同的認知，而且對於造物主存在的深層意識也一樣，儘管有時可能比較模糊。人的本性的最基本認識，就是由這些因素以及其他很多因素共同構成的。

　　接下來，我們需要考慮的就是遺傳因素。這裡說的遺傳，是指最充分的自然天性。

　　如何去對付那些充滿抱怨的或是頑固不化的，以及性情魯莽的兒童呢，由於繼承了父母，或祖父的性格，他生來就這樣，拿他怎麼辦呢？想想孩子眨眼的神態、小手的動作和獨特的字跡吧，如同波兒・考伯小姐所舉的例子一樣，一些遺傳特徵在她家族中可以追溯到五代人。藝術氣質、音樂和繪畫

的品味的遺傳，在家族中隨處可見。孩子的遺傳天性混合一處，一直在起作用，就像釘的釘子那樣牢固，所有的改變和修正企圖，被它完全拒絕，但又讓人思索不透。

在欲望和情感的強度方面，瘦弱多病的兒童和與健康強壯的頑童是有區別的。

人的天性是某些特質的綜合。人類有著相同的自然需求，相同的情感和感情，相同的來自家族遺傳的傾向和特徵。人類還有自己的身體和獨立的大腦。所有這些因素的綜合就成為人的天性，這就有力的證明了人類存在的合理性。由此，我們便會認為，讓兒童的天性順其自然的發展，就是我們最應該做的事情。根據每一個兒童內在的個性特徵，使他們不受阻礙的發展吧。

確切的說，世界上一半的父母，四分之三的老師都很樂意讓兒童只受天性的支配，結果又如何，他們又有了什麼樣的進步呢？大部分有進步的兒童，是那些父母認真的教育過的兒童，而其他的兒童，還是停滯不前，就像老牛拉破車一樣，並沒有超出自然賦予他們的天賦。

實際上，停滯不前是不可能的，兒童的進步如水上行舟，不進則退，這是顛撲不破的事實。所以，父母的任務就是，不管孩子的天性如何，都要教育孩子養成施行道德的習慣、道德的態度，以及各種有理性的活動，這些非常重要，等同於供給孩子吃穿。

環境也會影響教育，那些不服父母管教的男孩會因為環境的影響而變成一個男子漢，這樣事情時有發生。雖然這樣，但教育者絕不能寄希望於這種沒有保障的偶然因素的幫助。

依我的看法來說，阻礙通向真正教育的道路，並不是心理學上的困難造成的，但是必須承認，的確有一些因素阻礙了真正的教育。例如，兒童的意志力是那麼的脆弱，雖然強壯的孩子意志力會好一點，但是體弱的孩子意志力就不值一提了。因此，別指望他們的意志力會成為教育的力量。

孩子的天性，他的人類的天性就是作為一個人的總和，它繼承了家族中的遺傳特質，作為自己身心綜合特質的結合物，這些天性都有著無比強大的力量。

第四章　教育孩子形成好習慣

■ 教育者必須面對的課題

　　擺在教育者面前的問題就是，不管兒童的遺傳特質好或劣，都要適當的控制兒童自己的天性，盡可能的使兒童進行自我控制。

　　許多人成年後，自己原本特有的優良品性，如慷慨大方，樂善好施等等，就會如船隻觸礁一樣徹底消失。因此，必須要盡到父母的責任。

　　實際上，大多數信基督教的父母，非常希望自己的孩子像荊棘一樣自由成長，不管從孩子內心生長出什麼來，可能是刺，可能是很醜的花朵，還可能是索然無味的果實。

　　他們都會向孩子指出，透過造物主的恩典，就會剪除、挖去那些歪歪扭扭、胡亂生長的雜枝，這樣新枝也會長出來的。他們的希望雖有可取之處，但是他們的孩子卻要忍受苦難，歷經曲折，在浪子回頭的過程中傷心欲絕。倘若在他們小時候，他們的父母就盡心盡力的培養他們，或者他們就會成為父母的好孩子，也就避免了這番痛苦。

　　天性力量強大，但並是不可戰勝的。即使天性的力量最大的發揮，也抵不住不受約束的馳騁。假如用馬銜和韁繩，手勢和聲音及時的約束天性，就能夠產生征服它的作用。但是一旦讓天性得到野馬般狂奔的自由，那麼馬刺和馬鞭對它來說，也就毫無用處了。

　　如果說「習慣是十倍的自然」是正確的，那麼自然天性也就不易改掉了。更何況習慣不只是難改，而是十倍的難啊。不過現在，已經有了更強大的武器，幫助我們戰勝這個難以更改的人。但是，習慣僅僅是自然天性的延續。

　　為了避免受到懲罰，膽小的孩子習慣性的要撒謊。一百個惹人喜愛的習慣只屬於可愛的孩子。給予的美德，屬於那些天性優良的孩子。而不願付出，是自私孩子的特性。

　　習慣憑藉天性發揮作用，它是天性在行為中的表面現象，往往透過鍛鍊就可以增強。如果習慣要想變成托起兒童的槓桿，就必須與天性相對，最次也不能依賴於天性。

只要用心留意，我們周圍的很多例子都能說明，習慣是如何起作用的。養成仔細習慣的孩子，從不會弄髒自己的衣服；養成沉穩寡言習慣的孩子，從不會提起在家裡自己做了些什麼，對沒有思考的問題，他們會說「我不知道」；接受了禮貌習慣培養的孩子，他們具有了紳士的風度，如為長者讓路，為提著籃子的貧弱婦女讓路，但不願讓路給裝扮鮮亮的女士；具有了嫉妒習慣的孩子，不願意讓步給別人，也不願意去幫助他人等等。

孩子所有的習慣，不管好的、壞的，還是漠不關心的，都是兒童自然形成的嗎？不是，是孩子的母親親自造就了它們。實際上，在造就孩子方面，母親簡直就是無所不能的。在某些時候，幾乎每個母親都會有兩、三種習慣，兩、三個孩子不能違背的原則。

所以，我們試想一下：假如母親以自由的觀點，對待孩子學習的科目問題，也願意這樣對待孩子的習慣。另一方面，假如一個母親總是不斷提醒孩子「人們會怎麼說？他們可能怎麼想？它看上去怎麼樣？」那麼，她的孩子僅能形成表面上的習慣，本性上根本不會有什麼變化。他們往往滿足於 —— 看上去著裝得體、舉止禮貌、對別人沒有惡意。實際上，他們並沒有真心的去追求美、秩序和善良，哪怕是花一丁點心思。

天性，在習慣那種無可比擬的力量下，被迫走向新的軌道，這無須證明。看看馬戲團的一個小男孩吧：他兩隻腳分別踩在兩匹馬的光背上行走，時而在舞臺上表演童話劇舞蹈、時而扮作丑角像皮球一樣滾動、時而進行花樣繁多的技巧和特技。

智力特徵，也像身體特性一樣，能夠被訓練，以便養成持之以恆的習慣，可以成功的進行改變，這是令人驚喜的，也是難能可貴的。

習慣的力量不僅限於人類，動物也是如此。貓尋找自己的晚餐時，也會在同一時間和通常能找到食物的同一地點一直徘徊。貓戀家的習慣對牠來說的確重要，就使牠寧願餓死，也不願離開牠熟悉的房子。對狗來說，牠固守習慣甚至比主人更加執著。每天早晨9點向麻雀投食，那麼牠們也會在每天早晨9點來找尋早餐，看看是否有麵包屑。

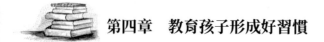

第四章　教育孩子形成好習慣

　　達爾文（Darwin）傾向性的認為，人類總是害怕和迴避野鳥和不太危險的野獸，這就是一種習慣性遺傳。他告訴我們，太平洋上的某一小島，在他到達之前，島上的鳥從未見過人，牠們並不怕人，常常在他身邊飛來飛去，偶爾還會碰到他。我們再舉個例子，酒鬼的習慣是那麼的令人不快，這不是正可以證明習慣的力量嗎？酒鬼不去管理自己的心智、良心、態度，也不顧忌那些影響思考人的其他因素，因此他的習慣就不會更改。這並不新鮮，我們已經清楚了「運用是第二天性」，「人是一系列習慣的總和」。

　　但是，對習慣的運用，對生理學上習慣概念的運用，對我來說還很新鮮，而且極具價值，同時希望它對讀者能有用處。比如，我很新奇的認識了，習慣就是讓兒童沿著正確的方向比較輕鬆的前進，這樣，兒童的生活不會左右搖擺、東倒西歪，也不會老是失敗。還是那句話，父母和老師決定了孩子的習慣。

　　「萬事開頭難！」是至理名言。理智習慣和道德習俗的形成，並不是我們能夠事先預見和設計的，而是得按照正確而又必要的路徑不斷變化，直到某種獨特的風俗習慣形成。常說的「無意識的思考」，會讓我們了解到：不管你向孩子播下了哪些思考和情感的種子，不管孩子有何種遺傳特質以及接受過什麼樣的早期教育，他們都會遵循人類的發展，使自己成長、使自己完善，這和所有有生命的有機體一樣。

　　認識一個正確而起作用的觀念的過程是偉大而奇妙的，它就在你的身上，它按照自己的節奏不斷的發展。當你還沒有考慮好該寫些什麼的時候，你的鋼筆就寫下了結構嚴謹，令你興奮的句子。當一個經驗豐富的作家如此奮筆疾書時，他自如的遣詞造句，不須刪改，很奇妙，糾纏不清的錯誤也會同樣不斷重複。哲學家往往喜歡觀察自己頭腦的思考方式，他們是具有高度智慧的思想家，但是他們幾乎忽略了玷汙人們行為的觀點，和維護人們純潔的觀點起作用的方式是一樣的，它們都在不斷發展、成熟和遞增。

　　我們以我們習慣的方式思考，這在培養孩子的實際過程中有什麼作用呢？我們的思考是以習慣的方式進行的，觀點總是來來回回，層出不窮，如

同在車道上永不停息的車輛，每一根大腦神經都是你工作所必須依靠的。雖然你不刻意的思考這些觀點，而事實上，你可能會盡力阻止這些觀點的運行和要行駛的路線。你希望擺放路障，希望設置醒目的「此路不通」路牌，並迫使頭腦世界中繁忙的子民繞道而行。不過誰能夠做到呢？

孩子不可能做到，因為孩子的意志尚未成熟，道德力量還不夠強大，精神武器未曾使用。他還需要依靠父母，依靠他們啟發自己思考一些觀點，珍惜一些擁有的感情，培養一些應有的情感。

在這裡，父母的責任只是啟發，絕不能替他做得太多，透過這種啟發，使孩子養成思考和感情的習慣，而這種習慣就能夠指導孩子以及孩子性格的形成。

概括一下我們的觀點就是：透過遺傳，兒童將自己的未來掌握在自己手中。這個觀點是否有些自以為是？毫無疑問，兒童天生就有足以影響他的未來的某些傾向性，只是每一種傾向性有著方向不同的岔道，它會導致好的或者壞的結果，把兒童引到能充分發揮他可能性的正確的道路上，就是父母的工作。

■ 培養好習慣的方法

習慣與人的生活，兩者的關係，就像車軌與在它上面行駛的列車的關係一樣，這種關係對教育者很有幫助，且意義重大。車軌整體上就是讓列車平穩行駛，盡量避免危險，習慣對兒童來說也是這樣。

按照已有的習慣進行指導，兒童就可以輕鬆愉快的生活，而一旦脫離了習慣的軌道，困難和麻煩就會不斷。也就是說，對父母來說，為兒童鋪就通向幸福生活的未來之路，就是他們的最大的責任，不得有半點馬虎。父母必須仔細考慮，哪些路可以使孩子走得輕鬆愉快，而且益處多多。在這條路中，鋪就一條極具吸引力的平坦大道，使孩子們在這條路上全速行駛，不用顧忌如何選擇接下來要走的路。

設想一個動作連續的、不間斷的做了 20 遍或 40 遍，就會形成了一個簡

153

單而不需要努力就能輕鬆遵守的習慣。進一步，它就會完整的保存下來，也就變成難以擺脫的第二天性。一直如此，若干年後，習慣就會展現出比天性強大數倍的力量，若要徹底打破習慣，大概得費上九牛二虎之力了。

事實的確像這樣的話，那麼就可以培養兒童一系列的習慣了。比如做事、說話，甚至是思考和感受的習慣，這樣就可以使他們做出、說出、思考、感受所欲的東西了，這是不是干擾了孩子們的自由意志，將孩子變成一種機器，由過度文化操作的機器呢？

最關鍵的是，習慣總是統治著孩子們99％的生活，無論你是否願意費心思的培養孩子的習慣。孩子僅僅在按照你勾勒的軌跡自動前進，他們逐漸成為習慣的生物，這並不是父母所決定的。所有的人都是習慣統治的生物。我們懂得，用最熟悉的思維方式去思考、日常的簡短講話和蹓躂幾圈，對於這些簡單而平常的任務，根本就不需要任何意志去決定和努力。相反，如果對浴池用具和桌子的使用方式，我們都要深思熟慮，絞盡腦汁，那麼生活還有什麼意義。老是永無止境的努力去做思考，就會使我們身心疲憊。還好，生活不必如此費力，這的確令人慶幸。

很多時候，對我們的行動或思考，無不須選擇。緊急的情況往往會迫使人下決心，尤其在兒童生活中經常遇到，不過成人中也時有發生。我們不能、也不想讓孩子們迴避這些情況。我們要做的是：保護孩子們養成通往秩序、得體和美德的習慣，避免他們的生命之輪陷入泥濘、艱難前進。

即使在意志發揮決定作用時，習慣力量也會出現，哪怕是在緊急情況，面對那些突如其來的困難和誘惑，需要意志來做出決定的時候，行為仍會受到已經熟悉了的習慣的影響。

當一個男孩已經習慣了從書中獲取知識和歡樂時，就很難被那些懶散的同學影響變得懶散；當一個膽小的女孩受到嚴格教育，要求她不許說謊時，她不會為了擺脫爭吵而去說謊話，即使她很膽小。

那麼習慣的思想，是否就是按照經驗來管教兒童呢？為什麼兒童頭腦中經常有這樣的想法，重複多次的做的一個動作之後，會有成為兒童天性中的

一種的傾向？可以把這種思想當作是依靠經驗的信念，不過一旦發現了造成習慣的強大力量起作用的根本原因，我們就會按照正確的態度和方法，去培養兒童形成習慣。

從卡品特博士的工作中，我得到了盼望已久的啟發。在他的《大腦生理學》（順便說一下，這是一本有趣的書）中，他總結了大腦活動與身體活動之間，存在著類似的關係，同時展現了他們之間原因的相對應，及其他決定的結果相對應。

簡單的說，卡品特博士學派的代表思想就是組織，比方說肌肉組織，一直不斷的進行著新陳代謝。事實上很多的非常自然的肌肉活動的方式，也是辛勤教育的結果，比如筆直站立和直立行走。還有很多透過意識獲得的行為模式，比如寫字和跳舞，也是透過辛苦訓練才有的結果。

為什麼現在這些學來的行為模式已經變得非常容易、非常自然呢？因為學來的行為模式就是一種規律，不斷生長的組織必須根據這種規律來生長。如果大腦經常把需要採取某一行為的訊息，反覆的向肌肉發送，再經過神經的控制，那麼在較低階的中樞神經中，行為就會變成自動的。而這種較低階的中樞神經形成於大腦還沒有干預的外界最微弱的暗示中。

所以，在孩子拿起鋼筆比劃的過程中，他的關節和肌肉很快就在適應了這種習得的行為模式。必須注意的是，孩子的肌肉在學習，而不是用頭腦去思考如何使用鋼筆，新成長的肌肉按照習得行為進行自我調整。

透過這些就可以清楚的解釋，為什麼對於沒有受過訓練的觀眾來說，江湖賣藝人的絕技，是根本辦不到的。這並不是因為觀眾的關節和肌肉沒有這種的能力，而是他們並沒有像賣藝人那樣，從小就得到訓練，使這種能力逐漸發展起來。

各式各樣的身體活動都是兒童應該學習。由於每種活動都要求肌肉，在童年時就需要得到應有的訓練，這也為我們提供了兒童需要學習舞蹈、騎馬、游泳、體操的理由。

實際上，肌肉和關節不但能夠適應新的用途，而且還能派生出一種變化

了的模式。童年期就是輕鬆學習和完成這種生長和適應的最佳時期。當然，只要一個人肌肉保持著適應的習慣，那麼他就可以輕鬆的學習新的遊戲和新的肌肉運動，而不須花費太大的氣力。

當教一個農夫學習寫字的時候，你就會發現，即使他費心費力，也很難完成新任務，因為那僵硬的肌肉根本不聽他使喚。

現在我們知道最重要的就是，密切注意兒童習慣的表現和頭腦的狀態等等。兒童的習慣隨時都可能形成。兒童有很多不良習慣，比如動手動腳、彎腰弓背、說話含糊等等，這些不能僅作為大人消遣的玩笑，「他大一點就好了」。因為，他還在時時刻刻的成長，都在為完善自己而努力，那些不良習慣就會在他的脊髓物質中留下痕跡。

神經系統的意識寄居的（大腦）一部分，老早就形成了固定的秩序，一旦取消這種秩序，也就意味著全部重組相關神經部分，這就使得神經系統的管理混亂、複雜。例如，要把說話中的壞習慣改掉，讓孩子們試著講清楚，那些自己想說清楚的願望，僅有這些還遠遠不夠。只有當他透過努力形成了新的習慣，發音器官發生了相應的新變化時，他才能徹底的、自然而然的改變。

在身體組織中，道德習慣和智力習慣也會留下痕跡。所有人都清楚，身體的各個部分都非常輕鬆的適應它們應該做的工作。我們知道，一個小孩如果習慣金雞獨立，就會造成一個肩高一個肩低，長此以往，在他脊柱就會有彎曲的跡象，一直置之不理，這種斜肩會導致胸腔變小，易生肺病。這就是一種壞習慣造成了身體上出現的毛病，很明顯兩者存在因果關係。

但有些我們不願承認，一些與身體活動並沒有一點關係的習慣，也會對身體組織造成一定的影響。比如草率的習慣、誠實的習慣和有條不紊的習慣等等。也正是由於有了這種身體上的痕跡，習慣才會產生強大力量。

想一下我們的大腦，這個用來思考、感受、渴望、愛和恨、崇拜的物質形態的大腦是一個非常精細的器官，大腦器官也會隨它必須執行的任務而變化，這並不意外。為了用新穎的方式解決問題，好像每個常用的思維都要大

腦的神經物質中留下痕跡，思維就是遵循著這些痕跡可以輕鬆運轉，倘若沒有了這些，那它們就只有憑藉意志的努力才能運行。

屋子裡的女主人很清楚，她的思緒能夠沿著自己的道路自由出入。這些思緒就是：

為明晚的晚餐和冬天的衣物操心，為房子和儲藏室而操心，換句話說，思緒回到了曾走過的熟悉路上，由於不斷的重複，這些路已熟悉得不能再熟悉。

如同母親和孩子、畫家和畫、詩人和詩，焦急的心為錢而操心。如果碰不到難以想像的壓力，思想總是沿著熟悉的道路，一直前行，對於其他的道路則不去考慮，直到他喪失理智，也只是因為他不能控制自己的思維之車，脫離頭腦物質中的這條軌道。

其實，對我們所有的人來說，不斷的損害頭腦組織中的每一條軌道就是那種「瘋狂存在的方式」。驕傲、怨恨、嫉妒，以及花費龐大的精力去發明的東西，或構想的觀念，這些沒有能力改變的過程，往往都會使人的理智處於危險狀態。

我們愛、恨、思考、感受、崇拜，每個動作都是透過頭腦物質某一部分的實際的努力而產生的，我們的器官的工作都有負荷，其實，不管做什麼事情，最後幾乎都是透過手和腳來執行的。因此，頭腦耗費了身體所能提供的大部分養分，用來修復這些損失。如同我們所看到的那樣，為了彌補頭腦的損耗，用去了身體中總血量的六分之一和五分之一的血，也就是說，新的頭腦組織在不斷的更新，而且速度驚人。人們會提出這樣的問題，到什麼時候兒童的頭腦才會變得跟他出生時完全不同呢？

新組織雖然在修復舊組織的功能，但還是略有不同。新的肌肉需要不斷的適應新訓練要求，新的腦組織在生長的過程中，也必須適應思維對它的要求。這裡的思維，包括的就是理智和靈魂的訓練。

一位著名的生理學家說：「隨著大腦習慣性訓練的思維模式的變化，人的大腦也會變化。」

　　或者用卡品特博士的話說：「頭腦活動習慣於將經常重複的序列固定化，因此，在同樣的情況下，以前習慣的思想、感受和行動會在不知不覺中產生作用，而無須做什麼計畫，規劃什麼目標。既然每個器官的形成，都會依靠它們經常被運用的方式，那麼大腦應該也不例外。神經系統透過不斷的重組，使它的功能得以實現，變化的傾向十分明顯。的確，毋庸置疑，強烈的，以及經常重複使用的概念和意識都會影響大腦的功能，利用這種影響，在將來的某一時刻，一個與之相對應的暗示會令其興奮，相同的狀態也許還會重演。」

　　赫胥黎的觀點闡述為：「我們在大腦的幫助下，獲得無限的人為的反射性行為，換句話說，就是我們需要注意和意志的努力在前兩、三次做某個行為時。不過，只要我們經常反覆的做，它就會成為我們組織的一部分，再也無須注意，甚至無須意識就可以進行。」

　　赫胥黎說：「舉個例子，所有人都知道，士兵學習操練需要花很長時間，需要保持注意，以便聽清楚下達的命令。然而，一段時間之後，一聽到命令，士兵不由自主就可以行動了。有一個故事，儘管它可能並真實，但它仍值得相信。一個愛開玩笑，而且經驗豐富的人，看到一個老兵手拿晚餐往家趕，就喊『立正』，老兵聽到口令，立即垂手而立，他的晚餐也掉進水溝裡了。操練相當有效，它已經成功的滲透進士兵的神經組織了。」

　　在神經系統所具有的這種力量上，就可以建立教育的可能性了（軍事操練只是一個特例），再把有意識的行為，變成大大小小無意識的行為，以及反射和操作。

　　這裡有一個原則，假如頭腦存在兩種狀態，這兩種狀態還按照一定的頻率清晰的一塊出現或先後出現，那麼，它們當中一個行為的出現，必然會帶動另一個行為的出現，無論我們喜不喜歡。

　　智育的目標是依照觀念自然形成的先後順序，建立起觀念之間的密不可分的連結；道德教育的目標也是把壞的行為緊密連結在痛苦與屈辱之上，而將好的行為連結到快樂和榮譽的上面。就教育者而言，把頭腦和物質緊密的

連結在一起，是更為直接和最為重要的，這種觀點已得到廣泛的運用，可以形成大致（不是科學的精確）的習慣。

倘若為了形成頭腦組織的特定的傾向，使思維經常運轉，那麼這種傾向就會成為頭腦中所有痕跡和路徑裡最清晰的、最容易實施的一條。一旦發生同樣的事情，相對於其他路來說，走這條路就會更容易一些，因此在既定的行為和思維的習慣中就會鋪就一條可以通行的道路。

實際上，伴隨父母允許或鼓勵的習慣，兒童的頭腦也在發生變化。兒童的習慣影響著他成人後的性格，因為頭腦中的某些習慣一旦建立，就會不停的繼續，直到新的習慣將它們代替。有一種說法比較粗淺，說：「喔，沒關係，等他長大就好了，那時他知道得越來越多的……他這麼小，我們怎能過於要求他呢？」像這樣的說法的確不少。

其實，父母每時每刻都在有意無意的影響自己孩子的形成習慣，這種習慣對孩子日後的性格和行為有很大影響，它的影響力遠遠大過其他因素。

我們現在討論一下外在因素的影響。剛開始我們所做的90%的事情是因為我們看到別人在做，而我們一直堅持做下去，那麼就能夠形成習慣。而形成新的習慣，對我們來說是比較容易的事，對孩子來說就更加容易了，這正是教育問題的真正難點。孩子很容易從傭人或其他孩子那裡習染各種壞習慣，因此母親必須時刻警惕，以便防患於未然。

馬羅（Marlowe）跟我們一樣，十分清楚思想懶散所帶來的痛苦，它使人無精打采，而不樂於做下一件事情。關於教育孩子的任何問題，都不是小事，而懶散的問題則是重中之重。

前面我們曾說過，人一生中最費力的事情就是做決定，如何選擇去做哪件事而放棄另一件事，的確令人頭痛。如果頭腦簡單，性格又優柔寡斷，這樣就會導致遊手好閒的壞習慣，這隨處可見。

如何才能根治孩子的這種懶散習慣呢？靠時間嗎？她長大了就能自動好了嗎？無效！靠懲罰嗎？無效。懶散的孩子相信命運的安排。他常說：「無法改變的就應當忍受。」他寧可忍受，也不願去做細微的調整。進行獎勵嗎？

無效。獎勵對他來說是另一種懲罰：他清楚自己可以獲得實際的獎勵，不過在獎勵之前會有懲罰，那麼他就必須忍受懲罰。

要是時間、獎勵和懲罰都無效，那麼，到底什麼方法才是有效的呢？教育學家給出了絕對靈驗的方法：「一個習慣可以戰勝另一個習慣。」

只有與懶散習慣相對立的習慣，才能擠掉根深蒂固的這個壞習慣。母親一定要花上幾個星期的時間去耐心的、不倦的幫他醫治這個壞習慣，好比對肚子裡生了蟲子的孩子悉心照顧一樣。她最好用簡短的語言指出，這個壞習慣一定會有可怕的結果和戒除這個習慣勢在必行。為了讓孩子薄弱的意志力走到正確行為的這邊，她必須陪伴孩子幾個星期，以確保孩子養成好的習慣。

孩子穿上衣服準備去散步，他想到了靴子上的帶子，當手指中垂下的帶子停滯在半空中時，他的心醒悟了，他低著頭看，媽媽也用熱切期待的眼神注視著他。他感到這種注視就是持續的約束；他又想到了另一隻靴子的帶子，又一次的停了下來，這次時間更短，他又抬頭看看，繼續繫鞋帶。一直如此，停頓就會逐漸減少，恆心就會趨於穩固，孩子薄弱的意志也會變得更加堅定起來。這樣，做事敏捷的好習慣就形成了。

第一次談話後，母親沒有繼續說這個問題，期望而非責備的眼神已經印在孩子的腦海中。這些能夠引起孩子的最輕微的觸動，就是對孩子最為有效的教育工具。慢慢的，「我不幫忙的話，今天你5分鐘之內你會準備好嗎？」「沒問題，媽媽。」「如果你不能肯定，就別急著答應。」「我要試一下。」他試了一下，還好成功了。媽媽覺得總算可以鬆一口氣了，不過她卻沒有注意到孩子為了克服這一點點懶散，費了多少力氣，這是必須引起注意。

實際情況是，在孩子的腦中，儘管懶散的習慣已經根深蒂固，不過經過幾星期的治療，新的印記逐漸抹去了舊的印記，新的習慣也就形成了。絕不允許反彈，否則舊習慣就會捲土重來，使新的成果前功盡棄。形成一個好的習慣需要花幾個星期，而維持新的習慣則需要長期的努力，絕不能心急。

還得說一下，孩子所做的敏捷動作，應當獲得獎勵，讓孩子盡情的自由玩耍，做自己喜歡做的事情，而不要覺得這是恩賜給孩子的，因為這本來就

是孩子的毫無疑問的權利。

　　形成孩子的習慣並非難事，因為回報和困難總是相伴相隨的，就像花掉一便士卻馬上就有一英鎊的回報那樣，因為，習慣本身就蘊涵著樂趣。對於只重複做一件事，而不須付出更多的努力，貧困的人感到十分享受。所以，當做一些事情形成習慣，漸漸的不須再繼續努力，就會成為是一件快樂的事。

　　母親們常犯錯誤，由於她們沒有認識到這個問題，也就是當孩子們養成了習慣，而且是好的習慣，就會帶給他們真正的快樂。當孩子形成了某種習慣時，母親還會認為，他現在維持習慣，還須像開始那樣十分費力，因此還會給予他一些獎勵，這樣他就能稍微鬆懈一下了。母親可能會允許他違反一下新習慣，以後更正就可以了，卻不知下次更正就等於重新開始，還要重新清除面對的障礙。母親允許孩子「稍微鬆懈一下」，就相當於她允許孩子養成另一種對立的習慣，只有孩子重新去清除這種習慣，那麼他才能回到鬆懈前的水準。

　　事實上，正是母親多餘的同情，使孩子難以養成好的習慣，因為喜歡沉溺於習慣就是孩子的一種天性，好比嬰兒的天性就是喜歡母親的乳房那樣。

　　打一比方，媽媽希望孩子養成隨手關門的好習慣，這是一個微不足道，卻又替別人著想的習慣。她就必須使自己先養成機智、警惕和持之以恆的特質，這樣，她就會很驚訝的發現，孩子也非常願意養成這種新的習慣。

　　「強尼，」媽媽用好聽、和善的語氣說，「我想讓你盡力記住，進出門時必須隨手關門。」

　　「可是，媽媽，我忘了怎麼辦？」

　　「我會隨時提醒你。」

　　「如果我正好有急事。」

　　「無論有什麼事，都得隨手關門。」

　　「為什麼呢，媽媽？」

　　「因為，如果不關門就是對屋裡的人不尊重，會讓他們感到不舒服。」

　　「那如果我立刻又要出去呢？」

「還是要關門，等你出門時再打開，你覺得自己能記住嗎？」

「我試試吧，媽媽。」

「很好，我會注意看你到底會忘記幾次。」

有幾次強尼忘記了，開門後，他就像脫弦的箭一樣衝下樓，他媽媽沒有時間叫他回來。媽媽並沒有大喊著，「強尼，回來關上門」，因為她知道這種喊聲惹人惱火，於事無補。

她來到門前，語氣溫和的喊道：「強尼！」

強尼已經徹底忘記了關門的事情，他不清楚媽媽叫他要做什麼，他好奇心的返回家，她媽媽依舊像以前那樣忙碌著。

她抬起頭，看了一下門，說：「我會提醒你的，我說過。」

強尼心懷忐忑的說：「我忘了。」他關上了門。

就這樣的一次又一次。

不過這孩子的記憶力真是有限，媽媽用很多不同的方法提醒他。有兩件事她十分小心，一件是孩子再沒忘記過一次關門，另一件是在關門這件事情上，絕不和孩子發生摩擦。比如 20 次吧，一次也沒漏了關門，這就養成了隨手關門的習慣。強尼很自然的關門，他進房間關門，從桌子上拿了東西出去又關上門，為此媽媽非常高興。

強尼能夠做到隨手關門，媽媽沉浸在勝利的喜悅之中，不過似乎還夾雜著一些憐憫。「孩子，真可憐啊，」她自言自語道，「這樣的小事，卻花了他那麼多的精力，他還是太小啊！」她老是想，因為她，孩子才這麼辛苦，可是她卻不知道，對強尼來說，這個習慣已經非常輕鬆、自然了，以至於強尼的隨手關門，已經成為無意識行為。

現在，最關鍵的時候到了。有一天，強尼發現尚未完全形成的習慣沒有控制他，為此，他非常高興。他下樓下到一半時，想起忘了關門了。他覺得好像有個東西在心上扎了一下，雖有感覺，但不夠強烈，他僅僅停頓了一下，並沒回去關門，想看看媽媽會怎麼做。

媽媽也注意到這一情況，但心裡說：「可憐的孩子，這一段時間他做得

還不錯，這次就算了。」強尼等待了一下，並沒有聽到媽媽的指令，他暗暗思謀，「喔，這樣也可以啊。」就一溜煙跑出去了。

後來，他還是不關門，這並不是他忘了。媽媽再叫他關門時，並不堅定。他那敏銳的耳朵，已經覺察到媽媽無可奈何，就喊道：「媽媽，我有急事。」又跑了。

媽媽無奈的沒吭聲，讓他去了。他回來後，還不關門。

「強尼！」一句響亮的提醒響起。

「媽媽，我很快還要出去。」10 分鐘後，他的確出去了，但門仍未關。

這樣，由於媽媽過早的放鬆感，使她失去了本來已占領的每一寸陣地。

一個人活得是否舒心、是否合理，取決於群體的風俗習慣，一方面取決於身體習慣，另一方面取決於道德習慣。兒童只被動的接受這些習慣而已。他幾乎不會自我形成自己的習慣，但他的大腦，卻受到來自周圍環境的影響，這些影響就會形成他最強烈、最持久的習慣。

■ 培養好習慣要從幼兒開始

部分教育的「分支」部分有很多，比如乾淨整潔、講秩序、守規則、準時等等。

孩子應當像呼吸空氣那樣，把這些完全無意識的吸收。不用多說，幼兒一定要講究衛生，育嬰室必須特別乾淨。為了嬰兒的健康，應為他準備專用的浴盆，每天都要替他洗洗。儘管有教養的媽媽十分小心謹慎，但她們還會極大的依靠保姆，必須提高警惕，確保孩子身上沒有一點異味，他用的東西，也要如此。應確保育嬰室通風良好，以及保持好聞的氣味。一些保姆很不願意打開窗戶，這是個大問題。還有就是，他們不懂氣味是什麼，看不到氣味，這樣的話，就很難使他們懂得氣味是一種物質，是一些微小顆粒，孩子每次呼吸都要吸入它。

只要保姆頭腦有「嬰兒是無處不在的」的觀點，並且十分深刻，那就非常好了。

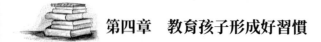

這個觀點，意味著嬰兒不但可以看到，而且還知道一切事情，並且會把看到的印在頭腦中，一直伴隨他終身。

嬰兒用自己積極的頭腦把事情記下，作為以後的習慣以供參考。而對保姆來說，上面的觀點就要求保證乾淨，並不只是表面的乾淨，如繫上乾淨的圍裙那麼簡單。保姆一、兩點的乾淨，並不能稱讚為乾淨整潔，如天天早上疊被鋪床，天天晚上把孩子們脫下的衣物疊好。真正的乾淨整潔，就是把白天的工作一直延伸到晚上，經常把孩子的小衣物拿到室外晾晒，消除孩子們排出的嗅不到的汗味。還有，晚上鋪床之前，床和鋪蓋應該翻過來去室外晾晾。

育嬰室的桌子，也應像餐廳的桌子一樣，保持乾淨、美觀。倘若讓孩子坐在髒兮兮、有味道的桌布邊進餐，或拿一個破舊湯匙吃飯，他會覺得羞恥。必須鼓勵孩子講究個人衛生，以及注意衣著的美觀整潔。當孩子伸出小手去洗，手上帶有汗痕時，孩子也很不舒服，也很不喜歡。但願當他們可以自己洗手時，這種講究的特色依然還保持著！

並不是說他們必須一直保持乾淨體面，孩子們喜歡調皮搗蛋，為了避免衣服弄髒，就必須替他帶上大圍裙。他們總是懇求別人允許他能和貧民的孩子一起玩泥巴，對生日禮物卻不屑一顧，這一點有點像法國的小王子。只要孩子玩得盡興後，能自己耐心的洗掉泥巴的痕跡，那麼就讓他們自由的去玩泥巴吧。家長應當教小孩子把耳朵眼睛清理乾淨，指甲弄乾淨，把眼角擦乾淨，絕不允許孩子吃飯前不洗手、不洗頭。應該儘早為他們準備自己的洗刷用品，還要養成樂於洗澡，講究整潔的習慣。5、6歲的小孩忍受不了肥皂泡泡弄到眼睛帶來的痛苦，如果不總是拉扯他，不使勁搓揉他，他就不肯認真的洗澡，這個做法沒道理。難怪孩子不喜歡洗澡。

還有，對孩子來說，如果不是自己替自己洗澡，那就很難養成每天洗澡的習慣。因此，在莽撞的學齡期開始之前，最好就使孩子養成天天洗澡的習慣，這是十分重要的。

洗澡就是媽媽對孩子進行必要教育和訓練的機會，不僅可以培養孩子們

的習慣，還能使他富有謙虛感。對母親來說，讓孩子生活在如同伊甸園一樣的簡單純潔中，可能是最具吸引力和最自然的過程。當然，我們並不生活在伊甸園裡，這就應該訓練孩子走出最初懵懂，去適應他即將生活的環境。

有些事情是忌諱的，無論是對於小孩子，還是我們初為父母的成人都一樣。在他們還不懂得反抗是什麼時，就應讓他知道，不允許他們說到、想到、展示、觸摸某些身體部位，除非是為了乾淨。這些都是全知全能的造物主的旨意。媽媽很容易說到與我們骨肉相連的心和肺等等，不過這些令我們難以了解，造物主也不允許我們看或者觸摸它們。造物主如此徹底的把身體完全委託給我們管理，就像伊甸園的那棵樹一樣，就是為了檢驗我們服從他的程度，在很多情況下，不服從會帶來災害和毀滅。

禁忌感和不服從的犯罪感，猶如一道美妙的分界線，把罪惡與那些在服從習慣中培養出來的孩子分隔開。榮譽感的效果更加顯著，它使人在遠離罪惡的基礎上，增加了一種信徒般的使命感，媽媽應經常用誠摯的態度讓榮譽感發揮一下作用。媽媽必須警惕那邁向惡的步伐，她應該為她的每個孩子，每天祈禱，使孩子們當天能保持純潔。一旦放鬆了對惡的警惕，就等於將孩子推入可怕的危險之中。

同時，應該清楚，那些禁止孩子說的話也可能蘊涵著罪惡的因素，只有生活在充滿了健康的趣味和健康的活動中的孩子，才能夠防範那些隱祕的墮落。

■ 培養孩子的調理和秩序感

保持育嬰室整潔的方法，同樣可以用來維持好的秩序，以及培養有序的習慣。

必須謹記的是：托兒所不該存在老弱病殘的家具，絕不允許裂口的杯子，碎了的有縫隙的瓶瓶罐罐存在。應該使孩子懂得，當一件東西由於髒物或裂痕變得十分難看，就應該拿新的來替換它們。這是相當有效的原則，很多人都懂得的。因為如果兒童和傭人不小心弄壞了東西，使它變成廢品，那

麼他們就會變得小心翼翼。無論如何，孩子在使用不美觀的、十分醜陋的東西中長大，這的確不妥。

　　成人們喜歡為孩子做事，這就是孩子調皮的原因之一。拿養成有秩序的習慣來說吧，誰都知道，孩子一天會丟很多次垃圾，常常邊走邊丟，臥室、花園裡、活動的地方，到處都是，全要等我們去清理。看著孩子們隨手亂扔的玩具和褪色的花束以及許多代表孩子存在的纍纍傷痕，我們感到十分惋惜。

　　實際上，這種喜歡亂扔東西的壞習慣，是我們所不容許的。人們常常責備一個家庭的主婦，抽屜沒有收拾整齊，家裡的東西一團糟亂，很明顯，一部分責任就是孩子的媽媽需要承擔的。一個人女人養成了不注重整潔的習慣，是很可悲的，那還像個女人嗎？

　　這樣可能無關家庭的幸福，但是家裡非常令人不舒服。從小這種壞習慣就跟上了她，而她沒能使自己擺脫這種習慣，這就是她應當受到責備的原因。

　　到了兩歲，應教會他拿玩具玩後，要把它放好，而且應當儘早開始。打開櫥櫃，把洋娃娃或馬以及其他玩具一一擺好，應是一件快樂的事情，也是孩子玩耍的其中一部分，讓他一直自然而然的收拾好自己的東西。令人驚奇的是，有秩序的習慣短時間就可以形成。這樣，收拾好玩具使孩子感到快樂，發現東西雜亂就令他不舒服。

　　倘若父母唯一注重的，就是孩子在育嬰室養成的良好的品行，使他長大以後會小心遵守，因此就認為不必繼續訓練他這個習慣了，這種想法是錯誤的。好比偶爾替鐘錶上一下發條一樣，鐘錶走幾下後，就會懈怠下來，回到自己原來的節奏。所以，培養這個重要的習慣必須一直堅持，必須花費更多的精力。

　　整潔和秩序相似，但又有所不同。整潔包含的意思有「在某一個空間裡，某個東西應擺放在一定的地方」，還包括每個東西都在合適的地方，能夠產生美觀的效果。事實上，這是品味在起作用。

　　小女孩不應只將花泡在水裡，還需要擺放好看，也不應只將它們放入某

個粗糙的杯子或鏽跡斑斑的水壺裡，或者插進某個非常醜陋的花瓶，而應當找一個形狀雅致、色澤柔和的廣口瓶或花瓶才算可以，雖然它只是個便宜的小東西。同樣，整潔也是對育嬰室裡的要求，要求做到：令人愉悅，而且恰到好處。

必須鼓勵孩子們將自己的用品擺放得整潔雅致。這就要求提供給孩子的印刷品、繪畫書和玩具不應該是粗製濫造的，否則就會損害孩子品味，甚至使他們的天性沾染粗俗。也就是說，很難想像一、兩件精挑細選的精緻而高雅的藝術品能為孩子帶來多大的影響力，雖然它們也許只是個便宜的複製品而已。

規律性在幼兒教育中的重要性，已被人們廣泛接受。年輕的母親懂得，在合適的時間中，她必須把孩子放上床，儘管孩子可能哭鬧，但是為了讓孩子在今後的童年時光裡，不懼怕黑暗，能香甜的入睡，即使孩子哭上三、四回，她也會不加理睬。但是，有很多關於孩子哭鬧原因的說法，是毫無道理的：據保姆說，他是個「不聽話的小傢伙」，哭鬧是由於想媽媽或保姆、或奶瓶、或燈光等等。這相當於在說，如果他為這些事情哭鬧，就能得到這些東西。

事實上，孩子在不合適的時間睡覺和吃飯的習慣一旦形成，打破這個習慣他就會不安，就像貓不適應變化習慣。當他快樂的適應了新的習慣，養成了新的習慣，他才會覺得滿意。

根據卡品特博士所說的，「規律性應從幼兒期就開始培養，像睡覺和吃飯的習慣」等等。說得長遠一些，身體的習慣對頭腦習慣的形成有非常大的幫助。同時，如果孩子一哭就去餵他，或把他在不合適的時間抱下床，這就很容易養成孩子自我放任的習慣。

小孩子的行為會像小狗小馬那樣，快速的透過聰明的練習，與系統的訓練保持和諧，這真是妙不可言。養成規律的習慣對任何孩子都一樣具有吸引力。我們發現，兒童習慣的行為一旦消失，他們就會變得淘氣起來。

■ 做有益的身體訓練

關於眼睛和肌肉的訓練，在戶外活動中已經講過了，現在只說一點，就是讓孩子在簡單輕鬆的動作中獲得快樂，就是那種控制自己身體的快樂，好比一個好的騎手在騎馬中獲得歡樂一樣。

日常生活中的鍛鍊應包括跳舞、做操、體操，以及其他合適的身體鍛鍊。瑞典軍事訓練極具價值，其中的許多訓練對孩子也非常合適。某些道德特質會在機警的操練中，在眼睛的注視中，明快的回答中發生作用。當然，這樣的事也時有發生：在這些活動中，好孩子因為身體訓練不足反而失敗了。

在操練時，應當讓孩子們保持良好的行為。為他們安排一些遊戲的場景，如：瑪麗，一個女士，問去市場的路；哈瑞，一個男孩，為她指路等等。讓孩子們進行隊形的訓練，向右、向左看，立正，挺胸抬頭等。他們會自己創造出一百種姿勢，並且個個都做得非常好，對別人投來的指導性的暗示目光，他們十分珍視。這種訓練也應該從孩子很小就開始。鼓勵孩子們對身體輕盈、敏捷的嚮往，並把這作為孩子的榮耀，避免孩子步伐沉重、舉止滑稽。

在孩子的身體發育中，對耳朵和聲音訓練是十分重要的一部分。訓練孩子將元音發清楚，進一步再發清楚輔音字母；避免他們把「聽」讀成「丁」，還要防止他們把「十」讀作「四」。對他們進行一些較難一點的發音訓練，還要鍛鍊他們敏銳的聽力。對單字中的每個元音都要清楚的念出，絕不混雜那些輔音字母。法語口語的教授十分重要，它的價值就展現在訓練聽力和聲音上。

就音樂訓練來說，被認為是遺傳帶來的音樂品味和能力，說不清有多少是在長期聽音樂和創作音樂的過程中產生的，又有多少是在孩子和音樂人交流的過程中，不知不覺形成的習慣造成的。

哈勒先生贊同這個觀點，所有的孩子都應當且必須學會唱歌，因為唱歌藝術就是培養的結果，儘管遺傳因素也應考慮。但遺憾的是，多數孩子們接受的音樂訓練，都十分隨意，比如，沒有漸進有序的聽音和發音訓練，沒有

讓他們發出音調、打出節奏的訓練，也沒人教會他們如何並區別音調和節奏。

整體來說，如果母親讓孩子自由發展，不需要連續的命令和指揮，強迫孩子按她的要求「做這」，「不做那」，習慣的培養便是成功的。如果母親能保證孩子有積極有效的目標，避免他走上彎路，那麼就讓孩子自由、自然的成長吧。

園丁確實需要悉心照料他的桃樹，替它鬆土、施肥、修剪，但是這些僅占桃樹生活中很小的一部分。剩下的時間，桃樹需要呼吸新鮮的空氣，沐浴和煦的陽光、吸收甘美的雨露，這些都成為它生活的重要部分，最後就結出了果實 —— 桃子。可是，一旦園丁不盡守職責，桃樹結的果實就不像桃子，而像野李子。

好習慣的培養

■ 教育者要懂得教育理論

請允許我一再說起這個對家庭教育的看法。這裡我斗膽說一下，我確實對母親們充滿了敬意，我相信，只要母親們對孩子的脾氣性情仔細觀察，她們就能具備教育孩子的知識和能力，對此別人無能為力。不過，還有一種教育科學，它的存在不依賴於直覺，它的知識可以讓我們完全遵循自然規律對兒童進行培養，自然規律是神聖的規律，只要我們能遵守，就一定會獲益匪淺。

舉例來講，前面已經闡述了為什麼習慣是人類生活中一股強大的力量。我理解到，對於習慣的看法極具啟發性，似乎為我們習以為常的經驗加以合理而科學的總結。我們懂得了，即使是成人，也可能透過堅持努力得到他們渴望的習慣，這的確令我們高興。

我們還知道，令人不舒服的是，由於致命的鬆懈，可能使我們滑入壞習慣之中。

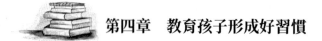

最愜意的事情就是這種習慣的觀點正好垂青簡單的生活。倘若沒人能保證結果會理想，在開始時我們不願花費大的氣力，但是習慣在一定程度上，就能保證結果理想。媽媽只要耐心培養孩子養成好習慣，那麼自己也會過得輕鬆愉快，倘若媽媽對孩子放任不管，那麼也會使自己陷入和孩子無盡的摩擦中，這樣的生活令人疲憊。她整天會對著孩子大聲叫喊，「做這件事」，孩子不予理睬；「做那件事」，可孩子們偏做別的事情。

你或許會說：「既然習慣有如此強大的力量，既能夠拖累孩子，也能夠幫助孩子，那麼可憐的媽媽就要成天注意孩子的各種習慣，因此她會感到十分疲憊。難道媽媽和孩子就不能輕鬆快樂的在一起嗎？」

一個寓言故事說，有一個急性子的鐘擺，老想著它盡快敲幾下完事。但是，鐘錶是一點一點的走動，一直會有下一個嘀嗒聲音等著它敲。所以，在一段時期內，媽媽只專心培養孩子的一種習慣，那麼，那些已經形成的習慣，只須注意一下就可以了。

倘若媽媽覺得工作量太大，那麼她可以減少培養孩子好習慣的數目。在一開始生活時，孩子就在媽媽的培養下，形成很多好習慣，假設有 20 種吧。有了這些基礎，會令他在今後的生活中受益不盡。媽媽如果懷疑自己能否持之以恆的訓練孩子養成好習慣，那就可以從以下兩方面汲取力量。一方面，為了訓練孩子們養成某種習慣，媽媽先得自己養成習慣，因此逐漸的培養孩子的習慣，對她來說不僅不困難，而且還是趣事。另一方面，孩子最穩定、最重要的習慣是孩子透過仔細觀察家裡大人的一言一行、自己感受和思考得來的，而不是媽媽辛苦培養出來的。

像秩序、有規律和整潔這些牽涉到外表的習慣，我們已經談論過了。可以說，這些環境潛移默化的影響著孩子。但是，這並不是所有的習慣。像親切、禮貌、和善、直率、尊重別人或者其他的習慣，這些習慣產生於孩子的家庭氛圍之中。換句話說，就是從孩子生活和成長的環境中產生的。

■ 培養注意力的習慣

現在，我們接著思考一些智力的習慣，這些習慣不是在榜樣的影響下產生的，而是接受直接的訓練而得來的。

首先，我們談談注意的習慣。即使最高的智力天賦的價值，也依賴於它的主人如何評價養成的注意習慣。我們必須先清楚思維運作的一、兩個規律，才能解釋為什麼這個習慣最為重要。還應該想一想律師、醫生，學者，這些專業人士的敘述，透過現象，看本質，井井有條按策略處理事情。而那些沒有受過教育的人，他們是那麼的茫然，面對問題，總是沒有頭緒。你可以根據他們注意力的強度，對他們加以區分，這是個合理的標準。

現在我們探討一下關於注意力的實質和功能。大腦的運轉從不停息，除去昏迷的時候，觀念在頭腦中不分晝夜，不管睡著還是醒來，不論是清醒還是癲狂，都永不停息的運動著。我們常常給自己太大的壓力，我們一直認為自己是思維的主宰者和規劃者。在有限的時間裡，引導思維的方向，就是我們控制大腦中的想法時所做的大部分事情。在我們夢中，以及輕微的睡眠中，頭腦裡各式各樣的觀念在快速的飛舞著，一個個令人應接不暇。在片刻的精神混亂時、發瘋的癲狂時，以及從兒童的咿咿呀呀到老人的絮絮叨叨，我們能夠看到一個本質的東西，就是頭腦中的觀點遵循著規律，自由馳騁。

如果希望恰當的刺激孩子的好奇心，和孩子談起了玻璃，告訴孩子，玻璃是怎樣做的，有何用途。沒用！他可能把話題扯到灰姑娘的玻璃鞋上去了，接著告訴你，他的教母給了他一艘船，以及別的相關事情。觀點的連接就像是一個好的僕人，而並非好主人。它會極大的幫助你回憶過去、專注眼前。但是，由於觀念連接的支配，使得我們不能思考我們希望思考的東西，而僅僅是把一堆東西「放入頭腦」，這和低能兒相比，也好不了多少。

我們能夠專心思考，得益於我們強大的意志力。不過，只有性格成熟，才會產生有力的自我強制的意志，而孩子僅有一些自然的傾向，還不能稱之為性格。如何能使孩子在地理課上不去想嗡嗡作響的陀螺，在法語課上不想

著玩具沙發？在家裡上課，會使人產生厭倦的情緒，例如在上課時，孩子們總想著與課程無關的東西，或者千奇百怪的念頭支配著他們走神，並且每個念頭都沿著不同的軌道運行。小女孩對家庭教師說：「史密斯小姐，還可以想很多有趣的東西，它們的確比上課更有意思啊。」

　　那麼有什麼危害呢？危害在於：孩子不僅僅在浪費寶貴的時間，儘管這令人惋惜，更重要的是，這樣他們可能會養成漫不經心的習慣，從而使大腦工作的能力減弱了。

　　解決漫不經心的習慣的方法就是，在幼兒期就應培養孩子注意的習慣，而不是去培養孩子的意志。

　　雖然嬰兒的觀察能力很強，但是他卻沒有注意的能力，有時，他們把誘人的玩具丟到一邊，又用眼睛四處搜尋新的玩具。但是，這個階段，訓練孩子注意力的習慣也是可以的。如果媽媽將他丟掉的玩具撿回來，在他面前搖晃幾下，讓孩子注視玩具兩分鐘，這就相當於孩子的第一堂訓練注意力的課了。

　　其實，孩子很想看清和觸摸他所遇到的一切東西，正如我們經常看到的那樣。細細觀察孩子是如何看東西的吧，他左看看，右看看，毫無目標，如同一隻飛在花叢中的蝴蝶，並沒有獲得什麼，卻馬上離開了。媽媽的任務就是，把注意的習慣加入孩子敏銳的觀察力之中，而且保證孩子的注意力堅定不移，能夠較長時間的注視一樣東西，還要真正的對他形成一定的認知。

　　小瑪格麗特正用她那圓圓的眼睛注視著她採摘的雛菊。不過一會，她就扔掉雛菊，被一個鵝卵石或毛莨科植物迷住了。明智的媽媽利用了這個快樂的時刻，她叫瑪格麗特看雛菊那亮黃色的眼睛，還有圍繞著它的白色睫毛，它一天到晚躺在草叢中，張大眼睛，仰望著偉大的太陽，卻不會像瑪格麗特一樣眨眨眼睛。為什麼叫它「白天的眼睛」，因為它的眼睛總是追隨著白天的太陽。瑪格麗特想，如果到了晚上沒有太陽時，它會怎麼樣呢？它也會像小男孩、小女孩一樣，它閉上眼睛，睫毛上略帶粉紅色，一直睡到第二天的太陽出來。這下，勾起了瑪格麗特對雛菊的興趣，媽媽講完了，她仍睜大眼

睛盯著雛菊看。接著，她也許會把雛菊放在她胸口，以示擁抱，或者輕吻它一下。就這樣，媽媽發現並掌握了使孩子對所有的事物都感興趣和充滿樂趣的方法。

在教室裡上課，會令人感到緊張而沉悶，即使是孩子已經有了注意事物的習慣，但他們仍然覺得語言使人疲勞。對於孩子的生活來說，這就是一個轉折點，這就需要媽媽的智慧和警惕。

首先，要防止孩子看書和算數時漫不經心，還對著課本打瞌睡。當孩子上課時變得反應遲鈍時，就必須停止，讓他換著做其他功課，頭腦活絡後，再返回來做前面沒有完成的功課。倘若孩子上課時像混日子，這個情況不被媽媽和家庭教師警惕，那麼她們就是在費力拖著孩子走。毫無疑問，課必須得上，但必須要讓孩子上得輕鬆愉快。

有吸引力的教師必須清楚基本的教育原理，比如應知道哪些科目是最合適什麼年齡的孩子，怎樣使這些科目變得更有吸引力。還應知道如何安排課程，可以避免孩子的大腦疲勞，可以使他們還有去玩耍的精力。教師還應知道如何去激發孩子的學習熱情，以及對優秀和進步的欲望，對父母的愛和責任感，這樣，就不會有不合適的動機使孩子的性格受損。

當然，她必須警惕一個危險，就是孩子別的出於自然的欲望替代了他們的求知欲。

求知欲儘管也是出於自然的欲望，然而它是教育的所有目標。

固定的時間做固定的事情，就這個問題，我現在不做詳細的論述了。現在，我們探討一下家庭教育應受什麼合理原則的支配。

首先，應準備一個詳細的時間表，讓孩子清楚，什麼時間，他必須做什麼事情，以及每堂課需要多長的時間。如果能形成固定的時間完成明確任務的意識，對學生來說是十分可貴的。不僅能夠培養他們養成有秩序的習慣，而且會使他們勤奮，使他們懂得每一段時間各不相同，一旦在給定的時間裡做不完應做的事情，就沒有合適的時間繼續做它了。這種認知足以使孩子專注於學習之中。

　　其次，上課時間要短，對 8 歲以下的孩子，最多不超過 20 分鐘。這樣做有幾個理由：第一，讓孩子有了時間的緊迫感，使他們在閱讀和算術中集中精力，全神貫注。第二，如果在給定的時間學習一門功課，孩子就都會盡量的多學，看起來就像他一下子就喜歡了學習的科目，這的確不錯。倘若課程安排得十分合理，例如學習算術，要在頭腦清醒的時候，而學寫字或閱讀這類比較機械練習，應當在頭腦休息的時候。按照這樣的原理排列每天不同的課程，先是動腦筋的課，然後是需要耐心的勤奮的課，這樣的話，一上午的課程學習，孩子也不會覺得疲倦了。

　　在常規課和短時課之餘，還需要去刺激一下孩子，使他保持注意力。他希望得到別人認可，需要別人的鼓勵，這些鼓勵不只是口頭表揚，還應該有物質上的獎勵，以激勵孩子做出最大努力。所以，應該根據原則給予孩子獎勵，這也是孩子良好行為的自然結果。

　　對做得又好又快的行為的自然獎勵是什麼？不就是充分享受休閒時間嗎？一個男孩想在 20 分鐘之內準確算出兩道算術題，如果 10 分鐘做完了，他就為自己贏得了 10 分鐘的自由玩耍時間，他可以在花園裡自由的奔跑玩耍，或者做其他快樂的事情。假設他的書寫任務是寫好 6 個正確的 m 字母，如果他寫了 6 行，但是每一行只有一個正確的，但時間已到，他還沒有完成，或者倘若他能指出第一行中寫得比較好一點的 m 字母也算可以，這樣他就可以在剩餘的時間裡去畫船和火車軌道了。

　　在學校學習，是透過對數字和評價的認可，來刺激學生學習的熱情的。需要在每節課結束的前幾分鐘，讓孩子做不同的事情，使他們保持對學習的熱情，這正是家庭上課所能提供的最好補償。

　　評價對刺激和保持孩子注意力十分有效，它常常被拒絕，因為它隱含著一種超越別人、比別人做得更好的想法或傾向，這是那麼的令人不快。教育者必須壓制這種傾向，絕不吹捧它。

　　最好的學生往往能夠獲得一些高分數，高分數常常被當作是產生不良競爭的原因。現在，實際上，孩子必須學會面對這個世界，我們的確在某些

方面會獲得高分，獎勵或讚美等等，不管是在體育方面，如足球、網球，還是在畫畫和設計方面，只要我們比別人做得好，就能獲得高分。對第二名來說，他心裡妒忌厲害，也無可奈何。

評價存在於開始至結束的全部過程。假如孩子將要進入一個爭強好勝的世界，那麼，他在一個爭強好勝的學校中成長，就十分正常了。

這正是需要媽媽來做的一點。她可以教育孩子，勝不驕，敗不餒。也就是說，母親的愛和同情表露出來，就會使孩子忘記了失敗的痛苦，他會為哥哥的成功感到高興，而哥哥在成功時，也會為弟弟的失敗感到惋惜，同時並不會覺得自己有多偉大。

再次，倘若以分數來衡量孩子的努力結果，好的分數就是用來獎勵好的行為的，但不是要小聰明的行為。換句話說，這些獎勵應該是每個孩子努力後才得到的。如果每個孩子都能做到準時、講秩序、集中注意力、勤奮、服從、溫和，那麼他們都應得到獎勵。這樣，獲得這類獎勵也不會使沒有獲獎的孩子憤憤不平。

假如用評價的方法來激發孩子的學習上的熱情，就會導致失敗，因為當孩子希望超越別人的想法變得十分急切時，他的求知欲就會相應的變弱。其實，任何方式的打分數，就連對行為的打分數，也會對孩子正常的注意力形成干擾，因為它本身就極具吸引力，能夠滿足保持行為正確和注意力集中的需求。

努力學習，就是希望能令為他操勞的父母高興，因此我們可以利用這個合適的動機激勵孩子，但是不能用得太多。如果讓孩子感覺到像交易一樣，如「為了使媽媽高興，你要做這做那」，「不要令媽媽傷心」等等，將這些作為讓孩子做出正確行為的理由，如果老是這樣說，那麼孩子與父母的感情就會變得脆弱，行為的真正動機也會變得模糊不清，孩子不想讓人說自己無情，只好虛偽起來了。

當然，知識本身的吸引力，就能刺激和保持孩子注意力，這是顯而易見的，也就是讓他們對將要學習的東西真正的發生興趣。但是我們可以看到，

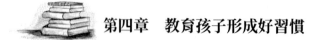

在許多教室裡很多成功卻不完美的教師，正在對孩子們求知的欲望進行抹殺。等到以後我再講這個問題吧。

很明顯，注意力並不等同於大腦的「能力」。確實，頭腦的運作究竟在什麼程度上才被稱為「能力」，這的確令人費解。注意力幾乎和頭腦的運作毫無關係，但是，整個腦力運動，正是憑藉它，才能處理正在進行的問題。整個頭腦運行的注意力，就是透過家長和老師的意願來進行培養的，他們利用大量合適的動機，來吸引和保持孩子的注意力。

等孩子長大點後，父母就可以訓練孩子有自己的意志，使孩子用意志力專心致志去做事。外面的世界的確很具誘惑力，但也要讓他們懂得，強迫自己集中注意力思考也是一種勝利。讓他明白真正的困難是什麼，儘管他的頭腦的本性一直在思考。但是假如不用意志強制，那麼思維就會到處亂竄，只有利用他的意志力把思維集中到正在進行的任務上，這就是勝利。

媽媽帶著憐憫的眼神看著孩子說「你已經盡到責任了」，事實上，這也是一種獎勵，獎勵給努力加強意志力的孩子的。不過，我們必須記住，一般來說，受過教育的頭腦才會有注意力，換句話說，人們注意自己的聰明才智就能夠把事情做好。

無論如何強調注意力的重要性都不算過分。維特說：「每個人能力所及的東西，應成為腦力訓練的基本目標。」雖然孩子的天賦有高有低，但只要培養出他們注意力集中的習慣，孩子就能充分的展示自己的能力。

如果可以使義務與興趣愛好之間的衝突減少，那該多好！如果保證讓孩子不學習他不感興趣的課程，對於母親來說也是非常值得的。這並不是困難的承諾，難點在於從開始就要警惕孩子沾染相反的習慣，即注意力不集中。

最近人們常常談論壓力過重的問題，我們已經找到一種或兩種能夠造成壓力過重後果的因素。但是，在眾多的原因中，頭腦負擔過重的原因是，沒有形成注意力集中的習慣。假設所有的人都願意承認，並不是我們做錯了事情，而是有些事情我們沒有完全做到，忽略使我們心神不定，使我們匆忙的趕著完成任務，也令我們疲憊不堪。這簡直就是健康的學齡兒童學習失敗的

唯一原因：思維到處亂跑，無法在適當的時間裡將功課完全聽懂；上課變成令他們恐懼的事，此後，總是想捉到它，卻一直捉不到，這就使這些小學生們疲憊不堪，即使他們專心的聽 12 次課，也不會比它更累人。

在孩子們開始上學之後，對家庭作業家長們仍有非常大的作用，但不必幫他們做作業。然而，讓我們想像一個情境，苦惱的父母說：「安妮直到 9 點 30 分還沒做完家庭作業，可憐的孩子還有很多要做的；湯姆直到 10 點還在讀書，晚上我們從來不去約束孩子。」對孩子損害體力和腦力的學習，他們置之不理，讓孩子越走越遠。

事實上，家庭有益的措施，能治好孩子心不在焉的毛病。心不在焉的毛病是孩子自身的問題，幾乎和課堂無關。他們看書心不在焉，父母應當採取措施治療他們心不在焉的毛病，使他們集中注意力做一個或半個小時的功課。倘若他們做不到，父母應當嚴肅對待，不能流露出同情的話語或眼神。而在結束功課之際，可以讓孩子做一些開心的遊戲或讀一些故事書。慢慢的，他們就會覺得按時完成作業是很容易的，而且這樣可以使他們完成作業後，還能度過一個愉快的夜晚。同時發現，只要集中精力去做，功課會做得更好。

不管什麼時候，人們都應該極力反對給 14 歲以下的孩子安排作業的習慣。學校生活和家庭生活的共同勝利，就象徵著孩子的失敗。事實上，學校滿滿的課程安排最好在上午就可以完成。

紀律是維持注意力的重要方法。每個新的家庭保姆和沒有經驗的幼兒園女教師，都覺得自己能熟練掌握給予孩子獎勵或懲罰。可是，紀律也需要科學的運用，所有的獎勵和懲罰都應遵循自然的規則，都應是行為的產生的後果。只有盡可能的模仿此類行為，在今後的生活中應該得到和接受的後果，才能確保孩子免受傷害。

艾奇沃思（Edgeworth）小姐的《羅莎蒙德和紫色瓶子》中，利用一個很誇張的事，批判了一些公認正確的原則。小女孩們並不喜歡化學家窗內紫色的瓶子，但是，生活給我們的教訓就是；我們透過迴避必做的事情，得到一

些並不必要的東西，這樣，我們就會為自己的任性而受煎熬。

事實上，只有媽媽耐心的思考和堅定不移的決心，才能按照這個原則給予獎懲。媽媽必須認真的思考，孩子的不良行為是什麼樣的壞脾氣造成的，她還要對症下藥，給予相應的懲罰。還必須做好看到孩子為了長久的收穫而蒙受暫時的損失的心理準備。哪怕孩子生活在安逸的環境中，也應該給予一些小小的真正的懲罰，也是必要的。

但是，常常發生這樣的事情：做得好的孩子獲得了自然獎勵，而做得較差的孩子就會受到處罰。媽媽和孩子應當有充分的承受損失的心理準備，倘若媽媽同情做得差的孩子，要給予他一定的補償，達到平衡，那麼，她就會犯一個極為嚴重的錯誤，相當於她在鼓勵做得差的孩子可以繼續犯同樣的錯誤。

媽媽必須花很多心思對他們進行指導，否則孩子不會遵守紀律。在很多時候，媽媽需要盡量避免孩子錯誤的自然的結果。同時，她還要發現和錯誤相連結的自然的後果，以使他們的教育對孩子更有意義。打個比方，如果一個男孩忽略了學習，其結果就是他將處於無知的狀態，但是一旦讓孩子成為這樣，那麼父母就會由於他們的失職而受到譴責。

■ 培養努力思考的習慣

大腦活動和運用習慣的培養，與注意力培養所用的方法完全相同。可以透過訓練孩子辛勤學習，來提高他們大腦反應的迅速。教師本人應該機警敏捷，要求孩子快速的回答、敏捷的思考、迅速的完成作業。

烏龜比兔子跑得慢，所以必須對烏龜加以訓練，每天速度提高一點，一直堅持朝著敏銳的理解力和快速的行為努力，這對於我們達到目標有極大的幫助。

還有專心，必須避免孩子陷入消極的情緒狀態之中。如「哦，我真是討厭算術」，或者「我真討厭歷史」，必須激發他們的熱情，讓他們懂得，他們的前景非常美妙而且廣闊。這樣他們就會為了自己的前景，持久的、不知疲

倦的、專心的持續下去，而且還能保持注意力和努力，不會時冷時熱或者逐漸消退了。

心理學家懂得，大腦的活動有不同的名稱，也被劃分為不同的運動。從教育角度來講，我們可以稱之為思維，這是相當準確的。但是，我所說的思維，是表示頭腦中真正有意識的努力，而不是那些不經努力的胡思亂想。

舉個例子來說，湯姆森（Thomson）的《思維的規律》說：「一天，上尉正在穿過南美洲的彭巴草原，他的嚮導突然指示他停下，指著空中說，『獅子！』這讓上尉大吃一驚，他抬起頭來，努力的向天上看，一隻禿鷹飛翔在空中非常遠的地方，在那裡轉著圈子滑翔。圈子之下，他和嚮導目不能及的地方，躺著馬的屍體。嚮導很清楚，在馬屍旁邊蹲著一個獅子，禿鷹在空中嫉妒的看著獅子進食，對嚮導來說，看到鳥，就好比旅行者看到一隻獅子一樣。牠絕對存在，不會有錯，這對嚮導來講非常簡單，就像胸有成竹那樣，但是對我們不熟悉情況的人來說，還需要努力的摸索。如果看到禿鷹，就聯想到那裡有些動物的屍體，而禿鷹又在遠處徘徊，並沒俯衝下去享受牠們的美餐，這可以推測有些動物已經捷足先登了，若是狗或者豺狼什麼的，禿鷹不會怕牠們，而且會趕走牠們，或者和牠們一起分享。這樣就可以斷定是更大型的動物，又因為周圍地區有些獅子，所以人們就可以推斷有隻獅子在那裡吃東西呢。」

「獅子效應」就是總結這些思維的步驟。

孩子們在每節課上幾乎都要運用「獅子效應」，從原因推斷結果，或從結果追溯原因，透過對比來發現事物的異同，從某一邏輯中推導出它的原因和結果。

■ 培養想像的習慣

為了提高孩子的思維能力，孩子們所有的課程或多或少都存在某種程度難以承受的訓練。課程的編排要科學，首先是對智力要求更高的課程，最後是較為機械的練習的課程，那些令人愉悅的對想像力進行訓練的課程，應排

在理智的推理之後。還須說一點，孩子的課本為了培養滑稽愚蠢的東西，卻犧牲了更好的東西，這的確令人惋惜。

《愛麗絲夢遊仙境》是一大堆荒謬東西豐盛的聚會，無論是老人還是年輕人，都不願意將這本書讓給別人，不過，孩子讀這本書，卻可以產生認識未知的美妙愉快的聯想，也許還不如《瑞典家族羅賓遜》有益處。

為小孩子買聖誕讀物時，需要思考一個問題。滑稽讀物不會使孩子產生力量，只能使孩子形成不協調的感覺，儘管生活中有了這種感覺可能很有趣，但是過了頭，就會變成賣弄炫耀、油腔滑調的習慣。

《戴奧真尼斯和特洛伊的淘氣男孩》具有不可阻擋的吸引力，但是它不是孩子將來面對的世界，而只是孩子們暫時的想像世界。例如我們都把自己想像成發現了足印的魯賓遜‧克魯索（Robinson Crusoe）。儘管孩子們需要有趣的書，但要杜絕給他們太多胡言亂語、毫無道理的書。

還有一些聖誕節關於喬治和羅西的故事，以及一些消遣故事和怪僻的故事，一些教導孩子如何在自己的生活環境中養成良好品性的書，全都沒有留給孩子們用來想像的空間。孩子們即使將這些故事讀上兩遍，也不會將自己置身於其中任何一個故事情節之中。

他們應當擁有想像力豐富的故事，比如那些發生在其他的土地上、其他的時代的傳奇故事、英雄的探險、危機時刻的脫險以及美妙的童話故事。這樣，他們的思想就可以在這些故事中自由馳騁了，沒有什麼能擋住他們的思想，即使他們也知道是完全不可能的事情，但是他們仍然確信無疑。

想像力，不僅僅是用來使孩子們開心的。對於我們這一代人，子孫們可能會評價為毫無想像力的一代人。迄今為止，我們沒有偉大的構想和英雄般的努力，只是專注於某件事業、某個人，而把自我中心的觀點遺失殆盡，這樣我們的能力僅表現為為了那個人或那項事業的慷慨舉動。我們的小說家認為這個世界沒有什麼事情，值得留給人們想像，所以，他們只能如實的記下他們看到的事物。

是的，倘若想像力不具備創造性的話，就毫無價值了。創造性的想像力，不僅僅停留在事物的表面，而是能構想出新的東西，這些東西一旦到了特定的環境中，理想就會實現。

想像力並不是憑空而來的，它在大腦中占著一定的空間並已經發育成熟了，和大腦的其他能力沒什麼不同，也是從一個最小的細胞開始，吸取養料，最後成熟。童年期就是信念的時期，也是想像力成長並獲取營養的時期。孩子們應從其他的地方、其他的人、其他時代的生活中獲得樂趣，也就是一種讓人興奮的雙重存在。在很多故事書中，他們會發現這種樂趣。而他們的功課，比如歷史課、地理課都能培養孩子的想像力。

倘若孩子們不能想像歷史書描繪的時代，不能想像地理書所描述的氣候，那麼，這些課程就沒有實現它的目標。所以，必須使課程發揮它們最大的作用。假如孩子仍然不能進入想像的王國，那麼即使在畫廊中掛再多充滿想像的畫也是徒勞無功的。

對如何運用孩子們學習的不同功課，展現他們思考的習慣，我們以後再說。而現在我們要討論的是：聰明是從鍛鍊中來的。

就像寫文章和滑冰一樣，沒有思想的孩子就不可能會思考，我們可以看到很多人，渾渾噩噩的混日子，從來就不會動腦筋思考。孩子必須學會思考和理解事物的原因，為什麼他透過自己的努力，每一天變得都比前一天的內涵更多。

孩子和父母都習慣於顛倒教育的過程。常常是孩子問「為什麼」，父母來回答，把這認為是孩子思考的證明。這是思考的一些輕微的表露，也是頭腦思維最淺層、最輕微的努力。正確的應該讓父母問「為什麼」，孩子去努力的回答。當孩子在腦袋中思考幾遍問題之後，父母最後告訴他原因，這樣才是正確的做法，還能讓孩子記住答案。

父母們還可以借助散步的時間，提出一些比較複雜的問題讓孩子去思考，比如「為什麼樹葉飄在水上，小石頭卻沉入水中」類似的問題等等。

■ 培養記憶的習慣

記憶是我們用來儲藏知識的地方，正是因為記憶具有儲蓄功能，我們被稱作有智慧的生命。為了記憶，孩子學習知識。

我們小時候所學習和經歷的許多東西，儘管後來不能再現於我們的頭腦中，但卻成為日後獲取知識的重要基礎。雖然後來的觀點和觀念已經超越了我們過去所學習和認識的東西，但是，當我們回想起來，還是覺得興趣盎然。

另外，我們所學習和經歷的很多東西，不只是保存在記憶的倉庫中，同時也是我們可以使用的資本，它們能夠按照我們的意願再現和回想。運用回憶來再現記憶，就是我們最寶貴的天賦。

記憶的三分之一是短時記憶，一些事實和觀點在頭腦之上漂浮，卻沒有成為頭腦的一部分，只須思考一下，這些東西就消失，好比一個律師在他的辯護書中會對他所知的一一羅列，不過事後就全忘了。一個學生為了應付考試，寫下了他學到的記住的東西，之後，這些就永遠告別了他的大腦。

就像羅斯基寫的一樣：「他們為了應付考試，而死記硬背，卻不加以理解，儘管他們通過了考試，但是他們仍然不懂。」因此，律師、醫生可以忘記那些他不再關心的事情，出版商也會忘記他曾經拒絕過的書，這其實很正常，而且這種淡忘還會有好處。但是，倘若學生學習一年後，什麼都忘了，僅在班級名冊中留下個名字，這該怎麼辦呢？

在這裡，想要把記憶這個話題說得清楚透澈是不可能的，我們先看看關於記憶的幾個常見疑問吧。我們到底是如何開始記憶的呢？如何能夠利用記憶的事實的呢？又是如何獲得回憶的能力的呢？是不是無論什麼情況，獲得的知識既不能變為大腦和智力中的一部分，又不能隨時可得，而只是在頭腦中停留片刻，然後就全部消失呢？

我們對能夠記錄口頭語言的工具很感興趣，比方說，一個世紀以後，它能夠記錄說話者談話和演講的每一個詞語和每個語調。這種機器的功能就相當於大腦中記憶的功能，透過記憶，外界事物的印象就被大腦自動的記錄下

來。至少，生理學家普遍接受這種理論。簡單說來就是，大腦從某種事實中提取認知，再透過大腦的神經物質將認知記錄下來。

一個新的問題出現了：在何種情況下，事實和事件輸入並錄入大腦的物質，這種過程要多長時間？大腦能接受這種印象有什麼限制嗎？

從心理學家引用的平常的經驗和很多例子中可以看出，任何物體和觀念，只要認真對待，都可以構成頭腦中上述記憶牢固的那類印象。也就是說，只要專心注意任何事情，就都可以記住它們。

在描述這種效果時，平常的印象恰好是準確的。人們常說：「這個或這種聲音和感覺，讓我留下了深刻的印象。」這就是事實。對事實和事件加以專心注意，就能記住，也會在頭腦中留下印象和痕跡，這種推斷簡單明快。

如果你想讓孩子記住的話，那麼就盡量吸引孩子的全部注意力，讓他對想要去記的東西，仔細觀察，這樣他就會記住了。透過相當於照相機的過程，他把事實和觀念攝入頭腦，當很多年以後，這些記憶仍會在他的頭腦中閃現。

顯然，讓回憶在大腦中偶然的一閃而過，是不行的。我們想擁有的是隨意回憶的能力，為了這個目標，我們不只需要注意去產生獨立的印象，還需要一些更加重要的東西。例如，假設透過良好的教學，你使孩子的注意力停留在某個動詞上，他就會記住這個單字。換句話說，它被許多腦組織的細微生長會記錄下並保持下來了。當然，僅有一個動詞是毫無意義的，為了讓孩子學好語言，你不僅需要在每節新課上都要吸引他的注意力，而且還需要每節新課都必須與前面的課有所連結。這樣的話，他在回憶這節課時，就不可避免的將另一節課也納入思維的軌道。

這種方法的自然後果似乎說明，頭腦組織的每個生長都依賴於前一個生長。打個比方就是，法語語言覆蓋在頭腦的某塊廣闊的地方。對聯合規則的實際利用，就是將一個人不喜歡學的東西變成一種有樂趣的東西。倘若忽視這個規則，那麼即使是良好的教學，也會變得毫無功效。

教師往往會為學生形成了一個孤立的、僅在偶然的暗示下才能出現的印

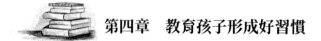

象，而感到心滿意足。但是他卻忽視了應該讓孩子形成觀念的鏈條，這樣才能從思維的井中拉出水桶打出水來。皮克博士的書，可能有讀者看過或聽說過，他就是將真正哲學的記憶術建立在注意和聯合這兩個原則之上的。不管我們對他的運用認知怎樣，但是他掌握的原則都是十分正確的。

要使每節課都能吸引孩子的全部注意力，而且每節新課都應該與上節課相互連結，一節課必須回憶上一節課的內容，在回憶中，開始學習新課。

「輕輕的來，悄悄的走」，這樣的原則不符合停留在口頭上的記憶。孩子努力的練習，如同鸚鵡般唸來唸去，孩子什麼都學不到，根本沒有任何紀錄留在大腦中，這需要時間去留下紀錄的痕跡。注意就是頭腦需要時間去留心看事物，頭腦組織新觀念的生長同樣也需要時間。只有滿足了這些條件，大腦的記憶能力就能夠充分發揮出來了。

這個情況是個例外：一個女孩學習法語，說得也非常好，但等到她老了的時候，她卻完全忘記了法語，幾乎連一個單字都記不起來。這種情況的確存在，因為她的法語已經被廢棄了，她沒有養成一直堅持閱讀、聽、說法語的習慣。由此可見，為了保留法語在她頭腦中銘刻的通道，只有透過不斷的輸入和輸出來法語才可以。

任何知識和能力，如果把它塵封在頭腦的某個不知名的角落裡，等著生鏽，那麼它們將毫無用處。用沒有連接鏈條的水桶去打水，和井裡沒有水沒有區別。

關於怎樣形成這些鏈條，各人有各人的方法。孩子今天學習關於瑞典的課程，明天學習關於荷蘭的課程，這兩門課程的練習，是因為兩個國家幾乎沒有任何相同之處，一個國家有的正是另一個國家所沒有的，連接也會因為相同，不一定非得相對。

在我們的經驗中，我們發現透過顏色、地點、聲音、氣味能夠回憶起某人或某事，不過這類感官連接的順序，在教育中很難運用起來。任何兩件事物之間的連接，都必須抓住它們連接的本質。

■ 培養慎行的習慣

「對於打算去做的事情，就要做好」，遵守這個忠告，家庭中的教育可以獲得極大的好處。英國人作為一個民族，過多的關心人，對事物、行為、行動有所忽略。我們可以讓孩子去畫像、寫信、做針線工作、替布娃娃做衣服、做木工，他們就會越做越好。

其他民族，例如德國人和法國人，看問題比較哲學化，他們認為孩子一旦養成了祛除不良行為的習慣，好習慣就會一直保持下去。

我想起了海德堡的一所小學的學生，和那個班級在一起活動時的愉快情形。那個班級有 40 個 6 至 7 歲的孩子。孩子們上的是寫作課。與此同時，一位老師在旁邊教了他們很多口語，並把每個單字都寫在黑板上。這樣他們的成績就出來了，在全部的 40 份紀錄中，看不到任何錯誤的和不合規範的字母。

如果孩子不能做好，就不該要求他去做，這樣實際上就是為他提出了完善的要求。

例如，讓孩子模仿一個打網球的擊球動作，僅讓他以不同的角度和不同的距離去簡單的揮舞一下，這會令他情緒低落，眼睛疲勞。如果是讓他按規定的距離和角度去模仿 6 個擊球動作，不是簡單的一下子，而是完整的。如果有一個挑錯的同伴，就讓他提示錯誤，一直到他完成任務為止。如果他今天沒做好，讓他明天做或後天繼續著做，直到他能夠完成了 6 個完美的擊球動作，這就是屬於他的勝利時刻。

對於一些簡單的任務，油漆、畫畫或者其他的要做的事情，也是這樣進行，讓他把每件事情都做好。反覆無常，以及因計畫不周到而導致失敗，是令人慚愧的事情。「完美工作」的習慣和完成手頭事情的習慣有極大的關係。倘若孩子一個任務還沒有完成，就不要讓他去做下一個新的任務了。

■ 培養服從的習慣

令人失望的是，為了涉及道德習慣的全部範圍，我們必須要考慮那些媽媽認為的，由孩子自己用一種不明顯、不適當的方式培養起來的道德習慣。但是我們必須記住，關於培養習慣的方式，也可以有效的用在培養道德行為的每一個習慣上。

在孩子的全部責任中，服從的習慣是最為重要且如何強調都不過分的習慣。的確，服從就是孩子的一種義務。由於這個原因，孩子應履行的其他義務，實際上都可以看作是對父母的服從。不僅僅對孩子，服從也是成人的本分，還需要服從良心、法律和神聖的指引。

我們可以清楚的看到，造物主在荒原上記錄了三種誘惑，而每一種並非明顯的罪行，而是隨心所欲的行為。這種行為公開反對服從，各式各樣束縛孩子心靈發展的愚昧就是產生於這種行為。

義務服從不僅僅是偶然的義務，如果父母了解到這一點，那麼服從的實現就要靠孩子和家長共同努力了。家長應該培養孩子明智服從的自制力，以及遵紀守法的習慣，應保證孩子們對他的服從，孩子們每一個反抗的行為都會遭到父母直接的譴責。

同時，他也應確保孩子們的服從並不是表面的宣言，「要做這，不許做那，因為我已經說過」，而是來自父母之愛的神聖命令 ——「孩子們，服從你們的父母，因為這是正確的。」

孩子服從的意願有多大，服從的行為就有多強烈。孩子服從是由於正義感，正是它使孩子願意服從，是心甘情願的服從，儘管存在各種讓他不服從的誘惑。這樣，已經形成的服從習慣，就會使孩子能夠運用意志的力量，戰勝由愛好、情感引起的無序混亂。

據說，父母非常苛刻的強迫孩子屈服，結果一般不好，因此，孤兒和流浪兒童如被嚴格的紀律約束，就會等待機會擺脫束縛，繼續那無拘無束的生活。確實是這樣的，因為在這些情況下，孩子的服從習慣並不是循序漸進的進行訓練，沒有一步步的使他的意志，站到一心為最高法令效勞，並甘願

服從最高法令這一邊來。可憐的孩子們在嚇唬下屈服於其他人的意志，也就是屈服於別人的任性和頑固。這種屈服只是權宜之計，根本不是「因為是正當」的而去服從。

就媽媽而言，最為嚴肅的任務就是訓練孩子時刻去服從。服從的原則要深深的印在孩子的內心，等著被喚醒去實現，而不必去責罵、威脅孩子。使他服從，更不能使用暴力手段，因為孩子認識父母的權威，依靠的是直覺。用一種心平氣和而有威信的語氣說「做這件事」，然後等待孩子去完成，這就夠了。

由於孩子不能從媽媽的語氣中，明顯的覺察出她期望的要求，因此媽媽往往不能很好的管教孩子。媽媽不清楚自己的位置，對自己的權威缺乏應有的信心。培養孩子服從的習慣，就是媽媽的重要工作。假如她開始就要求孩子們堅持服從她，那麼孩子就會自然而然的學會服從。

但是，只要讓他們有一次越軌行為，讓他們發現不服從也可以，那麼，孩子的反抗就開始了，其結果往往是孩子做自以為正當的事情。

這種事情很嚴重。當孩子們在繪畫室時，媽媽喊：「你們必須立刻下樓！」「哦，媽媽，讓我們在窗戶的角落邊待著吧，我們會很安靜的！」媽媽對孩子良好的表現相當自豪，這樣孩子們待在了那裡。當然，孩子們並不安靜，但是那樣的話，幾乎沒有麻煩，孩子們希望按照自己的愛好來行動，而不聽命令來行動，他們不會任人擺布。

正是在這些小小的細節，媽媽被擊敗了。「上床睡覺，威廉！」「媽媽，等我做完了再睡吧。」媽媽答應了，這樣的做法沒有好的結果。孩子每天都不間斷的重複服從的行為，遵守服從的習慣，這才是最重要的。

孩子往往會「聰明」的想出對付媽媽的辦法來，這的確令人驚訝。「瑪麗，進來。」「好的，媽媽」，但是直到媽媽叫了4次，瑪麗才起身。「把磚塊拿走」，小女孩慢吞吞的、不情願的挪走了磚塊。或者是「聽到第一遍鈴聲時，你應該洗手」，孩子當時洗一下，以後就忘了。

為了避免孩子們這些隨意的行為，媽媽必須從一開始就要使孩子養成迅

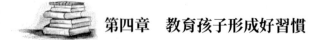

速的、愉快的、持久的服從習慣（除了孩子記憶中忘掉的東西），而那些勉強的、不樂意的、偶爾的服從，還不如沒有呢！

絕不允許孩子不服從，這樣才能讓孩子養成完全的服從習慣，這比透過權威來養成純粹正式的服從要簡單得多。慢慢的，當他長大成人時，和他深談一次，讓他明白，他能立即歡快的做事情，即使這件事自己不願意做。這種品性多麼高尚啊！

為了確保服從的習慣，也要求媽媽必須要有極大的自制力，假如她沒有打算讓孩子們完全執行，一開始，她就不應該下達命令。並且，她不應該向孩子們施加不堪負重的壓力、過於頻繁的命令。

倘若孩子已經養成了良好的服從習慣，那麼就可以給他們大量的自由。他們接受了一些，對自己來說不應違抗的指令，剩下的，就是去學習如何按照這些指令來規範自己的行為，儘管有的時候會有一些小的不幸。他們需要的，不是一連串永無休止的命令，「做這個」、「別做那個」等等。

■ 培養孩子誠實的性格

不必說，誠實是應盡的義務，但是培養孩子養成嚴格的誠實和準確，卻需要媽媽無微不至的細心和謹慎。

媽媽訓練孩子，沒什麼事是小事，就連說話也必須有嚴格的準確性，這樣才能增強孩子對謊言、誘惑的抵抗力。孩子就不會為了自己而願意編故事、遮掩事實或者含糊不清。這樣，說實話就成為他所養成的習慣，而不是形成相反的，言語輕率、反覆無常的壞習慣。

誇大其詞和可笑的文過飾非，這兩種類型的應付對孩子來說極具誘惑力，媽媽應當提高警惕。假如孩子誇大其詞和添枝加葉的編造滑稽可笑的故事，無論他描述的情境有多麼可笑，媽媽必須剔除外表，找到隱藏的真相。

因為實際上，幽默滑稽的聲名是用失去尊嚴換來的，這個代價太昂貴了，同時，還會喪失嚴肅的準確性習慣，任何人都是一樣的。真正受人歡迎的是幽默而不乏真實。

　　說起敬重，人們會說，尊重他人，以及他們所擁有的。我只想讓大家注意，長期堅持培養孩子養成這些道德品格的重要性。當這些道德品格成為孩子日常生活的習慣時，有教養的個性也就表現出來了。因為我們生活的時代爭強好勝、以我為中心的觀念過於典型了。

　　孩子天生就有脾氣，但是，我迫切的想說一下培養好脾氣的習慣問題。人們一般認為脾氣是生來固有的，對人無益，也無害。「她脾氣不錯，沒有什麼事情能惹火她」，「哦，他像他爸爸的脾氣，一點點不順就要發火」，這樣的說法我們經常聽到。

　　事實上不是脾氣，而是傾向很明顯，孩子繼承了一些特有的傾向性。例如暴躁、和藹、煩躁不安、倔強暴躁、陰鬱、嘟噥和沒耐性，或者是興高采烈、可靠、有幽默感、耐心或是謙卑。同樣正確的是，所有人的歡樂抑或不幸，都依靠這些不同的個性，依靠它們當中最主要的一種，與他們生活在一起的人也會受到這個因素的影響。

　　我們都知道，一個不能擁有誠實正直和各種優良品性的人，往往會把自己弄得使周圍的親人無法忍受。錯誤的根源不在於人們生來就有的脾氣，如沉悶陰鬱、倔強暴躁或嫉妒心強，而在於他們一直讓這些脾氣性格伴隨它們長大，卻沒有及時糾正。這裡和別的任何地方一樣，習慣的力量也是無價的，必須依靠父母去調整這些最開始的偏差。

　　如果孩子能被父母教導，養成好習慣就更好了。父母會把他們引入平靜而充滿歡樂的世界，即使孩子遇到挫折，也不失望，他們能看到希望光明，他們會借用最良好、最善意的動機來判斷他人，而不會自私誇大其詞，而自私正是滋生壞脾氣的溫床，這樣做，就是因為孩子生來就不僅僅有一種傾向。

　　因此，父母必須用新的脾氣塑造孩子的性格傾向。習慣的力量可以改變傾向，可以改變脾氣性格。這就需要依靠媽媽的阻止，來避免壞脾氣的形成，去塑造良好的脾氣性格。

　　這樣做其實很簡單，孩子的面部表情就像是一本向媽媽打開的書，當孩子還沒有意識到自己在想什麼之前，媽媽就能夠輕易的讀出他們心裡的想

法。必須牢記，孩子頭腦物質中形成的不良軌跡，來源於任何的嫉妒、發牢騷、不滿意的不良想法，它們重複的出現，在孩子的大腦中就產生了軌跡。並且，這些軌跡，一定會隨著壞念頭的出現而加寬、加深。媽媽關鍵要做的就是，在一開始就避免這些軌道的形成。

在孩子的壞脾氣有機會發展成有意識的情感之前，媽媽應該改變孩子的念頭，把它消解在萌芽狀態，使它來不及變成行為。把孩子帶到屋外去，讓他去取或拿些東西，或給他看一些有趣的東西，這些就是轉移他們的思考以及注意力。當然，一切都要十分自然，絕不讓孩子感到有一點被人指正的感覺。

每一陣慍怒過後，都會在孩子的頭腦中留下空間，為了預防下一陣慍怒到來，媽媽應當巧妙的化解所有這樣的慍怒，以便根除以前的慍怒留下的有害印跡。

同時，關於孩子的良好親切的想法和情感的自由形成，媽媽應該仔細的為他們鋪就一條陽光大道。

我提供了這些建議，就是為了培養一些習慣，並不是為了訓練智力和道德，這就是性格培養的外圍工作。即使這些工作十分有限，但我還遺漏了不少重要的問題。在財富面前，有必要選擇一些原則。在我看來，有些因素不會對受過教育的家長產生完全的影響。我覺得詳細論述這些因素也是有益的，比起去闡述每個有思考能力的人都能了解到的產生影響力的那些因素，這要好得多。

紀律不是懲罰

■ 方法必須絕對服從人的天性

「紀律在你們的教育體制中產生的作用是什麼呢？」倘若我們相信，紀律，並不是一個代替懲罰的華麗詞彙，那麼我們就應該歡迎這種關心的提問。用紀律代替懲罰的做法會引起孩子的抵制心理。

　　首先，我們沒有真正意義上的一種教育制度。一般認為，在磨練孩子的性格，規範他們的生活，以及對他們進行教育的時候，同時也把他們的性格、生活和教育等，相應的約束、限制甚至禁錮了起來。我們確實有一種教育方法，不過方法僅是達到目的的手段而已，何況它就如人的本性一般，是不願被他人所控制。它可以受其他人影響，並且有一定的限度。

　　方法本身也有一套系統的規則，而且以此作為具體措施的實施的依據。這就相當於人根據自己對火的認識，自然的約束自己的行為一樣。相反，制度中包含著無窮的，關於什麼該做和如何去做的規則和細則。教育方法必須絕對服從人的天性，它站在天性的跟前，發揮著它應有的作用。

　　制度對人的本性產生領導作用，對本性特有的作用，它將給予援助、補充和督促。本性是否賦予每一個小生靈一種神奇的、創造遊戲的天賦呢？回答是否定的。不過，制度也發揮著它的一定的作用，它能幫助孩子發明遊戲，讓他們玩耍，還能幫助本性更好的發揮他們的這種能力。透過這樣，制度就幫助孩子們玩耍，而孩子們則樂在其中。

　　然而，制度本身不能單獨發揮作用，因為它不存在創造力。在其他方面也一樣。制度比較挑剔，但又十分熱心。對老師來講，制度能為他們帶來極大的好處。

　　方法的關鍵在於順其自然。儘管你也在觀察老師，但是你不一定了解他在做什麼。在積極參與課堂活動的時候，能有所收穫的是孩子，卻不是老師。他們在進步，在發展，並且一天比一天更加成熟。他們將變得知書達理、客觀求實、溫文爾雅；他們將具有非凡的遠見、具有堅強的體魄、有專業的技能與知識。他們的這些修養，正是在父母的呵護下、教育下，才結出了纍纍碩果。

　　聰明的父母很清楚本性在孩子的成長過程中發揮著什麼樣的重要作用，那麼教育家又應該發揮什麼作用？他們應該在工作中富有同情心和責任感，就像媽媽一樣。

　　那麼還需不需要那些原則呢？我認為還是需要的。我敢說讓孩子隨心所

欲、自得其樂就是原則。孩子們心情愉快的時候，表現往往不錯，不是嗎？先不要急，親愛的讀者。想出人頭地的孩子，就必須付出雙倍的努力，即所謂的一分耕耘一分收穫。我們稱之為本性的神聖作用，並一直為他祝福。但是他要走的路很偏僻，而且很難發現。這條上坡路是不可能按照我們自己設計的方式輕鬆走完的。

就廣義的教育而言，望子成龍的父母，必須提高對思想上的要求，降低自己對生活上的要求。換句話說，要以人類思想所達到的最高境界，和現實能夠接受的最簡樸的生活標準來要求自己。

比方說思想原則，不是隨意拼湊的章程，而是指導現實生活的整體思想原則之一。

隨時記憶和運用它都很方便。如果小湯米又胡鬧了，那就打他幾下，然後讓他上床睡覺。這就是一種隨時可以運用的章程，好比計算機一樣，隨身攜帶，方便使用。

並不是說無論在何種情況下，我們都不要懲罰孩子；也同樣不會說絕不體罰他們。

懲罰和體罰都會對孩子造成一種傷害，因此只能在孩子犯了最嚴重的錯誤時，才可以利用。另外，為了孩子的身心健康，只有在不得不用的時候再用。對於這種方法，我們不要急於放棄。

■ 懲罰不能改造孩子

孩子犯了錯誤，就應該受罰。按照這一點的字面意思辦事，一般會使孩子的身心受到永久性的傷害，甚至可能是最為嚴重的傷害。所以，當孩子由於無知而犯錯，或者由於喜歡探險而摔斷手臂或者腿時，我們不應該懲罰他們。

懲罰孩子，要根據錯誤的性質合理的進行，即使在錯誤十分嚴重的情況下，也是如此。孩子如果不喝粥，那就不給他水果吃。這就屬於一種懲罰，而且是一種簡單便利、值得提倡的懲罰方式。

孩子們往往會藐視懲罰，父母們應該面對這樣的事實。在被懲罰的過程中，孩子很可能會表現出在故事書中經常看到的，而在現實生活中很少的那種自我感覺良好的勇氣。

由於孩子們有強烈的自尊心，因此在受懲罰的時候，他們反而表現出不屑一顧，大義凜然的樣子。在接受懲罰時，孩子的不屑一顧容易抵消他的悔過感。

桀驁不馴的小孩子，雖然在接受懲罰的時候表現出不以為然的樣子，其實他並不是頑固不化的、不思悔過的，而是一個機會主義者。他是在充分利用機會，來使自己接受一次實實在在的教育。

母親的傷心和父親的責難對孩子的任性來說，毫無效果。這樣往往使父母放棄了對孩子的嚴格管教。在孩子受罰時，父母也有些不忍心，但是他們知道，如果想把孩子培養成人，就必須讓他忍受痛苦。他們放棄對孩子的嚴格管教的原因，只是由於他們仍未找到一種行之有效的教育方法。

當母親看到幼兒淘氣時，恰當的輕輕拍他一巴掌，一般能收到有效的管教效果。它可以打消孩子當時想揪姐姐的頭髮的念頭。不過，當其他方法不能夠打消他的念頭的時候，是否只能用巴掌拍他呢？

對於稍大一點的孩子來說，懲罰的目的主要是幫助孩子建立一套新的思維方法，而不是還停留在打消孩子的念頭之上。也就是讓他懂得，犯怎樣的錯誤就要接受什麼樣的疼痛和懲罰。這一點我們都十分清楚，它是一種生活常識，也是教育中不可缺少的一個方面。

我們每個人都經歷過，任何違法行為，不管是思想上的，還是行動上的，都會得到相應的懲罰。懲罰時間上有所區別，有的立刻進行，有的以後再懲罰。如果孩子長大後仍不明白「善有善報，惡有惡報」，那麼他步入社會的時候，就如同一名新兵，還沒受過任何訓練，就被送上了戰場。

我們討論的問題具有雙重性：（一）懲罰的主要目的就是預防。（二）孩子對他要做錯事的興趣往往要超過他對懲罰的恐懼。

倘若懲罰的作用能對人加以改造，能剔除我們思想中的所有邪念，那麼

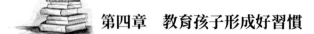

世界將變得更加美好。因為所有的犯罪，都難以逃脫它們應受的懲罰。事實是，並非懲罰沒必要或者不起作用，而是執行不到位，也就達不到我們所要的目的了。我們的目的不是等待錯誤，而是去彌補由錯誤揭示的人格缺陷。

吉米說了謊，所以我們懲罰了他，這樣我們就可以使他認識到自己的錯誤。但是，現在仍沒有有效的處罰辦法，能確保他將來不撒謊，而我們的最終目的也只能這樣了。

這種觀點非常片面。我們應該尋找更深層次的東西，即我們所說的人格缺陷，到底是什麼樣的錯誤思維習慣導致吉米說謊。

我們必須運用唯一可行的有效方法，也就是透過幫助吉米建立一套與現實思維習慣完全相反的正確思維習慣，讓他成為一個誠實的人。一位婦女說：「從那時起，我再也沒有說過謊。」她小時候有一次撒了謊，父親只需要和她單獨的進行了一次談話，就能幫助她戒除說謊的毛病，而且一種全新的思維習慣會因此而誕生。

■ 幫助孩子養成好的習慣

習慣的養成和保持，依靠的不是偶爾的懲罰，而是持久的監督和恆心。紀律約束的意義就在這裡。在這個問題上，只有父母像那樣按照我們所講的原則，認真負責的履行他們的職責。父母教孩子懂禮貌、體貼人、守紀律、講求衛生、遵守時間、為人誠實。而孩子如果養成了這些良好的習慣，那麼，這些習慣就會勤奮可靠的規範孩子的生活。

習慣很容易養成，一旦養成就很難再糾正。絕大多數父母努力勤奮工作，為了能在每個月給需要花錢的孩子一大筆錢。但是一個月以後，父母就可能替孩子培養出一個對錢無所謂的價值觀。

我們一直在提醒大家：每一種生活習慣都會在人的大腦神經組織中留下物質的痕跡，這就是現代科學為教育工作者們帶來的一個重大發現。我們往往習慣於用過去的思維方式去思考問題，按過去的行為方式去處理問題。從人認識到自己的大腦的思維方式的那一刻起，這種習慣規律就變成一種常

識，而且父母們和其他教育工作者都在圍繞這一規律來對孩子施教。

任何有良好教養的孩子都經過精心的習慣培養。能夠摸清楚習慣的養成規律，也只是在我們這個時代才做到了。直到現在，那些一直希望為孩子培養各種良好習慣的母親們才發現，擔心傷害孩子，正是她們的失敗的原因。

「我確實反覆要求她保持抽屜整潔，說話時要抬著頭，要保持姿勢優雅，辦事要俐落仔細。」可憐的母親含著眼淚說。的確，對母親來說，對孩子反覆提出要求是件十分煩心的事，並且她會因為毫無效果而倍感無奈。所以她就一直嘮嘮叨叨，就是為了發洩自己的牢騷，因為她對此已經不抱什麼希望了。

我們非常清楚做一件不會有結果的工作有多麼的無聊。但是，這位母親根本不知道這種反覆的絮叨，對孩子來說，根本沒有任何積極的作用，反而會令他厭煩。

剛開始，媽媽喋喋不休的嘮叨會讓孩子心煩，而且會坐立不安，後來孩子就習慣了這種嘮叨，最後，他根本意識不到媽媽在嘮叨什麼。在對孩子的性格影響和對他的習慣養成方面，母親的所有努力都化為烏有，孩子想怎麼做就怎麼做，不想做的事就盡力逃避。心灰意冷的媽媽會無奈的說：「我認為，在培養孩子的良好習慣方面，我盡了自己最大的努力，不過我失敗了。」但是她並非完全灰心，儘管孩子沒有養成她所希望的好習慣，但是，當他們長大後就會變成待人熱情、性情溫和且聰明伶俐的年輕人。他們一定不會變成讓父母感到恥辱的孩子。

相應的，媽媽的失敗就是一個必然的結果。造成我們生活中失敗的原因，很可能就是我們自身修養上的缺陷。所以，讓孩子面對社會，僅有那點從父母那裡繼承下來的修養，還是遠遠不夠的。

■ 切實可行的辦法

由於所有的家長都希望認真的看待孩子的壞習慣，所以我就提供幾個行之有效的建議：

◆ 我們一定要牢記，孩子的大腦記錄下了這些壞習慣。

◆ 完全剔除這些紀錄的辦法就是，用時間來磨滅這個壞習慣，這需要很長的時間，大約需要 6 至 8 個星期。

◆ 在此期間，當大腦中有新細胞生成，並建立起新的連結，壞習慣也就逐漸的自然消失了。

◆ 確保這個治療過程的唯一辦法是，培養孩子一個新的好習慣來取代那些壞習慣。前提是，這些新習慣對孩子的吸引力要遠遠大於原來的壞習慣。

◆ 壞習慣一般是由於孩子的某種修養缺陷而引起的，正好父母對自己的孩子又非常了解，所以引入孩子養成與壞習慣相反的好習慣，對於父母來說應該是比較輕鬆的事。

◆ 在父母和孩子之間的氛圍，應該是愉快的、自信的，在這種氛圍下，透過舉例子或講故事，向孩子灌輸激勵性的思想，使他們和父母保持一致的想法。

◆ 不要總是指揮孩子去做新事情，但是無論何時，只要看到孩子做自己想做的事情時，必須表現出溫和、開心的樣子。假如需要，就堅持幾個星期，與此同時，還要給予他們不斷的鼓勵，鼓勵這種新創意，一直要到這種創意扎根在孩子的思想中為止。

◆ 必須提高警惕，以防壞習慣死灰復燃。

◆ 一旦孩子的惡習捲土重來，絕不姑息，要讓他立刻就感覺到你對他的疏遠。這就要採取一些必要的懲罰方式。不僅要讓孩子為自己的錯誤感到自責，而且要讓他感到後悔和難過，因為本來可以輕易避免犯錯誤而他卻繼續犯錯。

總而言之，在這場精神之戰中，必須用心靈去仔細觀察，還要依靠神的幫助，才能教會孩子自立。當然，與孩子自己的努力也是緊密相連的。

比如，好奇的小孩蘇西是一個小女孩，她對一切都非常好奇。她母親驚

奇的發現，有時甚至還覺得不耐煩，女兒常常無休止的提出各種問題。對於這樣一個孩子，僕人們都以為她是在試探別人的隱私。經常是當媽媽和客人或者保姆交談時，她不知從哪裡就冒出來了，並站在母親的身邊。還有，媽媽在朗讀一封私人信件時，她也會躲在旁邊偷聽。媽媽以為自己已把一本書藏得很隱蔽，蘇西卻能立刻把它拿出來。當母親對丈夫說，廚師需要請兩天假，蘇西會立刻說出事情的原委。

媽媽真不知道該如何對待這孩子。直接對她說「什麼是她該知道的，什麼又是她不該知道的」，似乎不太妥當，儘管每件事情並無害處。不過有這樣一個愛打聽別人閒話的孩子，確實讓人頭痛。儘管有些讓人感到心煩，但是卻不必感到失望，更不必把女兒的問題看得十分困難，當然父母必須得接受這個現實。

孩子的這種令人討厭的好奇心理，往往會被母親視為修養上的缺陷，因此，在孩子的修養方面，她下足了功夫。後來蘇西真的變了。

其實，一直困擾孩子的是一種紊亂的求知欲。由於她渴望知識，因此就把很多精力投放到毫無價值的事情上。只要正確引導這種欲望，讓蘇西把精力放在愉快的學習上，那麼這些有用的知識，就會占據她的好奇心。當新的觀念占據她的大腦以後，再簡短的開導她一下，比如了解一些瑣碎小事毫無價值等等。這樣，她就不會再過於關心那些無關緊要的事情了。幾週之後，蘇西的腦子裡裝滿了各種大事，也就沒有空間留給瑣碎的小事了。

還有，只要控制住孩子的那種好奇心，就要鼓勵孩子制定出明確的計畫，有步驟的、循序漸進的努力完成對自己有益的工作。這樣，蘇西那種無聊的好奇心就不會再出現了。

第四章　教育孩子形成好習慣

第五章
塑造孩子的精神品格

教育的主要任務是人格的培養

■ 子女的遺傳因素

著名的德國詩人歌德（Goethe）寫過一首詩：

勇敢的父親給了我什麼？

—— 健康的生活和堅強的意志。

溫柔的母親給了我什麼？

—— 幸福的時光和作詩的技巧。

和我們一樣，詩人也是父母所生，父母所養，並深受父母的影響。這一點並不是詩人發現的，人們對這一點早有理解，俗話說「有其父必有其子」，充分說明家長對子女的影響非常大。

遺傳因素能起多大作用？我們無數次的談論遺傳因素，在生活中，人們多少總要考慮到這方面。在人物傳記中，都會提到祖先和早期成長環境對他的成功所產生的重大影響，無一例外。然而過多的強調遺傳因素，教育的作用就會被人們忽視。

我們常聽到這樣的對話：

「哈洛德非常聰明，就是注意力一點都不能集中。」

「哎，可憐的孩子，他如何能控制得住自己呀！」

「龍生龍，鳳生鳳。我們一家人都不聰明，如何能指望孩子太聰明呢？」

哈洛德能否控制自己？就成了擺在我們面前的一個教育問題了。他的父母能幫助他改正缺點？或者說遺傳的因素真的無法改變嗎？

實際上，人們都認為教育的目的，就是要培養孩子的各種能力，如學習能力，審美能力，以及促進身心健康的能力。我們常會指著孩子的優秀表現，自豪的說：「看，這就是教育的結果！」

除了我們所能給予的一切之外，孩子還有很多渴望，孩子們在受教育方

面最重要的是需要機會，這一點我們應該牢記。

健康的孩子，除了需要吃飯睡覺以外，他還渴望早點長大、擁有更多的知識、力量和友誼。滿足他這些願望就是給他關愛和求知的機會，他就可以學會如何愛別人，學會如何獵取知識，由於這是他天性的一部分。倘若孩子具有敏捷的思維，豐富的想像力，並且特別懂事，你不必為此吃驚。實際上，培養孩子的這些特質十分簡單，就像讓一個飢腸轆轆的人去吃飯那樣。

很多自然科學家的少年時代是在鄉村度過的，這就讓他們有充分機會觀察那些形態各異的生物，以及它們的生活習性。只要讓他們充分接觸大自然，就不需要刻意的培養。

假如一個孩子滿腦子都是別的東西，就失去了這樣的機會。像那些文人墨客，他們在鄉村生活很久，卻不能辨別鶫鳥和烏鴉。我認識的一個知識女性，她通曉玄學和文學，她年輕時，曾翻閱過英國期刊《旁觀者》的過期卷冊，那段教育使她受益匪淺，她自己也一直這樣認為。

最近，我又見到了一個事例，向人們提供受教育的機會，而且獲得卓著的教育成果。

我一個朋友，她把自己的興趣放在了「勞工俱樂部」上，並且在那裡講授關於用黏土做模型的課程。即使學生就是廠裡的工人，上課的時間也不做限制，但作為老師，她擔起了應有的責任。一直就沒人教過他們如何畫畫，即使是最拙劣的方法也沒有。

用老師的話說：「他們的藝術天賦還沒有被毀掉。」

老師發給他們泥土模型和一、兩件工具，再教他們如何找到被塑物體的感覺。這些學生充滿熱情的創作著，上了 6 次課後，他們的作品就相當完美了，堪稱藝術品。這的確令人歡欣鼓舞。

藝術中蘊涵著人們對物體的感情，猶如一個可愛的小腳印，將使你聯想到孩子的小鞋。我的朋友謙虛的說：「我僅僅是發掘出他們本身固有的內在潛力。」其實，作為一個酷愛藝術的人，她用自己對藝術的熱情，激發著學生為了藝術發奮努力。每當看到老師的熱情，學生就備受鼓舞。

　　這就可以證明我們的觀點，一旦獲得機會和指導，孩子就能完成自己應該學會多數內容，具體包括知識方面，美學方面，以及品德方面。這是由於人類天生具有求知欲，以及探索知識所需要的能力和感情。

　　「勞工俱樂部」就是透過指導失業者，使其的潛力得到發揮，使其的社會地位得到提高，因而只須稍加指導，稍加控制，就可以讓他們自己實踐了。

　　但是現實教育中，必須要對孩子做的兩件事：一是培養他的能力。在這方面，我們給予孩子的一點幫助，都會對他帶來深遠影響。二是幫助塑造他的性格。在這方面，家長就像塑造泥土的陶工，而孩子們就是他手中的泥土。所以，家長在很大程度上影響著孩子的性格。

　　一個人的先天因素決定著他的性情、智力和天賦，但是，他的人格卻需要培養。任何人若想獲得成就，就必須透過努力。人格發展的軌跡伴隨著家庭或個人的發展軌跡。

　　一個民族性格的魅力決定著這個民族偉大還是渺小。

　　卡萊爾（Carlyle）和詹森（Johnson）的偉大，不只是因為他們在文學上的成就，主要是因為他們所具有的人格魅力。就博斯韋爾（Boswell）的傳記的文學成就而言，稱得上是一代宗師，但是他在人們心目中又是什麼形象呢？

　　偉大或渺小都屬於人格範疇。倘若人們的性格如出一轍，世界將會變得單調無趣。

　　是什麼使大家各不相同？當然是遺傳基因，千變萬化的遺傳基因決定了人的性格迥異。

　　通常說的，一個人是慷慨大方，樸實誠懇，還是小家子氣，狡詐善變，基本都是家族遺傳下來的。由於受到環境的影響，祖先的性格也會隨之改變，這種變化的性格，仍將繼續傳承下去。為了使性格得到平衡，可以採用兩種辦法：一是教育，二是與不同性格的家庭聯姻。

■ 人格的培養是教育的主要任務

現在繼續討論開始的話題，即培養人格和培養能力，哪方面更為重要？

如果說遺傳因素決定著人的個性，而且個性又會隨著時間和環境變化而進一步發展，那麼還要教育做什麼呢？造成教育不受重視的一些可能原因，常見的是，過分的相信遺傳因素，使教育得不到應有的重視。這樣的事例不勝枚舉。

相信遺傳因素能有什麼好處？如果說湯米非常固執，如同一隻倔強的小騾子，由此你可以推斷他的父親如何？一定是同樣的固執，而且瓊斯家族的人全都非常固執。其實，湯米的固執，僅能說明他自己有這樣的性格，並不能證明瓊斯一家人都是這樣。

再舉個例子，瑪麗是個好動的孩子，她的熱情對任何事僅有 5 分鐘。媽媽常說：「我小時候也是這樣，不過長大就好了。」另一個例子，凡妮還不會說話，卻能哼著西西里聖歌哄自己入睡。其實，這是保姆用來哄她睡覺的。而她的家人認為，音樂天賦我們全家都有，也就無須再去培養這種才能了。

還有一個孩子，老喜歡提一些怪異的問題，甚至喜歡拿宗教活動開玩笑。通常，他管父親叫「湯姆」，想表示尊敬，但他的父母卻是較真的人，他們不認可那種放任的觀點，覺得孩子必須受約束。他們把「要你怎麼做就怎麼做，別問為什麼。」作為孩子的生活準則。總有一天，他會發現這是錯誤的。

當時的科學水準往往決定著人們的思想認知。在精確的診斷方式還沒推出以前，醫生會根據病人的情況，推斷肺病的可能，還會根據肺病採取一些必要的預防措施；另一方面，有些人長壽的祕密，迄今仍未揭開。

還有，一些家長了解科學在教育方面所獲得的成就，但他們對運用新科學對孩子的品格進行培養，感到憂慮。他們知道遺傳下來的弱點留在了孩子的身上，只好抱怨道：「那是天生的，是作為亞當的後代的一種自然的退化。」他們沒想過自己有糾正這些弱點的義務。當孩子發生令他十分不安的

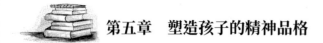

事情，比如做錯了事，媽媽認為應該用懲罰來幫助他改正缺點時，他卻氣急敗壞。

科學已經揭示了身體、精神和思想品德發展的規律，對此我們的確已經掌握了它；同樣，對於身體、精神和思想品德的發展規律，我們也確信已經十分清楚的掌握了它們。我們對科學發展的這些情況，應該有所了解。

對於科學，一些信奉基督教的家長感到相當擔憂，當看到有的權威實驗失敗時，他們立即決定，順其自然的讓孩子成長。卻不知正是這種做法，為孩子帶來了無可挽回的損失。

倘若說人類在不斷的進步，一定是指人類性格的趨於完善。因為前人最好的成果，一般會被下一代繼承並發展。今天的大多數成果都是一代代逐步累積並發展起來的。孩子們永遠是那麼的可愛。

從前有個人，他在耶路撒冷的大街上撿起一個流浪兒，隨後混入人群，以此來證明什麼樣的人將主宰未來的國家。

孩子們的眼中，

閃耀著快樂的光芒。

他們無憂無慮，

盡情的享受所有的自由。

母親，無不被孩子的純真所折服。當今的孩子在溫暖的陽光下幸福的生活，他們比以往任何時候的孩子都要幸福。

《頑劣少年》或《一個短暫生命的故事》，這種書前人不曾寫過。從莎士比亞到司各特，從未嘗試過兒童作品；狄更斯（Dickens）雖有多次嘗試，但也無果而終。現在，兒童內在的潛力，就需要我們努力開發。時代在進步，同樣孩子們也在進步，他們繼承並發展了過去的成果。

兒童的早期教育，已經被家長重視起來了。很多基督徒和知識分子花費大量精力，對自己的孩子進行早期教育。他們的孩子的確可愛。但是仍有不少人，不懂怎樣才是尊重自己的孩子，他們所知道的只是溺愛。最終，他們的孩子得不到健康的發展，無論思想方面，還是道德方面。

■ 培養孩子優秀的品格

具有強烈責任感的父母，一旦發現一個孩子身上具有了家族的優秀品格，就會對他倍加愛護和鼓勵，如同園丁對花朵那樣。「一個親吻就促使我成了一名畫家。」這就說明，及時發現孩子的藝術才華，給予適當的鼓勵極為重要。

對於園丁來說，越是嬌貴的花兒越是難於養育。這就給出了為什麼那些最優秀的品格極其少見的答案，因為極少的人願意付出極大的辛苦，用來培養最優秀的品格。

現在就可以明白雪萊（Shelley）的極度孤獨。我們生活的世界，充滿苦惱。我們需要大聲疾呼：「給我們光明，越多越好！」不過當新的光明到來時，我們卻發現，不過是新的責任而已，我們又該如何呢？

現在我們懂得了，所有的優秀品格都需要培養。不管是心理方面，還是智力方面。

這一觀點，起初難以讓人接受。然而事實上，要想培養出這些優秀品格，還要滿足鼓勵、練習、改變和休息這四個條件。

他的祖父養育了 9 個孩子，其中一個非常有語言方面的天賦。這孩子竟能咿咿呀呀的跟保姆學說拉丁語，5 歲之前，他就掌握了詞的變格。

當母親看到具有如此語言天賦的孩子，她該如何做？首先要讓他掌握這種語言的使用，接著讓他去學變格。只要他有興趣，什麼都可以教他，可能拉丁語詞尾變格對他來說，如同玩蹺蹺板一樣得心應手，而且他樂在其中。

儘管讓孩子做他想做的事情，對他想做的事情最好不加干涉，既不強迫，也不讚揚，更不炫耀，使他自由的用語言表達自己的想法。

在他的心目中，各種植物和動物都有自己的故事。雛菊如同白晝的眼睛，隨著日出而綻放，日落而合攏。大概是因為這樣，才把雛菊叫做「白晝之眼」。我們隨意說出的話，應該讓孩子感到美妙和充滿情趣。如果這一點能讓孩子具備，就太棒了，因為只有恰當表達的思想，才容易被別人接受。

這些思想一旦被接受，就會立刻發展壯大。

改變，就是要為他的生活增加一些新奇的內容。換句話說，除了語言愛好之外，還應該讓他接受思想，以及增加他的活動方式和活動空間。這樣可以使他們身心健康，精神愉快，逐漸讓他懂得他在外面的世界很精彩。讓他學會觀察大自然中動物的生活方式，如紅尾鵲、金龜子、石蠶蛾的生活方式，以及森林裡的植物的特點等等，接觸大自然，的確是最令人心曠神怡的事了。

況且，據說偉大發明家小時候都曾經玩過，如泥土、木塊、鐵或銅、顏料等這些東西。只有不斷的為孩子提供不同的東西，才能保持他的好奇心，更能促使他積極思考。

變化工作並不是休息，如果一個人在操作機器，就會四肢交替運用，但他並不是在休息。兒童的休息，可能是嬉戲，可能是聊天，也可能是聽童話故事，或者躺在地上晒太陽。而且，這些對孩子來講稱得上是享受。

像用手縫紉或寫字一樣，大腦也需要工作，如學習、思考和感覺等。在工作過程中，大腦組織會被磨損，用得越多，磨損越厲害。但它能及時得到再生和修復，因此工作和消耗也就成為大腦的必要。

如果大腦超負荷的工作，損耗的組織就得不到及時的修復，因此休息就顯得尤為必要了。為了確保休息充分，事情盡量是做好一件，再做其他的一件。因為對於孩子來說，在休息和玩耍的同時，身體也在成長。

必須轉移有特別嗜好的孩子的注意力，因為大腦的消耗在時刻進行，而不是僅在工作時才消耗大腦。鑽研一件事幾個小時或更久，不管是焦慮，還是喜悅，都會使人筋疲力盡，一旦結束這種鑽研，就會使人輕鬆愉快。這樣的體會我們都曾有過，而且若再次發生類似的事情，我們就會感到厭煩。

事實顯示，如果對一件事持續思考，大腦就會疲憊不堪，也會被這種長時間的思考拖垮。單純的學術思考遠沒道德方面的思考耗費大腦。就像哈姆雷特總是想著一些匪夷所思的事，最終心情變得鬱鬱寡歡，人也變得十分怪異了。

■ 怪僻是危險的信號

怪僻是危險的，家長必須當心。怪僻一般產生於某種偏執的思維傾向，接受的教育越多，這種思維傾向就越嚴重。當思維平衡被打破時，就變成一個怪僻的人。

馬修·阿諾德先生說：無論一位詩人有多麼偉大，但他的生活和工作仍然非常失敗，性格怪僻的人也是如此。一個人，如果在很多普通事情上異於常人，那麼即使他很有才華，很有個性，生活也特別規律，但大家仍會認為他做得不好。

既然這樣，為什麼很多人依舊追求標新立異呢？原因很複雜。

當一位母親發現自己的孩子有些怪異時，她應該怎麼辦呢？孩子不太喜歡遊戲，與他人相處得很不融洽，他搞不清楚自己為什麼是這樣的。這樣的孩子十分可憐，他也渴望有親密的夥伴，他也希望和保姆或兄弟姐妹相處融洽，但不能如願。如果任其發展，他就會感到自己不討人喜歡，也沒人理解自己，因此，他非常孤獨，十分痛苦。假如是一位聰明的母親，就會對他悉心照顧，使他逐漸恢復正常。

由此可見，孩子怪異行徑一般是由他自身的因素引起的，如天賦、性情、雄心，以及家族自豪感等。尤其是對家族特點表現出的欲望，相對幼稚的他來說，有點匪夷所思。

羅莎·博納爾（Rosa Bonheur）是個閒不住的孩子，她討厭自己的生活，無論是做功課還是玩耍，她都不喜歡。作為藝術家的父親，為了彌補她的這種先天不足，讓她去學縫紉。值得欣慰的是，她終於改掉了古怪的性格，成為一名大畫家。

關於家族自豪感，當然應該零距離的教育孩子，要謙卑好學，爭取變成其他人的榜樣。這樣，家族自豪感就促進了孩子的健康成長，這就是所謂的「天生的貴族」。出自聲名顯赫家庭的孩子，必須為它做出應有的成績。

我認識一個名叫白朗寧·牛頓的小男孩，他的姓名裡有兩個偉人的名

字。他上了預備學校，那裡有把違紀者的名字寫到黑板上的慣例。當他的小弟弟也上學時，他發誓：我們這樣的名字永遠不能再出現在黑板上！

生活過於單調，容易引起怪僻。我們常常有乏味的感覺，但這種乏味的感覺，對那些天資聰穎，並且十分敏感的孩子來說，卻是致命的。

「哦，如果我能生活在木星上，那有多美啊！」一個對地球生活已經厭倦了的淘氣孩子，竟然發出了如此的感嘆。

人天生就渴望得到熱情和快樂，家長必須讓孩子保持對生活的興趣。因為孩子如果在正常途徑中得不到滿足，就會考慮一些異常，甚至是糟糕的非法途徑。孩子對於母親來說，就像一本擺在面前的書，一定要找到塑造孩子良好天性的突破口。

一個常常被各種的負擔所困擾的人，往往具有良好的自我調整能力。對於這樣的孩子，你只須提供給他一個奮鬥目標。儘管孩子有各種天賦，但最為重要的是教他如何做人。

一位已故的思想家說過：「有價值的東西，才是生活中最值得追求的。」用這種教育培養的孩子，長大後就不會覺得生活太乏味了，並且他們充滿了生活熱情。要想使孩子的熱情保持平衡，我們還要幫助他，使他掌握一些自然科學，如機械技術等。

事實上，要讓孩子保持一種執著的追求或專注的愛好，就不要擔心孩子會形成怪僻或其他不良傾向。

怪僻這個話題值得我們好好討論一番。這個缺點會為我們帶來慘痛的損失。本來很好的一個人，一旦具有了各種怪癖，就不可能與人和睦相處了。

與孩子進行思想交流

■ 了解孩子的精神世界

把世間的事物分為「神的」和「人間的」是違反宗教原則的做法。有的學說認為，信仰就是支配人類發展的規律。事實上，對這樣的學說，我們都

有一種無意識的牴觸情緒。而把造物主和我們賴以生存的靈魂之間的交流看作是超自然的觀點，我們比較容易接受。它於普通生活法規有所不同，它是隨意的、解釋不清的，以及無法進行推理的。

一旦在這上面出了問題，就等於在信仰上犯了錯誤。

我們的全部願望就是使造物主更加神聖，即使我們的智慧還不夠敏銳，我們的思想還相當單純。但是，除了這些，我們還能有什麼更好的辦法呢？雖然我們在信仰世界和精神世界中常犯錯誤，如同在自然界一樣犯錯誤，但是，這並不是我們真正的動機。

在生活中，我們常常失去邏輯感，這是由於我們錯誤的理解，人類和造物主之間的連結。我們用一種有悖於自然和宗教的方法，將事物區分為神的和人世間的，這樣就截斷了事情與造物主的相互連結。只有那些對心中的事物不進行這種區分的人，才能生活得很美好。神聖的事物是他們所想的一切。但是很多熱情的有心人，對於與神建立連結的觀念非常重視，這種連結應該貫穿人的一生，應該貫穿於藝術、政治、科學以及人的全部憂慮和思想中。這些事並不是違背，而是神聖的，因為它們在造物主的偉大天國的進化過程中占有一席之地。

宗教思想和教育思想，都是由我們的人生哲學產生的。這一點非常複雜，已經超出了我們的想像。必須把哲學當作是為多數民眾服務的，並不是為少數人效力。我們每個人都依靠自己的人生經驗，順應時代的發展，創立著屬於自己的人生哲學。

應當把研究哲學中的理想主義和自然主義，看作是對宗教思想具有深遠影響的事。

但它已經超出了我的能力，也超出了這裡應當探討的範圍。我們研究的是內容和實際相結合的事。不過現在的問題是，自然哲學處於優勢地位，而宗教信仰只歸於理想主義的範疇，這的確令人感到憂慮。就此，許多有貴族思想的人產生了明顯的牴觸情緒，他們認為，把不合情理的東西當成真理是不應該的。

　　雖然有些人也把宗教信仰視為第一生命，但是他們卻密切注意著當今的新思想和新發現。他們對自己做出了一些讓步，說有些問題正在被公開探討，他們眼下也搞不清楚。當今的情況，並不像人們謠傳的那樣，什麼時代亂了，宗教衰落了，精神世界與自然界本質就是對立的兩面。需要我們做的就是，調整自己的人生哲學。即使這樣，在思想一片混亂中，我們仍然生存了下來。我們以錯誤的思想作為基礎，這樣的話，這些錯誤的邏輯就會推理為基本真理。

　　其實，推理能力與精神真理不存在任何關聯，甚至和事實毫無關係，它只和思想所接受的前提有著邏輯上的關聯。這些我們並沒有了解到。

　　經過對傅立葉（Fourier）的《從民族的立場論教育》一書的研究，我們得出這樣一個觀念，兩種哲學方法，如果能一直對立存在，就說明它們都是正確的，又不完全正確。物質和精神、力量和理想，共同對人的特質養成起作用。然而，大腦只是記錄下來一些激勵生活的思想，而不是去創造這些思想。

　　由於這些思想本質上屬於精神範疇，所以要想傳達，就必須依靠精神方式。比如透過印刷文字、眼睛的觀察、手的觸摸或者透過神祕的未知力量，只是我們無法曉得它來自哪裡，又去往何處。

　　如果我們了解到，所有有情感的思想和有思想的語言，本質上都歸於精神範疇，並深深的吸引著我們的精神；如果我們了解到，所有思想交流和情感，事實上都歸於思想範疇，都要以精神方式傳達，那麼，對宗教，我們就不再感到神祕和陌生了。

　　當我們和朋友坐在一起，敞開心扉的交流思想時，你能否想到，造物主的神靈與人的心靈，就是這樣進行交流的？人與人之間，越具有默契的情感，用來表達的語言就越少。由此看來，與造物主進行最親密、最愉快的思想交流，是件輕鬆、愜意的事。

　　精神之父應該理所當然的滿懷慈悲，時刻與人類靈魂進行親密的交流。這是一件理所應當，而且十分必要的事情。這能夠隨時激勵那個虔誠的心靈。對於最親密的交流來說，這種持續不斷的激勵就是對信念的祈禱，不論

它是說出來的，還是沉默無語的。

有的人對此持懷疑態度，他們認為，這是一種臆造出來的幻覺，如同納西瑟斯（Narcissus）沉迷於自己在水中的倒影時產生的那種幻覺一樣！我們如何解釋呢？無法解釋。因為他並不清楚他對兄弟的愛，是一種精神表現，並不是物質形式。所以他怎麼能夠理解聖靈造物主能以無法想像的方式對人的靈魂進行塑造呢？又如何理解一個完美的人，就是靠這種方式塑造出來呢？其實，人的身體僅僅是一個用來包靈魂的皮囊。他又如何能理解這一點呢？

許多人持對現狀不去理睬，不去了解它的精神實質，就是這樣聽之任之。當前，許多人都持有這種無所謂的態度，說什麼祈禱如同放飛的風箏，終要落到地上；說什麼人是環境的產物，任由環境影響自己的命運；說什麼信仰本質上都如出一轍；說什麼風土和條件決定著一個人是信仰基督教還是信仰佛教。

對宗教信仰的這種無所謂態度和懷疑態度將指引人們去往何處呢？這意思是說，這種懷疑態度將會指引人們去哪裡呢？人們將被它引向可恥的孤獨和自私。它將使人變得極為可恥，因為它是如此的阿諛奉承，如此的喪失良知，如此的麻木不仁。良知！他們的良知究竟去了哪裡呢？為什麼他們要迎合他人？他們的公眾信仰和個人信仰在哪裡呢？類似的問題就是產生於那些不健康的傳統。

假如你能像亞瑟一樣對所有謊言洞察秋毫，卻只是不加反駁的付之一笑；假如你由衷的希望做個和事佬，當一個不幸的世界在你身旁呻吟時，你卻置之不理；假如真理之戰打響，全部正義之士都整裝待發時，你卻在陽臺上悠然的吸菸，那麼你最好消失吧，或許你來到這個世界，這本身就是一個錯誤。如此小人苟活於世，能有什麼意義呢？

■ 培養孩子的信仰

卡農・比奇的《信念訓誡十一條》，有一種令人耳目一新的感覺。按照卡農・比奇的觀點，信念並不是神祕，它只是一個比較特殊的領域，它有助

於人們的相互交流。信用、信任和信心，三者構成了社會的框架。沒有哪句話能比「我不信任你」更使人傷心。

所有人都要信任自己的同事，是法律所認可的。除非有證據證明一個人是有罪的，否則法律將一直認為他是無辜的。

我們擁有龐大的信用系統以及全部的商業系統和銀行系統，它們當中僅有百分之一或千分之一存在信用方面的問題。家庭生活和社會生活也是這樣，它們建立在道德信用上，存在道德信用危機的家庭，也僅有百分之一或千分之一。

很多人列舉出很多隨處可見的嫉妒、不信任和懷疑的現象，不過這種現象只是對這個規律的進一步的證明，它說明人與人和人與造物主之間都需要信任。

在這種情況下，我們就使用同樣的解釋，即人是一種精神動物，他需要靠信仰來支撐。這種支撐貫穿於在與造物主和普通人的交流過程中。這樣，信仰就變成一件簡單易行的事了。

對孩子來說，信仰的這個特點更加明顯。因為孩子信任所有的人，如果誰願意為他們領路，那麼他們就會毫不猶豫的把手伸給他。假如我們剔除了自己的唯物主義觀，不要將唯心的事物當作我們不可理解的，也不要將信仰造物主和信任朋友當作兩碼事，那麼，就會清楚的看到，任何對信仰提出的質疑都是靠不住的。

信念是人對造物主的真誠信任；造物主以其強大的神力統治著我們。我們必須清除肉體帶來的愚昧障礙，我們必須懂得，人與人之間的連結，本質上就是靈魂和靈魂之間的連結，而靈魂間的思想傳遞靠的是文字和語言。這樣就使我們能夠輕鬆的理解造物主那無處不在的存在，以及他對萬物的統治。

這樣看來，信念就是人對造物主發自內心的信任。造物主就在我們的日常生活中，隨時觀察著我們的行為，這多麼令人驚喜啊。他那慈母般關愛的眼神，總能出現在必要的時候。

所以，聖靈與凡人的靈魂之間一直存在著一種鼓舞人心的交流，比方

說，聖靈怎樣在每天早上把我們喚醒；在我們需要的時候，它又是如何讓我們接受，啟迪我們的心靈，為我們指明道路。這些難道很難理解嗎？當野蠻人也表現出憐憫和大度時，我們可以認為「因為神靈給了他指點和教育」。當一個正直的人仰天大叫「世上不存在造物主」的時候，對此，我們不必疑惑，因為造物主使太陽不僅照射到邪惡，而且照射到正義和善良，對獲得陽光照射的機會兩者一樣。他可以閉上雙眼說「沒有太陽」，這並不會減少太陽給他的溫暖，只是他心口不一而已。

我們應該培養孩子的這種信仰，培養他們對造物主至親、至愛的強烈情感。孩子一旦擁有了這種堅定的信念，那麼我們就不必擔心所爭論的問題了，只能令我們更感興趣。因為我們對造物主一旦了解並信任他，對他就不可能有任何懷疑。

我們的信仰產生於聆聽造物主的教誨中。這種心靈知識需要我們研究，研究的程度決定著獲得的多少。那些需要培養孩子的人，全都會感謝我們的，是我們給了他們一些有幫助和有見識的話。

心靈知識使我們看到了只有透過精神才能領悟到的現實。因此，我們面前的布道，父母都會十分愉快的閱讀和思考。這些布道透過簡單而淳樸的語言傳達出深奧的思想。

它以當前的思想觀點寫成，它不帶任何感情色彩和鼓動性。但是，它們會令人耳目一新，還能產生極大的勉勵作用。當你閱讀時，就會強烈的感受到那些實際存在，但看不見的事情。這可能就是卡農·比奇先生的「信念的自然性」所產生的效果吧！

雖然造物主總是要求信念，但是他所要求的信念，並沒給出定義。這一點十分明顯。我們做個假定，那個信念就是我們普通人所說的信任。我們清楚，對人類的品格的信任，是產生對造物主信仰的基礎，而且當時人類的品格還沒被看作是神聖的。這樣，這個假定就得到了證明。在造物主的悉心關懷下，信徒們的信念得以加深深度和擴寬，但是從彼得（Peter）的漁網上引開他的注意力，到最後，他宣布自己對吉尼薩利特海岸的崇拜，兩者之間的

連續性並未中斷。

為了使我們相信在他復活之後，他的人類信念並未變成別的什麼，而是成為一種偉大的神學美德，因此我們從所有表達信念的詞語中，找到表達這種信念的語言：「西蒙，喬納斯之子，你比這些人更愛我嗎？我們因此要問，在人與人之間，信念一般含義是什麼，然後我們可以檢驗我們的解釋是否符合福音書中的幾個章節所說的。」而這句話也是最能表達人類深厚感情的語言之一。

上面的文字摘自於一本書的前言，這個前言教育意義非凡，而且它考慮得非常仔細。它對我們所說的信念的自然性給出了解釋：它是始終存在，並非自然產生和自己出現的，它恰當的接受了我們的信念。像比奇先生所說，「因為信念本身就是一顆心對來自『永恆的懷抱』的壓力所做出的迅速反應，而非自發的衝動，所以，它獲得的回報越多，就越能深刻的感受到這種神聖的支持。」

《信念訓誡十一條》的內容是：信仰對象、追求信念、正當的信念、信念的食糧、民族信念、信任之目、信任之耳、信仰活動、信仰風度、信仰紀律和對人的信任。

在對「信仰對象」的研究中，比奇先生說：「那麼耶穌到底是什麼樣的人呢？《福音書》中描述的那位放射著精神之光的神到底是哪般尊容呢？那就讓我們了解一下吧。」看看這篇故事，耶穌是如何憐憫兩個坐在路邊，來自巴勒斯坦古城耶利哥的盲人，並且撫摸了他們的眼睛。

除了對病痛之人有憐憫之心以外，耶穌對其他人也一樣。「耶穌對無知者也很同情。他不僅同情那些沒有師父指點，為了自己的理想仍得到處闖蕩的人，對於因為生活所導致的精神上的疲憊的人他也很同情。」

另外，「耶穌不僅同情病人和無知者，而且也同情那些悔過的罪人」。看看一位婦女犯罪的故事，她做了很多違背倫理道德的錯事，但是她被寬恕了，因為她仍然富有愛心。

還有，當耶穌面對一個年輕人的時候，我們可以看出他的愛心，「造物

主看了看他之後就喜歡上了他。」「那麼，對病痛和無知的同情，對悔過之人的寬恕，和對熱情之人的愛，這些我們都可以從造物主的臉上見到。」我們應該探討一個神聖的問題：造物主是怎樣看待彼得。彼得堅定的向造物主保證他願意和造物主一起去死，但是此後又反悔了。可以想像當時造物主的表情。如果我們在語言上或者行動上違背造物主的意願，就應該受到責備，但造物主臉上閃耀著寬恕和愛護的光，這使我們更加牢記自己的過失，並為此懊悔，痛哭。

　　造物主是如何把愛心昇華到這種境界，竟然要用步入塵世的簡單方式來達到教育目的的呢？讓我們聽聽主的說法：「假如我受到人們的仰慕，我就能把所有的人記在我心裡。」令人遺憾的是，即使是造物主滿懷愛心，但他沒受到人們多少的仰慕。可能只有當老師使我們仰慕他的時候，才能懂得這句話的完整含義。他要把所有的人記在心裡，那是由於我們向造物主敞開了心靈，於是我們就會得到他那神聖的愛，這一神聖的愛的力量，是任何一個凡人的靈魂都無法抗拒的。

　　「追求信念」的理論中提出，所有不是為了造物主的目標和理想的事物，都不是我們追求的對象；而追求別的教義理想的人，是沒有資格做基督教徒的。追求信念就包含了對造物主的態度。

　　透過研究這種態度，這一理論的其他方面就變得很實際了。「工作就是追求」，這個概念很關鍵：人們期待作家能觸及人類神祕的情感，透過他們的寫作，能將我們帶到衷心仰慕造物主更加親近的境界。《信念訓誡十一條》的確具有這樣的作用。需要提醒的是，無論哪種職責，不管它是卑微，還是高貴，只要它被全面積極的實施，那麼它就是在敬奉基督，就是一種受人歡迎和喜愛的表現。

　　「正當的信念」的教義十分重要，也極具教育意義。作者列舉了許多值得批判的偽善言語，也就是「可憐的罪人」的話。另外，他用客棧老闆的話語，表達出偽君子的多愁善感。

　　基督對人的罪惡的描述不但清晰，而且真實，當他譴責罪惡時，具有

非常明確的針對性，這一點非常值得我們欣賞。他絕不是說人類不做任何好事，相反，他一直認為，在獨立於造物主的特定情況下，人能夠做出正當的事情。

「誰都會按照我死去的父親的遺囑去做；我的兄弟會這麼做，我的姐妹會這麼做，我的母親也會這麼做。」奇怪的是，基督為什麼會提及某個人的是與非呢？就這個問題，聖保羅（Paul）寫出了兩部偉大的信徒書。他的回答是，按照基督的說法，應當把人看作是正直善良的。對一個人的評價，是根據他對造物主的信念，而不是按照他的作為。

一個人走過的人生歷程，並不能作為判別正直與善良的根據，而是根據看他是否信任基督、愛基督和崇敬基督，以及看他作為一個兒子，是否有孝敬父母的責任感。

雖然不能在此對這部有啟發意義的教義做詳細的介紹，但是我仍建議父母們這樣去做。任何人都比不上他們更需要消化這種精神食糧，更需要明白信念的祕密，更需要了解怎樣才能建立與聖靈的連結，從而使得孩子聽懂他們所講的東西。

另外，我們已經看到了教育者的職責，以及按部就班的教育。我們只需要「對造物主的信仰」。為了孩子將來更高層次的幸福生活，我們一定要從迷茫的思想中解脫出來，一定要擺脫自己的反覆無常，為了這個目標，讓我們將迎接那不只講鼓勵，而是富有營養的教育吧！

兒童的誠實

■ 培養孩子誠實是頭等大事

據說我們英國人已經不再被看作是誠實的民族了。這種指責的確令人煩惱，但我們不能用傲慢的態度置若罔聞。我們所處的文明時期，不宜使人做到絕對誠實。無私無畏的人一般不說謊話；一個在崇尚武力的制度下孕育出的民族勇於講真話。

不過現在，我們生活在和平年代，並不需要為了捍衛我們講的真話而動用武力。我們對自己的話，不需要解釋什麼，因為沒有人要求你，所以我們的說話就缺乏了責任感。而且就那些講真話的人而言，他們的話，只是出於內心的真誠和正直的生活態度。

換句話說，作為一個民族，早期想方設法培養起來的誠實習慣，可能正在慢慢的離我們遠去。

但是，時代在前進，社會在進步，我們的民族也隨之發展，我們今天講的誠實比起早期的一般性誠實，可能具有更高的標準。現在，誠實就像點綴高雅生活的一種飾物，而不只是無私無畏的習慣所形成的結果。這樣看來，培養我們的孩子做到這種更高標準的誠實，就成為擺在我們面前的頭等大事。

我們不能再進行局部處理了，如同把某個的謊言或騙人的伎倆，當成只須藥水和橡皮膏處理那樣；我們必須把它當成疾病的徵兆，當成性格缺陷的表現，全力以赴的去糾正。

達爾文說，沒有知識的觀點就沒有價值，那麼，如果想糾正孩子常常表現出來的不誠實的傾向，那麼前提就是我們必須具備這一方面的豐富知識。若想從根本上教育一個孩子，就要用道德的顯微鏡對他進行深入細膩的檢查，並隨時記錄下觀察到的問題，再進行針對性的鑑別，並且把比較重要的問題歸為我們的工作重點，這是一項有益而且重要的公共事業。但是只適合訓練有素的專家去做，而忙碌的家長或老師不可能去做。

兒童教育是一門最精細的藝術，但是，對它的認知只停留在孤立的常識和善良的意圖上，那遠遠不夠。在兒童教育上，我們不可能拋開過去的智慧，從頭開始，收集資料，建立體系，想在短短的人生幾十年裡，完成甚至超越前人幾千年來為我們累積的工作成果。

小孩子確實還不太成熟，但這大概是他處在人生最佳狀態的時期。大人當中，誰也不能像孩子那樣，擁有感覺、感知、理解和想像的天賦，擁有體驗愛心、饋贈和信任的能力。他們對興趣和愛好的那份新奇與渴望，即使我們用最美的讚揚也不能真正的表達出來。

第五章　塑造孩子的精神品格

■ 什麼是撒謊

　　對撒謊的認知，人們可能會形成下面的某一種觀點：一是認為誠實是孩子的天性，家長必須使他的這種本性得以保持。另一個認為不誠實是孩子的天性，家長必須幫他糾正過來。目前第一種理論，比較符合大多數人的觀點。如同我們只理解，我們相信的事情一樣，也許我們過於相信孩子的絕對誠實和信用了。但是，如果你希望孩子誠實，就必須先把他們看作是誠實的人，就必須相信他們是誠實的。雖然這樣，智慧卻不會自欺欺人。

　　我們的上一代人，大多數認為虛偽是孩子生來就有的，但是除了這種預先的假定，他們並沒有證據確立他們的觀點。我們先人所接受的教條式的教育，可能就是導致現在誠實品格下降的主要原因。

　　哲學和當代科學，尤其是生理學，特別是我們稱之為心理生理學，歸結為歷史智慧的表現是錯誤的，而且以它為根據形成的理論也必定是錯誤的。

　　孩子生來並不是誠實或虛偽的。當他剛降臨人世，絕對不能辨別善惡。雖然他存在某些傾向，但這些只不過像他的眼神那樣天真無邪。即使一個騙子，他那剛出生的孩子也不可能就是個騙子，因為習慣的傾向絕不會遺傳給下一代。

　　不過還須說明一點，官宦世家的孩子與平民家的孩子相比，先天誠實的傾向更加明顯。如同一切自然界的物質那樣，若想進行化學處理，必須先分解成化學元素。道德世界也是這樣的。假如想要糾正一個過錯，追本溯源是最好的解決辦法。由於人性很可能就是引起錯誤的原因，所以我們必須從分析人的本性的基本特徵入手。

　　人的本質性的毛病並不會表現在惡劣的謊言上，而是表現在人的野心、貪婪、虛榮、感激、愛心和憎恨上。如果是次要的原因造成了撒謊，就會很難糾正了。因為這需要分析造成撒謊習慣的原因，是他人性中存在的弱點呢？還是他受的教育本身就有缺陷？並不僅僅是撒謊就該受到懲罰的問題。

　　當撒謊成為一種習慣的話，我們怎樣才能把它當作一種本質性缺陷的預

兆去處理呢？基於這個觀點，來看看一位美國教育家，斯坦利·霍爾（Granville Stanley Hall）教授對撒謊所做的有趣的分類。該分類引自他發表在《美國心理學雜誌》上的一篇文章，以下分類標題摘自原文。

珍妮特認為自己可能看過瑪麗的寫字板上的那道算術題的答案，實際她並沒有抄襲答案。還有，珍妮特為了不讓自己騙人，最後她自己撒了謊。這都是警惕其他形式的罪過的錯亂的意識。還有前面講的一個 14 歲的女病人的事，因為她不能跪在床上做祈禱，她非常恐懼。

我非常贊成的斯坦利·霍爾教授觀點：這種痛苦和不安頻繁出現的根源，並不在於道德品格，而是身體不適。我必須強調一點，女孩常患這種病症，在家裡受教育的孩子也易得，但男孩子和上了學的孩子，就基本不會有這病症。

如果想安全度過這個人生的困難時期，患者就必須培養健康的興趣，常做戶外運動，可以做一些專注而愉快的手工勞作，使自己忙起來，少去專注的思考，還要迴避可能導致自我意識或反思習慣的言語或行為暗示。

勇士的謊言，可以說是類似於美德。這是小男生的謊言，它是出於道德上平衡的需求，並非根源於喜歡撒謊。換句話說，小男生會形成自己的道德準則。

比方說，有人問小湯姆·布朗：「誰灑了墨汁？」他回答：「我灑的。」因為傑克·斯賓德這個真正犯了錯的人是他此刻心中的英雄。在湯姆看來，對朋友忠誠比單純空洞的誠實更高尚。沒有教育的引導，湯姆就不會知道犧牲一種美德而去珍視另一種美德是不對的。

考慮到孩子們在倫理道德方面受到的教育那麼不清晰、不明確、不權威，而大多數人確實在為自己設計某種道德準則或高尚行為準則，這有點匪夷所思！

和勇士的謊言有所不同，這種名義的謊言雖然不會為撒謊者帶來任何危險，但也同樣說明其道德上的無知。而且，它把孩子的天真和美德混為一談，使得我們更不容易察覺。這種論調會讓孩子認為誠實是只相對的，不是

絕對的，並且還學會了看人說話。孩子們潛意識裡都想知道什麼是謊言，有這種想法也並不稀奇。

對於撒謊，如果只做表面的處理，那將不會有什麼好結果。這種謊言和把它當作手段的罪惡，密切相連，很難區分兩者的差異。

斯坦利‧霍爾教授說過，這種謊言的滋生土壤就是學校。首先必須糾正的第一個錯誤就是自私，而不是撒謊。自私糾正了，撒謊也就消失了，這樣它那更深層次的緣由也就消失了。但如何去治理是一個很棘手的問題。要想使孩子們戒除憑藉撒謊達到自私目的的惡習，只能借助無私的英雄主義的強烈意識，造物主的恩典，啟發和維持著這種英雄主義的意識。不過讓我們欣慰的是，每個孩子都有接受這種意念的願望，他們也能夠做出勇敢的行為。為孩子們祈禱，耐心的教育他們，以及適時傳遞這種激勵意識給他們。這些努力一定不會勞而無功。每個孩子都希望成為英雄。

世界上最大的不忠就是放棄希望，面對年輕人性格上的缺陷而置之不理。儘管這樣，還是應該祝福那些父母們，他們使孩子身上的自私和美德避免了直接衝突。比較輕鬆的是指導孩子的發展傾向，而要想改變一個成人的固定性格，那就極其困難了。

講真話的訓練：一天在公園，我和我的同伴們有說有笑的走在一起，恰巧遇到正和夥伴們在一起的小穆麗爾，她好像沒有注意到我。小女孩回到家裡，卻對她的母親說我親吻了她，我還要她代我問候她的家人健康。

她到底有什麼動機呢？她什麼動機也沒有。是她那活躍的想像力，幫助她編排了一場很有可能發生的對話，她的想像是那麼的逼真，以至於讓它掩蓋了真實的情況。現實、真實的事情對穆麗爾來說，就是她想像中發生過的事情，而真實的事實大概她根本就沒記住。

在那些想像力比較豐富的孩子們當中，這種言語失真的現象非常普遍，而且必須及時的發現和治療，不過最好不要使用草率而急躁的辦法。道德上沒有必要進行聲討，造成這種情況的過失並不在孩子身上，而在父母身上。主要原因可能是孩子飢餓的想像力，得不到及時、充足的營養，小時候失去

了聽童話故事的機會，長大後就不可能有浪漫的人生，這些都是導致孩子缺乏想像力的原因。

對孩子，我們必須抱定一種信念：榮耀的彩雲必定會升起，從所有可能的地方。我們必須懂得，無奈的世界常常使他們感到厭倦，就像鳥籠子限制了那自由飛翔的心。假如限制了孩子的自由想像，使他們無法進入那美妙的想像王國，那麼孩子如精靈般的想像，就會禁錮在狹隘的範圍內，僅僅發揮於枯燥的現實生活上了。這樣，原本貧乏的生活的各個方面，都被孩子演繹得千姿百態，編造得合情合理，這些就會成為孩子心中的事實。當需要他們講真話的時候，他們會把心中的事情說成是事實。

如何才能治療呢？把自由進入想像王國的權利給他，讓他在想像的王國中自由的生活。讓他為每個峽谷派去神話中的人物，為每個島嶼放上魯賓遜式的人物。讓他把人類的情趣和愛好，加到小鳥和猛獸身上。當他開始上學時，他就會由此並產生同樣的情趣和愛好。

對孩子來說一切皆有可能，為此我們應該為孩子們高聲歡呼，因為，我們大人不可能像他們那樣，按照自己的方式，去尋求、接受、相信和理解適合自己的道理。

教育的最佳時期就是開始追求信仰的時候，這就是按照事物的發展規律來進行的。在孩子接觸社會，並可能受到物質利益的影響之前，父母最好在家裡對他們進行精神上的教育和薰陶。

與此同時，孩子的想像力越豐富，就越有必要明確的限定他想像的事情，越要堅持按照成年人應有的誠實態度去要求他。這就應該悉心教育，每天進行準確無誤的施教，不要驚慌或憤怒於孩子錯誤的言論。

當孩子開始了長篇大論，或簡單的告訴你布朗小姐說了什麼，或不做任何比喻的告訴你哈利的晚會上發生的事情，這些都需要你給予他們熱情的鼓勵。一天至少十幾分鐘的簡單訓練必須堅持，逐漸的，誠實之美，就會占據孩子那充滿美麗幻想的心靈。

■ 孩子的假狂躁症

對這一點我們要提醒父母：必須留意問題的根源。

毫無疑問，這是疾病造成了這一狀態，需要給予孩子治療，而不是懲罰。但是我們認為它的產生沒有必要。如果一個女孩能夠靠自己的實際言行獲得尊敬，就沒有必要受誘惑去「裝模作樣」，一個男孩透過充分發洩精力、體力和精神，找到了辦法，也不必再去「行騙」。這些情況說明，對於人性介於物質和精神之間的那種微妙界限，父母們應該掌握，它是那麼的重要。

精神思維和物質的大腦到底是如何相互作用的；大腦和神經又是怎樣互相依賴；新鮮的空氣和健康食品透過什麼影響滋養神經的血液；神經又如何反過來控制健康身體內的所有器官。只有父母們了解了這些，才有可能使孩子避免染上這種被稱作「假狂躁症」的不好行為。

以下就是假狂躁症的徵兆。那些對年輕人的行為，專門做過研究的人們也應當了解，這種心理疾病的常見症狀，比如從半閉的眼瞼下面偷看，緊閉雙眼等待你的反應，輕度的精神恍惚伴隨著流暢的話語等。

這裡就不詳細論述恐懼造成或常見的掩飾性謊言了，比如顯示性質的謊言吹牛，粗心大意的謊言缺乏準確度，最壞的一種就是蓄意捏造的謊言。

孩子必須接受教育做誠實的人，父母們必須注意這個話題。因為儘管孩子天資天生就有差異，但是誠實的品格和速算的本領都不是天生就有的。孩子的誠實，是因為受到了關於誠實的精心教育，儘管這些教育僅是間接的，無意識的。對孩子誠實習慣的培養，遠比處理撒謊事件重要得多。

道德教育必須簡單、直接和明瞭，教授的內容中應該包含宗教的法規，教育的形式應熱情而活躍。但是道德教育的範圍，不能局限在法律的禁令中，也不能局限在各種懲辦措施上。

塑造孩子的精神品格

■ 確定博愛計畫

很多孩子都聽說過「江山易改，本性難移」。布思將軍的這項計畫以令人吃驚的直接方式，擺到了我們面前。今天孩子們在飯桌上和火爐邊聽著大人向他們講的關於博愛方面的故事，就可能影響到他們將來一生在博愛方面的態度。況且，就連我們這些略顯身心不振、且有些瘋狂的父母，也要對自己的立場進行反思。我們應該付出多少？如何努力？才能使我們的良知得到安慰。相信道德敗壞的孩子，改好有多大的可能性呢？這些都是我們現在必須面對的問題。我們必須時刻準備做出肯定或否定的回答。

我們對是否應該充滿熱情的追求博愛，必須站在同意或反對立場。其實，這個偉大的計畫有為我們帶來一種道德危機的可能，而且它仍然在影響著我們。

我們愛自己的兄弟，這使我們十分感興趣。不管是它的可行性、應時性、還是它的前景，但還有一點更為重要，就是它以一種令人愜意的方式讓我們認清了自己。它讓我們看到了我們也愛自己的兄弟，也能以慈悲之心去關懷那些傷殘者。

人類的兄弟情誼絕非空穴來風。我們一直關愛著自己的兄弟，不管他是病人、窮人、俘虜、還是罪犯。但是我們大多數人也有恐懼、不信任和懶惰的心理，他們把我們觀察罪惡的視線轉移了，使我們的工作沒有頭緒。但是倘若我們承諾幫他們解脫，人間的博愛也就展現出來了。精神受到創傷的兄弟不僅僅是指那些在我們周圍和我們的親人，還包括我們自己。只要他能幫助我們的兄弟擺脫罪惡和痛苦，不管他是誰，都是我們的恩人。

面對第一次熱情的衝動，當我們冷靜之後，我們應該想像是否被柯勒律治所說的「偶像的分量」迷惑了呢？我們這個龐大的試驗計畫，該計畫和別的計畫有何區別呢？

　　開始的時候，對這項挽救計畫，我們像對很多其他的計畫抱有的希望一樣大，甚至更少。在廣泛的精神世界的各個角落，這些計畫結出豐碩的果實，只是以前無人過問這些角落。實際上，工程越大，所具有的風險就越大，而小一點的計畫就可以避免大的風險。

　　同樣，要補救這個龐大而複雜的計畫，所需要的方法一定也不同於普通計畫。

　　到今天為止，我們雖然已經幫助過許多身處絕境的人，但是並沒有使他們徹底擺脫絕境。迷途的羔羊數以萬計，也僅有千百個能得到救命之水。我們所給予的幫助，僅僅相當於這桶救命水中的一滴罷了。就是一滴，我們也不能保證長期供應。更糟糕的是，我們提供的每一次幫助相當於一次傷害，因為它使得接濟者喪失了自救能力和欲望。那麼創辦一些小工廠，是否能使人們自立呢？然而，這類具有愛撫性質的工廠，可能會有明顯的施捨痕跡，也會損害正規工廠的利益，損害別的工人的權利。

　　一個個靈魂和肉體，在時刻出現的希望之光中得到了救助。「對誰有利」這個永恆的問題，往往會被勤勞的工人丟在一邊，不去考慮，他們更願意與機器的噪音相伴。問題往往太多，而解決問題的方法卻僅有幾種。不過從這項計畫的各個方面考慮，全部的工作人員已經做好執行這項計畫的全部準備，比如供應範圍，組織機構的設置，強有力的管理制度和把事情辦好的道義約束等。即使是那些悲觀者，也認為布思將軍的計畫值得一試。「但是，」他說，「但是，這些轉變我們會相信嗎？」

■ 孩子具有極大的可塑性

　　英明的造物主設定了事物變化的方式，因此世上的任何事物都是按照這種方式進行著變化。當資金到位，土地和人手充足時，把機器設備提供給那些沒有能力的部落游牧民，再加上全面的管理，就可能使他們在一定的程度上完成培訓。

　　但是，如果一個孩子由於他的性格缺陷最終導致了失敗，那麼，想要他

獲得成功，首先，必須克服他的性格缺陷：假如他是個酒鬼，他就必須戒除飲酒，成為頭腦清醒的正常人；假如他是個罪犯，他就必須痛改前非，成為誠實的人；如果他是一個具有骯髒思想之人，他就必須脫胎換骨，成為純潔的人。這幾點能否做到，決定著問題能否被解決。

一個人能否把過去的自我徹底拋棄，變成一個新人，有著新追求、新思想、新習慣呢？基督教的觀點認為，這種是可能的。這也是我們必須努力追求和奮鬥的目標，而不是什麼經文給我們的啟示。「你對耶穌怎麼看？」這是現在急需解決的問題。這個答案，不但由耶穌思想在吸引或排斥注意力方面的力量決定，而且還由耶穌思想把活力注入麻木的靈魂，使靈魂獲得新生的力量決定。

很多人得意洋洋的確信，「萬能的權力」，掌握在我們主的手中，其中包括給予每個生理或心理有缺陷的人直立行走、力量和美的權利。因為很多證據就存在於富人中。

然而，另外一些並不貧賤的人和羅伯特・艾斯米爾的觀點相同，他們聲稱「奇蹟不會發生」。

我們先從有記載的奇蹟開始討論。奇蹟是指全面的變化迅速的發生在一個人身上。

這種可能性是建立拯救世界的可能性的基礎。許多人的身上並沒有奇蹟出現，這不是由於他們倔強或不思進取，而是因為奇蹟的出現完全不按照自然法則。確實令人難以回答的是：奇蹟能被證實嗎？那些所謂的例子有結論嗎？基督教的整個歷史清楚嗎？不過，對某些例子的具體細節的準確性，我們並不懷疑，只不過它的全部真相沒人知道罷了。

由於對現在的一些動機置之不理，因此人們對所有例子的認知，將被過去的一些籌備過程所改變。

改造人類的精神現狀就是管理智慧的方法問題。但是人性本身和他罪惡的本質極大程度上限制著他，如同我們試圖改變虎豹撲食的習慣。

很多人熱衷於重新塑造，並使自己過上神聖、正當和樸素生活。就讓我

們傾聽一下他們當中的人訴說的生活史吧：「犯罪的傾向人類天生就有。假如父母是酒鬼，那種放蕩的夜生活就會成為孩子們的興趣。難怪在一些公立學校中，學生們汙言穢語的情況十分嚴重，甚至比罪惡之城 —— 所多瑪與蛾摩拉更厲害。」

這些孩子的表現，可能是父母的過去，也可能是祖父母的童年，甚至可能是曾祖父母那個年齡時期的翻版，這個問題，不但難以解釋，而且十分糟糕。我們首先對它展開探討，因為它令我們無法忽視，否則大批的懶惰者就會將它擱置一旁。

首先，這項計畫信奉遺傳因素，這就容易與其他情況混為一談。比如該計畫認為，有些孩子從父母那裡繼承了墮落傾向，而且墮落傾向十分嚴重，令人難以想像。更可怕的莫過於，這就是孩子從父母那裡得到的唯一財產。這樣，這種觀點就會被大眾慢慢的接受了，就導致許多父母喪失了重新塑造孩子性格的積極性，他們原本是那麼的盡心盡職。

有些人總是專注於遺傳法則的作用。其實，這個法則是可以順其自然的，因為其他法則並不能修正和限制它。儘管對這項計畫，不少人曾持懷疑的態度，儘管這項計畫的初衷，是為了重造遺傳上有墮落傾向的孩子，不過我們仍然可以諒解他們。

我們認為，習慣是一種非常頑固的本性，它屬於人的第二本性，它是與我們不利的法則。它開始的細如蛛絲，變成後來的粗如纜繩。人們會對任何事情說：「噢，你慢慢就習慣了。」面對已經和人密不可分的習慣，你還有勇氣嗎？它的表現不單單在人的語言和行為上，重要的是在人的思維方式上。語言和行為只是思維的結果罷了，人的習慣思想塑造了人的品格。對此，我們可以懷疑人們的每一個想像力都是永遠邪惡的嗎？

儘管說習慣是第二本性，但是我們還必須考慮它的真正含義，還有去發現我們的習慣是如何形成的。大腦是習慣的溫床，實際上，它只是一種沒有傾向的神經物質。

形成習慣的過程為：大腦被習慣性的按照某種方式運用之後，從而具有

了這種傾向，之後就形成了固定的思維模式。

對於非物質的思想左右著物質的大腦這一事實，我們不必驚訝，也不必喜悅。我們清楚，一個人的表情在非物質的思想的左右下如何變化。比如，一個人根據自己的固定思維，對某件事情表現出可愛或者令人討厭的表情。現在，並不清楚大腦的這種思維模式究竟是如何形成的，而且也沒有討論這個問題的時候。但是，只要我們一直把大腦按照習慣形成思維模式牢記在心，我們就必須提出這個問題，既然人類的邪惡不是來自遺傳因素，而且還受制於根深蒂固的習慣因素，那麼，這項以改造邪惡為宗旨的計畫還有實現的可能嗎？

常常寫作的人清楚，在沒有計畫和準備的情況下，就可以寫出一篇又一篇的好文章。並且這些文章思路清晰，結構嚴謹，幾乎無須刪改就能夠出版。據說一個律師，他清楚的寫出自己睡夢中的情形，為破獲一件十分複雜的案子提供了思路。還有一位數學家，他在睡夢中解開了自己學術上的難題。我們知道柯勒律治寫的〈忽必烈汗〉，竟然是在飯後午睡中夢見到的。

這樣類似的事例說明什麼？它可以說明：對一個具體事物，自我思考在最初時，產生了非常重要的積極作用，不過幾次思考過後，這件事情就把大腦和意識連結起來了，這樣思維就能夠自行思考問題了。然而它不會像鐘擺那樣，以固定的間隔和擺幅一直左右擺動，而是如同一輛以慣性沿著公路向前行駛的車，自由的駛向前方。思維多麼神奇啊！但是對此我們並有充分的證據。只是知道，我們的思緒連綿不斷，往往使得我們寢食難安，但是我們並不能阻止思維的活躍思考。

就拿這個法則來說，我們說它是好，是因為它減輕了生活中那些有傷大腦的壓力，由於我們為了獨創思想和獨到見解，而使大腦壓力加大；我們還說它是很可怕的，是因為，我們根本無法控制它，也無法把它用到我們需要思考的問題上。在這種情況下，那些思想墮落的人是否還有希望，充滿惡劣的思想充滿了他的大腦，而且這些思想還在無意識的沿著這條慣性軌道繼續發展。這樣看來，這個問題的確令人擔憂。難道他們就不可能改造好了嗎？

無意識的思維一直不知疲倦的活動，就會形成邪惡的幻想，那麼，以改造所有邪惡為宗旨的計畫仍然可行嗎？它們都是不利於我們的。

■ 教育能戰勝本性對孩子的影響

自然科學有非常豐富的語言表達方式，其中有一句令人充滿希望的話。父輩吃了酸葡萄，但是後代的牙齒不一定也被酸倒。先知說，罪惡之人必將受到死的懲罰，而自然科學卻說，「不一定」。

習慣不會遺傳，這是進化論的研究結果。為此人們歡欣鼓舞，因為認識它，猶如從可怕的惡夢中醒來一樣。這的確是我們的收穫，那些有犯罪心理的人的大腦，可能形成一定的思維模式，但是遺傳發生作用後，他的後代就不可能繼承這一點。新生嬰兒的大腦裡並沒有罪惡思想存在。總之，邪惡之家和善良人家的孩子會一樣的健康，同樣會有新的人生之路。先天的變異往往會遺傳，但是很難區分先天變異與後天變異。雖然這樣，仍然存在解決這個問題的希望。從出生權角度說來，無論是邪惡之家的孩子，還是善良人家的孩子，都有一個良好的生活開端。

對孩子的影響，在血統上遠不及後天的教育，因為教育在改造孩子方面比天性的驅使更具作用力。所以，對任何人都不要感到絕望，更不能放棄對他的教育。因為我們不必再擔心遺傳犯罪傾向無法抗拒，而使改造邪惡者的信心降低。

在這裡，對我們有利的法則是「一種習慣克服另一種習慣」。習慣是什麼？習慣就是人的第二本性，而人就是多種習慣的聚合體，這個事實的確令人傷心。另外，由於習慣的特點，以及它對我們的強大束縛力，使得我們結構變異，也就是思維習慣決定了我們的腦組織的形成，儘管，習慣僅是外表信號和表現。這樣就會讓我們感到非常無助。

那麼一旦如此，就變成事實，難以更改了嗎？是不是思維方式，一旦在腦組織裡記錄下來，人生之路也就確定了呢？

當然不是這樣，因為一個習慣形成，以及在大腦中駐留下來之後，另一

個相反的習慣並非消失，仍有形成和記錄的可能。當前改造孩子的惡習為時不晚，因為從自然法則上來看，習慣形成於後天，在很短的時間內它就會萌生，可能一個月內養成，三個月內穩定下來，一年內就變成一個人的個性。

托馬斯・肯皮斯曾說過，在新的腦束中，新的思想進行著不斷的發展，而且是「一個習慣代替另一個習慣」。它表達了一種對自然的認知，而且直到今天這種認知仍然存在。思想在大腦中的活動，每次只能有一種。舊的細胞鏈在此過程中被打斷，自然本能就會搭建起新的細胞鏈。但不會有現成的路線供思維馳騁。生成了新的組織以後，舊的創傷也會得以修復，不過會留下一些敏感的傷疤，除此以外和其他地方完全一樣。

習慣就是這樣征服了另一個習慣，而且不存在衝突、爭論、勸說。除了把新思想詳細的介紹給大腦以外，剩下的它都能自己完成：它需要完善自我，自我發展進步；它需要提升自我，擴展自我；它需要按照自己的設定完成自己的路程。最後，它就會形成決定一個人的個性的思維模式，儘管它是機械的、非自願的、無意識的。這樣，一個新人就誕生了！有人說，要想完全改變自己，他就必須洗心革面。不過對自然法則，我們十分清楚：一個人怎麼可能重新轉世呢？他怎麼可能重新進入母親的子宮，得以新生呢？

這只能是個奇蹟。

然而我們知道「奇蹟不可能發生」，而思想轉變不是奇蹟。

我們知道，一個人無論轉變有多大，都不是什麼奇蹟。這就是對轉變奇蹟的清楚認知，用來描述那些違背自然法則的事情，才稱之為奇蹟。相反，我們發現福音存在於每個人的身體中，也就是，對他來說，與生就有的，一直存在的，一種轉變思想的可能性。

我們還發現，為了使我們朝著好的方面轉變，自然從一開始就做好了準備。如果我們問到，人能不能轉變？回答是肯定的。潛在的轉變功能一直存在於我們的身體構造中，只要受到有效的思想刺激，轉變就會開始。他自身的墨守成規得以變得寬鬆，而且會變得越來越寬，因為自然科學帶給他很多新的啟示。

　　許多人都是在他的一生中發生了多次轉變。他們常常徹底放棄原來的思想，變成一個具有新思想的人。這是因為，一個個強有力的新思想常常衝擊著他以前的思想。比如當他正在「談戀愛」的時候，他的注意力一旦被一種強烈的藝術愛好或者自然愛好所吸引，他可能會在這種責任感的驅使下，發生突然的轉變。

　　父歸西，兒悲泣，
　　悲悲泣泣野性移；
　　野性移，懺悔至，
　　情真意切驚天使，
　　驅走烏雲天堂現，
　　錦繡前程千萬里。

　　這幅畫面，形象的反映出一個人在心理上發生瞬間的完全轉變。在描寫人的心理問題上，莎士比亞從來沒出過差錯。但是人並不是一定朝好的方面轉變，也可能要轉向壞的方面。轉變的大小由人思想中的固有價值觀決定，而這種價值觀又導致思想的轉變。

　　人的身體結構中，先天就存在著發生轉變的條件。這是值得重視的一點。況且就目前所知，這種條件一直存在，並且隨時都能發揮作用。

　　「轉變」並不違背自然法則。拿聖經的意義來說，神的仁慈是個象徵，是個奇蹟。

　　但是這個計畫的倡導者依然憑藉計畫的實際效果。然而，人發生轉變只是「自然法則」，而不是奇蹟。奇蹟並不屬於「自然法則」能解釋的範疇，它與「自然法則」是相矛盾的。

　　在對神的認識的方面，我們常常限制自己，這就使得我們僅能理解自然科學能夠解釋清楚的「為數不多，而且微不足道的」幾種現象。不過人的轉變本來就屬於神對事物的安排範疇。事情真的這麼簡單嗎？不，這僅僅是對通向神聖殿堂的自然門檻的初級認識。不過我們不必說「信仰的神祕感究竟

有多大」，也不必說要尊敬天父，挽救聖子，關心聖子以及崇敬造物主等，更不必談論那些上層社會的精神墮落。這篇短文就是為了驗證一個聲明的正確性，也就是所說的「轉變不符合自然法則」。做這項工作，我們不只是為了布思將軍的計畫，同時也為了所有幫助過我們的人，他們所做的努力。

但願我們能為邪惡者洗心革面提供了一個強有力的例子。我們不但無須害怕受遺傳邪惡的影響，而且也無須為長期養成的惡習擔心，因為新的思想一定會戰勝它，新的思維習慣必將瞬間產生，而且新的習慣也將會得到培養和鼓勵，直到一個新的生命被這些多彩的習慣塑造出來。同時這些一直活躍著的新思想還是純潔的、善良的好思想。

思想在對轉變發揮作用方面，一直就是外在因素，它被大腦熱情的接納，並在大腦的神經物質上留下痕跡。思想的作用就是補充作用，它作用於人的某種內在願望或情感發揮，對我們有利的法則。比如，人渴望知識、愛慕、權利、敬重以及伴侶；同時又具有獲得愛、尊重、感激、尊敬和善意的能力。人有一種潛在的追求，而且人願意將自身所有的優點投入到這種追求中。

思想必然會得到響應，由於它強烈吸引著任何一個最初的願望和情感。這種思想和潛能（即願望和情感）存在互相依存的關係。當它們分離的時候，像滾珠脫離了軸承架一樣，兩者沒有任何關係。但是一旦它們吻合在一起，就構成了軸承，能夠一起發揮重要的作用。

一個完全墮落的人到底還有沒有接受感激之情的潛能呢？有的。因為墮落只是一種疾病，一種可以掩蓋本來能夠治癒的病態。我們這裡只用一點時間，對思想的適應性思考一下，雖然這裡對思想展開討論不太適合。這些思想就是依照耶穌基督旨意總結出來的，為的就是挽救那些墮落的靈魂：對那些無人愛憐的軀體，給予神聖的幫助和同情；對他的孤獨，給予用神聖的愛心；對罪惡帶給他的恥辱，給予神聖的饒恕；對他的自負，給予神聖的敬重；為了喚醒他固有的對愛和忠誠的渴望，給予神聖的善意和美好；沒人能夠拒絕，那講得完美的十字架的故事。

　　一旦接受了神聖的思想，就需要傳承並繼續神聖的生活，而且聖靈還會給予鼓勵和愛惜。這樣，一個人將會成為一個新生命，它有新的追求、新的思想和新的生活。那些舊的習慣將被拋棄，新的生活即將開始，也就是說，這個生命現在展現的是他的魂魄的新生。

　　我們確信，人的物質結構和精神結構都是非常適合轉變的，所以如果把耶穌基督的旨意用來總結思想，再透過合適的方式介紹給他人，靈魂就將不可避免的發生轉變。

　　這時，話題又轉向了另一個方面，即理解這些思想所產生的力量，並不是轉化墮落者有多大可能，也不是談論新思想有哪些作用。它使人對耶穌基督的橫溢才智進行認識，以及吸取，還把這些當作彌補自己已經認識到的不足之處的必要的知識。

■　為孩子設計輕鬆的訓練

　　必要的醫療方式即使一個人已經發生了轉變，但工作仍然沒有結束。這些罪人不但有罪，而且還有疾病。因為，一種病態已經在他們的大腦中形成，所以每個人都需要像治療其他延誤治療的病人一樣，給予專門的治療。絕對不能在 1 至 6 個月內，對任何一個這樣的人置之不理。

　　醫療方式，是一個需要人類共同合作的領域，是獲得徹底成功的必備條件。在他們的大腦中的某些神經裡，仍然活躍著過去的那些不健康思想，而這些問題的克服必須經過一定的時間。也就是說，必須徹底的限制在大腦中活動的舊思想，不管需要多大代價。

　　這就像治安人員維持治安一樣，一定要時刻提高警惕，隨時準備打消那些罪犯的犯罪動機，杜絕他們有任何的酗酒和淫穢的念頭出現，防止以前的壞思想重新泛濫起來，導致當前的改造工作半途而廢，還要重新開始。由於沒有什麼辦法可以杜絕舊思想的復發，所以只能透過仔細觀察，來了解這些改過自新的人的思想變化，還要在必要的時候採取適當的措施。

　　這些措施，是他們樂於接受的方法，是那些暖人肺腑的語言。措施的實

施一直要到他們需要監控的階段結束，新的習慣養成，對待自己的思想問題能獨立解決，並靠自己的勞動來養活自己為止。

這件事情絕對不是那麼的簡單。這些有罪之人的疾病，不僅是身體上的，而且還是心理上的。如果護理他們的精神，那絕對不是一件輕鬆、簡單的事情。所以，如果不給予他們系統有效的治療，整個計畫就將前功盡棄。

那麼誰能勝任這項重要的工作呢？僅靠一個人的力量，不可能勝任的。只有那些在心理護理方面，受過專門訓練的護理人員才有這方面的專業經驗和辦法，也只有大批的這樣的護理人員才可以挑起這副重擔。

以前的君主比如今的領袖要更加專制。那時，常有人逃避到修道院，由於不能按照自己的意願辦事。這是不是現在的修道士生活對人們的吸引力緣由呢？那麼，組建拯救大軍的想法對有些人有強大的吸引力，是不是也是這個原因呢？他們知道，假如對自己的生活不去規範，也不能發揮自己在生活中的作用，這是錯誤的。

那些熱情高漲，但是意志薄弱的人根本無法實現他們模糊的願望。在紀律嚴明的機構中，他們不可能過得愉快，因為在如何對待自己的去留問題以及付出與回報問題上，他們並沒有好計畫。

我們必須懂得，嚴明的組織紀律可以使普通的士兵成為英雄。這些人都有當英雄的可能，因為一旦把他們的不安分和反抗性鎮壓了，他們就會比其他人更易於管理，也能更安心的執行別人的命令。下面就是對待這些人的祕方。它曾被遺失，但是又被發現。

它的關鍵就是，要像對待孩子那樣來對待他們。

為什麼要在家裡對孩子立規矩？為什麼要教會孩子服從，為什麼讓孩子懂得，服從就是他的天職？這就是在孩子的意志、思想意識尚未成熟時，規範孩子的行為的方法啊！透過它，使孩子養成良好的生活習慣，就像替火車修鐵軌，然後讓火車沿著鐵軌行駛一樣。這種暫時的責任解脫和發展過程中的短暫休整，正是這些大孩子所需要的。

值得注意的是，對他們的所有管束，都必須絕對做到供需平衡。

為挽救「失足者」，工作和新鮮氣氛發揮著極大的作用。但是，我們的任務就是關心孩子，既不是驗證布思將軍提出的方法，也不是預測他的成功與否。在某個典型的事例上對孩子講的道理是否清楚，決定著孩子今後對待正常工作的思想態度能否端正。

不管採取何種方法，目的就是要讓孩子確信，他要做的工作就是造物主賜予的任務。他必須憑藉造物主的力量，並按照造物主意圖來完成這項工作。完成任務後，剩下的就是等待神靈對神聖的生命的感召了，如同勤勞的農民期盼著陽光和雨水一樣。

怎樣培養性格缺陷的孩子

■ 注意孩子的遺傳傾向

假設家長認為教育的最終目的就是培養品格的形成，另外，品格具有遺傳傾向，且受環境的影響，那麼，不同的教育就可能使這種品格得到改善，也可能使它變得更糟。

在孩子身上，家長總會發現一些家族品格的跡象。對於好的品格，家長會感到自豪並小心呵護，讓它繼續健康發展。另外，為了平衡孩子的品格，還應該指出他的不足。

假如孩子已經出現怪癖的傾向，那麼為了阻止它繼續發展，家長一定要採取措施。

每個人都有一些弱點。不良的習慣一般發展得都非常迅速，所有的優點，很快就會被它們淹沒。

舉幾個例子。有一個小女孩，她非常有愛心，卻過分看重回報，自己的利益別人不能觸犯，連媽媽也不行。有一個小男孩，比較厲害，在托兒所裡是個孩子王，並且經常帶著小朋友進行各種活動。不過當有個小弟弟不願聽他指揮時，兩個孩子便吵鬧起來，由此可以看出，能力強的孩子在對抗時會表現得異常凶猛。還有一個小女孩，溫柔膽小，不過為了保護姐姐，她會撒

謊。還有一個女孩，從不說謊話，就是脾氣非常暴躁……這樣的例子很多很多。家長該如何對待這些兒童呢？

首先應該讓孩子認識到自己身上具有的家族美德，讓他們好好捍衛這種家庭的財富。

同時，還要運用恰當的方式，讓他們認識到這是一種天賦。但是要避免說得太多，否則適得其反。

「媽媽，妳講完了嗎？」一個聰明的 5 歲女孩，強忍著煩躁對母親不耐煩的說道。由於媽媽已經說過無數遍了，何況小女孩現在正在忙自己的事呢。

明智的話簡潔明瞭，反而很起作用，不過想收到好的效果，必須謹慎對待孩子的弱點，最好別讓它有泛濫的機會，接著再一步步改造這些弱點，使它成為優點。那個喜歡指揮別人的小男孩，可以安排他去關心小弟弟，這樣就能得到大家的讚賞，這樣，就使他對權力的愛好，變成了對獲取勝利的渴望。可以利用小孩的強烈愛心，使她慢慢學會愛媽媽，進而學會愛別人。

現在我們來討論遺傳的另一個方面和需要承擔的責任。一個生於歷史悠久的家族的孩子，身上肯定會具有祖先的很多優秀特徵，如健康的體魄、敏捷的思維、高尚的情操等；當然，同時也會繼承一些弱點。就像人們常說的那樣：「並不是每個女人都一直很健康，也不是每個男人都十分高尚。」

我們清楚，有些疾病會遺傳給下一代的，這些也會影響一個人的脾氣或性格、心理和身體特質等。假如一個孩子生性孤僻、舉止怪異，那麼他就會喪失快樂，別人也會認為他似乎一無是處。家長該如何面對這種情況呢？

一旦孩子形成某種性格就很難改變。如果要改變這種情況，家長必須要有足夠的耐心，阻止他的不良習慣繼續發展。可是如果孩子任何優點都沒有呢？這就需要家長按照自然規律，進行早期培養，把美、和諧重新注入他的心靈。盡可能從小教育，那樣效果就會非常好。

引用托馬斯·肯皮斯的一句話：「教育的基本總則就是用一種習慣來養成另一種習慣。」我們都知道，使用是人類的第二天性，不過直到今天，人們才清楚的了解到這句話的真正含義。

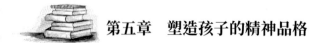

如果任由天生具有壞習慣的孩子發展，他就會形成惡劣的品格。它會使孩子變得憤世嫉俗，好高騖遠，鬱悶不樂。對待這樣的孩子，我們該怎麼辦呢？

■ 如何改掉孩子的壞習慣

有壞習慣，就要按照對待壞習慣辦法來對待它，還必須建立與之相反的好習慣。比方說亨利不僅僅是淘氣，簡直是無惡不作。在幼兒園裡，他總會打哭可愛的寶寶，經常對小朋友連抓帶咬，又推又撞。即使是他的寵物也被無情摧殘，他用棍子亂戳鳥籠，硬是把活生生的金絲雀給戳死了；他的小貓小狗整天被他打得嗷嗷嚎叫，見了他拔腿就逃；他還常常做可怕的鬼臉，嚇唬膽小的妹妹；還會用繩子絆倒正提著滿滿一罐水的女傭……他的惡作劇花樣繁多，層出不窮，遠非他母親聽到的那一點。如何對待這樣的孩子呢？

那些把全部希望都寄託給時間的人會說：「哦，沒關係，長大了他就好了。」有的媽媽會深有感觸的說：「這樣的孩子，無藥可救，他天生就是個害人蟲。」事實上，媽媽們如果能夠盡心盡力，滿懷信心的去努力幫助孩子改掉惡習，那麼僅用一個月就可以了，至少是可以開始改正，這就等於成功了一半。

「特殊治療」必須讓孩子在幸福和快樂的氛圍中進行。母親要做的就是：及時用微笑來鼓勵他，杜絕他再去策劃或實施惡作劇。要讓他感覺到，父母一直都在關心他、愛護他和讚賞他，還要使他不停的去做好事。所有這一切都是為了徹底根除他的壞習慣。

經過相應的一段時間，壞習慣一定會被改掉。與此同時，還應當給他提供足夠多的做好事機會，讓他不斷感受到幫助別人的快樂。逐漸的，他會自己想辦法去做那些助人為樂的事。他可能會發明一些小玩具；可能自己採一盤新鮮草莓；也可能為了讓小寶寶高興而養一隻小兔子；他幫助需要幫助的鄰居，貢獻了自己的力量，因此也贏得別人的稱讚。在這一個月中，他內心充滿友愛、計畫和思考，把以前用於調皮搗蛋的智慧，放在了做好事上面，並最終贏得大家的讚賞。

　　儘管如此，有人可能會問，媽媽哪有那麼多時間慢慢對亨利進行「特殊治療」呢？

　　她還要照顧家和別的孩子，還有別的工作要做，根本就抽不出一個月，大概一週也抽不出來。

　　我們說，倘若是孩子生病了，而且病情非常嚴重，媽媽會不會抽出時間來照顧他呢？難道不能暫時放下別的事嗎？她肯定不會不管這個孩子的。這個時候，照顧這個孩子恐怕就是媽媽生活中的最主要的任務了。

■ 幫助孩子調試心理狀態

　　對於心理失調這一點，很多家長並沒有給予足夠的重視。應當及時治療嚴重的精神和心理失調，所以家長必須像對待生病的孩子一樣，精心的照顧孩子一段時間。不對他實施懲罰，並且關愛有加。關心就是最有效的治療方法，可以治好所有的心理疾病。只要家長對這一點給予充分的認識，他們就不會對這些毫不在意了。

　　我們必須牢記，孩子習染了某些不良習慣，就跟花園裡長滿野草一樣，如果野草長得越好，就證明土壤越肥沃。因此沾染了不良習慣的孩子本身就可能極具潛力，也具有很多優點，因此要「除掉雜草，養育鮮花」。

　　在某種意義上來說，人們生活的失敗，性格的缺陷，一般都是由家長的不負責任造成的。他們總是說：「孩子還小，不懂事，等他長大，一切都會好起來的！」這樣，就使原來的弱點變得更糟。

　　有人會質疑，這個短期肯定有效的治療方案，他們認為這種療效很難持久，忽視一下就會前功盡棄。於是大家就認為，亨利生來就是個壞孩子，無藥可治。我們應該相信科學，它會幫助我們找到滿意的答案的。

　　目前非常熱門的一個課題就是，研究思維和大腦結構的相互影響。人們認為比較合理的結論是，它們密切相關，互為因果，互相影響。持續的思維會有效的塑造大腦，反過來，思維方式又取決於大腦的結構。

　　思維在多數情況下是自動的，我們沒必要有意識的努力去思考。事實

上，我們已經習慣於思考，就像我們走路和寫字，沒必要刻意去讓肌肉做準備。

為了讓莫札特（Mozart）保持清醒，妻子開了個小玩笑；為了嘲笑妻子，莫札特譜寫了一首前奏曲。他肯定早就構思好了這首前奏曲，就差沒寫出來。他不是有目的的要進行這些音樂思維，只是這些思維時常湧現在他的腦海裡。

柯勒律治在睡夢中構思出了〈忽必烈汗〉，醒來後他就寫了出來。其實，柯勒律治的創作基本上都是在睡夢中構想出來的。坐在鈕扣旁邊，她睡著了。在睡夢中，她把鈕扣縫到了衣服上……

這種情況不是不可能。那些我們有目的進行思考的事情，每天都會湧現在我們的腦海裡，只是我們沒有察覺到而已。而詩人或音樂家可以用這種方式創作詩歌和音樂，正是這種無意中閃現的靈感，使他們實現了自我的價值。我們特別重視「無心之語」，可能就是因為這個原因。

讓我們繼續討論亨利和他的壞習慣。思維是大腦的各種神經組織以各種相應的方式醞釀出來的。直到今天，對於大腦是如何進行思考的，科學還不敢妄加猜測。不過我們可以設想一下，假設某些思維在大腦的某些神經物質中來回運動，直到找到自己的出路。換句話說，同樣的思維不斷重複，最後總會碰到解決問題的好辦法。

話題轉向天生有不滿傾向的孩子。他的怨恨情緒已經萌發，並認為這種怨恨理所當然，還能讓他感到輕鬆和滿足。所以他會繼續怨恨，長此以往，他就越來越容易怨恨，直到最後總是怨天尤人。於是大家會異口同聲的說，「他向來如此」。

細心的媽媽會為孩子重新確定發展方向，並在引導新的思維習慣的同時，徹底拋棄原本頑固的思維方式。這樣，大腦就處於一種迅速廢棄與迅速更新一併進行的狀態。新的思維促進產生新的思維組織，原本進行思維的組織逐漸代謝掉。於是孩子的身體、精神和心理就會煥然一新。

一點也不奇怪，大腦的神經組織就是思維的物質器官，就像雜技演員的

肌肉和關節，歌唱家的發音器官，鐘錶工人的指尖，品茶者的味覺器官。他們的感覺器官因為經常使用而變得異常靈敏。同理，大腦和其他任何器官一樣，都是越用越靈活。

　　解決一心想治好孩子心理缺陷的家長的難題，這一點最好不過了。新的思維方式，抑制原有的思維方式，直到新的思維方式形成習慣，原有的思維習慣逐漸消失。所以重要的是：建立新的思維方式。家長完全可以利用這個特點來治療孩子的心理缺陷。

　　人們擔心，一段時間之後，孩子有可能舊病復發，我們最好別忘了在他體內已經沒有進行這種思維的空間：占領一片新的空間需要花費一段時間。事實上，家長應該充分利用好這個過程，那樣很容易就能幫助孩子克服壞習慣，養成好習慣。

　　如果讓造物主一個人造房子，當然是付出了勞力卻沒有結果。這是一項神聖的工作，我們應該與造物主一起合作。培養好的生活習慣要和意志的培養、道德的教育以及生活的指導同步進行。因為好的習慣可以幫助孩子形成堅強的毅力和良好的道德，以及形成完善的品格，進而幫助他們獲得事業的成功。我們的教育努力一定會在孩子大腦的物質上留下應有的痕跡，這的確令人欣慰。不過，還需要提醒人們，絕不能聽任孩子的不良習慣自由發展，但願一切都會能自己好起來吧。

　　有的家長說，教育孩子這個任務太艱鉅了，實在令人十分頭痛。其實，憑藉父母的疼愛，以及造物主的關愛，把孩子培養成人，也不是什麼難事。

　　關於這個問題，只有有孩子的人，才有發言權。家長，特別是母親，即使是在偏遠的村莊的母親，都具有天生的洞察與愛心，對於這些，旁觀者只能肅然起敬了。但是我們往往會發現，很多溺愛孩子的家長，反而對自己的孩子要求更多，即使孩子智力平平。

　　他們提出的要求總是很高而不是一般的要求，還會隨著孩子一步一步的前進，而一直提高。真正清楚作為家長如何做，才是最合理的。

　　最科學的母親，她們的工作不是增加了，而是大大減輕了。倘若一直

考慮這些事，生活就會變得日益沉重，而我們的精神，也會隨之變得更加緊張，好像手一鬆，杯子就會掉下去一樣。如果一開始就做一些艱苦的思考和努力，慢慢的，一切就會變得越來越輕鬆、容易。

兒童神聖的內心世界

■ 主宰兒童心靈的意志力

人必須對未來充滿期望，讓自己生活在理智之中，這是我們必須要思考的話題，它對所有人都非常重要。這裡想說的是，人的心靈王國要有一個主宰。這種高階功能慢慢的就會施加給所有的適齡兒童，這既是父母教育子女責任，也是父母鍛鍊子女的一種方式。心靈的主宰，就像一個國王治理好自己的國家一樣，它必須盡職盡責，全面的發揮自身的功能，他的管理實施是靠一個大臣，而不是靠一群顧問。

如果把情感、欲望和嗜好比作是 3 個人，那麼就需要一位長官來管束它們，「意志」就是這位長官。

就像軍隊的司令一樣，「意志」統領著它的手下：他對情感說，走，情感就走了，對嗜好說，來，嗜好就來了，對欲望說，做這個，欲望就做這個。還有句話說，意志使人們具有了自我約束的能力。如果意志堅定，它就會以令下屬必須服從的口吻發布命令；倘若意志薄弱，它就不能協調各個方面，那麼，它的擁有者就會被搞得不知所措。

意志到底是什麼？我也不知道，因為它的出現，總是以無法定義的終極事實的形式。但是我知道，在和意志有關的一些問題上，老師和家長犯了很大的錯誤。因此，我們必須細細想想：意志有什麼作用，它又有哪些局限性？

截至今天，在兒童問題的任何方面，意志都沒產生作用。兒童具有反應力和想像力。權利欲、名利心、求知欲可能搞得他們激動不已。兒童還有愛的能力，並且懂得尊重。他們養成的習慣，可能是注意、服從、勤勞，也可

能是懶散，而這一切都是無意識的，都是盲目的，沒有意志活動參與的。

這樣看來，有可能有人終其一生也不曾有過自覺的意志行為。分析其原因，一方面，由於他們性情溫柔、性格隨和、生活比較順利；另一方面，那些居無定所的窮人，他們沒受過教育，也就不會在意志活動參與的情形下養成什麼習慣了。然而，具有高度發達的智力，並不代表他的意志力就很強。

關於柯勒律治的報導我們都讀過，知道了他是個幾乎沒有意志力的人，只好被別人照料了。因此，他的思想和他的行為一樣蒼白，不過人們十分喜歡他那動人的演說，儘管那只是思想的聯想。必須承認，他的智力水準的確很高，以致他腦子裡的東西就像行雲流水般的流淌出來。即使這樣，但他仍然缺乏意志。

堅定的意志給人威嚴和力量，其實，性格是意志的表現結果。我們說一個人很有性格、另一人沒有性格，說的就是某某人有堅強的意志力，而某某人意志力薄弱。我們都知道，人天生具有天賦、才能、仁慈，但是，只要缺乏堅定的意志，它們就會被嚴重毀損。

意志控制著熱情和感情，指揮著欲望，決定著嗜好。應當明確的是，人天生就有熱情、欲望和嗜好，只有在壓制和激發這些因素時，意志發揮自身的作用，使力量得到聚集，使精力得到凝聚。

儘管意志只是純精神的形態，但當它適當的表現出來時，就會鮮活生動，並演變成一種能力。這和人體內其他的精神現象沒什麼不一樣。

小說中塑造的惡棍，是一個很有意思的人，總是把堅強的意志加在他身上，並且把這種意志當作是激發他們邪惡力量的泉源。結果，本該壓制的本性，反而得以激發，使他們變成了惡魔。

這並不奇怪，違背自然的法則，自身功能得不到正確的發揮，造成某種缺陷，必將受到懲罰。長期保持這種狀態，最終就會扭曲靈魂，扭曲處於權威地位的意志，使意志無法輸送力量給它的執行者，因為它們已經變成了喪失自我的「烏合之眾」，這將導致思維和行為的混亂，這種混亂具有可怕的破壞力。

　　如同一個國家的管理混亂一樣，將會帶來更大的社會混亂，公路被破壞、路燈被砸等等，到處烏煙瘴氣。

　　為什麼我迫切的將意志所具有的局限性展現出來呢？因為家長們經常犯小說中形而上學的錯誤。強大的意志力被他們津津樂道，並且他們意識到了意志力的作用，它可以使自己的孩子與眾不同。這些都沒問題，但接下來他們又這麼做。

　　當嬰兒哭喊著，想繼續玩自己喜歡但被阻止的遊戲時，媽媽卻說，「他的意志力真強！」當3歲的小傢伙在馬路中間號叫著不肯離去時，「看，他意志力很強。」他的種種行動都證明他的「意志力很強」。如支配保姆、霸占他姐妹的玩具等等。

　　面對這一切，父母們有兩種不同觀點：一種觀點認為，讓孩子自由的成長，無論如何，也不能影響他的意志力，即使是奇特行為，也可以盡情表現。另一種觀點認為，孩子需要約束，特別是表現得無所顧忌時。這樣，小孩就要在一系列的懲罰和壓力下成長了。

　　就兒童的問題來說，本質上只是意志的問題，只是意志的需求，這一點我們必須認知清楚。兒童問題說明了他已經進入了「任性」的狀態，這種喪失了意志控制力的狀態，我們一般稱為「沒有意志力」，這能夠確切的表達這種狀態。

　　任性行為，失去意志控制力的行為，很多人都沒有明確的認知，但它有非常不利的影響。當兒童的任性表現沒有得到鼓勵，也沒有受到壓抑時，它將影響到正當合理的意志的培養和訓練；而正當合理的意志對於每個人來說，都是寶貴的精神財產。人的每一種天賦，都要靠意志來呈現。只有這樣，自身的自然美和完美的天資、力量和技巧，才能盡情的展現。

　　任性到底是什麼？任性實際是一種狀態，是對意志的「控制」的狀態。簡單的說，任性是一匹脫了韁的野馬，是沉溺在某種傾向中不能自拔，任憑怨恨、嫉妒、權利欲、財富欲驅使的一種狀態。同時，任性是衝動、缺乏自控力的表現。當一個人失去了對意志的自主權，任由喜好和熱情發揮，就會

失去在原則面前應有的堅持。

　　由於欲望和熱情的推動，一個人在表面上似乎做出了決定，但由於這種決定搖搖擺擺，實質上並不是真正的決定，而是我們所說的任性或隨便的行為。由於在孩子性格中起微妙作用的制衡力量還未形成，所以，兒童在任性的情況下匆匆做出的，只是一個形式化的決定。

　　意志具有兩面性，有優也有劣。這兩方面被稱為道德功能和潛意識功能。原本懶散、薄弱的意志，由於特殊的因素，需要它振作時，可以執行如走、來、坐、站、說、停等這樣的口頭命令。

　　若想獲得道德盡善盡美的個性，沒有堅強的意志是不可能的。但是，這裡不是說意志就是道德能力的一種，況且從道德方面看，一個透過壓制自己的嗜好、欲望，或者引導它們而獲得強大意志力的人，被看作一文不值的人。因為，他可能為了粉飾自己，為了自己的私利，還可能想傷害別人，用這些不可告人的動機支配自己努力發展。

　　我們必須清楚，意志是如何起作用的，才能探討怎樣才能訓練「人類唯一的現實能力」。意志是如何對人的內心想法進行處理的？又是如何使想法得以實現的？

　　在《瑞德克力夫的繼承人》中，蓋伊對可憐的查理·埃德蒙頓說：「你能讓自己做自己喜歡做的事嗎？」因為查理·埃德蒙頓從來都沒有這樣的習慣。的確，有的人生活很順利，即使他們連做自己喜歡事的願望也不曾有過。

　　如何讓我們做自己想做的事，是我們需要知道的。做自己想做的事就是一個標準，我們可以用它來區分有效率的人和無效率的人，區分偉大的人和渺小的人，區分善良的人和邪惡的人。作為人，要想保證自身的理智生命，就必須擁有、發揮、樂於自控和自制。只有這樣，他就能夠相信自己，也能夠在危險時刻，有信心做出正確的選擇。

　　現在，需要了解一下內心世界的主宰是如何發揮作用的。是用命令的口氣說，「你必須」或「你不得」讓人屈服嗎？是靠講道理來實現的嗎？是用收集來的動機的方式刺激自己服從嗎？全不是。自從約翰·史都華·彌爾教導

我們「人類對待問題，所做的和能做的一切，就是把一個東西移到另一個東西或從另一個東西裡移走一個東西」，我們就不必要再驚奇那些好像沒有什麼意義的事情會產生出偉大的道德結果。稍有一點育兒經驗，遠比講更多的道理好得多。

當一個嬰兒摔倒腫了一大塊，哭得很悽慘時，一個有經驗的保姆不會去哄他，或者對他表示同情。如果這樣可能會使事情變得更糟，越是同情他，他哭得就越傷心。正確的做法是「轉移他注意的焦點」，跟他講別的有趣事；把他帶到窗前，看窗外的景致；讓他看喜歡的圖畫書、玩他喜歡的遊戲等，這樣，儘管他仍有傷痛，但因注意力的轉移，他的哭聲也就制住了。

這也說明，聰明的保姆利用意志的作用，使孩子正確的成長。透過意志力，可以使一個人的注意力得到轉移，從一個事物轉移到另一個事物上去，而「一個事物」指的正是令他心靈受到強烈震撼的事物。這樣就可以挽救或造就一個人。它是一種力量，一種命令自己做自己喜歡做的事情的力量。

被禁止的事情，人總是十分好奇，對工作難題，也是如此。當這種情況出現時，他便會停下手中的一切，把注意力轉移到能刺激他產生最大工作動力的事情上。懷有這種心情工作，就會以苦為樂，他把需要完成的工作當作自己的責任。這樣，在思維的調遣下，勞動對他來說，不再是苦役。

即使是輕微的冒犯，也會激起一些火氣。為了保護自己的自尊，我們準備了很多的話去教訓冒犯者。比如說，「他不該做這個」、「他沒有權利做這個」、「這樣做是卑鄙的」等等。但是，作為一個有自制力的人，他不會怒氣沖沖的跑去說，「這是對我的汙蔑。」實際上，沒有必要過於責怪這個冒犯者。被冒犯的人，只是轉移自己的注意力，強迫自己去想些別的有趣的事。

比如，他讀過的前一本書，以及需要寫的下一封信。很多年以後，當他回頭再看這件事時，恩怨已逝，他只是站在第三者的立場上冷靜的看待它。儘管當時怨恨上漲，誘惑困心。

如果一個人總是面對毫無變化的職責，面對單調乏味的同一件事，就會使他感到厭惡和失望，進而放棄他的一切努力。然而，倘若他是一個具有堅

強意志力的人，就絕不會這樣。

因為他總能從中找出給自己的樂趣，或是想別的事，而絕不會讓自己沉溺在毫無用處的不滿中。這樣，無論什麼事，他都能從中獲得「快樂的心境」。因此，對他來說，工作就是幸福的享受。

重要的是，在遇到困難、遭受困擾時，我們必須清楚自己應該如何去做？迄今為止，關於意志是如何實現的，這方面的知識仍是個謎，但是，把這些教給兒童，就功德無量了。

如果你在生氣，如果你感到厭惡，如果你渴望那些你不曾擁有的東西，那麼就想點別的吧。它是你的生命中的力量，它是你的意志，它會幫你把注意力從那些令你不快和委屈的想法上轉移出來，使你變得開心，使你覺得公正。

這些就是簡單的意志發揮作用的方式，它就是一個人內在的唯一祕密力量。這種力量指揮他的行為和思想，強者會運用它，也就是借助意志，強迫自己思考他希望思考的問題，他的意志決定著，注意力不會集中在那些可能帶給他負面影響的想法上。

雖然意志在一定範圍內作用強大，但它的範圍也有一定的限度。若想使意志在人的行為過程中發揮統領作用，那麼他那強有力的意志，就必須貫穿於行為之前以及行為過程中。例如，必須培養一個人的注意習慣，這十分重要。

一些愚蠢的人，無論在什麼壓力下，對一件事情，都不會集中精力思考5分鐘。因為他們沒有集中精力的思考過一些擺在他們面前的問題這方面的訓練，所以，他們就不會運用那些能夠支撐自己意志的能量，也不會使自己堅定的按照自己的決定去做。

這裡說的意志力，就代表著注意。當孩子在學著養成注意的習慣時，父母就可以對孩子的意志力進行訓練了。

一些在不幸中向善的衝動，可以產生關鍵的作用，這是習慣所造成的。但是，習慣和意志，是友，也是對手，有時也可以挫敗對方。

　　一個不幸的酒鬼，同樣希望獲得力量，使自己得到支撐。其實他十分希望自己能從酗酒狀態中擺脫出來，然而酒的芳香又不斷的吸引著他。他的念頭老是掉入那些已經成為習慣的欲望中。和他那的薄弱的意志相比，習慣太強大了。

　　我們知道，即使是一些細小事情，也存在習慣和意志兩者的不斷對抗。細想一下，每個人都有拖延、耽擱的習慣，每個人都曾和某種無聊的方式、習慣進行對抗。

　　替孩子立規矩、教育他們養成良好的習慣，讓他們的人生道路更為順暢，這就是父母的責任。

　　若想在理智的意志下生活，就必須使自己成為一個有教養有理性的人。假如一個人不懂得每天不斷的閱讀是為什麼？為什麼他父親的信念需要他堅守？為什麼作為一個公民需要履行自己的職責？他的意志就不會堅定，就會變得軟弱並左右搖擺，也就產生不了什麼作用。

　　不過，還有更糟的，比如在意志支配下，他可能持某種錯誤的觀念，甚至是某種邪惡的觀念，在這些觀念的指導下，做大量的錯事、壞事。

　　因此，父母必須讓孩子知道，怎樣理性的利用意志？怎樣將它作為一種有效方法？

　　這樣，父母就可以放心大膽的讓孩子發揮他們意志的作用了。

　　現在研究一下，意志的另一個局限。假設孩子在父母盡心盡力的培養下，懂得了對意志的運用，那麼，孩子怎樣才能強化自己的意志，使自己的意志最終控制自己的生命呢？

　　培養兒童養成服從習慣，十分重要，對這一點我們已經非常清楚。現在要講的是，服從的價值呈現，它會使兒童有意識做他應該做的事情，不會使他放任自己，也就不會有放任行為的征服感。

　　然而，服從確實幫他在喪失放縱機會時，征服了他自己。因此他會有失去自由的感覺，也就開始對服從產生厭惡了。這也是很多家長嚴加管教孩子，反而結果不理想的內在原因。

　　只有讓他和大人一起參與要做的事清楚、明瞭，真心實意的去做大人要求的事，這樣，才能使他的意志支配自己，而不是把大人的意志強加於他。這就說明，他已經開始自我實現、自我強制。這就是人類生活的最高成果。

　　當他用意志讓自己重新面對無聊的算術題時，當他改變有負面影響的意志時，就須讓他懂得自己的成就，讓他享受勝利的喜悅，讓他享受你送去的祝賀。這樣的話，那張憂鬱的臉上，必定會綻放出幸福的笑容。

　　像前面所說的那樣，讓孩子知道意志的力量，知道透過意志努力，可以把注意力轉移到想他該想的事上。比如他的課程、祈禱、工作，也能幫他從有負面影響的事中脫離出來。

　　實際上，他完全可以變成一個勇敢而堅強的孩子，只要他能夠指揮自己想自己喜歡的事物，只要讓他做一個實驗，只要他有了正確的想法，他的心理和行為要素馬上就會被動員起來，並準備協同行動。這樣，他就一定能把事情做好。即使他身陷劣境，邪惡的想法向他襲來時，他也會去想一些美好的事情，如他的下一個生日，或者他憧憬的未來是什麼樣子等等。

　　當然，這就需要循序漸進的長期累積。這樣，孩子就能慢慢養成自我管理和控制的良好習慣了。當一個幼小的孩子表現出強大的自制力時，會令很多人吃驚。

　　「嘿，克制點，湯米。」一個聰明的母親對一個年僅 4 歲的小男孩說。湯米正在為一點不順心而吵鬧，不過聽了母親的話，他還是克制住了。

　　兒童在接受訓練的時候，他的意志就會得到強化。透過學習如何運用自己的意志，他的意志也變得更具活力、更有能力。

　　這裡附上莫雷利博士在《心智哲學介紹》中的看法，他說：「意志的培養比智力的培養更為重要，因為它決定著一個人的命運……理論和教義、法律和規則的灌輸，絕不可能使孩子養成一直做好事的習慣。只有在不斷做好事中，才能養成這種習慣，所以，我們需要學著不斷的做好事。它可以幫助我們克服自身的惡習的形成，所以，我們也要學著不斷的克服惡習。從本質上來看，實踐是生成一切純粹的原則的土壤，無論原則的形式如何？是權

威形式、還是格言形式，以及以榜樣的形式。毫不誇張的說，正確行為的力量，比世界上任何理論在形成一個人的性格中的作用都要大。」

■ 兒童內心的良知

良知是法官和立法者，意志並不想做一個無助者的心靈主宰。的確，意志具有執行的功能，但它只接受那些合乎邏輯的命令，也就是在一個人的能力範圍內的事。

良知就是處於意志之上的更高的權力，它處於人的內心深處，它相當於立法者，它發出的命令讓意志接受並執行。它說，「你該如何」、「你不能怎樣」，意志按照它的要求採取行動。良知也相當於法官，有罪的靈魂在它那裡被招至庭前受審，而那些清白的靈魂，則不會被起訴。

奧古斯丁提升自己的心靈，淨化自己的靈魂的方式就是「我是，我應該；我能，我願意」。

「我是」代表著擁有自我了解的能力。「我應該」代表著我們擁有一個標準，它對我們的行動提出要求，在它的面前，我們只能服從。「我能」代表著對自己所有的能力的一種自覺意識。「我願意」代表著我們決定靠意志的力量實現這種能力，同時也是一個人在實現這種能力時不可或缺的心靈支撐。

這個過程是比較完整的意識鏈，它不僅是人的正義行為存在的精美結構，對錯誤行為也一樣。這的確令人驚奇。

不過，罪和誘惑並不在我討論的範圍之內。但是，這個意識鏈能夠引發錯誤行為的原因是，作為孩子的父母，他們沒有盡到自己的職責。這並不是太過分的說法，99％誤入歧途的生命，都是由他們的父母直接或間接造成的。因為，他們沒有想方設法的幫孩子改掉各種壞習性，比如懶惰、強烈的肉慾和任性等，也沒有努力幫助孩子養成良好的生活習慣。

我們生活的世界，是一個被救贖的世界。造物主的幫助，以及那無邊的恩賜，在培養兒童的過程中，直接的發揮了作用。但事實上我發現，對於那些我們準備放棄的徒勞，以及能夠使人誤入歧途的力量，大多數人沒有想到

用神的力量取代。在現實生活中，如果不進行努力，奇蹟就不可能產生。

面對佝僂的身體、畸形的四肢，一個孩子不管對造物主有多麼怨恨，但他不得不感謝父母將他的生命帶到這個世界。但是，假如父母沒有盡到他們應盡的職責，那麼，軟弱的意志將陪伴孩子一生，不良的習慣及沒有教養的天性也會在他左右揮之不去，即使父母本意不想喪失責任心。

就良知問題來說，如果父母放任自己的孩子，就會使孩子遭受不公正的待遇，使孩子受到傷害。父母們非常欣慰，因為他們相信良知，孩子天生就具有了。並且這種良知，規範著孩子的行為，所以他們就只好任其發展了。兒童自身素養和他的良知決定著他將來能夠成為什麼樣的人。

現在做一個假設，一個人生來就具有完美的良知，或者良知是後天生成的，而且良知依託心靈的發展，如同四肢那樣伴隨身體的不斷成長。換句話說，假定良知是一向正確的嚮導，對於那些迷迷糊糊的人，即使具有常識和日常經驗，也會只靠良知做事，而不會去管什麼常識和經驗。

對於很多未經教化良知的怪異人都知道，還編成路人皆知的諺語，如「盜亦有道」，「螳臂擋車、蚍蜉撼樹」等，表現的是有誤導性的良知，而「願望為信念之父，真正的瞎子就是不願正視事實的人」，這說的是比較普遍的現象，一個人驅使自己的本心，去服從現實願望和現實事實的那一幕。

如果良知對錯誤也有引導作用，那它就可能胡亂的指揮，做一些模稜兩可的規定，一旦良知聽信了讒言，就會善惡顛倒。

當欲望在法庭前面成了特殊辯護人的時候，我們還會指望良知這個靠不住的先生做出公正的判罰嗎？難道這位嚴屬的立法者是由人的大腦編撰出來的一個極不負責的傢伙嗎？難道人的良知，只是偶爾才想想自己的和別人的行為嗎？不！絕不是這樣的。也許良知的這種不正常表現就是證明，它是真正存在的一種力量。

如亞當・史密斯（Adam Smith）深刻指出的：「對於良知的至高權威，最壞的人和最好的人有相同的感覺，以及心照不宣的認同，因為，即使是最坦蕩的人也會竭力掩飾，從他們眼中流露出來的真性。」

到底什麼是良知？一個人的情感中良知又居於哪一位置呢？它距離理性有多遠？它離群索居於情感和理性又有多遠……這些問題都很模糊，而且沒有必要答覆這些。

儘管如此，這些問題說明：良知是人性中的重要因素，像情感和理性一樣。它是我們的神聖感官，它可以幫助我們了解善惡，幫助我們獲得關於善惡的知識。

即使是一個 6 個月大的嬰孩心靈中騷動的時候，他還不知道如何表達良知，但是，當被責備時，他的眼簾就會垂下，並低下頭。值得注意的是，如果孩子原本很乖，他的母親可能會去逗他。這樣就會讓他的良知受到混淆，導致矇蔽，結果，會使這個可憐的孩子很難獲得明確的是非善惡的觀念。即使他那未經教化的良知已經表現出來了，也會在聽到別人責備的話時譴責自己。由此看出父母肩負的重大責任。

兒童天生就有道德意識，他們憑藉自己敏感的官能，就能辨別什麼是善什麼是惡。

當他們自己做出善行，或者看到別人的善行時，他都會感到心情愉快，也會使他更加厭惡和痛恨那些惡行了。雖然孩子生來就有愛善、憎惡的道德意識，但是，對於善惡，他一無所知。猶如一個不知道使用羅盤定向的航海家。可憐的孩子擁有的那點直覺，如何能形成自己關於善惡的信念呢？也就只好聽命於他人了。

兒童的良知是一種不發達的能力，不是至高的權威。只要你注意觀察孩子就會發現，兒童內在的良知、權利並非至高無上，它僅是一種尚不發達的能力而已。那麼，稚嫩的生命中，它的主宰是怎樣透過教育變成意志的？又是如何具備決斷行為的這種高階功能呢？

由於錯誤的教育，良知可能鑄成大錯，一個人可能會在錯誤良知的驅使下，大開殺戒，在另一方面，完美無缺的善良天性並不存在，因此，一個人就不可能擁有神聖、正直和節制的生活。

良知，不僅是判別是非的標準，而且也是認識善惡的能力。就像一個人

能夠迅速的鑑別出合乎他的要求的品茶員一樣，前提是他自己就是一個資深的品茶專家，他的品味不但對他的雇員有好處，同時也會為自己帶來一定的利益。

良知的狀況，很大程度上影響著意志的教化。對良知的提升和無知絕不能等量齊觀。到現在我們仍然不懂得，當年英國軍隊中的印度兵為什麼叛亂，難道僅僅是因為印度兵懷疑分給他們的大砲，被肥豬油和肥牛肉脂肪的混合物塗抹過嗎？那些超越了我們想像的思想，我們稱它為迷信和偏見，並且也不會把它看成是正義，除非我們站在有悖正義的立場上。

可以看出，良知在對既有情況做出判斷之前，它一定會從正反兩個方面進行反覆的推敲。實際上，判斷就是要從這兩個方面入手，權衡利弊做出選擇。面對需要處理的問題，一定要集中注意力，調動所有腦細胞。

一般正確的表現是，滿懷感情的使自己的善行看上去從容而喜樂，還要突出心中的欲望。實際上，當面對事實以及自己靈魂的法庭，進行良知公平的判斷時，必須對事情的功過做如實表述，然後做出正義的決斷。

意志執行良知所做的決定，只有執行的行為和良知所做的決斷，保持一致，才能稱為正直，對於正直的人，我們可以無條件的相信他。這只是理論上推斷，但實際上，這個過程太漫長了。人的一生，將面對數千件事情，這都需要做決定，如果一個個細細考慮，結果將苦不堪言。這就需要經過教化的良知發揮作用。

生活中，人必須時時刻刻的判斷發生或即將發生的事物，不過有了經過教化的良知，忠告就會時刻伴你左右。這對於兒童來說，是進行全方位智力訓練。

孩子需要你給他你所擁有的最高尚教養。這樣，以培養的好習慣為基礎，加上智力能力的幫助，就會使他的良知一直處於警覺狀態。誰能擁有這樣的良知，那麼他的生命必定美好又高貴。

教化過的良知一旦表示的確可靠，無論如何，它都處於健康狀態。不管年輕人心地如何善良，也不管年輕人如何古道熱腸，他們始終很容易犯錯，

那是因為他們過分的將注意力集中在某種義務或某種生命理論上，從而使別的許多東西受損。所以說，真正的人的成熟才是人的真正意義的成熟。

即使兒童的能力和良知還處於稚嫩的發展階段，他們也會說，「不，我不能，因為這不對」，「好，我願意，因為這是對的」。如果一個孩子在面對誘惑時能給出這樣的答案，那麼，這個孩子就可以步入社會了。因為良知的發展，即對生活的適應和調節，會隨著智力的發展而不斷的發展。但是，如果認為紀律是保證作為道德意識的所能達到最高水準，那麼，就訓練良知而言，人們需要做些什麼呢？是極力提升精神境界，把所有的惡跡徹底掃地出門。

■ 寓教於樂的道德教化

寓教於樂的教育是最美好的、最細膩的，而這一點恰恰又是成年人在教育兒童時最容易忽視的。

當大人和孩子討論那些原本美好的道德問題時，卻那麼的乏味。大人們對孩子，說著那些模稜兩可的話，做出各種新奇的解釋，即使這樣，本該感動、本該驚嘆時，孩子卻茫然不知。比這更無聊的是，他們一本正經、滿臉嚴肅、甚至滿嘴咒罵的教育孩子。

聰明的家長，往往會為了孩子的必要的道德意識苦惱。

只有成熟的智力才能支撐成熟的良知，處在兒童時期的孩子，根本不具備成熟的良知和成熟的智力。對這個問題，姑且停止討論，總而言之，我們並不鼓勵兒童發表關於對錯的自己的看法，也不提倡他們看那些關於人的行為意見的官方書籍。

對兒童的行為，會有人要求他們反省自己的行為嗎？是的，大人要求兒童不僅要對自己的行為反省，而且還要反省自己的話語，不過行為動機就不必了。最好別逼迫兒童做那些可能養成令人討厭的反省習慣的事情。而且，當要求兒童反思他們的舉止時，必須懂得兒童在道德意識方面還處於迷茫狀態。

　　如果大人碰巧發現了兒童道德意識的無知程度，他們會覺得這像個不解之謎。不過，這一點不會總被碰到，因為不論大人如何嘮叨不停，還是存有對孩子的友善和愛，但兒童與大人的溝通的確不多。儘管他們會違背真理，不顧謙虛，無視愛，從而犯下極大的錯誤，但他們並沒意識到，同時，他們卻為一個微不足道的小錯誤而惶惶不可終日。

　　孩子們常常你爭我鬥，偷偷摸摸及做一些令人吃驚的事。父母害怕的以為孩子本性已經很壞，但事實並非如此。他們這樣做，是因為他們的良知尚未經教化，仍處於原始狀態。對道德意識，他們還沒有明確的認識，對是非辨別還沒有形成一個標準。因此，他們就容易在善惡兩方面都犯錯誤。

　　我曾經見過將死的一個12歲的女孩，她曾經犯下一個「不可饒恕的罪過」，為此她感到害怕，極大的悲痛襲擊著她，使得她精疲力竭，苦不堪言。那麼她的罪過是什麼呢？就是在做禱告的時候，她沒有跪在床上！可悲的是，兒童缺少對最普通的事情的善惡的辨識能力。值得慶幸的是，不少人像萬能的神一樣，隨時等在那裡為人們指路！

　　假如孩子故意做壞事就另當別論了，但是他是否故意做壞事卻不能判別。我覺得，對孩子最迫切、最需要的事情是，教育他們懂得自己的義務。

　　這種教育不是逢場作戲，而是有規律的、是循序漸進的。比如，把仁慈作為教育的主要內容。母子之間聊些兒童喜歡的關於仁慈的事，要盡量說得簡短。仁慈就是愛，只有透過人的舉止言談，才能表現出來。

　　如果把愛封閉在兒童幼小的心靈裡，不管對誰都沒有好處。愛必須如同泉水一樣，噴湧而出，流入小溪，當許許多多的小愛匯成大愛時，這種大愛就變為了仁慈。

　　下面介紹簡單日常生活中的仁慈舉止，對兄弟姐妹、對玩伴、對家長、對成年的朋友、對僕人、對生活在痛苦和不幸中的人、對聾啞人、對那些看不到的人如窮困潦倒者、對所有的異教徒，不斷的向兒童灌輸愛的觀念，不斷的用仁慈的例子澆灌他們的心，使他們從心底產生希望做一個仁慈的人的欲望。

第五章　塑造孩子的精神品格

用故事和談話，讓兒童充滿對美德的嚮往，再教會他們去「模仿」。從各個方面為他們闡述仁慈是什麼，最後，把要做慈善的人或「彼此相愛」作為原則來結束。要使孩子明白，這是造物主立的法則，對兒童和成年人一樣有效。這樣，兒童就獲得了道德意識方面以及責任感方面的教育。

假如一個兒童在受到這兩方面真正意義的教育，一旦他違背了仁慈的原則，並且他懂得這個原則，那麼他的良知就會譴責自己，並判定破壞行為是有罪的。不要為兒童列舉那些犯錯誤以後就必須受到懲罰的例子，用來威嚇他們。因為，有一種陰鬱的傾向存在於人類天性中。應該堅持講那些美妙的事物，講那些大大小小的，像衝鋒號一樣，令他們在生命戰場上心情激盪的事例。

拿兒童的日常生活來說，謙恭、坦白、感恩、體諒、誠實等這全是做人的本分，這些一定能填補母子間的關注空間。在這種關心的過程中，兒童的義務觀念逐漸形成，同時也接受著道德意識方面教育，進而使道德意識被不斷吸收。

這時的母親，必須盡到自己的職責，警惕孩子在道德行為的方面犯錯誤。既然母親能讓孩子感到義務是件美好的事情，那麼就應該引導孩子去做義務，因為要想學會盡義務，只有參與盡義務的行為，況且盡義務的行為可以更加堅定自己的信念。當一個母親教導自己的孩子盡義務的時候，實際上她是在教孩子向善，教他傾聽良知的聲音，告訴他說「這個可以做」或「那樣做，不行」，於是，孩子將聽從內心的聲音。

不認同這樣教化的人認為，這樣做是把道德意識強加給孩子，而不是靠自然的力量。難道良知或者說道德意識，不就是靠紀律約束才能發揮作用的嗎？

第六章
讓孩子接受知識的滋養

培養孩子的感知能力

■ 感知是什麼

　　一般情況下，孩子們都能獲得充分的營養，不過他們的家長對各種食物所含的營養價值全然沒有概念。家長一般是根據常識來進行判斷的，這樣的結果往往在整體上比注重科學飲食的家庭更有效果。這種常識一般都有一定的科學依據，儘管依據可能已經被忽略，但是，當這種科學的認知成為一種日常習慣時，和那些處於實驗階段的科學相比更有價值，而且以一種更便捷的方式傳遞著。

　　人類依靠常識判斷事物，往往是無意識的，即使我們自己也不曾意識到這種能力的存在。應該清楚人類的本性存在這樣的功能，這是一件好事。但是，即使沒有這種認知的流動資本，我們實在應該多做些實驗研究一下這一課題。

　　大多數人認為，一個孩子的感知能力包括感覺、感受和情感，都是自然發展而來的。不過我們總是在不了解他們的情況時，不加選擇的運用這三個詞。事實上，這裡涉及一個非常重要的教育領域。儘管常識是在透澈認識知識的基礎上形成的見識，使我們的行為無意識的情況下表現得聰明得體。實際上，只要我們的常識更加合情合理的話，我們的行為也會更加明智。

　　先讓我們來探討一下感覺這個主題。我們通常有冷或者熱的感覺，還有痛感，這種感覺能非常準確的表達出來。我們也有恐懼感和喜悅感，但通常表達得不夠準確。感覺起初來源於眼、舌、鼻孔、耳朵和皮膚外部表層的印象，這種印象透過感覺神經，有的傳達到脊髓，有的傳到大腦的下部區域，最終形成最初的感覺。

　　許多感覺，我們根本就不知道，但我們能意識到我們的感覺。這是因為訊息由類似於電話線作用的神經纖維發出，從大腦皮層感覺中樞傳到正思考著的大腦。我們對感覺神經發出的訊息加以留意，就會產生這種現象。感覺

生理學是一個複雜的話題，三言兩語是論述不清楚的，但它的確能激發我們濃厚的興趣。

克利福德（Clifford）教授的《看到的和想到的》寫得很好，這本書介紹得非常清楚、全面。

我們很多人童年時代都讀過一本小冊子，套用它的書名我們可以這樣解釋：感覺是獲取知識的五大途徑，這種方式我們當中的許多人以前做過，其實就是去引用小冊子上的標題，聰明的人能夠意識到他得到的感覺，並判斷出這些感覺。

感覺訓練是教育重要的一部分。需要注意的一點就是：一開始就要將一個孩子的感覺，當作他的客觀興趣，而不是主觀興趣。打個比方，柑橘醬很有趣，不是由於它有多麼「好」，而是由於人們可以從中品嘗出各種不同的滋味，以及觀察從橘子皮分泌出的油汁，來判斷那種不同的效果。以後再討論這個話題。但是這個用在教育上有效的原則就是：把孩子的興趣集中在能讓他有感覺的物體上，而不必集中於作為接受感覺的人身上。

■ 被忽視的靜物課

靜物課是什麼？就是給出一件東西，然後讓孩子對它進行仔細的觀察，培養他運用多種感官來發現他所能得到的多方位資訊。

當然，關於物體的一般資訊，我們就不再考慮，因為透過鍛鍊孩子的感官，他們的興趣就會被激發起來。靜物課之所以不受歡迎有兩個原因：第一，將粗糙的碎片擺放在孩子們的面前，而對於這些靜態的物體的特點，孩子們的認知極少。況且這些物體還會傳遞一些既不是正確、也不恰當的觀點。第二，靜物課通常是在向孩子們介紹一些難懂的詞彙，比方說不透明的和半透明的，而這些詞孩子們在日常生活中很難用到。

儘管如此，在反對這種教育方法的同時，我們不能忽視它的用途。無論是有心的還是無意的，任何孩子都不可能不經過學習就能成長起來。日常的認知越充分，他就會變得越聰明，也更善於觀察。令人疑惑的是，除非有外

界的刺激引發孩子們的興趣，否則很少會有人對那些最具魅力的物體產生極大的好奇心。

　　對於嬰兒來說，靜物課是一個了不起的老師。確切的說，靜物課唯一的學生就是這些小生命，但是，這些小生命的進步卻令人吃驚。開始時，他辨別不了一幅畫上的牛和活的牛。大與小，遠和近，硬與軟，熱和冷對他來講幾乎沒什麼區別。他希望把月亮抱在懷裡，希望自己在池塘的水面坐上一陣，希望自己的手指伸入蠟燭的火焰中，而這一切不是因為他有多麼愚蠢，而是因為他還沒有了解這個變幻莫測的世界中所有的事物的特性。但是，小生命卻透過自己的感覺教會了自己，多麼了不起呀！

　　他用力敲勺子來判斷是否能發出聲音；他吮吸一下看看嘗出什麼味道來；他對勺子亂摸一氣，為了感覺勺子是硬還是軟，熱還是涼，是粗糙還是光滑。他那幼稚的目光長時間盯著它，這樣他可以掌握到勺子的形狀：這是一個熟悉朋友，是一個他迫切的想再次看到的物體。他發現他可以在一個勺子那裡尋找到很多的樂趣。

　　一直堅持這樣的親身體驗，幾年後，孩子對這個世界，就會有足夠的了解，也會用體面，以及合情合理的方式來處理問題。

■ 大自然的感官教育

　　自然教育是這樣進行的：一個人在他出生後的五、六年中，對任何東西，尤其是能運動的物體都十分好奇。對他來說，街道或田地如同賞心悅目的動態畫景，如牧羊人的狗、麵包師傅的雙人馬車、推著手推車的人等等，都是如此的生動有趣。他想知道所有的事情，於是會提出許多的問題。孩子對知識有著無盡的渴望。

　　但是，沒多久，這種天性就被我們抹殺了。我們用書籍來充實他，而不是別的；我們透過激發他別的欲望，來替代求知欲；我們培養大了不善於觀察的男人和更不善於觀察的女人。他們辨別不出榆樹、白楊樹和菩提樹。

　　問一下，為什麼嬰兒不必刻意鍛鍊他的小嗅覺器官呢？當我們給他花，

讓他用鼻子去嗅花香的時候，他卻扭歪起來，這是個小把戲。出於天性，他不會拿自己的鼻子做實驗，去辨別事物的氣味，而其他的感覺會帶給他的是強烈的喜悅。毫無疑問，小鼻子在不隨意中非常的活躍，但在這方面，他的惰性會成為一個遺傳的失敗原因嗎？如果可能，我們倒希望自己張大鼻孔四處轉轉。如果是這樣，母親們就必須注意，應該讓孩子們在不知不覺中接受氣味，最好讓孩子從一出生就去感覺氣味。

在感官教育中，需要我們注意按照自然界的規律，培養孩子學會自我教育。我們必須注意不要用教育來取代自然性和相關的理論，更不能將之排除在外；靜物課盡量隨意一點；這也是家庭比學校教育更具優勢的地方。

在學校，除了所設置的課程以外，教授景物課幾乎行不通。在家裡有什麼樣的東西，就可以教授什麼樣的景物課。倘若孩子發現一個奇妙又美麗的物體，比如一個安放在落葉松枝上的「紙」黃蜂窩，那麼就可以立即透過爸爸或媽媽在那裡上實體課。灰色，圓而對稱的形狀，那種球洞狀的結構安排，紙一樣的質地，規格的尺寸，相當光滑，有氣味或缺乏氣味，感覺很輕，摸起來並不是很冷。這一切和另外的數十個細節都是這個孩子自己獨立發現的，或者在不超過一個字的指導下自己觀察的。

一個人不可能整天去面對黃蜂窩，但能夠從看到的每一個普通的物體中獲取許多知識。這些東西越常見就越好，比如一塊麵包、一塊煤、一塊海綿等等，這些都會自然而然的進入孩子的觀察範圍，成為他們觀察的下一目標。

■ 家庭感官教育的優勢

在家庭裡，不需要對每一件東西都進行徹底的檢測。我們可以用這種檢測去討論相關的性質；而用另一種檢測，得出其他性質的結論。在喝著牛奶吃著麵包時，我們會注意到麵包的吸水性。當全面回味一下自己的經歷後，我們就會聯想到其他的那些我們已經了解的具有吸水性的東西。將這些事物比較一下，我們就會清楚，和麵包相比，它們是不是更具吸水性。這種結論非常重要。

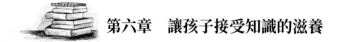

那些不善於觀察的人，只能陳述一件物體的重量如何，還會為自己的陳述沾沾自喜；而那些善於觀察的人，不僅能做到這一點，在他的腦海中還形成了一個相對的比例，他的評判有更高的價值。因為他的結論是將該物體與一系列物體進行比較後，才得出的結論。

對於孩子們來說，非常重要的事就是，要學會辨別高和低、甜和苦、長和短、贊同和不贊同等等，而這些詞語大部分都是相對的術語。而那些絕對術語，如方的、圓的、黑的、白的等等，運用這些詞語，並不會影響與其他物體的比較。

應當注意應用表述的詞語。它和智力發育一樣，具有更高層次的意義，大多數紛爭的產生，都是由於不當的使用表述詞所造成的。

「你說說放在餐桌上那塊麵包，是輕還是重？」孩子的回答可能是「比較輕。」「是的，透過和別的事物相比較，我們只能說這個是輕的。我們是透過與哪些其他事物比較，而得出麵包是輕的呢？」「與一塊石頭、一個煤塊、同樣大小的乳酪、奶油。」「那麼和什麼東西相比，可以看出它比較重呢？」「一塊鬆軟的蛋糕、一塊海綿、軟木塞、一塊輕而多孔的浮石等等。」「那麼你認為它有多重呢？」「一盎司。」「一點五盎司。」「吃完飯再討論，你最好再準備一塊，別再吃掉了！」吃完飯後進行實驗，是件令人愉悅的事。應當培養孩子判斷物體重量的能力。

據說，在一個商業區，有一天，有人請一位紳士猜一猜一塊魔鬼蛋糕的重量是多少。紳士思量了一下，然後說是 18 磅 14 盎司。他的結論非常準確。在相同條件，人們一定會更尊重那位做出精確判斷的人，儘管還有另一個人含糊的表示該蛋糕有 10 磅重。

信件、書包、一個蘋果、一個橘子、一種葫蘆科蔬菜等等，這些東西都應該成為我們每天的實體課素材。比方說，透過不抵抗力的練習，形成對物體的相對和絕對體重的判斷。不抵抗力就是跟我們肌肉的力量相對抗的力，它是透過我們的觸覺才能感知的。

慢慢的，透過訓練孩子們就會發現，物體的相對重量是由它們的相對密

度決定的。逐步的向孩子們介紹我們的體重標準。

需要教會孩子們採用同樣的方法，拿眼睛來測量物體的大小。這個燭座有多高？那個畫框的寬和長各是多少等等，再檢驗一下陳述的準確性。那個碗的周長是幾公分？鐘面的周長是幾十公分？那個花床的周長是幾公尺嗎？這東西有多高？那東西又有多高？常見的那些馬匹有幾手之寬？透過眼力將一頁紙分成相同的兩份、三半或四半；將一個拐杖和另一個拐杖組成一個直角；搞清楚一幅畫或一個窗簾，不垂直掛時，是什麼樣子。

這種判斷物體大小的練習，就是為了保證孩子們具有「真正的眼力」。

我們還有一筆財富，那就是敏銳的聽力，而它並不是本性或者其他方面所特有的。

就算是，也非常容易失去。門外的短暫的寂靜中你能分辨出幾種聲音？讓我們從模糊的到比較敏銳的順序，對聲音加以命名。辨別小鳥的鳴聲可分為喊叫聲和歌聲；從小河流水聲可聽出 4 種或 5 種明顯的聲音。

為了培養精確度，可以再辨別各種球類之音以及其他的聲音，可以閉上眼睛感受移動的腳步聲，並以此辨別出前進的方向。透過聲音可以判斷過往行駛的車輛是載貨卡車，還是狗拉的兩輪車，或者是那種用單馬拉的有篷四輪車。

這種耳朵教育的最好表現方式，就是音樂。「兒童鋼琴家」柯溫先生，小心的將這種畢業作品交給父母。假如一個孩子一直沒成為表演者，那麼他一定會有培養好的、正確的聽力。在音樂教育方面，這就不是一個問題了。

不管氣味對人們健康是否有保護作用，也不管它是不是一種快樂的泉源，我們都沒有對氣味的辨別給予應有的重視。

眾所周知，有一半的人的鼻孔辨別不出空氣流通的房間，和從來沒有打開窗戶的房間的氣味有什麼不同。然而，空氣純淨度往往會決定著人體的健康。人們可以覺察到導致白喉或傷寒的氣味，但也需要仔細辨別。透過訓練後，人們就能探測到存在於在衣、食、住各方面的最微弱的惡臭顆粒，從而避免人們染上疾病。

　　氣味就是這樣比其他感覺更加堅決的進入到那些感覺有點甜美，在血液中感受和心中會有同樣的感受。這為我們又增加了新的快樂，因為它們不假思索的與我們全部無形的歡樂結合在一起。

　　常有人說：「要不是別人的提醒，我好像從未聞過車葉草的氣味。」但我們沒必要努力尋找對車葉草的氣味擁有雙重喜悅。我們摘花時感到愉悅而興奮，在摘完花之後的其他時間裡，盡可能多的是個人的自我陶醉。如果不是被警告，我們經常會因為發現一種新氣味而滿足並興趣高漲。在春天，我們熟悉的氣味很少。也只有在這個春天，這位作家才能從落葉松枝上聞到兩種奇特的、可愛的從未接觸過的氣味，而這兩種氣味與丁香花和黃楊科樹籬發出的爽心的麝香味，幾乎完全一樣。

　　舉例說，當孩子們走進畫室時，要求他們閉上眼睛，只靠自己的鼻子判斷那芬芳花香的出處：讓他辨別雨後花園內瀰漫的香味 —— 房子與室內都瀰漫著香味；書架上的迷人香氣。

　　我常常獨自品味著這香氣，逐漸的從了解到喜歡上它。空氣中不是一種香氣，也沒有味道，但我們永遠離不開它，我們一直愛著它。

　　嗅著葉子的芳香，聞著海邊溼潤的氣味，呼吸著黑礁石那鹹鹹的氣味，體會一下乾草嗆人的感覺。可能這就是發現氣味後的那種愉悅。這是一個方向，需要我們做完那些未了之事。事實上，我們對氣味、聲音和顏色認識得仍不全面。

　　滋味為精確的辨別提供了廣闊的空間。當孩子還沒成為一個貪食者之前，似乎很難培養他的味覺。但是事實卻是，感覺能力往往會被刺激上顎的那些強烈的滋味破壞。

　　那以乳製品為食的孩子，與不吃飯而吃「藍帶」糖果的孩子相比，可能更喜歡品嘗滋味。

　　實際上，人們只希望滋味成為孩子們的興趣，沒想過讓它成為孩子們的愉悅感。孩子們應該盡量閉上眼睛去辨別滋味，而這比他們思考後說「好的」或「髒的」要強很多。吹毛求疵的方法是我們所鄙夷的。不要強迫孩子

吃他不喜歡吃的東西，否則對孩子不利，如果那樣的話，只能使他更加討厭那種食物。不過當他對健康食物表示厭惡時，父母應教育他，展示自己的自控力和英雄氣概，這樣也許會有一個持久的效果。

■ 設置感官訓練課程

對實體課的種類，這裡已經簡略的論述了，這使人們有了一種或另一種的感覺。這些感覺每個家庭中幾乎每天會發生。人們也許把美國印第安人看作是沒受過教育的人，恰恰相反，他們在某個方面受過高等教育。

例如，他們可以辨別感覺意念，並且能將這種意念透過一些動作表現出來，可能這些動作對於只學過書本知識的歐洲人來說相當迷惑。

對於家長來說，在孩子 6 歲前，把一些關於美洲印第安人的外貌的知識教給孩子，對孩子有很大幫助。除了已經提過的幾點外，孩子還應學會辨別顏色和色彩度；應能夠辨別毛織品、木頭、鐵、大理石和冰的冷熱度；應該能夠使用溫度計；應該用眼觀察和接觸後，判斷物體的質地以及紋理；實際上還應該能閱讀幾篇文章之後，用一點時間對物體的形狀、質地、尺寸、顏色、重量及質量的重要部分加以研究，使他對物體有個整體的了解。

我們只是讓孩子們的感覺去接觸它，不是進行研究。由於我們已經涉及到一些測試練習，為的就是將詳細的教育理念傳輸到那些心智健全的人們大腦裡。透過經驗了解自然和自然物體則是以一種稍有不同的方式進行接觸。

一個正在觀察甲蟲的男孩，不會自覺的動員多種感官集中精力在這個甲蟲身上的，而是隨著甲蟲行動，他再跟著學習。不過，對於已經每天習慣做感覺訓練課程的男孩來說，他會比沒有受過這樣訓練的人，對甲蟲有更多的了解。

確定的訓練與這些隨意的練習是存在著一定的區別的。孩子利用各種器官對物體進行一一體驗，這樣每一次體驗之後，都會產生一個資訊原子。將這種訓練轉化成一種遊戲，則是比較好的方法。

把一個物體（如一塊麵包）傳一圈，讓所有的孩子去感觸一下，然後把

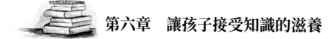

自己的發現說出來，再傳第二圈以嗅覺來體驗，傳第三圈以味覺來體驗，最後一圈以視覺體驗並進行說明。對於這種遊戲，孩子們極具天賦。當孩子們確實需要幫助時，希望用語言來表達他們的發現的時候，這類遊戲便是他們借助的方法，可以讓他們學習如「易碎的」，「有彈性的」等新詞彙。透過這種嚴謹的思考的方式，孩子們可以輕易區分易碎的和脆的這兩個詞，並且這種透過練習得來的資訊，會被永久的保存。

從實體課的理論來看，這種遊戲比較適合於生日宴會，在桌子上擺上近百件孩子們不認識的東西，然後將這些孩子們引進屋裡，讓他們繞桌子觀察3分鐘。再把他們安排在僻靜處，讓他們寫下或說出他們所能記起的所有物體的名稱。一些孩子能夠輕鬆的說出50或60種。

毋庸置疑，對自然界的熟悉與熱愛，就是最好最快樂的感覺練習。不過我們陳述的這些訓練課程，就是為了使這種感覺更加敏銳，也為了給孩子們帶來更多的愉悅。我們必須牢記的是：對於孩子們主觀意識的需求，知識不允許感覺給予過度的照顧。

■ 培養感知能力要注意的問題

打個比方說，對一首偉大詩作的科學了解，是我們的哲學家曾經夢想得到的世界上「更多的事物」當中的一員。華茲渥斯告訴我們，很多年過去了，廷特恩修道院那美麗的輪廓令他至今難忘。現在我們一般認為，只有在將物體迅速顯現於感覺中的那一剎，才能獲得感覺。這樣看來，詩人的描述是正確的。比如，我們有即刻的感覺，它也可以有反射出來的感覺，因為，只有感覺中心裡對一種意念的認知，才能形成一個有意識的感覺，並且這種認知的獲得，不僅能夠透過即刻的感覺，也能夠透過對最初感覺印象深刻的畫面的回憶。

當華茲渥斯談起感覺，那甜蜜的快樂表達恰如其分：「在一些偏僻的房屋裡，在城市與鄉村的嘈雜聲中。」這些和諧的韻律，把他帶入一幅美麗的風景畫中，一幅有著平靜與歡樂氛圍的圖畫中去。它那清新、親切的背景既

對稱又協調；既古老又讓人肅然起敬，其表現方式極其文雅，含蓄。他思想的眼睛充滿了無限的興奮，思想的耳朵忘記城市的喧譁，專心的傾聽著瓦伊河的流水聲和鳥兒的鳴叫聲，以及牛兒沉沉的哞哞叫聲，還有昆蟲世界的歡叫聲，這一切交會出了最和諧的韻律。他觸摸涼涼的草，再次感覺到繡線菊的香味。這一切都是純粹的感覺，就好像感覺器官第一次把這種感覺傳達給他的意識。

在這裡我們有許多理由來解釋，為什麼我們用戶外的那些，能夠為孩子們帶來無盡快樂的畫面，來填充孩子們記憶的倉庫。

我們不斷的關懷，就是要保證他們能夠看得到、聽得到、摸得到和聞得到，而對我們來說，這種方式是一種出於同情的行為。我們現在看的，他們將來也會看到；我們聞到的氣味，他們將來也會聞得到。

據說有一天，一個小女孩與她父母搭乘一輛遊覽車去義大利旅行，那車在當時只有貴族家庭才能搭乘的。孩子的父母費盡心思，不想讓孩子那寶貴的時間浪費在無所事事的旅途中。因此讓女家庭教師和小女孩待在一個包廂內，把教室裡應該有的所有物品填滿了包廂。女孩可以在裡面做算術題，學地理知識，可能是一些關於英國的一些州或郡的地理知識。這個故事說明，我們一直在進步，只是我們仍未了解到，對於孩子的自然天性來說，兒童教育的作用十分有限，應該處於次要的地位。

我們繼續研究這種既極其精確的，又極其美麗的心理紀錄。詩人繼續講述這甜蜜的感覺：「血液裡可以感受到，心裡也流淌著甜蜜。」一個無法想像的符合事實的陳述。

一種愉快的感覺使極其微小的神經纖維和毛細血管交織在一起，變成了網，血液流暢，心跳加快，一種快樂的感覺自然流露，歡樂和高興並存，陰天的幽暗、城市的浮躁對我們來說已經消失。換句話說，愉快的記憶本身就是生活的聖藥。這些愉快的記憶出現能使我們調整到最佳狀態。

還有，華茲渥斯用「帶著一種寧靜回歸到我更加純潔的腦海裡」來表達這些記憶是如何純潔，儘管少了身體條件的影響，但仍然保持與大腦的密切

連結，前提是一方必須統治另一方。

　　心靈與大腦很可能有同樣的經歷，它們一起遭受持續回憶的折磨，它們共同感受辛勞。當對高興的認知突然閃現在「比較純潔的頭腦裡」時，透過接觸，某種連結的泉源便會呈現出來。思潮轉入了新的愉快的記憶中，同時勞累與大腦疲勞便會「安靜的復原」。假如純粹的感覺能給予我們更多幸福，能增強我們的智力，以及對我們的健康有益的話。在有了這種感覺和之後所產生的無數次感覺裡，教育家大部分的工作就是能維護孩子觀察的敏銳性，並且能夠透過快樂的意念，把他們的記憶保留下來。

　　這位詩人進行了調查研究，得出了感覺和感受存在明顯區別的結論，他不僅恢復了「甜蜜的感覺」，也恢復了「無法記起的快樂的感覺」。能夠從大量聯想所產生的圖像中，找出的感受與感覺區別，幾乎很少有人做到。華茲渥斯的心理學，非常精細完美，而且證據充足。

　　對教育者來說，華茲渥斯所做出的區別十分重要。事實是，「感受」在當今已經不再流行了。「有感覺的人」其實是一個不重要的人，假如他仍然活著，他依舊會活在屬於他自身的某種感覺陰暗裡，讓別人意識到，任何適合他性格的一點點發展就會很快的被否決了。「有感受的人」本身對此必須表示感謝，他使自己的感受變得異常怪異；他沒有自身的鑑賞能力；他把傷感力說成假裝傷感；他變得極為誇張，並且善於自我保護。由於社會經常要剷除勇於冒犯的人，因此「有感受的人」逐漸消失了。

　　感受應該是客觀的，不是主觀的。只要感受客觀存在，就會像桃花變桃子一樣，當作一個美麗事物誕生前最後的完美。不過當感受變成主觀的時候，相當於以自我為中心的時候，就感覺而言，我們的社會出現了病態。一個人完全變質的生活過程就是，從開始的「過度敏感」，到後來的歇斯底里，最後發展為憂鬱症。

　　有一個很好的例子也許能說明這種感受的主觀狀況。喬治‧艾略特（George Eliot）告訴我們，一個研究哲學的朋友曾經說過，儘管一面鏡子或一個鋼盤的表面，可能布滿了方向不同的細小的劃痕或擦傷，但假如拿一根點

燃的蠟燭靠近，所有的劃痕都會自行排列，還會以火焰的形式輻射出來。這
就和允許他感受滿足自我感覺的人一樣，也就像可以影響自己的個性的宇宙
間萬物那樣，都可以感受得到。

■ 感受的真正含義

感受究竟是什麼？也許柯勒律治的詩句「腦海中一種模糊的渴望」就是
十分恰當的表達。也可以透過消極的測試來明白這一點。

感受不是感覺，是因為它與感官並沒有必要的連結。這可以透過兩種了
不起的特性（摯愛與公正）進行區別，由於他們沒有積極的運用在任何物體
上。由於它不需要滿足，因此並不是欲望。感受可以透過思想的智力運作加
以區分，因為當思想產生一個觀點時，它就會主動的得出結論，感受的來源
其實是感知。倘若處於被動地位，就不會有任何明顯的進展了。

任何感受存在好壞兩個方面，而且變化程度也很大。比如，愉快與悲
傷，欣賞與鄙視，預料與預感，羨慕與藐視，胸有成竹與猶豫不決，不自信
與自鳴得意等等，透過對感受的細微區別，就可以把這些對比表達出來。不
過，差別是十分微妙的，甚至在許多方面，語言就會顯得十分無力，不能精
確對其進行表達。

所有各種感受普遍存在某些共同之處。感受也不會隨便就能讓人看出是
道德還是不道德，它還稱不上準確的思想的程度，僅僅是含含糊糊的存在於
半清醒的智力區域內。

那麼我們必須關心幾乎不了解的人性的未知區域，到底為什麼呢？散
文思想家提出這個「為什麼」，不過看得更深刻的是我們的詩人。有一篇文
章，在整個詩歌界極受推崇，作者談起對一個好人沒有任何影響的時候，那
種讓人無以言表的快樂感受表達為「那無法描述的親善行為和愛的行為所帶
來的不可名狀的愉悅的感受」。

甚至是那種「消逝的愉悅感受」，我們也能夠找到這種連結的原因。只
要略受感動，不用恢復感覺或產生感覺的圖像，只須有一個愉快的模糊感覺

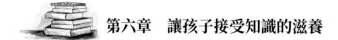

就行了，這樣就能具有從前的愉悅中獲得感受。如同某人聽到《羅恩格林》的感受，不用等到恢復對愉快音樂的感受，就能體會到一種感覺所帶來的飄蕩在空氣中的快樂。這種忘卻的愉快感受既無形，又不確定，它產生的那股熱情能溫暖人心，讓人們變得仁慈和友愛。可是這種不可名狀的愉快感受還不夠深刻，也不為人知，在突然出現時又是那樣讓人難以描述。

儘管這些行為被人所忽略，但詩人們卻不假思索的將它們稱作「一個人生活中最好的一部分」，不過它只存在於好人的心中，也只有他們，才會有這些好的行為。就像我們曾說的，感受並不在自身的道德標準中，它們往往會作用於客觀事物，況且擺在我們面前的事實，與這些感受的影響一樣具有力量，而且還直截了當。為什麼對廷特恩大教堂的回憶可以是讓一個人去做某件小事？

我們給出的最終回答是：「造物主派我們去做的。」它是一種幾乎無法記起的愉悅感受，它可以讓一個好人釋放心中寶貴的仁慈與摯愛。當我們想到消極情感帶來的後果時，不由得相信了詩人心理學的精密與嚴謹。倘若，我們在任何愉悅的氛圍中，感受不到非常快樂，而是不愉快，不明白，不敏捷，那麼讓我們捫心自問，在這樣的感受，如何能激發我們對鄰居的摯愛與關心呢？

對性格的了解是我們最好的感受之一，這是就感受而言的另外一個方面，對於我們這些從事兒童教育的人來說，這一點非常重要。

比方說，「費爾博士，我不喜歡你，不過我不會告訴你是什麼原因。」這就是一種我們非常清楚的感受。事實上，它也是一種天生的直覺，即我們最好的感受之一，它還是生活中最好的導向之一。這種直覺在不斷努力後，會將我們的感覺能力提升到更高水準，就能夠透過我們的努力直接出來。

人們都想了解，為什麼人們一直抱怨不忠誠的朋友，不可靠的傭人，以及令人痛苦的愛情。假如這些感受在真實和簡明易懂的情況中一直被保留下來。那麼，它們就會成為我們每一個人接觸那些人的特點的試金石，這樣，一方面我們就會採取緊急行動，另一方面也能使我們避免失望。

　　演說家最善於利用人們感受的整個過程，並把一些討論順便也安插進來。儘管用生動的文字描述，或者用隱喻、明喻等方法也能使他的演講更加出色，不過演講是否成功，要看最後的效果，要看觀眾對他所做出的表現反應如何。只有觀眾的這種感受，才可以證明他是否成功。

　　不管是我們自身的難以表達的行為，還是我們生活中的崇高理想，全都是我們的感受產生出來的。熱情並不屬於思想，它是與生俱來的一種熱烈的、易適應的現象。當它出現「一種突然的狂喜刺激我們的時候」，這時，對我們來說，一切都有可能發生。我們能做的，就是等待提示。熱忱在開始階段前後不相符，不連貫，毫無目的。不過，一切偉大計畫都產生於這個時期。我們感知，想，說，做，我們所有活動的起點就是這些。

　　就像我們的思想一樣，我們的感受在於我們的職業。「這是我們的本性」就是對所有事物的感受。而且還應當注意的一點，感受可以透過教育得以改變，並且在講授感受時，我們需要變換角色。當前，我們急需處理就是，將周密的教育計畫變成讓我們覺得簡單又緩慢的計畫。這差不多就是全盤訓練的體系，所產生的應有結果。

　　不過由於校長或女老師的感受的語氣尤為激烈，甚至可以傳達到整個校園，因此它不是必然的結果。可能感受培養的最佳時期，就是維持在有見識的個體文化之下的。這樣的話，這個任務就必須轉交給孩子的父母了。

■ 積極調動孩子的各種感受

　　在這種文化中需要運用的工具都是相同的，也就是機智的運用神聖的第六感。一個人渴望擁有的感受可以透過一個表情，一個手勢將它喚起了。這種感受也可能被一句粗魯的話全部驅散。為了迎合感受，我們的沉默、同情和領悟都會做出相應的讓步。相同，還要阻止那些本不該有的，令人感到羞恥的感受的不斷發展，並讓它遠離我們的感覺領域。

　　我們應該注意恰當的用詞，應該用自己的眼睛和想像力來對待年輕人，應當看看他們的感覺是什麼，並且給他們應答以幫助他們。但是，必須注意

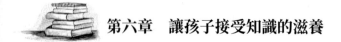

所使用的詞彙，即使那些感激之詞和親切的話語，也會像一個激動的手指去接觸這源於本性的精美花朵時，它突然就消失了。我們必須仔細想一下，決心對什麼感受給予鼓勵，以及抑制孩子們的那些感受，還是我們沉默不語去迴避，就像迴避一個痛處。孩子們會由於迴避，而得到一位處事生澀朋友的善意規勸。

心靈接觸的感覺是我們在感受領域內最為重要的感覺。僅憑這一點，就可能讓孩子的精神與一些重要的問題步調一致，也可以使我們相信他們有做好所有重要的事情的能力。我們希望他們一直改變。在成為一種思想或行為之前，敬畏之情是一種感受，是一種能夠交流的感受，就好比手電筒的光，只在電流接觸時才能發光。

當我們看到這樣一幅景象：一隻鳥站在牠的巢上，一位老人在茅舍的屋門旁，一個古老的村莊裡寄託著全體村民渴望的教堂，我們一定有感受，孩子們能夠伴隨我們的感受，而產生自己的、同樣的感受。這可能就是一種情感的交流吧。

感受最明顯的特徵就是輕視可恥的習慣。孩子很容易對感受產生另一種看法，這是因為所看待事物具有適宜性和美妙之處。而且我們都輕鬆的欣賞或藐視同一個事物。這兩種感受說明了我們所觀察到的微妙的文化十分重要。因為在對這一特性的簡單評論中，忽略了對人的區分，而關心於一人或一事物滿意的原因，或不滿意的理由。

不同的人物對於感受的擁有者來說，那種特有的欣賞習慣是一種恬靜的快樂，也是因為他對和自己有關的人物感到心滿意足的結果。反過來說，沒有欣賞習慣的人，雖然這種感受，也可以透過一些愉快的刺激，來滿足自負感，不過會擾亂平靜，使得他自身不協調，與周圍的環境也不協調（我不喜歡這種人或這種事，因此我知道得更清楚或我比其他人做得更好）。

藐視的態度，不會有快樂相伴！不過在對待這一類感受，我們也必須牢記：機智、同情和善於交流的這種感受是我們最好的工具；感受是直接的，不是被推理出來的結論；不能不明是非的質問我們的表揚或批評；在處理這

些方面問題時，我們對孩子不能有所保留，但也不能太警覺，因為，即使是最小的疏忽。也可能傷害到嬌嫩之花的感受。

　　家庭成員經常嘲弄是非常有風險的事情。不過開些小玩笑卻十分有益於健康，而且能活躍氣氛。必須注意，開玩笑的方式必須得體恰當，尤其對自己的長者。因為孩子們相互已經很了解了，比起對孩子體貼入微的長者，感情上受到的傷害明顯要少很多。

　　處理好年輕人的感情問題是一個細膩的任務。在反映出自我意識的時候，感情不能隨便表現出來。那麼什麼是敏感的感受呢？對自己或對關於自己的事情的敏感程度又如何呢？對別人的忽視或輕視、責難或讚許，是否已經準備好了，這些敏感性本身不具有很有值得參考的規律，並且它需要仔細的指導，才能保證健康的情況。明智的不予理睬也是一門藝術。

　　當一個女孩說出或透過別的方式表示，她想知道你對她的看法時，你不能殘忍的告訴她，你對她根本就沒有什麼想法，可以讓她察覺到你的注意力正集中和你們倆無關的事物上，這就已經足夠了。當她接受了這一暗示後，再說什麼，就不會使她感到痛苦了。

　　一個不可改變的法則就是，我們的感覺必須在事物之外找到其領地。年輕人在敏感問題上若糾纏不休，就很可能產生危險情況，這需要的就是小心和一定的技巧。這一重擔，應該讓年紀比較大的人挑起，不管他們是這些年輕人的父母還是朋友。極其危險的事是：辨別不出孩子是否有同情心，若感覺上反應遲鈍，也是極具破壞性。因此父母必須謙虛、謹慎的處理好孩子們，或者年輕人的情感這份精細的工作。我們必須以溫和、親切的方式來對待孩子們，培養他們既優秀又機靈的氣質。這就是我們唯一能夠做好的事情。

神聖的知識就像美德

■ 拉斯金的教育思想

在現代思想上，拉斯金（Ruskin）先生做出了十分重大的貢獻。他那協調又崇高的教育計畫，以及他的教育哲學，完美的展現在我們面前。從他稱之為「拱頂書」的一座房屋中，可以清楚的體會到這些。而那座房屋就是位於佛羅倫斯市的新聖母大殿旁邊的一座西班牙式小教堂。

在拉斯金的引導下，很多讀者已經去研究了房頂和牆上它的壁畫所呈現的啟發式教學。這些壁畫也許會使所有人充滿讚嘆、崇敬之情，使他們想起經過深思的這些訓誡。

聖靈的子孫在一進門左手的房頂上，而聖母和門徒們則聚集在上面的一間屋子裡，下面則是正在傾聽聖母和她的門徒用他們自己的語言在講話的，米提亞人、帕提亞人、和伊拉姆人。3隻狗在一個突出的位置上，其宗教目的，就是要表現即使是下等動物，同樣也能分享耶穌的慷慨。西蒙·梅米的作品位於小教室的對面，依照當時的理解，意圖表現造物主的教育力量和耶穌的挽救力量。

我們首先對有知識的人進行講解。聖靈被畫在拱門的上面，下面畫的是3個福音派新教會的天使。有人說，是他們造就了科學、愛、信念和渴望，以及智慧。再下方是4個的美德之神，他們是自制、智慧、正義和勇氣。再底下就是穆罕默德（Mohammed）以及他的門徒。在預言書的下面是7個神話人物以及7個自然或地質科學的人物形象，他們作為這種聲音召喚的力量，在他們的腳下各有一個世界上的鼻祖畫像。

對於拉斯金的教育思想，我們希望讀者能繼續研究。儘管在《佛羅倫斯的早晨》中談到「拱頂書」「充滿了教育思想和建議」。但是現在，我們所關心的是7個神話人物和他們的鼻祖，他們代表自然科學。

我們先來看看語法，一個正在為3個佛羅倫斯小孩講課的優雅的人物，

下面是語法學鼻祖普里西安（Priscian）。第二個是修辭學，一個身體矮健，沉著冷靜的人物。下面是漂亮的修辭學鼻祖西塞羅（Cicero）。第三個是邏輯學，是個姿態優美，面容可愛的人物。往下就是哲學鼻祖亞里斯多德（Aristotle），他半閉著眼睛好像在思索著什麼。第四個是音樂，這是一個頭部前傾，正專心的傾聽，自己用古樂器演奏出來的甜美而莊嚴的樂曲的人物，下面是音樂鼻祖，和聲的創始人朱巴爾·凱恩。

這是一個非常好的例證，它能證明偉大的思想可以透過藝術，對半開化的人類靈魂產生強大的衝擊。

第五個是天文學，一個眉宇間透露出威嚴，舉著手的人物。下面就是天文學鼻祖瑣羅亞斯德（Zoroaster），他頭上精心盤捲著絲般順滑的頭髮。第六個是幾何學，一個手拿曲尺，向下望著，好像在考慮一些實際的問題的人物。下面是幾何學鼻祖歐幾里得（Euclid）。最後一個人物是算術，一個伸出兩個手指正在計算的人物，下面就是數學鼻祖畢達哥拉斯（Pythagoras），他正埋頭於數字研究。

我們常說「造物主的思想比人類的思維方式要開闊」，但是在這裡，我們卻可以看到人類那無窮的智慧，以及非凡的洞察力。就像壁畫所表現的，我們彷彿真的擁有了造物主的思維方式。當代的教育觀念，我們要在下面一一列舉。

■ 宗教在教育中所產生的作用

把教育分為宗教和世俗，是我們先要做的。很多虔誠的宗教信徒主張，宗教教育與世俗教育同時進行，不過我們當中很多人更容易接受世俗教育，並且對這種教育十分滿意。我們這樣理解世俗，它完全限制於對現實世界的利用上。

在許多宗教信徒那裡，認知表現得更深刻，他們認為一切都是以某種方式為造物主服務的，甚至是語法和算術也一樣。不過我們卻從不這樣認為。我們否認造物主或聖靈就是知識的傳播者、年輕人的教育者或智慧的啟迪者。

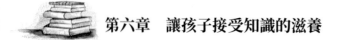

　　假如我們把教導孩子數學的工作，也作為神聖的教育，我們把這當作是對造物主的褻瀆。但中世紀的佛羅倫斯派思想要更深入，它認為不只 7 種課程（或文理科目）都是聖靈的直接產物，而且所有有價值的思想，不管是歐幾里得的幾何，還是語法，以及音樂，它們都產生於聖靈賦予的靈感。我們不必考慮這個獲得靈感的人是不是自稱為神，他的靈感從何而來。因為這 7 個人物都被我們稱為異教徒，他們通常被認為是不可能得到神的啟示。佛羅倫斯派深受這種教育思想的影響，不過，想抓住它的核心卻十分不易。

　　不過即使是靈感我們也不能隨便接受。在中世紀，是否人們的教育計畫和觀念就是正確？對於這種思想，柏拉圖的辯論中談到知識和美德基本上一樣。

　　假如是神賜予我們美德，那麼知識也一樣。在這個問題上，古埃及人有自己的見解，法老對他的僕人說：「我們是否能找到一個神靈附體的人呢？」這位埃及國王，對如何解決日常生活中的實際問題，以及如何處理緊急情況的教育都很重視。所羅門（Solomon）揚言造物主之靈附在他的身體上，這樣他就可以預言未來。我們可以把每一項偉大發明都看作是這樣形成的，把所有的自然之謎都當成是這樣揭開的，因此大衛（David）把自己的兒子獻給了所羅門。不論是貴族還是平民，造物主還是俗人，所有人的思維模式都是這樣的。於是，我們得到了一個啟示：所有最美的概念都依靠藝術的形式加以表現。

　　像科學、藝術和詩歌這樣的高階主題，往往會受到靈感的垂青。人們因此會思考，是誰最先發明了最基本的生活必需品，又是誰最先創造了取火、黏土和木料，是誰最先冶煉礦石，播種和磨麵粉的方法呢？

　　對於日常生活中的普通事物，我們每個人都應該有基本的認知。而對於構想者來說，了不起的事就是每個靈感在最初閃現的時刻。那麼他最初的靈感來自那裡呢？令人感到高興的是，在這樣一個典型的事例中，所有問題都會迎刃而解。

　　為了播種，農民一定要整天犁地嗎？他需要敲碎田裡的土塊嗎？何時他

的笑容才會展現出來？他不會為了收穫最重要的小麥和大麥，卻丟棄雞䎬，散開歐蒔蘿。造物主始終教育他必須謹慎，儘管雞䎬不能用脫粒機來脫毛，也不能用車輪壓在歐蒔蘿上，但是雞䎬能夠用棍棒敲打，歐蒔蘿可以用柳條抽打，小麥脫粒後還沒有完，還需要用車運輸，最終磨成麵粉。要想完成這些工作，需要的是大家齊心協力，共同努力。

■ 教師與造物主親密合作

造物主的確一直在指示和教育著我們，無論在科學方面、藝術方面，還是在我們的日常生活實踐中。在教育孩子時，每一個母親都應意識到這一點。由於造物主是全能的，他不僅教育成群的孩子，而且會對每一個孩子實施教育。對於這個無所不能的老師來說，整個世界是一個太大的學校，他可以時刻關心每一個學生。然而我們對造物主帶給我們每個人的財富並不滿意。

哪些方面是造物主給予我們的指導呢？我們已經了解的這些指導，它包括孩子的信仰、希望和愛心等等。我們還猜想，是不是造物主還教育我們學會自我克制、廉潔公正、謹慎堅忍，以及學會語法、語言、邏輯、音樂、天文、幾何、算術等。假如佛羅倫斯派的老師們沒有提醒我們，也許我們已經忘掉了這些。教授的東西還包括其他方面，比如對工具和設備的使用方法，從刀叉到顯微鏡的使用，還有合理安排所有的日常生活。母親應該把初生的嬰兒當作一幅彩色的畫卷，並且對孩子不要過多的干預。

我們的工作好像與造物主存在緊密的連結。在與造物主有關的宗教事情上，我們可以了解到這一點。不過現在的新情況是，我們可以依靠造物主來教授知識，比如語法，同時也可以完全憑藉老師的智慧。

這裡並不是說老師可以透過語法課，將思想美德展示出來，還鼓勵孩子學習這些美德。當然這樣做十分正確，而且難以忘記。不過這裡應當指出，教師正是與造物主親密合作，才能把語法課講授得那麼精彩。

生活中的不協調，我們或多或少都有意識，但我們都願意服從造物主。失敗了會令我們十分難過，也會再接再厲，還會經過激烈的心理抗爭。應該

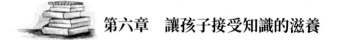

第六章　讓孩子接受知識的滋養

討論的是，精神生活就不需要我們特別關心和虔誠嗎？我們必須提高能力，提高審美水準，開闊思考、深入了解、提高欣賞和創造美的東西。

假如人們頭腦中出現的所有強烈願望，以及對美的追求與造物主無關的話，那麼，我們的生活裡，造物主也就存在的必要了。這樣的話，我們的生活被分成兩半，一半給世俗，另一半給宗教，那麼就會造成一片混亂，難以調和。如果是這樣的話，我們認為，是由於人們不忠誠造成的，尤其是那些年輕人和思想激進的人。我們現在需要的是才智，知識生活已經成為必要的，不容忽視的。這些事情本身很難對它的雙重性加以認識，或者可以說是本質的雙重性。如果有人堅決反對追求知識，他的結果就是失敗。

年輕人前程似錦，只要他們願意，每個都能夠成為自由思想家。不過只要我們充分認識到，所有思想與宗教的教育都與教師密不可分，那麼我們可以得到一個很大的空間，任你的思想和才智在裡面自由馳騁，追求你嚮往的真正的自由和快樂。

我們要遠離智力犯罪和道德犯罪。多姿多采的活動使我們的生活和諧而寧靜，造物主與人類的靈魂緊密相連，我們對罪惡靈魂的不良動機時刻保持警惕，就是因為我們認識了道德本性。我們都清楚智力犯罪與道德犯罪隨時都可能發生。談到原因，我們認為是由於有些人禁不起誘惑。而與學識淵博的老師在一起，我們可以學到豐富的知識、智慧和美德，這樣會令我們感到心胸開闊，精神愉快。

人類的教育者──造物主，不僅傳播知識，而且傳授道德。這種認知使我們滿懷希望，重新認識了自己所做的各種努力。究竟是什麼阻礙我們實現幸福生活的呢？

因為我們沒有了解到自己是帶有軀體的精神動物，要生活，有情感。生活和情感既為我們帶來困惑，也為我們帶來快樂。只要我們認識到自己是在用心靈和身邊的朋友以及關心我們的人真誠相處，我們就會發現，造物主就在身邊。就像一個人在春天突然停止談話，屏住呼吸去傾聽大自然的聲音。他會感受到大自然的鳥語花香，宛如一支美妙的音樂，而在之前他竟然從來

沒有察覺到。所以我們應該學會停止思考，我們會在無限困惑中聽到造物主帶給我們的音樂。它是那麼的清晰甜美，令人振奮和激動。

事實上，我們現在談論的並不是平常所說的宗教生活，也不是為了接近他而做的祈禱與讚美。我們談論的是知識教育，開發兒童的智力，這是我們的教育目標。

關於兒童的學校教育工作方面，假如我們始終都願意與聖靈進行合作，那麼對我們的產品該如何塑造，才能積極有效的合作並發揮作用呢？我們知道造物主就是生活。因此，沒有生氣的東西，絕不能和造物主產生共鳴，僅僅是抑制和壓抑他的積極影響。

教學要求有朝氣，我們必須把活生生的思想提供給孩子，而不只是呆板的概括事實。有了充滿活力的思想，孩子們就可以將它與事實緊密結合起來。我們認為孩子的潛力是無窮的，有理想的、有智慧的、有道德的、有精神的，是能夠從生活中獲得知識的，也可以從知識中獲得樂趣的。

■ 讓課本內容充滿活力

我們只要認識到這一點，就會意識到我們看來陳腐無聊的東西，對於孩子也是一樣的。

任何科學都需要新鮮而有活力的教學方法。比如教地理時，孩子們就會伴隨探險者一起去發現，伴隨旅行家一起去旅行。直接得到的知識新鮮而有活力，如果經過多次過濾後，再寫入教科書裡的知識就會陳舊而又枯燥。比如學習歷史，一連串的名稱和日期，是引不起孩子們興趣的。我們一直以為簡化的內容可以幫助孩子理解，實際上他的理解能力已經追上了我們，只是還不明白巧妙的運用到相應的情況上。

對兒童來說，學習歷史就是了解那些偉大人物的生活，這是我們能理解到的。這些偉大人物為當時的時代和國家帶來重大的影響。它和孩子們從歷史小冊子中學到少年亞瑟王（King Arthur）或別的名人小傳有著極大的區別。

學習歷史，就應該讓孩子了解生動的歷史源頭，7歲的孩子完全可以讀

懂普魯塔克翻譯過來的《普魯塔克》，不需要任何簡化和解釋。只有這樣鮮活的知識，才有獲得靈感的可能。孩子們得到突飛猛進的發展。孩子的進步速度可能會讓你感到不可思議。再比如音樂的教學，只要孩子掌握了美妙和諧的音律，也就是音樂的本質，就會發現那些奇怪的黑色小音符都在注視著他，那麼鋼琴課就不會單調乏味了。

所有的學科都有它各自的活力，即柯勒律治所講的主導思想。不過，到現在，還沒有一個是完美的教育體系。所有體系都會在使用過程中都會慢慢落伍。事實上，任何科目以及科目的分支，還有為孩子準備的每堂課都應該經過檢驗，看看它是否具有活力，是否對孩子有益，是否能為孩子帶來智慧的啟迪。

教師的生動而鮮活的教學固然十分重要，然而還有一件事也具有至關重要的作用，它就是兒童必須擁有書籍，而且是生動和優秀的書籍。父母必須為孩子選擇最好的書籍。

假如生活節儉，那麼就去減少生活中其他享受和奢侈消費，但必須經常為孩子增添新書，這就可以不斷豐富兒童的知識結構，這也是非常必要的。

教科書的作用

■ 關於「教科書」的內容

有必要反覆強調這裡繼續討論一個不太新鮮的關於「教科書」的內容的話題，讀者會覺得我又要老生常談了。但是，我們不像那些雅典人，為了傳播和了解新鮮事才聚在一起。我相信，我的讀者朋友們一定會原諒我的嘮叨，他們因此會了解到，一遍遍重複這些建議的必要性，如同那海水不斷衝擊岩石，直到最終磨穿它。當然，這裡的岩石所代表的就是人們對事物所掌握的認知，因此我們必須滿懷希望的繼續工作。

接下來我要透過一個從過去的資料裡讀到的故事，來說明我對教科書的看法。在西元 1837 年，弗雷德里卡·布雷默（Fredrika Bremer）發表了一部小

說《鄰居》，在書中她詳細的講述了一個女學生的故事（有可能就是她的自傳）。故事雖有點長，但是讀完之後，可能你會感謝我，因為這一段情節說出了我的觀點，而且它的效果比枯燥的議論要好很多 —— 我 16 歲的時候，右肩開始突出，這對於我來講是一件幸運的事情，因為我的性格並不安分。當時，比較流行透過練健美操糾正身體的各種缺陷，這樣我的父母決定讓我參加體形健美班。那天，我穿上整潔的褲子，綠色的外套，還戴了一頂鑲了粉色花邊的晨禮帽來到健美班上。有三、四十人已在那裡，打扮和我差不多，都聚集在大廳裡，正在操練著繩子、梯子、木杆上的舞蹈，那情景讓我感到既陌生又新鮮。第一天我躲在後面跟老師學了些彎腰姿勢和四肢動作。第二天起，我開始和一些女孩們聊聊。第三天我就和她們一起爭著上梯子、爬繩子。兩週快結束時，我被選為第二班的班長，開始鼓勵她們試著做各式各樣的動作。

當時，我正學習希臘歷史，我的大腦中充滿了希臘的英雄們和他們的勇敢行為，以至於在體操學校，我向大家建議都起一個古典男性的名字，在學校裡只能叫這樣的名字，諸如阿加曼農（Agamemnon）、伊巴密濃達（Epaminondas）等的名字。我自己起的名字是俄瑞斯忒斯（Oresteia），替同班最好的朋友起名叫皮拉德斯（Pylades）。有一個操芬蘭口音的瘦高女生，我十分討厭她，主要原因是她不尊敬我，對我的主意表示反對，並且毫不掩飾的表達她的態度……這樣我們就有了吵架的新理由。

儘管我痴迷希臘歷史，但是瑞典人同樣對我有吸引力，尤其是卡爾十二世（Karl XII），他是我崇拜的偶像，在班上，我經常向同學們講他的故事，直講得我熱情澎湃。

一天，大流士（Darius，就是那個高個子女生，她的本名叫布里特莎）迅速的，像一陣冰雹般的衝到我們中間，公開反對我，並且喊叫說沙皇彼得一世（Peter I）比我的偶像偉大得多。我強壓怒火，以盲目的熱情接受了她的挑戰。她鎮靜而熟練的羅列出許多事實來證明自己的觀點。當我反駁她的所有立場，想將自己的英雄吹到天上去時，她卻拋出本內勒和普爾塔瓦來展開對

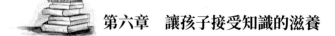

我的反擊。噢，普爾塔瓦！普爾塔瓦！有多少眼淚灑在了你血腥的戰場上，但沒有一滴比得上我在忍受戰敗時悄悄流在心裡的眼淚辛酸，就像卡爾本人那樣。爭論在不斷的升級，直到我衝我的對手喊叫：「我向妳挑戰，我要求決鬥！」她卻大笑著說道：「好啊，好啊……」我大喊道：「妳侮辱了我，我要求妳當著全班的面向我道歉，並且承認卡爾十二世比沙皇彼得更偉大，要不然，如果妳不是懦夫的話，我們就打一架。」布里特莎·凱奇莎臉紅了，但仍然擺出一副鎮靜樣子，說道：「真要請求原諒嗎？我可從沒想到這種事，打架嗎？好吧，我不反對！但是在哪裡打，用什麼打？用大頭針還是用劍由妳決定，要不就在這個地方吧，在休息前半小時我們在這裡碰頭。我帶著武器來，皮拉德斯是我的助手，妳也替自己找一個吧！」

第二天早晨我走進寬敞的沙龍大廳時，發現我的對手和她幫手已經等在那裡了。大流士和我彼此遠遠的傲慢的互致問候，我讓她先挑劍，她拿起一把劍非常靈巧的揮舞一下，就好像她早已習慣使用它了。我（在想像中）彷彿看到自己已經被刺穿心臟……「彼得沙皇是一個偉人，」大流士叫喊著，我喊道，「打倒她，卡爾十二世萬歲！」

我頓時變得狂怒萬分，擺出防衛的姿勢。大流士也做出同樣的動作，你來我往的打了一輪。過了一會，我的武裝被打掉了，我撲倒在地。大流士站立在我身旁，我想這下完蛋了。然而她卻扔掉手中的劍，拉住我的手把我從地上扶起來。我驚奇萬分，而她卻叫道：「好了，現在妳得到賠償了，讓我們和好吧，妳是個勇敢的小孩子！」這一刻，門口傳來龐大的聲響，接著擊劍老師和3個老師衝了進來，我一下子感到茫然無措。

我希望讀者不要只顧看熱鬧，卻忽略了這裡的道理和寓意，因為我們所要追求的，事實上就是這個小故事的寓意。

令人感到奇怪的是，教材裡的哪些內容能使這些瑞典少女們感到如此激動呢？書中也沒有什麼別的閱讀教學啊。

首先，我們可以推斷是課本使她們變成這樣。在18世紀早期，低年級開口語課、高年級開講座課的做法還沒有實施。我們在學校裡使用教材上課，

卻還從未聽說過學生會對表格式的歷史事件和表格式的科學事實，能夠產生如此瘋狂的熱情和放縱的激情，因此她們所選用的一定是另一種類型的課本，我們需要找出她們用的是什麼樣的書，以便為我們所用。

由於很難推斷，我們必須從女學生自身去尋找線索，這並不是說我們可召集她們給出直接回答，而是說如果我們能夠搞清楚她們的本性，也就能恰當的猜測出刺激了她們靈魂的到底是什麼？

■ 孩子需要什麼樣的書

這個故事只是證明她們是聰明的女學生，也可能她們父母都很聰明。這就是我們的目的。不過問題本身又昇華到：什麼樣的書可以帶給聰明的男女學生強烈的影響？

這些我們不必去細問，女孩子一般喜歡那些假正經的故事書，男孩子則喜歡非常刺激的冒險故事。可能每個人都有喜歡的劣質和有刺激性的精神食糧，而且很可能。當我們的思想變得愚鈍，甚至需要「輪椅」的幫助時，或許這樣的食糧對我們會有好處。

但是我們的精神生活應該是依靠其他的東西來維持的，不論是男孩、女孩、男人、女人。我們講的精神是指非肉體的，而是思想生活、感情生活、心靈生活。奇怪的是，起初看上去似乎很膚淺的每一個詢問，是如何將我們引向根本的原理的呢？僅僅一個看似簡單的問題，我們的男女學生應當用什麼樣的教科書？直接把我們引到了支撐教育思想的原理上來。

我認為，在我所提出的那層意義上來說，精神生活是只靠一種營養，即思想的營養來維持的。也就是活的思想產生的活的成果。假如現在我們寫信給出版商，向他索取一份教材的目錄，就會發現目前的教科書最大的特點，就是在書中已經找不到活生生的思想了，而且這樣的現狀，也已經被人們接受了。可能某個思想家的名字在書中出現，但是他的思想是被壓縮和節選的，留下乾巴巴的骨骼灌輸給不幸的學生，其鮮活肌膚、生動的色彩、生活的熱情，以及鼓舞的動力卻被剔除了。除了奧利弗·溫德爾·霍姆斯（Oliver

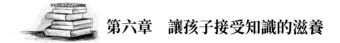

Wendell Holmes）所說的「僅是缺乏理性的事實」，幾乎所剩無幾。

需要我們謹記的是，資訊不同於教育。即使沒有任何教育方式，孩子也可以學習這樣的事實：塞席爾群島和科摩羅群島位於什麼樣的緯度、經度，就可以回答試卷中關於它們的位置的問題，不過如果他們讀了布蘭的《抹香鯨的航行》，他們幼小的心靈就會被這些名字刺激，這時候才表示他們接受了真正的知識。

對於教科書枯燥乏味的特點，明智的老師們非常清楚了解，於是他們返回來採用口頭講授的辦法，這種辦法要求的素養，就是絕對不能做書呆子式的講授。

活的思想只能來源於活的心靈，因此偶爾會有這樣的情況：一個重要的思想火花閃現在老師心中，老師將它傳遞給學生。然而，只有當老師對學科進行了創造性的思考時，才可能出現這樣的情況。

在一般情況下，口頭教授，甚至是更高階一些的講座，所需要的資訊內容都是老師從各種書本中獲取的。而且傳遞知識的語言風格也各不相同，也許是學究式的、也許是平淡無味的、也許是簡化了的語言，以方便閱讀。總之，對廣泛的學科，教師不太可能有濃烈的興趣，這樣一來，在廣泛的學科領域產生出獨創性的思想也不大可能。

為孩子廣開大門，使孩子進入豐富的教育和娛樂天地，這正是我們希望的。我們還希望在每一個領域，孩子都能找到活躍的思想，我們不能期盼一個學校有許多大思想家來操縱。即使有大思想家輪流來教小學生的話，對學生也是非常不利的。學生需要從老師那裡得到道德和心理上的訓練、贊同以及指導。從整體上講，對小學生的訓練培養，由一個博學的老師承擔是最好的選擇，而幾門課程在幾個老師之間傳來傳去反而很麻煩。

現在，我們開始真正明白了我們的需求。孩子們希望從我們這裡獲取更多的知識，對我們有很多的要求。我們對他們應盡的義務就是，調動他們的眾多興趣。每個聰明的孩子都會對我們發出驚嘆：「你把我領進了一個大殿。」

　　生活應當是積極向上，永遠是鮮活的，我們不能蹉跎時光，不必總是研究、感覺或思考，否則會太累。我們活在生活中，不論我們走到哪裡，聽到或看到什麼，都應當和某種強烈的興趣有密切連結。我們不必將這些興趣給予孩子們，他們從來都不要說學過植物學、貝殼學、地質學或者天文學，這才是我們最希望的。等他結束了他的教育課程，我們要關心的不是他知道了多少，而是他關心多少事，以及他想知道事物有多少種類。事實上，他跨進的殿堂有多大，才是我們真正要關心的，這也就決定了他面前的生活有多麼豐富。

　　你也許能把一匹馬拉下水，但是你卻不可能要牠必須喝水。我的意思是，我們還沒有引導馬兒去喝水。我們是給孩子幾本一些事實摘要的小課本，讓他去學，去說，臨考前還要去背寫；還是用我們精心的加工過的方式為他傳授各種知識，這些知識是經過老師的精心挑選，並且注入了老師的活躍的思想。實際上，我們一直都在出版這類書籍，這些書蘊含了思想家們關於各個學科的最新思想，我們希望的就是，把孩子們引向這些思想。

　　實際上，我們的確低估了孩子們。這幾年，我們已經承認了一個概念：即嬰兒是一隻大牡蠣，逐漸長成有著極高的智力和道德的人，成為一個成熟的男人或女人。於是我們開始相信：只有半流質的精神食品，才適合我們那具有「幼小心靈」的孩子們。

　　威廉‧莫里斯（William Morris）4 歲時讀完了《威弗萊》小說系列的第一本，7 歲時就已經讀完了全套，在我們看來，這一點也不奇怪，他不會因此而死掉，反而活得很好，並且相當不錯。約翰‧伊夫林（John Evelyn）的兒子小理查卻不是那樣的，小理查 5 歲零 3 天就死了。對這件事，如果我們了解到他對「希臘語有著強烈的熱情，能夠很容易的把英語和拉丁語進行互譯」，對數學有「奇特的嗜好，記住了歐幾里得的一些幾何定律」，可是就是這樣的一個神童卻早早的離開了我們，當然，我們也不覺得奇怪。

　　我引用小理查的故事是為了提醒大家，並不是號召大家來學習他。麥考利似乎天生就是一個優秀的讀者，他的有趣故事我們都知道。當漢娜‧莫爾

（Hannah More）來他們家做客的時候，這個 4 歲的小孩子居然能十分客氣的應對，他說，假如她「肯賞臉來看他」，他會為她奉上「一杯陳年佳釀」。他還解釋道，「魯賓遜·克魯索經常喝這種酒」。

儘管我們可以不必在意這些奇怪不尋常的孩子們，不過在他們身上，我們能做的就是：不斷提醒自己，記住我們的祖輩把孩子視為有理性的人，像他們那樣有思想有良心。不過孩子仍然需要他們的引導和控制，因為孩子們是沒有知識，也沒有經驗的。

我們可以去閱讀那些至今流傳的奇怪又古老的兒童書籍，它們首先將孩子看作是有理性的、有智慧、負責任的人。這源於上一輩人家庭生活的真實記錄，事實上，只要小孩子認識到了周圍的環境，他就會懂得自己在道德和智力方面負有的絕對責任。

孩子們的本性始終沒有改變。我們發現孩子在智力方面更加聰明、邏輯推理更有條理、觀察力更加敏捷、道德感更加活躍、更富有愛心、忠誠和希望。其實在所有這些方面他們和我們是一樣的，說不定還會超越我們。但是，關於這個世界和這個世界的內容，他們仍然一無所知；對我們以及我們的方法 —— 對於如何控制、指導、證明孩子們與生俱來的無限可能性，孩子們都是毫不知情的。

我們的工作，就是灌輸給孩子充滿活力的思想。習慣的物質中心在於大腦，而行為、性格一類的事情是習慣的產物，激動人心的思想刺激出新的思考習慣，由此而形成新的生活習慣。懂得了這些道理之後，我們就會懂得教育這一偉大工作的實質，就是用充滿活力的思想來激勵孩子，讓他們親密接觸各種生活關係、每個知識體系、每個思想領域的重要觀點。還有，特別要注意培養良好的生活習慣。這一切都是充滿生機與活力的思想的產物。在這項偉大的工作中，我們必須要找到神靈的配合，這對於現代思想更具有新的意義。

怎樣使用教科書

■ 教科書中的訓練科目

我們要追求的目標搞清楚之後，就可以問問自己：「孩子們學習的各門功課是否具有卓有成效的思想作基礎呢？」

我們拋棄了以發展為主要任務的思想，放棄了以偉大的現實思想為基礎的學科，我們通常以為它沒有營養，沒有效果；同時，卻保留了那些鍛鍊條理有序的思維習慣的學科。數學、語法、邏輯等等，不是純粹的訓練性學科，它們確實能夠開發智力。作為與教育密切相關的學校，熟悉的教育材料理所當然的很受歡迎。如果它們能在人的大腦組織上留有智力習慣的紀錄，我們會加倍重視它們。不過，我們不必過於在乎它們在發展某些才能方面的突出價值。

我希望再次掀起教育革命，並且不必把自己看作是「人才」，應當意識到，我們要做的事情就是接觸形形色色的人，他們可能來自不同的環境、不同的國家、不同的地區、不同的時代。於是，歷史會變得多采多姿，而文學就如同一面神奇的鏡子，映照出形形色色的思想；社會學研究將成為一項義務和一件快樂的事情。我們也將變得富有責任心，更加明智、謙遜、虔誠，承認人類生活中所有的責任和快樂。當然，我們超過這個工作計畫不太現實，不過可以把它放在我們的計畫裡面，因為在我看來，每一種生活都源於它的理想。

《聖經》上的某些道德教條確實有用，當然，我們要想挖掘道德情感的大倉庫，就必須去讀聖經的原文。下面是德・昆西（De Quincey）對此方面的論述，我們可以借鑑一下：

「在幼兒園的大量藏書當中，碰巧有本配著圖解的《聖經》。在一個個長夜裡，當我和三姐妹坐在幼兒園的門房裡圍著爐火讀書的時候，什麼書也比不了《聖經》，它使我們感到如飢似渴。就像神祕的音樂一樣控制著我們，

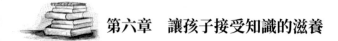

讓我們情緒激昂。有時候，我們十分喜愛的年輕保育員，她為了我們講解著我們看不懂的地方，也會盡自己的微薄之力的。我們的神情都有點憂鬱；我們的感情上的矇昧狀態，被屋裡一陣陣的朦朧和突然被爐火照亮的情景恰好襯托出來；也表現了那種令我們敬畏的力量和神祕的美感對我們的神聖啟示。總之，那個在巴勒斯坦受難的人是一個正義的人，他似人非人，比一切事物都真實，然而又像影子一樣不可捉摸。他的故事印在我們的心裡，就像黎明籠罩下的海水。保育員向我們解釋了她知道的關於東方氣候和我們這裡的主要差別；而這些恰巧在書中一一表現了出來，它們多多少少改變著事件和夏日氣候之間的關係。敘利亞的萬里晴空似乎說明了那裡有持久的夏季；信徒們採摘穀穗也一定是在夏季。然而，就是這個復活節的星期日（英國教堂裡的一個節日）像一首讚美詩一樣讓我搞不懂。」

對孩子的影響，還得借用德·昆西描述中，我們的祈禱對孩子影響的那一段優美的文字。

「在星期日的早晨，我們一家人一起去教堂，那是英國的一個老式教堂，有走廊、陳列室、風琴，一切都那麼古老悠久，令人起敬，它們的樣子大極了，顯得威嚴肅靜。在這裡，所有的人們跪著連續祈禱，每次我們來到那個過道時都能看到他們，這條過道和其他許多過道一樣都極為漂亮。在這裡，人們為了那些病人和孩子懇求造物主，於是造物主就會『把他的同情憐憫降臨到所有的囚犯和俘虜身上』，我偷偷的流下眼淚，抬起淚眼看陳列館的頂窗，在有陽光的日子裡就會看到一幅先知們才可能見到過的動人景象。在窗框裡鑲滿了染色的玻璃，從深紫和緋紅色的玻璃上流動著金色的陽光，太陽發出天堂般的光輝，它和地上來自人間藝術及其絢麗色彩的最壯觀的裝飾交融結合。那邊畫的是一群信徒降落到地上，這是地球的光榮。是上天對人類的愛護。那邊畫的是經歷折磨、火刑、仇恨和侮辱才見證了真理的殉難者。那邊還有一些聖人，忍受著劇痛，溫順依從造物主的意旨，維護造物主的光榮。造物主也對小孩子們講話，那是在夢中而且透過潛伏在黑暗中的神諭交流。但是首先要在孤獨中，透過一個國家教堂裡的忠誠布道，向沉思的心靈

發出有聲的指示，造物主贊成孩子們『聖餐不要被打擾』，孤獨雖然如光一樣無聲，但它也像光一樣是最強大的媒介，因為孤獨對人類是必不可少的。所有人都是孤獨的來到這個世界，最後又都孤獨的離去。」

■ 挑選和使用教科書

具有激勵和活躍人的情感的力量是好書的另一個特點。但哪些是好書？對這一點我不太想扮演祭司的角色。「百本最佳教科書」已經列出了一張單子，但沒有我的參與。

我只是提議關於教科書問題的一、兩個原則，也希望讀者仔細思考一下思考原則的運用。

比如，我認為我們要把權力交給孩子，讓他們自己從合適的書本裡選擇任何一門學科的知識。這樣做有兩個原因：一是孩子挖掘出來的東西才真正是屬於他自己的東西。二是灌輸到他耳朵裡的東西就會一隻耳朵進，一隻耳朵出，很少能被吸收進去。這樣說並不是在諷刺講座和口語課沒用，而是說這些課的目的應該是進行刺激和整理知識，而不只是向我們傳達知識或提供合理的知識、合理的講授構成的部分教育內容。

同樣，思想必須從思想家的頭腦中直接到達我們的心裡，這就需要靠他們寫的書來傳遞，這樣的話，我們就可以接觸到最好的思想。

我想就合格教材的最明顯的象徵說幾句。一本合格的書不一定就是很厚的書。9 歲的約翰·昆西·亞當斯（John Quincy Adams）寫信給父親，希望能夠得到斯摩萊特（Smollett）的第四卷書以便私下裡閱讀，儘管像他坦白的那樣，他的思想一片茫然。或許我們一些人記得自己虔誠的瀏覽阿莉森的卷冊頗多的《歐洲歷史》時，暗暗的體會到大部頭的書，可以增強讀者的美德。

不過現在偉人寫的都是小部頭的書，必須慎重選擇使用，因為有些小冊子往往只是摘要，以及學科的乾巴巴骨架子。當然，還有一些則是鮮活生動有內容。

同樣的道理，我們不必總是認為，一本書必須由具有獨創思想的作家去

寫。很多情況是，二流的思想懂得吸收他所讀過的書，關鍵的是他們能就此提出自己的思想（因為他們已經把它變成了自己的），而且他們表現的方式往往會比占有第一手資料的思想家更適合我們。

　　我們不在乎它是不是符合苛刻又可靠的絕對標準，是大書還是小書？是第一手的書還是第二手的書？我們辨明一本書是否有生命力的關鍵標準是它是否及時，以及是否包含了涉及主題內容的思想觀點。在我看來，只要達到這個標準就是好書。

　　儘管有了好書的標準，那麼如何正確的使用它們，就是另一回事了。孩子們應該喜歡書，這是前提，並且書中的每一個思想觀點必須都在孩子心中產生那種突然、愉快的影響，必須引起他們智力上的激動，這樣才意味著他們真正的吸收了一個思想。

　　在這方面，老師的作用就是透過自己觀察、感覺，然後利用會意的眼神或話語去喚起學生。但是，必須避免滔滔不絕的講解，否則，會使孩子們思想麻木。智力上的贊同能有效的激勵孩子。下面的情形我們都遇到過：

　　小女孩說：「媽媽，我覺得妳解釋那麼多，我反而不好理解。」一位老師說起她的學生：「我真搞不懂她是真正理解了一件事情還是只是機械的記住了。」

　　孩子是擅長模仿的高手，如果一味的講解，結果可能就是「機械的記憶」。我們說可以從書中獲取思想，絕不是說只能從書本中獲取。

　　勞動了就一定有收穫，至少某些勞動是這樣的，而思想的勞動就是孩子讀的書一定能讓他產生心靈感應。他必須運用他有能力的頭腦，進行概括、分類、推理、判斷、想像、辨別、運用等這種或那種的勞動，直到可以按照自己的決定吸收或拒絕書中的某些內容，這個決定權在學生自己手裡，而不是他的老師。

　　最簡單的處理一段或一章內容的方法，就是讓學生在認真讀過一遍後再講述它的內容。只能讀一遍，不管多慢，因為我們每個人都太相信自己，確信自己還會有去發現「這一部分內容」的機會。如同我們錯過當天的新聞，

還會有一週大事幫忙；假如又一次錯過，還有月或季度或年度的總結。就這樣，我們忽略了今天的歷史，讓它們輕易的從我們身邊溜走，總懷著這樣一份信念，以為最終我們可以去看大事記。這種習慣太不應該了，我們必須努力挽救我們的孩子，不要讓他們產生模稜兩可的想法，否則，他們就會指望有第二次、第三次甚至第十次機會，去做他們原本第一次就該做完的事情。

聰明的閱讀方法就是默讀，這完全不同與鸚鵡一樣的死記硬背。讓學生認真讀過一遍之後，要求他們就所了解的要點描述一番，再寫出一系列事件的發生順序，找出一系列辯論的關係，事實上，這是一種非常不錯的教育考試形式。律師、出版商、學者的努力就是為了獲得這種能力；而孩子們可以輕鬆的掌握這種能力，並且這種能力一旦被他掌握，他就擁有了脫離沒文化人群的法寶。

用書還有一種方法，列舉一下給出的段落或章節中的論述；分析每一個章節，將其按照不同的標題劃分段落，進行列表、分類；找出相互關係，辨別角色，觀察角色與環境是怎樣相互影響的；從書中吸取生活、行為的教訓經驗，以及和科學相關的知識 —— 男女小學生應該都有能力做到這一切，而且只有在他們可以用這樣的辦法來教自己使用書本的時候，我們才能說他們正在開始教育。

■ 教師的作用

首先教師要看一看需要做的事情，預先檢查一下每日的工作，想清楚那些課程可以提供什麼樣的心理訓練和重要的知識，再設置一些問題和任務，以便能夠充分調動孩子們的心理活動，讓孩子們自由的在空白處做筆記，要盡力寫得整齊、漂亮，因為對待書需要滿懷敬意。

為了保護孩子們的眼睛，教他們充分利用數字、字母、下劃線，避免不必要的摘記導致的疲勞。讓孩子們替自己列出若干涵蓋了所學內容的問題。當然，假如在教學過程中，孩子們的頭腦完全是在自問自答，那麼他就沒必要把答案寫出來了。

僅用暗示絕對不能涵蓋一本好教材的訓練用途，可是我們必須警惕，絕不能讓我們的訓練措施和我們用於獲得知識要旨並歸納列表的機械手法，成為孩子和書本的靈魂交流的障礙。書本的靈魂也就是指書本包含的生動思想。

近代科學給了我們很大的幫助，讓我們越來越親近自然，在我們面前藝術展現著無限的魅力，世界變得更加精彩紛呈。這樣的結果，竟讓我們漸漸的忽視了從書中獲得營養的藝術。我們根本沒必要將自己和孩子們的生活搞得貧乏無味。

這正如米爾頓的至理名言：「書絕對不是沒生命的東西，它們的確包含著生活的力量，這種力量和心靈一樣活躍，它們是心靈的產物；還有，它們真的很像是貯藏在小瓶子裡的孕育它們的生動智慧的最完美的功效和精華。正如利益能扼殺一個人，它也能毀掉一本好書；而所謂扼殺一個人，是指利益會令人喪失良知和理性，然而，毀掉一本好書，就等於毀滅了理性的存在，也就是毀掉了造物主在我們心目中的形象。」

讓孩子掌握思維規律

■ 父母為孩子布道

在培養孩子精神生活時，父母們可能深刻的感受到前所未有的神聖職責。父母們只有成為孩子的啟蒙者以後，最高權力才算實現；父母們只要把神聖的精神傳輸給孩子，才算完成了養兒育女的這一神聖目的。

困惑和疑慮充斥在這個世界上，因此，對孩子來說，增強他們的信心，使之堅定不移，就變成一個迫切解決的問題。有以下三種解決方式：

第一種，用我們的思想教育他們等待時機。

第二種，對已經出現或將可能出現的疑慮和困難，我們盡力幫助孩子解決。

第三種，教會孩子，抓住事物的本質。同時，還要關心當代的思潮，使孩子在接受各種新認知時，都能夠坦然面對事實，還要保護自己，免受致命

錯誤的影響。

第一種方法不公平，對年輕人來說，第一種方法有失公平。因為他們習慣了母親的保護，當困難來臨，他們往往發現自己無法應付，這樣匆忙得出的結論，不可能有好解決的辦法。這時，他們認為自己被培養成廢物，為此而氣憤，還為自己的懦夫行為氣憤。

他們把自己看成了懦夫，也為被時代拋棄而氣憤，這樣他們很容易轉變立場，成為一個好鬥、愛挑釁的人。

我們仔細看看第三種方法，首先是關於對當代思潮的認識。年輕人盲目崇拜當代的輿論，年輕人急於知道關於宗教和生活的全部重要問題。他們不會局限於父母所認定的思想領袖，他們熱衷於當代著名思想家的觀點，他們想被新潮思想拋棄，他們對每個問題的內在本質更感興趣。

當父母們看到孩子常常放棄自己的理想時，不應當為此吃驚。這樣的變故，一直存在於培養孩子的全過程。它一旦發生，誰都無法改變。自己選擇的領袖，孩子是公開追隨的，倘若家教太嚴的話，也可能是祕密的；從內心裡講，孩子們是虛心、謙恭的，改變著對父母的忠誠。對孩子的這種叛逆，父母們不應該感到氣憤，因為，如果我們的興趣超出了家庭的範圍，我們也有權利做出這樣的選擇。

當這一時刻到來時，我們雖然無法拒絕，但是可以提前做一些必要的工作。從嬰兒時期開始，我們就要逐漸淡化「所有權威都正確無誤」這一概念，即使這種做法會讓父母難為情，會有損大人的面子。

孩子正處於好奇的時期，會常常追問父母各式各樣的問題。這樣，父母常常就會用一些聽上去聰明、實際很模糊的答案，向孩子胡亂解釋。事實上，此時的父母用「我不知道」這樣的回答才是正確的。因為「我不知道」的回答能夠帶來求知的努力，以及為尋找答案所須做的必要研究。即使那樣，我們還會不時碰到書上可能存在的錯誤。採用這樣的教育，十分有利於實現心理的平衡和穩定。

讓孩子掌握思維規律

　　對科學採取保守的態度是一種保護措施。孩子的熱情確實應當受到保護，應該使他們懂得一生鑽研是值得稱讚的事情。假如能發現大自然的一個奧祕，或者能找到一種揭開自然之謎的方法，就是非常了不起的事情。

　　孩子可以崇拜科學領域的菁英，以及家喻戶曉的偉人。但是，我們必須用一分為二的態度看待這些，這裡需要提醒的有兩點：（一）對關於生命起源的根本問題的至理名言，保持沉默。（二）對真理發展的趨勢下，存在著曲折起伏的事實，一字不提。

　　因為這些曲折使人們對近 20 年來在至少十幾門學科的教育持懷疑態度。半個世紀以後，再把現在的發現運用到教育事業的整體規畫當中，這樣似乎比較明智。這樣做，是因為現在我們還能夠按照「比率學」去校準它，它只是相對正確的，並不是因為它是絕對錯誤的。

　　是不是所有的知識都超出了孩子的智力範圍？當然不是。孩子的每一點努力都應當得到鼓勵，讓他們對大自然更有熱情，對科學真理更加崇敬。但是，應該在合適的機會向孩子說明，科學知識需要循序漸進，為了讓孩子明白這些，還須舉例子。

　　由於新的知識可以引出新的結論，以及從已知的事實也能夠得出新的結論，所以今天教的內容可能到了明天就是錯誤的。「直到最近地質學家才認為……現在他們認為……但是他們在將來會有理由不這樣認為。」這就能看出知識是循序漸進的。下一個發現，可能改變我們以前的看法，它一直在時間的前方等著我們，等待有可能時間很長，最後的定論也是一樣。

　　儘管我們對已知的事情還解釋不清，但科學仍在不停的向我們「揭示」知識。而科學本身就包含著對精神生活的強大推動力，懂得這些就是擁護所有真理，這樣的話，必然結論也就自然會出現。

　　從另一個角度講，我們應該努力幫助孩子謀求心理上的穩定，這來源於一種對自我的認識。越早讓他們知道一些支配他們大腦的一些思維規律越

好,最好讓他們覺得這是與生俱來的能力。

讓他們明白一旦有了某個思想,它就會沿著自己的路線發展,就會在大腦的物質形式中確定自己的位置,就會從此產生一系列跟自己有關的思想。

年輕人懷疑心理的一個重要根源就是這樣的:當少男少女們認識到自己的思想過程後,他們非常吃驚。他們帶著自認為是「自由思維」的傾向去讀書,聽報告,然後他們驚喜的發現,隨著他們聽到的見解,他們的思想會沿著相同的路線思考下去,直到得出新奇的結論!所有這樣的心理激動為他們帶來了快樂的力量感,還有一種必然和肯定的感覺,因為起初的他們不打算去思索這事或那事。

這完全是自發產生的,他們相信他們的理性是自由的、不受其約束的。於是他們會去推想這些彷彿是絕對要自生的東西是否都是正確的。

如果從孩子小時候,我們就一直提醒他們:「只要管住你的思想,其他的事情就能迎刃而解;只要讓思想在你的大腦中產生,它就會駐留在那裡,確定好自己的位置,就會日復一日的重現,產生更多類似的思想。留意思想產生的時候,擋住那些錯誤的思想,放入正確的思想,確保自己不要陷入誘惑的圈套,這就是你的任務。」那麼,結果會如何呢?這樣的教育不會使人難以理解,它會讓人受益一生。

■ 孩子們的認知欲望

目前為止,我們提到是父母們作為布道者、先知者、激勵者的消極影響。天下父母無不被懷中天真的嬰兒深深的打動。天真無邪的孩子呼喚著「替我們打開正義的大門,讓我們進去!」媽媽的親吻和爸爸的注視,都流露出一種讓孩子免受世俗汙染的願望。

我們常常以為,孩子們對理解精神方面的事情,不太理解。我們自己都不能夠仔細、縝密的理解這些事情,稚嫩的孩子難道就可以理解人類的高階祕密了嗎?其實我們錯了。我們的實利主義的性情,是時間的滄桑造成的,而孩子們如清新的晨曦。

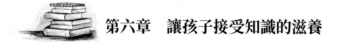

　　孩子們不認為精神世界有多麼神祕，他們所嚮往的，是一個無所不能的神話世界。

　　孩子如此的喜愛神話故事，是因為他們希望迴避現實世界的殘酷和狹隘。他們的精神無法在現實的世界中自由的呼吸。

　　可以想像，在監獄一樣的房子裡，小孩子隔窗而望，他在想像造物主到底是怎樣的呢？其實這個造物主並不遙遠，也不抽象，就是停留在他腳下或床頭的，一個溫暖而有氣息的精靈。當黑暗、危險來臨時，一個尋求保護和關愛的精靈，如同膽怯的孩子把臉藏進媽媽的懷抱那樣尋求安慰。

　　一個朋友向我講了發生在她童年的一個故事：

　　一年冬天，為了在學校補課，她每天天黑才能回家。雖然她非常膽小，但是由於自己的含蓄，她從未想過把那莫名的恐懼告訴別人。回家要經過一條河邊的土路，路兩旁長著茂盛的大樹，夜色下的樹影裡好像有著什麼東西；還有潺潺的流水如同竊竊私語。

　　這些都是她揮之不去的恐懼，每天晚上伴隨著她。當她沿著河邊一路小跑時，心就會怦怦跳個不停，一路上，「你是我的藏身之地，你會保護我不出麻煩，你會唱著救世的歌曲包圍在我的身邊」，在她的腦子裡反覆響著。一夜又一夜。幾年後，她長大了，應該不再有小女孩的恐懼了。但一年冬天的傍晚，她獨自一個人走在另一條河邊的路上，路邊有大樹，河裡有水聲。這時，過去的恐懼又回來了，伴著恐懼的聲音，又在她耳邊響起，並重複了一路。

　　這樣看來，一個藏身之地應該是每個小孩心中的造物主。

　　並不是無知使孩子對精神影響非常敏感，問題在我們身上，而不是孩子。加強精神教育是現代生物學思想的整體趨勢。小孩子的心靈是一片開放的肥沃土地，而種子就是至上的精神，它需要播種者精心照料。

　　我們應當帶著敬畏的心情，謙虛的態度，對孩子進行教導，把自己當成是造物主的助手，來教導孩子，這就要求我們盡職盡責，刻苦勤奮，要有莊嚴的意識。讓我們為孩子的高尚行為創造條件。「把孩子們交給我來培養」，

這是救世主懇請我們，但我們用自己的力量拒絕了。

在和孩子互動中，我們經常忽視這個觀念，孩子們並不是一直保持陽光燦爛的笑臉，即使孩子生活在最幸福的環境中，也會有情緒低落的時候。

這種愁緒，我們一般把它歸於身體不適或者外部環境的變化，但這些因素都是說明，孩子存在根深蒂固的不滿情緒。孩子們有強烈的罪惡感，如同他們的敏感一樣。

我們的危險在於：過於相信溫和的教育方法；不能嚴肅認真對待孩子；我們疑惑於理論和現實對孩子的定義。因為和他一起生活，我們發現他是一個非常真實的人，不過教育理論把他描述成介於「蠟人和天使之間的東西」。儘管他犯過錯，他貪婪、他有許多放在成人身上實屬可憎的東西如虛偽、惡毒、殘酷，但是我們卻說他越來越懂事。如果要我們評價自己的童年，一定會有不少人說「唉，我那時是個可恨的孩子」，這是因為我們記起了兒時的自我評價。

「自己是醜惡的」，這是許多活潑快樂的孩子對自己的評價；使「淘氣的孩子安靜下來」，並不是明智的做法。

因此，我們應該對孩子採用傳統有益的教育方法，而不是生搬硬套，把孩子領進死巷，更不該冒用新辦法，使孩子陷入困惑。

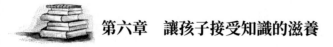

第六章　讓孩子接受知識的滋養

第七章
走向戶外親近自然

教育是一門關係學

■ 如何理智的運用孩子周圍的環境

我們的教育的性質就不必再次強調了，我們熟知「教育是一種氛圍、一種訓練、一種生活」。換句話說，我們知道父母和教師應當知道，為了促進孩子的良好教育，如何理智的運用孩子周圍的環境（氛圍），同時在訓練健康的生活習慣的過程中培養他；最好用思想，即人格牢固依靠的精神食品來豐富他的生活。

我們相信，習慣、想法和環境這三種工具，就可以作為我們撫養孩子時能夠合法運用的最好的工具。如果採取利用他們的敏感、情緒、欲望、熱情，走捷徑的方法，無論如何都會對我們和孩子製造傷害。因為，這三種工具都是外在的東西，它們互相幫助能為我們帶來最好的方法，但是直接干預成人或孩子的天性是絕對不被允許的。對他的虛榮、恐懼、喜好、模仿或是他與生俱來的任何方面，我們都不會產生任何重大的影響，正是這些決定著他將來會是個什麼樣的人。

聰明的父母親都渴望掌握教育自己孩子的方法，不過我們把太多的責任攬到自己身上，這是件很危險的事，因為我們沒有意識到我們的局限性，正是它，才使得我們在發展人性方面僅僅能做些外圍的工作。儘管孩子和成人的共同點很多，但也有差異。

讓孩子絕對自由自在的享受生活，我們不敢保證。但我們確實愛孩子，幫他們擋風遮雨、減輕痛苦，讓他們躲避困難，不讓他們知道這世間的痛苦、罪過、欲望、受罪、疾病和死亡等，不惜一切代價的要把孩子保護起來。有些人甚至不讓孩子讀神話故事，原因就是，這些故事把生活中的醜惡現象，突然的帶到毫無準備的孩子面前。

我們為孩子包攬得確實太多了，當然，我這麼說不是覺得應當把孩子們稚嫩的心靈推向痛苦的邊緣，我的意思是我們應當懂得，生活也會為他們服

務。而且造物主會給予他們一些特殊的保護，如同大氣中的臭氧抵抗紫外線輻射一樣，避免他們遭遇傷害性的打擊。

關於我們的這些做法，華茲渥斯的經歷值得我們借鑑。我認為，我們確實沒有充分利用我們手上的兩位大哲人 —— 華茲渥斯和拉斯金的教育自傳。事實上，正是他們為家長和教師們提供了許多寶貴的經驗和教訓。

據華茲渥斯的講述，他剛到霍克斯海德村的學校，就看到人們從埃斯韋特湖裡被打撈上來的一具自殺的屍體。儘管這是很恐怖的故事，令我們欣慰的是，孩子並沒有受到驚嚇。正是這個小男孩在那裡看到了整個過程：

「儘管我當時未滿 9 歲，但是我不覺得害怕，因為過去我曾想像過這些情節：在神話的國度裡、在波光粼粼的河流中、在浪漫情調的森林裡，因為有理想化的神仙的裝點，悲的景象變得神聖；故事變得高雅、流暢，如同希臘人的藝術作品和最完美的詩歌。」

我們很高興，這個孩子的故事告訴我們，一切可怕的景象都被一種詩意的氛圍所代替，使孩子只感到了美的存在。這種詩意的氛圍如同一道保護屏障，是小孩子靠著他那微妙的想像力從神話故事中編織出來的。

但是我們故意去冒險，也沒必要在談到大火、海難或任何恐怖事件時，保持一副平靜而實事求是的語氣。有的小孩很脆弱，他們一想到約瑟夫掉進坑裡就會做惡夢，而一部分成年人對報紙或小說裡的鬼怪故事也不敢正視。我們迫切想告訴大家的是，我們應該自然的對待孩子，允許他們享受自己那份生活的權利。謹慎和沉著，就是我們對待孩子的行為原則。

■ 讓孩子自然的生活

家長的首要責任就是讓孩子養成好的習慣，阻止不良習慣的侵入。需要提醒家長們的是，不管是有用的還是沒用的，習慣的作用很有限，而大量的自發性的生活始終朝著一種傾向進行的。因此，我們只能在適當的機會，不經意的播散重要的思想。儘管是老生常談，但請讀者原諒我的再一次提醒：我們的教育方式不會改變。

不必因為不希望硬向孩子灌輸有成效的思想，而放棄了我們的努力，對培養孩子的良好習慣，以及明智的利用環境對他們進行薰陶也不再機智、耐心了。

教育到底是什麼？下面的警句能給我們答案：教育是關係的科學。我站在赫爾巴特的角度再重複一遍：事物是相互連結的，我們必須小心謹慎的把正確的事物歸納成類，這樣的話，每件事情進入孩子的頭腦之後，就可以與自己的同類相聚在一起，共同形成一個強大的派系或「知覺團」。

這樣的事實是我們非常關心的：我們每一個人和現在的、過去的以及未來的一切事物都有直接的關聯，包括精神上和物質上的關聯。而且對我們每個人來說，我們生活得是否充實和豐滿，會是怎樣的形式和內容都取決於我們對這些關聯的理解程度，以及我們掌握住了多少種關聯。

喬治·赫伯特（George Herbert）的這段話可以解釋我的意思，那就是人的全身都是對稱的，都有比例關係，一條肢體對應另一條肢體，甚至整個外在的世界都是如此；每一個部分都能找到另外一個做兄弟，對於頭和腳來說，它們有著隱蔽的和睦關係，就像月亮和潮汐那樣。

所有的孩子都有繼承一筆龐大的財產權利，都是整個文化各個時期的繼承人。那麼，讓孩子擁有屬於他們的那筆財富所必需的正式手續是什麼呢？要是教育的而不是法律的。要知道，現在對孩子的觀點和立場都已經發生變化了，主觀已經不復存在了，客觀取代一切。

發展才智、訓練道德品行、指導宗教情感以及按照孩子的社會地位或未來需求對他實施教育，這些我們通通都不說。孩子的任何樂趣也不需要我們去研究。我們想當然的認為孩子應該是怎樣的，換句話說，我們依照的我們的認識去對待孩子，認為他是擁有大量的健康愛好和矇昧狀態的依戀情感的人。而且我們覺得，我們的主要事情，應該是為孩子創造機會，以使這些情感盡可能多的釋放出來。

嬰兒天生就有大量的認知世界的潛能，而且他們有著驚人的能量去挖掘這些潛能。

　　嬰兒甜甜的躺在媽媽的臂彎裡，在媽媽的撫慰下甜美的進入了夢鄉。媽媽的每一個眼神、每一次撫慰她都用心的感受著。媽媽的親暱行為，讓她體驗了世間的真情，她略帶困惑的接受著這一切，這種美好的情感累積成一種優秀的品格，讓她在人與人之間保持著親和與共存，並融匯在整個世界之中。

　　她把自己和母親、父親、姐妹兄弟、見到過的熟人、動物和昆蟲連結起來。她被土地、空氣、火焰等物質強烈的吸引著。她的眼睛渴望光明和色彩，她的耳朵傾聽美妙的聲音，她的肢體躍躍欲試，任何事物都讓她關心，這所有的接觸讓她得到了一種平靜的喜悅，我認為，這種快樂一定是來自孩子最初與外界的親密接觸，這種接觸使孩子適應現存的環境，並且在她的童年時代就能將生活和快樂融洽的結合在一起。

　　當她一個人的時候，她懂得去獲取關於任何事情的真實的知識，這些知識幫助她確立了她與特定事物的關係。

　　我們的作用是清除障礙，並給予激勵，等孩子過了嬰兒時期，我們便開始教育他們。我們將各種生動的接觸機會以及接觸範圍，放入孩子的生活中，那麼他就會擁有更廣泛、更重要的興趣，生活也會充滿更多的歡樂。

　　他一旦意識到了控制萬物的法則，他就擁有了責任感和服務意識，因為他知道，倘若沒有艱苦的努力，無論是和有生命的人，還是和無生命的事物進行交流，正常的關係他都不可能維持得了。於是，就會使他懂得了勞動的法則，發現了勞動的快樂。我們的作用就是為他們清除阻礙，激勵和引導他們，幫助他們去認識那個屬於他的思想和物質的世界。

　　我們認為自己是孩子認識世界的主持人，就是我們最大的失誤。不僅如此，我們還認為，除去我們有意為孩子安排，孩子和外界根本不存在共同性。我們就是具有這些想法的人！

　　假如把農村孩子的教育限定在基本三會上，那麼，他們就沒有什麼權利去要求更多的事情了。假如他們以為生活就是星期六晚上去啤酒屋度過，那錯誤一定不在我們身上！如果自己的孩子念完小學、大學，畢業後興趣還是不強烈，任何有意義的事情也不去做，那也不全是我們的過錯。別人叫他們

「蠢人」，令我們感到厭惡，因為我們知道他們是好孩子。毋庸置疑，他們都是優秀的人才，只是成才的時候還沒有到。

哈姆雷特（Hamlet）說：「每個人都有權利和欲望。」在偉大的伊莉莎白時代，這種情況真實的存在，而現在的人們，權利確實有，但是還有欲望嗎？除去必要的事情，我們還留有多少濃厚的興趣呢？應該是沒有，要不然，我們怎麼能如此迷戀乒乓球、橋牌一類枯燥乏味的活動。

事實上，「興趣」不是心血來潮產生的，而是形成於我們發現並抓住的各種密切的接觸之中的。也可能就像一位老作家所說的：「那些塵世和物質的東西，用過了也就花完了；只有智慧和精神，沒用過的就不會為人們所擁有。」

如果我們已經了解到為了孩子的將來，必須去做一些準備，可是沒有任何可靠的授權，那麼問題仍然存在，那就是我們應該怎樣準備。

■ 建立動態的連結

我們認為，孩子必須和土地、空氣、水建立起動態連結，他一定要跑、要跳，要知道騎馬、游泳。下面的《往事》選段中，說明了什麼是可以不去做的事情：

接下來又去了蘭貝里斯，上了斯諾頓山。當時假如我的父母對小約翰的優、缺點，有了足夠的認識，假如他們給我一匹毛蓬蓬的威爾斯馬，然後把我交給一個合格的威爾斯導騎和他的妻子負責；假如我得到他們的悉心照料，可能他們早就把我培養成了一個那個時代和那個地方的人……假如事情是那樣的話！然而，他們沒有那樣做，沒有把我扔進克洛頓運河，就像對我的表兄那樣，相信自己能夠憑著天生的本性尋找生路。相反，他們卻把我帶回倫敦。父親抽出時間，每週一、兩次陪我去那個像監獄一樣的騎馬學校。那是一片低窪地，其實就是一塊圍起來的四方形院子，裡面塵土飛揚，每次進入學校的大門，我就充滿恐懼，甚至是厭惡。在那裡，我被抱到馬背上，馬又蹦又跳，不是繞圈子，就是扭擺身體，往往會把我從馬背上甩下來。這

對於我們一家人簡直就是一種恥辱，對我則是一種強烈的羞愧和痛苦。最後當我扭傷了右手食指（直到現在還是彎的），才結束騎馬學校的事。後來他們替我買了一匹非常馴順的謝特小馬，從此就有一位騎馬教練牽著我和小馬在拿武德的小路上躑躅。

那個時候，只要一走直路，我的表現還挺好，我還常常走神。不過馬只要一拐彎，我就會從馬背上掉下來。如果沒有人對此大驚小怪，也沒有問及我是否摔傷過，我或許就幸運的學會了從屁股下面的馬鞍上找到一些啟示。但是恰恰在回到家裡時，被媽媽看到，於是每次跌下來我就越發變得緊張、無助，最後，我的這方面教育的內容被放棄了，我的父母盡力安慰他們自己，他們說我學不會騎馬，至少能說明我是一個奇才。

在畸形的環境下生長，拉斯金曾體驗過。他屬於居住在郊區的富足中產階級中的一員，這個階層的人們的特點就是，不太明智卻過分的關心下一代的教育問題，然而他們用愛心和嬌生慣養壓制了下一代的真正的生活內容，而且他們還接受這樣的勸告，說他們的孩子只要遵照大人們的想法就可以了，無須發洩什麼情感。

最好人人都經歷一下郊區生活，不過有時候這也是一種不幸，因為在富裕的郊區，人們習慣了自己的生活方式，切斷了與外界的很多連結，他們不勞動、怕冒險、卻很富足。我建議所有的住在郊區的受過教育的父母們，去閱讀一下《往事》。

拉斯金對父母滿懷騎士般的忠誠，為我們留下一紙莊重的訴狀，控訴對象當然不會是自己的父母，而是控訴那個使他受到限制的生活環境。我們可以從他的書中，聽到這個孩子不斷的呼喊，就像勞倫斯·斯特恩（Laurence Sterne）描寫的籠中的歐椋鳥：「我要出去！我要出去！」

有人會說，不論拉斯金受到的教育有什麼過錯，畢竟他還是從中掙扎著出來了，所以停止我們的追究吧。但是，我們想一想，如果在孩提時代獲得了他想要的生活權利，或許拉斯金就能成為一個更加偉大、出眾的教育家。當然，也許我們還可以說，在別墅裡出生、長大的孩子不一定都能成為像拉

斯金一樣偉大的人！

　　我們這樣說不是號召大家在建立動態連結的時候，必須仿效拉斯金的經歷，畢竟，父母並沒為他帶來什麼壞結果，他的母親從沒有讓他去過池塘邊，或者和小馬待在同一塊場地上。但是，他充滿感激的說：「在科拉克斯泰德巷裡的小水溝裡有許多蝌蚪在游來游去，我在那裡收穫了無窮的樂趣。坎伯威爾草地上有一個池塘，我年幼的時候，有一個最為珍貴的特權就是：得到保姆的允許，可以站在路對面敬畏的看著這個可憐的池塘。」

　　華茲渥斯的成長過程是雜亂無章的，這是他親口對我說的。他 9 歲時，被送到一所位於霍克斯海德村的普通學校。他寄宿的那種村舍大家應該都熟悉，房子的主人叫達瑪·泰森；他發現這個環境的一切事情，全都符合他的心意，他沒有專門去學騎馬、滑冰、曲棍球、網球，不過其他的男孩子讓他明白了，他必須像他們那樣做，要不然就會被看成是傻瓜。

　　那時的他在學校裡是個魯莽少年，其他孩子的母親始終讓自己的兒子過著那樣的生活：「我 5 歲時，就經常跳進一個從河流上截下來的小水坑裡，在炎熱的夏日裡，我一會跳進，一會爬出。」

　　關於他的童年，他說：「我的思想有良好的發育期，在我的成長過程中，我受到過美的激勵，也有過恐懼的刺激。」

　　他 10 歲左右的時候，被送到那個他非常喜歡的溪谷裡，為此他興奮的說道：「在那裡，我們可以盡情的做很多的遊戲和活動。」

　　霍克斯海德村的男孩子們幾乎什麼事情都做過！他這樣描述那時的情景：「我踩著滑溜岩石上的裂縫，抓住頭頂上的草結，守著一個烏鴉巢觀察，不過那種姿態持續不了太長的時間，彷彿一陣風就能把我吹倒，真的滑倒過，肩膀撞到了裸露的峭壁上。」

　　男孩子們去滑冰：「每個男孩子們都穿著冰鞋，沿著光滑的冰面前進；我們分成幫派，一起玩追獵的遊戲，一瞬間，號令一發，我們歡呼著，遊戲著，最後野兔被抓住了。」

　　他們做遊戲：「一日又一日，一年又一年，喧囂和吵鬧，在我們的生活

中不斷的重複著，夏季白晝延長，我們就會玩得更加盡興。」

他們划船：「夏天一到，放學後的時間就如同快樂的假日，用櫓漿在平坦的溫米爾湖面上飛快的划動就是我們的遊戲……這樣的划船比賽，從不會讓我們失望，也不會使任何人窘迫、痛苦或嫉妒，無論輸贏，比賽過後，大家都會躺到大樹下休息，一起放聲開懷大笑。」

年少的華茲渥斯也騎過馬。他和同學們從豐富多彩的假期返回學校之後，還會向「殷勤」的旅店老闆租借馬匹，他們跨上駿馬，「驕傲的勒韁繩，心急的策馬奔馳，啊！騰飛的駿馬！」返回家時：「我們翻牆頭，下河谷，懷著頑皮的心情，穿過崎嶇山路，掠過平坦的大道，繞了一圈之後，各自朝著家的方向跑去……」

兒童是快樂的天使

■ 兒童是快樂的天使

這個時代，我們提倡平等，我們認為在某些事情上，每個人都享有平等的機會。然而，聖誕的快樂，對每個人卻是不平等。世間存在很多貧困的人、傷心的人或遇到其他種種不幸的人們，他們根本無法坐下來，享受那聖誕節的快樂，以及進行感恩祈禱。總有不少人會遭遇種種不幸。不過，孩子們的存在，讓我們懂得了什麼是永遠快樂的孩子。

快樂永遠和孩子在一起，我們會隨著他們所想的事，與他們一起沉浸在快樂之中。

每一位母親都深知「誕生在伯利恆」含義是什麼，即使沒有孩子的人也會有這樣的感覺。我們在教室裡傾聽別人朗讀優美的故事，在大街上也會看到有人在吟唱著這些故事，教堂的鐘聲給予回應。過去的日子一去不復返，祥和、快樂、友愛與柔情充斥在我們心中，以及和孩子們一樣的心境。但是，這種感覺卻是稍縱即逝，我們很快就會回到日常生活的沉悶和瑣碎中

去，它令我們變得極不耐煩，我們也同樣渴望聖誕節的快樂啊！

　　不過有孩子的地方情況就完全不同了。即使是老掉牙的故事，當我們再次講給孩子們聽時，他們還會像第一次那樣，聽得津津有味。這個時刻，讓我們想起了自己從前的快樂時光，艱苦生活所帶給我們的煩惱，在那一刻就像魚鱗剝落一樣消失了。

　　與年輕、活力的生命在一起，我們又恢復了自己的青春，這時我們會感覺到永恆的生命就是孩子們年輕的生命。太神奇了！每一個懷抱孩子的母親深知教育孩子的任務任重而道遠，自己的母親當年不也是這樣？

　　孩子的體內帶有基督的生命和光芒，孩子就是真正的聖克里斯多福（Saint Christopher）。每誕生一個新的生命就是一個救世的福音，它提醒我們要謙虛的向小孩子學習。大概這正是促使世界進步真正的祕密，每一個嬰兒來到這個世界都帶著一個福音，這個福音就是他父母心中的希望。我們也是造物主的孩子，造物主也會把我們當成他的孩子。這就是每一個新生兒會帶給我們的啟示，無論我們對此是否在意，是否很快就會忘記。家長必須細細思考這些事情，因為兒童階段是神聖的，家長必須維護自己孩子的幸福。

■ 孩子的特點及教育

　　充分說清楚這個大課題可能性不太大，但我們可以描繪孩子的幾個突出特點。如何去維護我們從來不認識的東西呢？我們如何去認識從沒留意過的東西？童年最主要的特點就是謙卑。這種謙卑大概就是源於他們的無知，人們天性就反感無知，然而當他領會無知的含義後就會認為它是那麼的神聖。

　　關於謙卑，一位非常有修養的老作家的描述令人深思：「耶穌的謙卑，就是整個世界上唯一的一種謙卑，這是自從亞當之後從未有過的謙卑。謙卑只有一種，耶穌也就一個，只有耶穌能帶走世界上的罪孽。但是假如說還有超越耶穌的謙卑，那麼除了耶穌一定還有其他能夠帶走世上的罪惡的東西。如果說世上只有一種謙卑，只有耶穌的謙卑的話，而我們的造物主把小孩也看作是謙卑的，那麼就能夠推斷孩子內心一定具有神力和天賦，也就是我們

所說的無知。」

對於謙卑，我們認識的還不準確，我們一般認為它是相對的。比如由於某種原因我們往往會感到自卑，有的人對王子卑躬屈膝，卻認為自己比農民高貴。這好像就是我們不願謙卑的原因。我們感到這種相對的謙卑難以與自尊和人格的獨立相協調。我們所受的教育要求我們要學會謙卑，並把謙卑當作耶穌的風度，因此我們也並不反對謙卑。不過這種錯誤的概念卻讓我們對這個重要的美德感到疑惑。由於謙卑是絕對的，也是不相對的。人是不分貴賤。謙卑的靈魂不存在等級差異，萬物全都平等的。即使是嬰兒、報春花、小蟲子、乞丐、王子都是同樣的謙卑。

略微的思考一下，我們就意識到，對孩子而言，這就是很自然的一種狀態。任何人或事物都存在自己的利益，不過人或事物活動更加有趣。如果小王子請求說「我可以到街溝裡去和那個男孩玩泥巴嗎？」在街溝裡玩耍的小男孩也會同樣真誠的對待他。

對於絕對的謙卑，我們到底如何理解呢？絕對謙卑其實就是對所有人都一樣謙卑，沒有區別的方法。一般認為，謙卑就是沒自信的，老是說：「哦，你知道，我並不聰明，這些我可不行。」、「這種公共活動或類似工作，並不適合我做，我不應該去影響它們。」、「哦，我的希望就是孩子，希望他比我們強，反正我覺得自己是不行了。」、「你的孩子們有很強的優勢，希望我的孩子會有這樣一個好媽媽，可是我好像不行。」我們經常可以聽到類似的話，他們一本正經，毫不造作。說話的人好像覺得自己一直在保持著謙卑的風度。

但是，我們必須指出，我們提倡的謙卑絕不是這種自我貶低。造物主所表現的謙卑態度絲毫沒有類似的自我貶低。我們應當對這個概念加以重新理解。

由於孩子們的謙卑是以造物主為榜樣的，因此他們從來不說自我貶低的話。透過孩子，我們可以說，謙卑並不是去輕視自己，它是一種更高階的修養，一種神聖的狀態，能做到的人只是幾個年長的人。造物主的願望，就是讓人們保持謙卑。

　　謙卑不會自視清高，也不會麻木不仁。謙卑不會意識到自己的存在，這一點與其他美德有所不同。這是一種消極的品格，它使我們忽視了自己可以做一切平凡的工作。例如，為別人忍受痛苦，泰然處之的面對日常生活中的小事，以及煩惱與快樂。這些正是成為英雄和聖人所必備的品質。當祈禱的時候，我們要說：「我們的靈魂與造物主同在。」但在我們內心深處，又是那麼的自私。

　　基督教為人們提供了一個值得崇拜和敬仰的聖人，從本質上講，它是客觀的宗教。

　　我們的生活追求就是淳樸快樂，不過我們卻一直不知道自己需要什麼，一直對自己的過錯念念不忘，還不停的懺悔。大概，我們的精神狀態就是如此吧。宗教最初是以主觀形態出現的，透過我們的努力逐漸變得越來越客觀。

　　大體上講，孩子的行動偏向於客觀，忽略了主觀，也許這就是他們成為天國裡最受歡迎的人的原因吧。這種有哲人態度的特點，就是教育孩子的關鍵，它不是自然而然的結果。正是我們的教育，才潛移默化的培養了孩子的主觀傾向，使孩子的目標、性格和效率一直處於較低水準。然而，一旦我們對孩子與生俱來的客觀傾向加以引導，那麼我們就可以培養出他們的愛心、奉獻精神、英雄特質和人格尊嚴。

　　令人不可思議的是，我們看到，人們的每一種天性都存在其主觀或客觀的發展傾向。孩子可以全然不管為什麼要這樣做，只是吃飯喝水睡大覺就可以了。這一切，父母都會精心照料的，也會小心的避免他把注意力集中在快樂之上。在這一點上我們不必憂慮，因為細心的家長懂得在孩子的飲食上必須注意營養搭配，盡量多樣，這就能使孩子吃得高興，而忘記他吃的是什麼東西。換句話說，假如父母能夠注意食物的營養搭配，那麼孩子就不會再挑食了。

　　對於規範孩子感覺的重要性，很多家長可能並不十分清楚。每當一根帶子令孩子不舒服，一片玫瑰葉刺著孩子嬌嫩的皮膚時，都會使家長大驚小怪，立即給孩子安慰。此時的我們，對過去耶穌談到的 7 種美德和 7 種致命

的罪惡已經完全忘記了。在培養孩子的過程中，培養孩子的堅韌的品格幾乎從不考慮。堅韌的品格既存在於精神上，也存在於身體上。只有透過日常的小事，才能養成堅韌的習慣，關鍵時刻就可以表現出堅忍不拔的精神。

堅韌的精神應當從小培養，而且小孩也會非常願意接受這種訓練。教育孩子不必太在意冷熱，疼痛以及某種不舒服。只要不在意，這些感覺也就相對不存在。就是非常嚴重的牙痛也能夠轉移興趣而得到緩解。

整體來說，忽略自己的感覺就可以擁有更多的健康和快樂。倘若一直鼓勵孩子說「我冷，我累，我的汗衫不舒服」這樣的話，那麼女孩子就會變得歇斯底里，男孩子也變得疑疑惑惑。一個亙古不變的規律：感覺如同食欲，越是對它關心，你就會被它控制得更牢。哪怕是一點點輕微的疼痛和不適也會霸占我們的整個思想，使我們看不到生活中的快樂，體會不到世界的美好。

孩子應當學會忍耐，對自己的感覺也不須太在意。倘若孩子過於在意自己的感覺和食欲，那麼他就會失去謙卑，這個屬於自己最寶貴的財富，他會因此變得自私自利。即使孩子生病了，也要讓他學著忍耐，而不是給予他過分的關注。此時的他，必須學會漠視自己的感覺。

大多勇敢的小英雄都是自覺的去忍受極度的痛苦。憑著堅強的意志，痛苦反而大大減輕了，倘若總是誘導孩子對疼痛特別在意的話，反而會帶來更多的痛苦。我們說，當孩子遇到意外時，誘導反而會使他號啕大哭，假如周圍的人不加理會的話，也許他的感覺就不會那麼嚴重了。

斯巴達式的生活方式，就是故意向孩子施加痛苦，以培養堅忍的意志，這樣的方式與提倡忍耐不符。我們不應該為了讓孩子學會忍耐就使孩子陷入困苦，需要我們做的就是，設法轉移他們的注意力。

有一個家喻戶曉的故事：有個人聽說了世界末日將要來臨，於是就砍斷了自己的一條腿，不過他竟全然沒感到疼痛。這是由於他將自己的精神轉移到了別的事情上。

這是一個極具教育意義的典型事例，說明人如果轉移了注意力，那麼何種痛苦都能忍受。在教育孩子方面，我們倡導不必過分在意自己的感覺。然

而家長必須密切觀察，一旦遇到危險信號，必須考慮採取緊急措施。對於注意孩子的感覺，卻不被孩子察覺，我們一般是可以做到的。

就孩子的天性來說，那是相當複雜的，他們將來是大公無私還是自私自利，都是由我們的教育造成的。孩子以得到的心理暗示，來指揮他的愛心朝主觀方向發展，或者朝客觀方向發展。每個孩子天生就擁有無盡的愛心和正義。

早期教育決定著愛的河流是向左邊還是右邊，是利己還是利他。一開始就讓孩子學會從給予和分享中收穫快樂，從關愛他人和忍耐痛苦中感覺幸福，那麼他就會與別人和睦相處，也會明白什麼才是奉獻愛心、助人為樂。倘若讓孩子感覺到自己就是人們注意的焦點，他們一直關心自己，愛護自己，幫助自己，這樣孩子就會變得，只為自己著想，只為自己謀利，變得自私自利了。這樣的結果，錯不在他，是周圍的人使他形成了這種思維方式，慢慢的，這種思維變得根深蒂固了。

談談正義感的問題。它是孩子天生就有的。同樣道理，就像溪水流向遠方，方向只有一個：不是利他，就是利己。孩子要求公正完全是為了自己，很可能從一開始，他就一直為別人考慮。

有的孩子老是優先考慮自己的權利，優先考慮別人的責任。他們常說「太不像話！」、「這不公平！」就是這種思想的明顯表現。而有的孩子，恰恰相反，他們只想著自己的責任和他人的權利，他們永遠不會萌生自私的欲望。這也是我們所希望的。不過，我們首先要思路清晰，找到把孩子塑造成什麼樣子的原因，我們要巧妙的實現自己的願望只能這樣。不過事實上，我們正是用自己的行動毀掉了這個美好的願望。

每逢永遠是快樂孩子節日的來臨，讓自己的孩子得到最大的幸福和快樂，就成了家長考慮的主要問題。他們會一起回味造物主賜予孩子的謙卑，它使我們時刻牢記自己的責任和別人的利益。無論在哪個方面，孩子過多的關心自己，就會使他丟掉過多的謙卑品格。這是基本規律。在日常生活中必須保持謙卑，並付出堅持不懈的努力。特別是在節假日，必須盡量避免親朋

好友對孩子表示的憐愛，無論是哪種方式，否則會讓孩子覺得自己十分重要。

謙卑的教育是對家長提出的最高要求。對謙卑的要求，不僅要非常準確，而且也要達到最高標準。當我們向家長提出這樣的要求時，實際上是針對這樣的人提出來的：那些不畏任何險阻，為了自己的目標必定全力以赴的人，以及那些一直努力促進基督事業發展的人。

戶外運動親近自然

■ 增加戶外活動的必要

對於新鮮空氣的價值，住在鄉村的人們非常了解，孩子一直在戶外活動，有時還會在那裡睡覺和用餐。不過，在戶外用餐這個方面，就算是鄉間的人們也會忽視對它的運用。

溫暖的好天氣裡，可以穿個外套就坐在外面，為什麼不在戶外喝茶、吃早餐或吃一頓熱呼呼的午餐和晚餐呢？我們這一代人好像都有點精神過度緊張，神經過敏得如同高麗菜一樣容易結種。清新的戶外時刻，可以增加大腦的養分和身體的活力，並使人變得精神飽滿。

冷空氣的撫慰功能使那些皮膚發燒、頭腦作痛的人變得清爽，從生活體驗中他們得出一個新規則：「你應該盡量在戶外活動，而不是待在室內。」

在戶外用餐，除了可以獲得一、兩個小時的新鮮空氣外，還有其他的考量。在戶外，用鋁製鏤花的器皿用餐總是那麼的令人興奮，快樂的心情對食物和飲料轉化為有益於健康的血液和組織十分有益。這樣，孩子們快樂的童年回憶就可以讓孩子們自始至終儲存下來了。等他們老了，也能回憶起被記憶塵封的樹枝的影子在白色桌布上織成的圖樣。

陽光、孩子的歡笑聲、蜜蜂的喧鬧和花兒的香氣，這會為他們的生活增添更多的樂趣。

當然，能讓孩子到戶外去喝茶的，只有那些住在自己花園的人們。而大多數人居住在市鎮和城郊的人，這就出現了一個孩子一天應在戶外待多少個

小時的問題。

怎樣才能保護孩子在戶外的安全呢？這個時代人們壓力龐大，但保護孩子有一個不受干擾的成長時間，就是母親們的第一責任了。孩子們有 6 年的時間，是消極接受事物的時間，他們醒著的時候應當在戶外度過。只有讓孩子們順其自然，使他們的生活不存在矛盾和刺激，使他們的生活充滿和善的氣氛，這樣，不僅能使他獲得身體健康，也更有益於他的身體和靈魂、心靈和頭腦從食物中汲取營養。

「如果天氣好的話，我就一定會送孩子出去活動，冬天裡每天活動 1 小時，夏天裡每天 2 小時。」這是一個明智的母親說的。這樣很好，但還不夠。

首先，不是送孩子出去。最好要帶著孩子一起出去，這是因為儘管孩子有時應該獨處，但是，在戶外時間一般很長，父母應當盡量陪他，避免不測發生。從 4 月到 10 月，任何不錯的好天氣，都應該帶孩子在戶外進行長時間的活動，不是 2 個小時，而是 4、5 個小時，甚至 6 個小時。

一位精神緊張的母親說：「這不行！」她每天陪孩子出去的時間不會超過 1 小時，總是沿著人行道走到附近的倫敦廣場。我冒昧向大家進言，儘管我的建議不會在每個家庭都施行，但是我認為這對於孩子來說絕對是最好的。況且我相信，只要母親堅定她們創造奇蹟的決心，那麼她們就能創造奇蹟。可以坐 20 分鐘的火車或公車，最好拎上一籃子食物，到外面去玩上一天，這對多數居住在城市的人來說十分可行。假如能夠做得到，那麼何必在乎多幾天，最好每一個合適的天氣都這樣。

設想一下，假如我們用一些重要的時間去做這些事情，每一個人是否都會開心呢？

如何巧妙的利用這些黃金時間才能減輕母親的壓力，而讓孩子們不覺得厭倦？還可以更進一步的有效運用孩子們的大部分時間。快樂的心情應該始終伴他左右，否則，他們就會失去一些力量和新鮮感。而這些正是快樂的氣氛在他們身體中保持的。不必去管孩子們，最好讓他們獨自玩耍，讓他們從泥土和天空之美中吸收他們可以獲得的東西。

「現代教育的不幸就在這裡」，家長喜歡喋喋不休的說個沒完，「讓孩子們沒有一點屬於自己的時間，也沒有一寸屬於自己的空間，來供他們的幻想和自由馳騁，同時獲得成長。」實際上，這也為母親提供了訓練孩子的機會，訓練他們善於觀察的眼睛，樂於傾聽的耳朵，把真理的種子撒下在孩子敞開的靈魂上。這樣，母親進一步的幫助和更多的知識就不是那麼重要了，這些種子就可以發芽、開花、結果。孩子們可以在樹上歇息，在石南花叢中築巢，從中獲取他們希望得到的很多東西，不過發達的肌肉是源於更加積極的練習，所以，應該讓孩子花一、兩個小時去玩精力充沛的遊戲。然後在遊戲中，我們可以安插入一、兩節功課。

假想在一個微風輕撫的下午，母親帶著孩子來到讓人心情愉快的戶外。最起碼，母親可以免去了招待好孩子們的苦惱。為了達到一定效果，不需要故事書，不需要講童話故事，盡量不講話。我們不需要在孩子看馬戲團和童話劇表演時，想著怎樣使孩子愉快。這裡，無窮多的東西就不能款待孩子嗎？聰明的母親，到達後就會讓孩子放掉思想，狂奔呼喊，一陣陣的叫聲和喧譁聲響起，任何可能出現在他們小腦袋瓜中的放縱的喊聲由孩子發出。

無論孩子大小，在這裡都不會有明顯的差別。小孩子做功課和玩耍時，老喜歡跟著大孩子做，他們憑藉自己的微弱力量四處活動和做事情。對待嬰兒，也應該使他快樂，脫掉他的衣服，兩腿亂蹬，滿地亂爬，抓著青草，滿臉孩子式的柔和的微笑，用自己的特有的方式，來獲取對形狀和性能的點點滴滴的知識。為嬰兒穿上羊毛織的袍子，長而寬鬆，這完全不會影響他獲得的益處。

■ 讓孩子學會有識別的觀察

等所有的孩子全回到母親身邊時，母親應該趁孩子們頭腦清晰、目光敏銳時，派遣他們組成探險隊，讓他們去遠處的小山或小溪，樹籬和灌木林，比比誰觀察的東西最細，誰提到的東西最多。這樣的遊戲會令孩子們興奮不已。這種活動變化無窮，既有遊戲的精神，又有做功課時的精確性和細心。

「到山腳下的農舍邊，找出你能找到的一切東西，但不要找得太多。」一會，孩子回來了，一個個滿臉興奮，嘴裡又喊又嚷，將隨意觀察的結果叫嚷著灌進母親的耳朵裡。「那裡有蜂箱」，「我們看見有很多蜜蜂飛向一個蜂箱」，「有個大花園」，「是的，花園裡種著向日葵」，「那裡有很多小小的藍色的花，媽媽，妳知道它們是什麼花嗎？」

「可能是紫草花，蜜蜂喜歡這種花，牠會在那裡採蜜。」「哦，那裡的邊邊有蘋果樹、梨子樹和李子樹，還有一條小路在中間，妳知道的。」「果樹在哪邊？」「在右邊 —— 不，在左邊，讓我想想，我的頂針在哪一邊？對了，在右邊。」「對面還有馬鈴薯、高麗菜、薄荷和其他的東西。」「那麼，花長在哪裡？」「它們的邊界上，沿著路的兩邊。」「我們還要跟媽媽講可愛的蘋果樹，我想樹上有一百萬個蘋果，全熟了，像玫瑰一樣紅。」「有一百萬個嗎，芬尼？」「哦，很多很多，媽媽，我不知道有多少。」類似的話太多了，媽媽也逐漸的知道了農舍和花園的大致情況。

對孩子來說，這些就是玩耍，不過母親做的事情非常有意義，她鍛鍊了孩子的觀察和表達能力。當孩子們問「這是什麼？」和「那有什麼用？」的時候，她教給孩子物體的名稱和用途，使他們的詞彙量和他們思想的範圍得以擴大。孩子們講真話的習慣也得到了訓練，讓他們對事物仔細認真的進行觀察，並用既不遺漏、也不誇張的語言，準確的表達出來。孩子們描述道：「一棵大樹，向上長成一個尖端，樹葉很圓，沒有令人舒適的蔭涼，因為所有的樹枝都向上長」，這樣，他們就有知道這棵樹的名字的資格，母親也值得告訴他們關於這棵樹的更多知識。

不過，年齡小、經驗少的孩子，他們不能清楚的表達他們所描述的到底是榆樹，還是山毛櫸樹，也就不能給予獎勵。母親不必跑去看看那棵樹的樣子，更不應被哄騙著去講那棵樹，應該讓失望的孩子動身去看，回來時將會描述得更為確切，樹皮和樹葉是粗糙還是光滑。這時，母親應該考慮和他們交談，滿懷喜悅的孩子會拉著媽媽，告訴她詳細的一切。總是這樣的話，孩子就會慢慢的學會區分他們所熟悉的山水風景的各個特徵。

　　想想，當孩子們充滿愉悅的頭腦中，構想出形形色色的畫面，有千奇百怪的特徵，這對他們以後的生活，是一種多麼珍貴的財富啊！可悲的是，多數人回憶孩提時代時，都是模糊的，被歪曲的，不完整的，回想這些殘破不堪的記憶，帶來的只是令人傷感的情緒。這不是因為時間太久已經被忘卻了，而是因為他們從來也不曾仔細的觀察過。當時，看那些近在眼前的東西，僅僅是個朦朧的印象，當然隨著時間流逝，他們忘卻了那孩提時代視而不見的特徵。

　　大腦具有形成確切形象的功能，它能夠把我們環遊世界時種種「自然之美」的畫面，「拍攝」到頭腦中，這的確令人非常高興。為了這個目的，我們透過另一種途徑鍛鍊孩子，讓他們把近處的美景，細微的留在腦中，然而，要達到這個目的，他們只能透過看開闊的、遠處的東西。

　　讓孩子們久久注視小塊的景觀，再讓他們把眼睛閉上，回憶這些的畫面，假如有些模糊，可以讓他們重新再看，直到他們眼前的形象豐滿為止，然後再讓他們把看到的講出來。即「我看到一個池塘，池塘的一面有倒影，另一面有更深的倒影，池塘的邊邊有些樹，你可以在清澈的水中看到綠色的樹葉和樹枝，彷彿在水下有一片樹林。水中倒映著一小片藍天和柔和的雲，幾乎觸到樹的影子，當你抬起頭就會看到一樣的雲朵，不過天空卻是一大片，而不是小小的。一些可愛的黃色的水百合長在遠離水的邊界處，兩、三片圓形葉子翻起向上，像船帆一樣。我的附近，有三隻乳牛悠閒的喝著水，一隻下水很深，水幾乎淹沒了牠的脖子。」

　　其實，這樣的練習孩子十分喜歡。不過，由於練習注意力的強度增加，會令人疲憊，因為正是需要用力去回想，去重現，所以才令人疲勞，因此只能偶爾進行。但是，讓孩子透過這種方法，養成在心中記住一塊景物的習慣，的確非常有價值。當然，這種全面而細膩的觀察行為一般還是令人十分愉快的，不斷的要求兒童在頭腦中回憶他所看到的東西，直到它變成一個習慣，到那時，孩子不用借助意識的努力，就可以在頭腦中出現同樣的景物了。

　　剛開始，孩子看的時候會需要一些幫助。媽媽會說：「看樹的倒影！好

像是水裡的樹林。那些豎起的樹葉能讓你想到什麼？」此類的東西，一直到孩子注意到景物中的重點。

可能他會自己記牢兩、三個景物，眼睛閉起來後，把這些景物描述出來，這樣會令孩子們十分開心。這些模仿是非常微妙，也十分和諧，母親在敘述的時候所用的優美的想像的口吻，會使孩子在頭腦中再現這些景物，也會伴隨著變化。

孩子可以在「圖畫描繪」的遊戲中收穫樂趣，如果母親再向孩子描述她曾見過的偉大的畫廊的畫 —— 犁過的田野，裡面有玩耍的小孩子和一個正在編織的老婦人，把這些景物介紹給孩子，那將會更有樂趣。

母親可以接著講更多的，儘管她沒有畫在帆布上，沒有畫框，她卻帶來了整整一個畫廊的畫，因為只要她看到可愛或有趣的東西，她會一直觀察，直到她的頭腦中把這幅畫全部記下。因此，她就把它們帶在身邊了，成為真正屬於她自己的東西，只要她想看，就可以隨時看到。

把觀察儲存在記憶中的習慣，對尋求慰藉和休息放鬆十分有益，對於這一點人們做出的評價是最高的。我們即使非常忙碌，但也會有假日。那時，我們可以從桎梏中悄悄的抽出手腳，我們親密的接觸自然，拋卻傷痛，幸福且快樂。

呼吸的芳香，
安靜且沉著，
來自那些默然無語、無知無覺的萬物。

放鬆的時刻，每個人都會憑藉自己的判斷感覺到。但是，不是每個人都有能力，把這些帶給他快樂的新鮮畫面帶走。僅有少數的，能像詩人華茲渥斯一樣的人，才能描繪出他們看過的風景。

儘管缺席良久，
美還是沒有來造訪我，

如同盲人的眼睛看不見風景。

但是，在一個孤獨的房屋中，

在城鎮和市集喧鬧的人群中，

我再三的看到它們。

在疲倦的時刻，依靠它們，

甜美的感覺會融入血液裡，

融入心靈裡，甚至會躍入我更為純淨的思維中，

我獲得了安寧的恢復。

當然，這詩的才氣並不是遙不可及，只是讓人佩服。這不過就是母親把很多心思花費到看風景中，盡力與孩子交流的自然的回報罷了。

母親必須了解到，如果老是把孩子的話作為他聰明的證明，經常告訴他的父親或客人，那麼她就會使孩子簡單的快樂和客觀的特點遭到破壞。她最好能做出保證，無論如何，只要孩子在場，絕不向任何人說任何事情，以此來抑止自己的衝動，雖然這樣孩子就出不了風頭，如同一個沉悶的詩人。

■ 孩子眼中的樹木和花草

在欣賞和觀察記憶的過程中，應當讓孩子熟悉農間的事物和活動。只要農場有田地的話，就應該讓孩子們認識草地和牧場、苜蓿和蕪菁還有玉米田。應該全方位的認識，從犁耕土地直到收穫莊稼的整個過程。

在孩子們的周圍生長著各種小草，比如小米草、歐耙草、女蓬子草、柳葉藥草。對於這些都應該清楚的了解，描述出樹葉和花的樣子，對孩子來說不是太難，葉子的形狀，大小，從根部長起還是從莖上長，花的樣子是一簇花還是一朵單花，穗狀的情況等等。了解了野花以後，他們就不會忘記或認錯它了，還可以看看它生長的地方，以方便他們懂得在什麼樣的土壤裡可以看到這朵花和這類花了。

「我們可以在這裡找野百里香！」「哦，這才是沼澤金盞花的生長地，我

們夏天時曾到過這裡。」假如媽媽對植物也不甚了解，那麼安‧普賴特小姐著的《野花》對她就很有用，上面有彩色的圖樣非常逼真，足夠辨別各種花，還附帶常見的英語名稱，以及孩子們喜歡的有趣的事實和想像。用幾個月的時間採集各種野花，壓好它們後，製成乾淨整齊的標本，再寫上名稱、產地和每一朵花採摘的時間，這種活動十分有益，也是一項有益的訓練。比這更好的訓練還有，就是讓孩子將他們感興趣的花朵仔細的畫出來，直到形成習慣，甚至畫出整株植物。

讓孩子能辨別多種樹木，並說出它們的名稱。冬天裡，樹葉落盡，讓孩子認出橡樹、榆樹、梣樹、山毛櫸樹，並且把這些樹當作長久的朋友。

冬天裡，他們可以觀察白樺樹的樹幹顏色，橡樹的樹枝，無花果樹的長勢。等長出樹葉來，就能學到這些樹的名稱。漸漸的，春天來了，看看那些還很堅硬的樹木，看看那些光禿的樹枝裡孕育的生命。生命在樹葉的美麗神祕的嫩芽中跳躍，柔弱的嫩葉還在毛茸茸的、溫暖的防水外套裡棲息著。橡樹、榆樹、山毛櫸樹和白樺樹，它們各自都有自己的方式來包裹好、藏好它們的嫩葉。觀察「酸澄樹紅寶石般的嫩芽」和梣樹的嫩芽，梣樹的嫩芽像幼雄鹿的腳趾，只不過是黑色的。但是，仍然難以跟上自然奇蹟自我展現的步伐，「有時季節慷慨豐富，有時平淡無奇」。榛樹有兩種花，有飄蕩的花絮，還有只有雌蕊的小小的紅花，一串一串的，而柳樹只有雄蕊的毛茸茸的柳絮。彷彿節日盛會一樣，所有的樹都長出幼嫩的葉子。此時，應該了解樹葉長出的方式，學會辨別樹的名字。接著，花兒出來了，它們緊緊的包藏在靈巧的匣子裡，我們叫它為花苞，包裹得就像樹葉包在葉苞中一樣巧妙，但不是那麼嚴實，因為這些被包含的「甜美的嬰兒」，大都要延遲降生，要等到大地為它們鋪好溫床，太陽給它們友善的歡迎。

「想像一下，花朵本身就是嶄新的！」這是利‧亨特（Leigh Hunt）曾說的。當它來到這個世界，就是對仁慈善良的一種甜美的報答。當我們看到第一個樹莖從主幹裡抽出條來，樹莖上又長出一片樹葉時，我們感覺到的就是奇妙。當樹葉逐漸伸出它優美的小手掌，美好啊！再看一片又一片的長出來

了。隨後主幹伸展，長出更多的枝條，然後一個枝條長出了花苞，真是令人驚訝。然後，這個神祕的花苞漸漸的像樹葉一樣伸展，讓我們驚奇、陶醉、喜悅，又帶著警醒，好像我們根本不知道接下來會發生什麼，直到最後，花兒變得非常美，氣味芬芳，色彩豔麗，似是精心雕刻的柔弱而又栩栩如生的神祕的藝術品，羞澀的花朵流光溢彩，光彩照人。

花朵可能不是全新的，但是孩子是全新的。在孩子的長輩看來，孩子遇到的每一朵嶄新的花，對他們來說都不是一個「奇蹟」，他們也不可能每天都帶著無言的敬畏和喜悅來留意那神祕之美。這樣的話，他們就錯了。

對那些森林中的多種樹木，此時我們還沒有注意到，不過孩子們已經與它們形成了一種真摯的友誼。他們現在已經享受到觀察大樹開花的樂趣，同時也觀察到花朵和樹葉經常變換色彩，有些樹直到花開謝了以後才長葉子。漸漸的結了果子，孩子們發現每一棵樹上都有果實（也許有例外，不過他們暫時沒必要知道）。對於大人們來說，「種瓜得瓜，種豆得豆」，是陳年的老調子，但是，作為教育者，絕不能把任何知識當作陳腔濫調，而應該把自己放在和孩子同等的立場上，和他們一起驚嘆和崇拜。因為當孩子靠自己的眼睛看到一個個平常的奇蹟時，他把自己變成了另一個牛頓。

記錄孩子們的一個首要計畫就是保存日曆。對於孩子來說，第一片橡樹葉子、第一隻蝌蚪、第一片黃花九輪草、第一片柳絮或者第一顆成熟的黑草莓，是何時何地採得的，這些全是他們珍貴的記憶，為下一年他們尋覓自己的最愛提供了線索。每一年他們都會有新的發現。想像一下，每天這樣散步和遠足帶給他們的將是無窮的熱情和趣味，幾乎沒有時間留在家裡招待朋友。

記自然日記會讓孩子變得快樂。每天散步都增加一點新的內容：一棵落葉松樹上的 3 隻松鼠、田野飛過的一隻鳥、蕁麻葉子上一隻毛毛蟲爬過、蝸牛在吃高麗菜葉子和一隻蜘蛛突然掉到地上。他在那裡發現了歐亞活血丹，它的長勢如何，它周圍又長著什麼植物，常春藤和旋繞植物是如何竭力向上爬的等等。

發生在聰明的孩子面前的，需要記載的事物數不勝數，儘管孩子只有

五、六歲，也應該記清楚日記，能自由使用草圖來加以解釋。起初可能會將顏色混合在一起，這就需要媽媽的幫助，需要告訴他大致的原則，而不須具體指示。不要指揮他現在該如何，而應該說：「把這個和那個調到一起就成了紫色。」接下來，讓他自己來調準顏色。繪畫當然需要指導，這的確是有用的，可是孩子對自然日記是要主動記錄的。如果一個 6 歲的孩子想把自己看到的東西表現出來，那麼有了這樣的動力，他會以令人吃驚的充沛精力和表現力，畫出蒲公英、罌粟、鳶尾花和它們的葉子。

寫自然日記，可以用硬封面的練習本，但紙張一定要既能寫字也能畫畫的。

「我必須不停的思考，頭腦絕不能停下休息！」可憐的小女孩！如果你們讓他們枯燥灰暗的生活中多些聲音，孩子們都會感謝你們。成人的想像力極度匱乏，因此只好打發頭腦靈活的孩子到花園去獨自玩耍。我們通常不了解，這些孩子頭腦中充滿了蜂擁而至的思維，彷彿就要溢出來了！而大人的頭腦無疑就像磨石，越轉越圓，假如它再也沒有可磨的東西，它就如同一塊土地了。

以各種方式，鼓勵孩子去做具體的工作，讓他們仔細思索拿到他跟前的東西。不過必須讓他和實物打交道，而不是和生澀符號打交道，最好是和大自然的鮮活事物，草地和灌木籬笆牆，樹林和柱子等等多加接觸。

■ 戶外活動中孩子眼中的動物

一個充滿趣味和樂趣的領域就是「生物」領域，比如孩子們很快就和家養的動物建立良好的關係。我們生活的地方距離「真正的鄉下」可能太遠，因此對孩子來說，松鼠和野兔更像一個夢，而不是可以真實觸及的歡樂。

但是，牧場上（公路邊或鐵路邊）的池塘裡，可以抓到蝌蚪，用瓶子帶牠們回家放入養著，觀察牠們發生的成長：翅不見了，尾巴慢慢變短，最後完全消失了，一隻活生生的小青蛙正看著你。

你可能會在任意的石頭下發現螞蟻的王國。思考一下螞蟻的生活方式，

我們一直認為是個不錯的選擇。想想阿維伯瑞勛爵告訴我們的關於螞蟻的事實吧，一隻 12 歲大的螞蟻，他竟然認識，那的確是一隻非常了不起的螞蟻。

再談談蜜蜂。已故的狄恩·法瑞先生曾講的一堂名為「小蜜蜂在忙著做什麼」的課。儘管教師是智慧的，可是孩子卻毫無反應，忙碌的小蜜蜂並沒有引起他們的興趣。

狄恩·法瑞先生猜測著向學生詢問原因，孩子們竟然沒有一個看過蜜蜂。他說：「從沒有看見過蜜蜂！這表示什麼？」這幅兒童生活的真實的圖畫觸動我們了，蜜蜂、鳥和花都遠離了孩子。即使許多不是倫敦貧民窟的孩子，也區分不出一隻黃蜂和蜜蜂或工蜂與蜜蜂。

因此，應該盡量讓孩子仔細、安靜的觀察，讓他們真正認識蜜蜂、黃蜂、蜘蛛，毛毛蟲，蜻蜓的生活習慣和以及牠們的成長細節。「我從來沒有機會去發現動物有什麼習慣。」一些喜歡看故事書的小女孩會這樣抱怨，這正是她的錯誤原因。造物主賦予孩子明亮敏銳、用以觀察的眼睛，它們可以看清楚小小動物的活動（成人需要幫助才可看清）。

將螞蟻帶回家去觀察的方法如下：找兩塊 1 英呎的正方形玻璃，三塊 11.5 英吋長的條形玻璃和一塊 11 英吋長的條形玻璃，玻璃最好是 0.25 英吋寬，要求切割良好，容易契合。將四塊玻璃立著搭成正方形，留一個 0.5 英吋的地方敞著，用強力膠或黏合劑黏好玻璃。從螞蟻洞中捕獲 12 隻螞蟻（黃色的螞蟻最好，紅色的螞蟻愛惹事），一些螞蟻卵以及一隻蟻后。蟻后有普通的螞蟻的兩倍大，這可以清楚辨認。從螞蟻洞採集一點土，將這些放到玻璃的一面上，再將玻璃封好，只在較短的一塊玻璃邊的角落旁留下小孔，拿棉花羊毛堵上。兩天內螞蟻可能都會不安的遊蕩，接著就會安置泥土。每週將羊毛取出來一次，塞上時，在上面撒上兩、三滴蜜糖。3 個星期取出羊毛，用針筒注水一次，一次 10 滴。如果是冬天這些就不需要了，因為螞蟻要冬眠。事實上，這個「螞蟻巢」能維持好多年。

有些孩子比較怕甲蟲、蜘蛛、毛毛蟲，一般是由於成年人用牠們來和孩子開玩笑，或嚇唬孩子。金斯利（Kingsley）描述的孩子卻追著要「有趣的毛

毛蟲」、「可愛的癩蛤蟆」和「好玩的甲蟲」，他們的爸爸總是雙手小心的拿著這些小生命。金斯利對蜘蛛都會害怕，有的反感若想克服的確不易。不過，只要對於從小就習慣於拿著或喜歡毛毛蟲和甲蟲的孩子，不會輕易被害怕情緒干擾。

男孩會花不少時間去觀察他偶然遇到的新「幼蟲」，這可能使他成為一個影響力很大的人。家長可以讓他在日記裡寫出發現的東西，如果很費力，母親可以幫他記下在什麼地方看到的，幼蟲在做什麼，或者在孩子看來牠在做什麼、牠的顏色、形狀和腿。

也許他會偶然知道牠的名字，也會回想起對這個老朋友的描寫。

■ 戶外活動中家庭誘導的作用

如同一個博物學家，一種內在的遺傳特質發揮著這方面的作用，也許是繼承某個祖先的特點。對周圍活的東西，每一個孩子都有一種天生的興趣，父母必須不斷的鼓勵他們，因為在大眾看法面前，很少有孩子可以堅持自己的意見。

倘若你漠不關心或者感到厭惡孩子所感興趣的東西，那麼他們天生的樂趣也會逐漸消失，這樣大自然就對他合上了篇章。假如作為博物學家的父親，不總帶著他的孩子去探險，希爾伯尼就不會去注意附近幾里路上那些不管是活動的東西還是生長的東西，不管是鵝卵石還是大石頭，也很可能就沒有《希爾伯尼自然史》這本書了。

歐德本，一位美國鳥類學家，他也得到了這種早期訓練。他說：「當我幾乎不會說話的時候，也不能清晰的說出讓父母感到親切的第一句話時，我身邊的大自然界似乎不斷的吸引著我的注意力……我父親陪著我，向我講解鳥和花，他描述花兒優美的姿態、鳥兒美麗柔軟的羽毛，牠們快樂時的表現以及對危險的感覺，鳥的形體和外貌總是那麼完美。他說有的鳥會隨著季節的變化，不斷的離開或者返回，而且牠們的羽毛還會變顏色，真是奇妙。我研究的興趣被牠們激發起來了，同時我的心智也被打開了，使我認識到造物

主的偉大。」

　　獲得樂趣的方式很多，透過觀察麻雀的生活就是其中一種。這些小鳥，只要餵牠們麵包屑就輕鬆將牠們馴化。白天出門會讓孩子有機會了解新的事物，但是，關於麻雀就能作很多文章。

　　一個朋友寫道：你是否見過有人在圖勒瑞斯的花園裡餵麻雀，還與十幾隻麻雀談話呢？他的帽子上、手上都停著麻雀，麻雀在他的手指上啄食吃。他一抬手，麻雀都飛走了，又會重新落到他的身上或身邊，我曾經看到他在喊遠處一隻麻雀的名字，並不給其他的麻雀吃食物，直到他的「小周周」，一隻漂亮的雜色麻雀回來吃這些備好的食物。其他的麻雀也有各自的名字，一喊就來，只是我看不出牠們有哪些明顯差別。這群麻雀常常落在人行道上、長凳上、火車鐵軌上，成了這個聰明的法國人最專心的聽眾，牠們總是不斷的飛著，東一隻，西一隻，被叫回來吃頓豐盛的美餐。這個法國人和他的鳥兒讓人留下深刻的印象！

　　一個人如果不知道畫眉鳥體形圓胖，胸部有斑點，沒見過燕子飛翔的優美姿態和山鳥嫩黃的嘴喙，沒聽過雲雀從天空飛過流淌的歌，那麼，他就和「從沒有見過蜜蜂」的倫敦孩子一樣可憐。長毛的毛毛蟲很容易看到，與牠互動也很有意思，捉到的時候，牠正在急急忙忙向前爬行，一會慢吞吞的蠕動身軀，牠應該在尋找躺下來安歇的安靜地方。把牠放入盒子中，用網蓋上盒子蓋，就可以仔細觀察毛毛蟲的活動了。牠不斷的吐出絲，結成一個帳篷或吊床，躺著安睡。你可以從帳篷或吊床外觀察牠，可能等到牠的外皮裂成片片時，就不要再管了。幾個月後再來看，牠就變成一團形狀像雞蛋一樣的東西，似乎看不到一點生命的跡象。最後，牠破繭而出，一隻漂亮的虎蛾飛出來了，扇著柔弱的翅膀衝向蓋著的網。

　　這種博物學家的體驗，大多數 6 歲的孩子會有。很值得一提的是，這種活動不僅是一個無害的娛樂，而且是一種很有價值的教育方式。它的作用要比讓孩子讀一本自然史，學大量的地理知識和拉丁文更大。

　　因為後者的存在，孩子獲得自然知識像他們獲得其他的知識一樣，是過

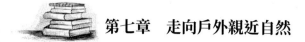

濾的二手資料這樣的弊端。不過對奇蹟，他們也會無動於衷，沒有什麼能使他們驚奇。他們幾乎沒有自己去觀察的習慣，也沒有什麼讓他們感興趣。

治癒這種「厭倦狀態」的最好辦法是：讓他們獨自待一會，然後從新起點開始。

孩子們一般都有著熱情的好奇心，迫切的希望盡可能的去探索這個奇妙的世界，並以此作為他們的第一任務，但是，假如他們沒有完成任務，那麼錯的也不會是他們。

父母和充當父母的人都應該懂得，孩子早期學習的知識一定要從生活世界中親身體驗！只要讓他們不斷的接觸自然，並形成習慣，那麼這就會變成他們一生的快樂之源。

我們本來都應該成為程度不同的博物學家。倘若一個人生活的世界充滿了動物和植物的奇觀，可是他卻對此視而不見，那麼這種行為不可饒恕。

想一下，在陽光下孩子們進行的學習和獲得的使命感，對他們這些小小博物學家來說，沒有比這更好的智力訓練了，孩子們的注意力會日益提高、辨別力和耐心也得到增強，而且，他的生活是那麼的有趣，根本顧不上養成壞脾氣。壞脾氣的根源不就在於懈怠懶散嗎？如果他一直保持著趣味，他就不可能變成一個暴躁、陰鬱或者固執的人。

我一般說「他」，看上去只代表一種男性，事實上也包括「她」，她也應該與自然更加親近，這對小女孩有非常重要的作用。女孩最容易養成壞習慣（不管是孩子還是大人），那是由於家長對她們管制得太死。

對於思維懶散，斷斷續續的小女孩來說，需要的就是更真實的，一種全神貫注的追求，使她的思維受到刺激並加以規範，只有充滿興奮的健康的戶外生活，才可以支撐她脆弱的身體。所有的女孩，無論大小，都應該從自我和被自己狹隘的個人興趣與模仿的世界中走出來，對她們來說，這是一種最好的，也是真正的仁慈。

■ 田野知識和博物學家的書

敬畏生命，是不是該教孩子自然科學、生物、植物學、動物學了？實際上這不好。

對於過於敏感的孩子，就是解剖一朵花也會令他十分痛苦。在孩子 6 歲和 8 歲中，不必教他們那種把花朵撕得粉碎的植物學，更不能讓他們傷害或毀滅任何種類的生物（除了有害的生物）。必須樹立敬畏生命，將生命看作是奇妙而威嚴的天賜的禮物的觀點。一個小孩能夠毀滅它們，但永遠不可能讓它們重生，這時就該讓孩子懂得，「知識變得越來越多，對我們這些居民的尊重也應越多」。

看著母親虔誠的將一朵早開的雪花蓮捧在嘴邊，孩子就會學到比書本裡更高的知識。多少年後，當他們長大了，長到足以理解科學本身，從某種意義上講，是神聖的，需要一定得犧牲。到了那時，他們收集到的充足的「常見的資訊」和已經形成的觀察的習慣，就會作為一個良好基礎，讓他們接受更多更好的科學教育的。同時，他們可以開始研究田野的百合花和天空的飛鳥了。

孩子們需要叫出花瓣、花萼等等的名字，還需要正確的區別它們，這就為描述做好準備。需要鼓勵他們透過觀察動物的和植物的形狀，來做出一些粗略的分類。將植物分成心形葉子或勺子形的、完整的或分開的，葉子的脈絡區別成十字形的和筆直的，花分成鈴鐺狀還是十字形狀的，花瓣是三瓣、四瓣還是五瓣。樹是四季常青的，還是冬天落葉的。動物分為有脊椎的和無脊椎的，或者分為食草動物和食肉動物等等。

將收集到的葉子和花朵，壓好製作成標本，再按照它們的形狀擺放好，就能夠帶來很多樂趣，最好訓練孩子注意相似性和差異性。在每一本植物學入門的小書中，都能找到這種區分的方式。

區分、分類和辨別異同的能力，就屬於人類最高智慧的範疇了，我們不應該看著培養孩子這些能力的機會白白溜走。書中的分類，孩子不會有真實感受，也不能自己辨別，也就培養不了能力，僅僅是字面的記憶力變得好點

罷了。倘若僅僅是為了培養記憶力，那麼熟記一、兩個短語，或其他的語言用語也可以實現目的。

對於孩子這個時期，真正運用博物學家的書，就會讓孩子對屬於他生活的神奇世界做一個快樂的掠影。向他揭示他那好奇的眼睛看到的事物，使他充滿一種希望自己想去探索的衝動。很多這樣的書，都是很有趣的書，儘管這類書由科學工作者寫成，但是享受書中的樂趣，卻不需要大量的科學知識。

母親需要讀這些關於自然的書，不僅是為了方便解答孩子碰到的問題，也是為了使自己具備指導和培養孩子觀察的能力。不只是媽媽，任何可能陪伴孩子度過幾個小時的婦女，都應當掌握它們，使自己變成這類知識的主人，這樣由於孩子們想從她那裡了解他們想知道的東西，就會對她十分崇拜。也許正是她，為那些年輕的注定要為世界做大事情的頭腦，搭起通向知識的梯子。

■ 孩子透過感覺來獲得知識

一個嶄新的東西那裡，站在一個久久注視著它的孩子，例如，正在工作的耕犁。你能夠看到孩子不停的忙碌著，自然的如同一個正在哺乳的嬰孩。實際上，這正是此刻所需要的，他專心的運用頭腦汲取著智力的養分。

孩子小時候就非常注意觀察，也可以說是感知，調動視覺、觸覺、味覺、嗅覺、聽覺來幫忙，使所有進入他的注意範圍的新事物，被他發現並了解。我們都知道，一個嬰兒伸著細嫩的小手指四處摸索，抓到東西就往嘴裡送，把成人給的「讓他們安靜」的調羹和布娃娃扔得到處都是，聽聽它們發出聲響。孩子正在用這種令心理學家吃驚的方式努力的學習知識、做他們的功課。

心理學家認為，「看」的行為有很多種內涵，例如，嬰兒的視力如同一個恢復了視力的成年盲人一樣，一開始分不清平面的畫像和立體的身體有什麼區別。因此，這些的觀念都是從經驗判斷中獲得的，而不全是透過「看」來獲得的。

再看孩子的小拳頭還沒有抓牢東西，就含糊的向空中遞出去，你可以推

斷出他知道東西在那裡，不過就是沒有一個方向的觀念。為什麼孩子看到月亮要哭泣？為何他熱切的把一匹馬或一隻家蠅當成他好玩的玩具呢？因為他對很多觀念還沒有掌握，例如對遠和近、大和小。還需要一個經驗的過程，才能使孩子相信自己的眼睛。不過，自然是循序漸進的、耐心持久的，孩子不知疲倦的將出現在他面前的知識，慢慢的儲存下來，卻從不會因為這樣而勞累過度。

在孩子生命的剛開始幾年裡，這種過程會一直持續下去。只有運用儲存的知識，才能累積孩子熟悉事物的印象。在頭腦中逐漸就會構想出以前從來沒有見過的東西，假如不是透過對比他以前見過和知道的東西，他可能也說不出來。慢慢的，就該讓孩子自己去思考、理解和推理。

假如他頭腦中沒有這些東西，那麼他思考的材料會來自那裡呢？孩子如果以前有過觀察夏天正午太陽有多高，深冬正午時太陽有多低的經歷，那麼她就可以想像出處於太陽直射下的熱帶溫度的大致情況，就能知道一個地方的氣候主要是依賴於太陽距離地平線的平均高度。

常常說起壓力過大以及它的危害，還有過多的要求幼小的孩子，去做過多的腦力工作的害處。這種危害的確存在，但是並不是由於給孩子太多的腦力工作去做，而是由於讓孩子去做錯誤的事情，做不適合他當時腦力發展狀況的那類事情。

誰會願意讓一個小男孩去挑 20 公斤的重量呢？只有讓孩子們做大自然給予他們的工作，那麼孩子就能夠輕鬆承受，數量是無限的。有誰發現一個孩子自由的觀察不熟悉的東西時感到疲憊呢？這是一種令他的頭腦興奮的營養成分。目前，他仍需要這種頭腦的食物來發展成長！

如今，頭腦對自然物質的需求在多大程度上被滿足了呢？在托兒所和幼兒園也有實物課，暫時看上去還不錯，但是有時單調的像法國人餵馬吃一天的豆子一樣。儘管方法會不完美，但是孩子們在家注意到的新鮮事物往往會更多。實際上是不管在家還是在學校，都沒有在孩子面前放置他需要的豐富的「眼睛的盛餐」。

作為成人，一方面是由於自己的理智已經成熟，另一方面是由於我們所受的有缺陷的教育，我們從語言媒介中獲得了大多數的知識。於是，我們用同樣的方法來教孩子學習，但覺得他很遲鈍，為什麼呢？

因為他能想起有明確的意思的詞，可能只是一些常用的詞彙，其他的詞彙對他來說簡直就是生澀難懂的外語。如果讓他親密接觸事物，那麼他會以比你快 20 倍的速度理解事物，而事物的知識進入他的頭腦的速度，如同鐵屑奔向磁鐵一樣快。隨著他對事物認識得越多，他的詞彙量就越大，因為我們知道把我們知道的東西盡力表達出來，就是頭腦的規律。這個使我們對孩子表面上看來毫無目的的問題，有了清楚的認知。

其實，他們的問題不只是為了知識，而更重要的是為了找到能表達知識的詞彙。如果把孩子關到空蕩蕩的屋子裡或讓孩子待在小鎮上令人乏味的街道上，對於擁有無限觀察力和認知力的孩子的智力來說，是一種極大的浪費，這種浪費也是有罪的浪費。假如讓孩子到有著豐富樂趣的鄉下自由的奔跑，這同樣也不行，因為沒有技巧和指導，屬於孩子的龐大潛能，會在隨意觀察中被浪費掉了。

頭腦可以存放各種常見的資訊，而且是無限的資訊量，它的收穫就是不會忘記這些資訊，它可以裝備孩子聰明的大腦，以此來作為孩子學校生活前的準備。這樣，孩子無須思考，隨口就可以告訴你在哪裡能夠找到多棵白樺樹，描述出棵數，優美的姿態，告訴你他家附近有三、四棵長勢很好的榉樹。這樣的孩子，就會比一個反應遲鈍，連榆樹和橡樹都分辨不出的孩子擁有更多的機會。不僅是事業上，就連生活快樂、順利的機會也要更多。因為這些情感，往往會與自然以及對自然物的細微觀察緊密相連。

卡品特博士曾經說過：「對於美、莊嚴、和諧的審美感覺，似乎本來就和我們的心智與自然的接觸後產生的感覺緊密相連。」同時，他引用了更為徹底的默瑞爾博士的話：「每一個對形態和美具有特別鑑賞力的人，往往在長期接觸具體的觀念和文字的指導後，就會使自己剛開始的印象褪色。」

我們必須對埃文先生表示感謝，因為在他長期的工作的途中，他帶著小

女兒瑪麗‧埃文一同乘車路過沃里克郡的鄉間小路。瑪麗‧埃文站在父親的兩膝之間，一直仔細的觀察，很少說話，於是就有了她在《亞當‧彼得》和《絲線上的磨坊》中描繪了鄉間生活的景物。華茲渥斯是生長於山間，最後成為一個十分有名的田園詩人。丁尼生在東部的鄉村裡長大，他那無窮的想像，就來自這片土地。小大衛‧科波菲爾是「一個具有非常敏銳的觀察力的孩子」，在狄更斯的小說中藉這位男主角之口說：「我認為大多數人對自己童年期觀察的回憶，往往能追溯到很遠的地方，比很多人想像的還要遠。正如我的觀點，不少年齡很小的孩子具備的觀察力，足以令人吃驚了，很相似，很正確。我認為多數觀察力不錯的成人，不是由於得到了觀察力，更準確的說，應該是他們沒有喪失觀察力。我還注意到，這種人有一種保持新鮮感、優雅感還會讓心情舒暢的能力，不過這些也只是童年生活的延續。」狄更斯的這些話，既有哲理，又十分友善。

■ 應讓孩子熟悉自然物體

假如你面前的事物很平常，那麼觀察力再敏銳又有何用？這正是城鎮街道與在農舍見聞的區別。儘管城鎮裡可看的東西很多，熟悉了街道的孩子，也會變得敏捷、聰明，但是，在城鎮裡獲得的知識一般是零零散散，片面孤立的，形成不了一個整體，也不會讓人產生更多的東西。這裡的資訊多而便利，而了解了史密斯店舖位於街道的哪面，如何找到湯普森商店，這些並不代表著人更聰明。

這裡要說一說自然物體，到底是什麼東西並不重要，你需要研究的只是群體中的一個，一個類別中的一個。無論你從一個中得到哪方面的知識，你都可以追溯一類，從而更進一步的走向科學。

春天裡，折一條稍大的嫩枝，你會發現一圈的木紋繞著中心的木髓，從這裡你就能夠窺探作為植物世界分界線的顯著特徵。當你撿起河灘的一塊卵石，它的表面很光滑且圓溜溜的，為什麼會這樣？是水和氣候的作用造成的嗎？它使你直接的對分化作用有了一定的認識，分化作用具有很大的力量。

這種力量比其他的力量都大，它使我們的世界很多地方形成獨特的面貌，比如峽谷、溝壑、山谷。

沒有必要將分化作用和雙子葉植物的所有知識都告訴孩子，讓他們觀察榛子樹的嫩枝，看看木頭和木髓，發現鵝卵石美麗的圓形就行了。慢慢的，他就會學習他所熟悉的事實的產生過程，這明顯不同於讓他去學習他從未注意過的事物產生的原因。

盡力去保證孩子們每天在鄉間和自然物體中活動幾個小時，對媽媽來說是第一順位的事情，而且也是值得去做的事情。放在第二位的事情，是培養他們對觀察的愛好，也就是說，在他們心中培養對觀察的熱愛。

金斯利曾說過：「在我是一個研究社會和歷史的學生的時候，我就曾十分慎重的說過：權力會越來越多的移交到科學工作者之手。我們會渴望，他們能謹慎、穩健、仁慈的實施管理和執行任務，因為，在他們學到了真正知識的過程中，他們了解了自己的無知，了解大自然廣闊、豐富複雜又充滿神祕。但是，他們有去管理、去行動的能力，因為在他們的努力下，他們已經掌握了大自然的事實和規律。」

親密接觸大自然的早期教育，可以培養孩子在河流中游泳的能力，當然，這僅僅是大自然帶給孩子的無窮好處中的一點。儘早培養孩子熱愛自然的情感（此後好像這種情感是他們生來就有的），可以使孩子的生活變得更加豐富，充滿純粹的興趣，專一的追求精神，獲得健康和良好的幽默感。

金斯利又說過：「我曾見過一個年輕人，他充滿了對生活的熱情和無比的勇氣，這些力量，使他每天都可能陷入罪惡之中，也可能陷入魯莽之中，不過，他卻巧妙的利用它們。這個年輕人正穿行於岩石和沼澤之中，無論下雪還是打雷，他到處打獵，蒐集附近森林中的每一隻鳥和鳥蛋……我曾見過一個年輕的倫敦美女，她身邊充滿了奢華和奉承的刺激和誘惑，不過她的心靈十分純潔，她會在閨房裡中想著貝殼和化石，花兒和海藻，想著盛開在田野的百合花。這樣的話，她就不會被這個世界浸染、變質，一直保持著心靈的純潔。」

■ 戶外地理可以以小見大

這個話題儘管有點離題之嫌，但也是為使母親們有更深的印象，使她們了解到激發孩子對自然和自然物的熱愛是十分重要的事，用純淨之水澆灌著孩子們日後枯燥生活的重要泉源。我們始終主張媽媽在戶外活動，現在應該返回來。對等著聽的媽媽，講講接下來該怎麼做的孩子來說，在進行戶外教育時，可愛的地球是不該忽視的對象。

「你哪來時間做這麼多的事情？」「哦，我把一些沒有意義的科目省略了，比如我不教地理。」這是一個年輕的高級理論家說的，他擁有著各式各樣證書。比起理論家來，媽媽知道得更多，她們用下面的方式，可以找到上百個機會來教孩子學地理：

鴨塘是一個湖泊也是內海；每每一條小河都可以推測地球上的大江；小山丘可以成為大山脈，甚至是一個阿爾卑斯山脈；榛子樹林可以作為亞馬遜流域的大片森林的例證；蘆葦叢生的沼澤地可以形象表示中國稻田；一片草地可以證明西部的大草原無邊無際；一個錦葵屬植物的漂亮的藍色花朵，猶如一部懸掛著美國南部諸州棉花田的教材。

的確，憑藉這種方式，整個區域的圖解就會被慢慢的揭示出來。

需要教給小孩子的，不只是上述東西，還應該教他經常觀察太陽在天空的什麼位置，以此來推算當時的時刻。孩子一定希望知道為什麼太陽不知疲倦的運轉著。在他們「信仰的年齡」，用一個童話故事就能告訴他們答案，還可以使他們了解太陽和地球的相對大小，了解地球的本質和運動的規律。

雲和雨、雪和冰雹，它們只是遵照造物主的指示執行一下。這些都是常見的事情，媽媽應該誠實的給孩子解答，儘管很簡單。只有到外面去，從步行中獲得某些知識，讓孩子對地圖和地理術語，做到真正的理解。距離就屬於這些知識中的一種。孩子們最初的距離觀念就是從快樂的遊戲中得到的。

孩子按照自己的步調走著，測量的人就會告訴他一步的長度，這樣他就去測量他哥哥姐姐的步伐。一會，他開始認真的走走，從這裡到那裡，走出

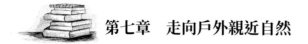

一段距離，然後算出結果，每一步有多少英吋或英呎，整個距離加起來是多少碼。靠這種方式測量，可以測出孩子家附近的各種短程。直到孩子對涵蓋的距離觀完整的建立起來以後，就應該引入時間觀念這種測量工具了。先記下走 100 碼的距離用的時間，如果走 100 碼需要 2 分鐘，接下來孩子就可以走，假設他們走了 30 分鐘，那麼測量的距離應是 1,500 碼，35 分鐘他們可以步行 1 里路，也就是 1,750 碼，他們接著再走 10 碼就有一里路。要注意：腿越長，步伐越大，走路就越快，成人步行 1 里路通常只要 20 分鐘。

直到孩子熟悉了距離觀點，就應該把方向介紹給他們。首先要做的就是讓孩子觀察太陽的活動。只要一年之內堅持觀察，就能記下或者口述太陽一年中多數升起和降落的時間和地點，這就可以為孩子大量的具體知識提供基礎。觀察的同時應注意太陽的反射光，夕陽透過東邊的窗子反射，朝陽透過西邊的窗戶反射。

還須注意陰影長度和亮度的變化，了解陰影成因，清楚一個物體處在燭光和黑暗之間就會出現陰影。孩子也應該知道頭頂太陽時，天就熱；晚上和早上太陽位置偏低時，天就冷。也可以想想，他直接坐在火爐邊，就會比坐在角落裡感到暖和。依靠對太陽運動過程的觀察，他具備了接受方位觀念的前提，這就是觀察太陽的小小作用。

其實，透過觀察太陽，孩子已經有了太陽東升西落的概念。從這個已有的概念，孩子就有能力推斷出他家在哪一個方位，以及城鎮的街道位在什麼方位。

讓孩子右手伸向東方站立，那麼他的左手指的方向就西方，他前方可以看到的是北方，他的後背則是南方。他右手邊的一切，包括房子、街道和城鎮都位於他的東方，而他左手邊的一切，就是位於他的西方。他向前看到的地方在他以北，而他身後的，就是在他以南了。

假如他在一個不曾去過的地方，從沒有在這裡觀察過太陽，不過他又十分想知道某條路通向何方，那麼他可以看看自己的影子在正午時是朝哪個方向偏落的，因為一切物體在正午的影子都向北偏。如果他面朝北，那麼如上

面說的一樣，他的背後則是南，右手指向東方，左手則指向西方，或者如果他面向正午太陽站著，他面前的就是南方了。

　　進行找方位的練習時，可以使孩子了解我們龐大的鐵路線的名稱，並對它產生興趣，孩子應該願意透過各種小的練習學會注意方位。

　　讓他觀察學校教室，以及他家裡的窗戶的朝向，步行路上經過的一排排房子的朝向，他去過的教堂北面、南面、東面和西面各是何處。接著就可以去觀察風的方向，看看煙囪裡的煙飄向那裡，看樹枝、玉米和草等植物向什麼方向擺動，還要判斷風的方向。如果風從北方來，就會下雪。如果風從西方吹過來，我們能夠懂得西風會帶來降雨。這要注意的是，讓孩子弄清楚如何對風命名的，它從哪個方向吹來就叫什麼風，並不管它向何處。比方說他是英國人，因為他出生在英國，而不會因為他到法國改變了。

　　這樣距離和方向的觀念相互連接了。

　　如一棟房子在大門東面 200 碼處，一個村莊距大門以西兩里路。不過他會遇到一個困難，那就很多地方不符合是東是西、是南是北。可以讓他用綜合的表達方式，描述這種地方的方向，例如「在東西部之間，偏東部」，「很接近東部，但不完全是東」，「在東西部的中間」等等。他會更加細膩的考慮表達的方式，因為覺得十分需要這樣。

　　接著，把「水手指南針」介紹給他，這是人類的一種奇蹟，並讓他擁有一個袖珍指南針，教他認識四個主要的點以及其他的點。這可以讓他們知道，那些他們認為很難描述的方向，到底是如何命名的。

　　接下來，他就可以做一些針對指南針的練習。可以按照下面的方式來做：首先吩咐孩子手持指南針向北站立，「手裡拿指南針，轉向東，你會發現，小指針也動了，不過它是自動的轉向另一個方向。向西轉，同樣指針也會朝和你轉方向相反方向轉動。無論你轉動得多麼平穩，小指針都會隨著你的動作做輕微的顫動。你看著這個奇怪的小東西，就能感覺到你的移動，甚至你都不清楚自己在動。不過，只要你筆直的走，不管向哪面，指針幾乎就不動了，也只能說幾乎不動，因為用不著看它，你也可以確定它向左或向右

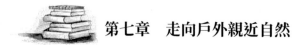

偏一點點。相當緩慢的轉個圈，一小步一小步，從北轉直到向東方，你會看到指針也轉了一個圓圈，不過和你轉動的方向相反，因為它試圖返回到北方。」

　　現在，孩子們對方向已經有了清晰的認識，這樣向他們介紹邊界就比較輕鬆了。例如，有一塊蕪菁田，公路在南邊，小麥莊稼長在東南邊，籬笆在東北部等等。逐漸的，孩子就會獲得了一個空間範圍的邊界觀念，明白了邊界就是它每一面會碰到的東西。莊稼地一般是一塊連著另一塊，分界線很不明顯，因此遠遠望去就是一片。

　　孩子們對物體最好有清楚的觀念，否則以後當他們聽到一個村莊或其他什麼東西是有界的，他們只有模模糊糊的搞不清。不管是山村、城鎮、池塘、田野，還是其他的東西，都存在界限的空間關聯，可以引導孩子注意以下不同地區生長的不同的莊稼，哪裡是草場，哪裡是玉米地，岩石看起來是怎樣的，附近種著哪些樹木。對每一片田地或其他的空間勘察後，他就可以在沙子上畫一幅草圖，畫出大致的輪廓，並標注方向，如北、南、西等等。

　　慢慢的，孩子就學會了在室內畫圖。緊接著，他們會偶爾去田地，用步伐量出長度，再根據它們的大小把它們畫出來，可以用 1 英呎代替 5 英呎或者 10 碼。之後他就會畫花園、馬廄和房屋等等的平面圖了。

　　在孩子附近的事物，可能就會讓他有機會領略到山丘和溪谷、池塘和湖泊，分水嶺、急流、河床、河岸、小溪支流等等的含義，清楚了山村和城鎮的相對位置。他已經具備把這些附近的地理概況畫出來的能力，他可以用粉筆畫到岩石上或者拿手杖畫在沙礫中，然後更形象的感受他畫的地點之間的相對距離和位置。

■ 孩子與自然的力量

　　媽媽應該防止自己講得太多，這種提法範圍太大，媽媽是不是被嚇壞了？假如她花費了五、六個小時長篇大論，她的教學成果卻毫無起色，豈不使他灰心？相反，對於孩子所能理解的教育工作，它的數量來說，媽媽講得

越少越好。說著急的鐘擺一定會回到原處是謊言。事實上，鐘擺有無數個擺動需要進行，時間的下一秒總是等著它去嘀嗒作響，不過在任何一個給定的時間裡，僅有一個單獨的嘀嗒聲罷了。

動作敏捷的孩子們自己玩遊戲，無論是「看風景」還是「畫畫」，都會玩上十五分鐘左右。要想讓孩子學習自然物體，了解他們偶然注意到的，並開始認真勘察的物體，那麼媽媽就得適時告訴孩子物體的名稱，再給出一些簡短的評論。就這樣，孩子對這個新事物有了初步的了解，他還會自己去研究新事物。最好是一天研究一、兩個新事物。

看來，留給孩子們空餘時間還不少的！控制自己不和孩子多講話，也不要讓自己占據了孩子的精力，這就是媽媽真正的困難所在。對於孩子們來說，甜蜜而寶貴的事情，就是天真的和媽媽說一些孩子氣的話。然而，還有一件更重要的事情，就是讓孩子親密和大自然這位母親進行的談心。為了達到這個目的，就必須避免打擾了他們。

這是一幅令人高興的畫面：媽媽讀著書，手裡織著襪子，壓制著和孩子說話的衝動。孩子抬頭望著大樹，或者低頭看著小花，什麼都不做，什麼都不想，或者在樹林裡快活的如小鳥一般，或者平白無故的蹦蹦跳跳。這的確有點傻，毫無理性。

但是正是這樣，孩子一直在成長：自然發揮了她的力量，並宣告了她的誓言：我會把這個小孩子精心帶大，她就是我的孩子，而且我會將她變成一個有氣質的淑女。

媽媽可以做的第一件事情，就是把自己當作自然和孩子之間的解釋者，不過最好別太頻繁，一個星期，甚至一個月一次就可以。不須用很多的精練的詞彙向孩子解釋，應該用喜悅的表情和手勢來解釋。用這樣的方式向孩子講述自然景色，以及天上的顏色與形狀。

媽媽可以做的另一件事情，就是帶著她溫柔恭順的敬意，向孩子指出美麗的花朵和漂亮的樹木，告訴孩子這不僅是造物主的傑作，也是造物主周全的關心。這樣，我們就會相信，造物主創造了持久的快樂，看著孩子們快

樂，他也會開心。他會在孩子心中種下一顆神聖的意志的種子。不過媽媽們必須記住：在這種場合下，別用猛烈的詞語，否則會讓孩子的靈魂受傷。

■ 戶外遊戲的樂趣

快樂的時光是短暫的，我們應該至少替孩子上一門功課，當然每天下午都會讓孩子做一、兩個小時的遊戲，這就不用說。前面討論了太多比上課更好玩、更重要的事情，現在提到上課，好像討人厭。當然，上課的時間不會太長，僅一堂 10 分鐘的小課而已。

這種片刻的打斷以及注意力的轉移，都會讓接下來的空餘時間變得更加歡快、更具熱情。

午飯過後，下午的遊戲對大孩子活動來說，是十分重要的一部分。在下午，小孩子可能很疲倦了，由於他們按照自然提供的既定步驟不斷練習自己的肌肉組織，因此讓他們在甜美的空氣中小憩一下，醒來後精神就會清爽。

大孩子在做遊戲時，他們狂奔著，揮動手臂大聲呼喊著，這樣的遊戲可以促進孩子們的身體健康。因此，媽媽需要帶著孩子去人跡罕至的地方，來增強孩子們肺活量，也不會打擾別人。

我們對孩子的發音器官的肌肉組織，並沒有充分的思考，孩子們樂於大聲喊叫，吵嚷不停，這種「粗魯」和「吵人」的遊戲會令成年人失去耐心。其實，這就是用自然的方法對器官進行訓練。器官的這種工作能力，對孩子們日後的健康和快樂，將發揮至關重要的作用。

人們談論「虛弱的肺部」、「虛弱的胸部」、「虛弱的喉部」，也許很多人一直也不清楚，健壯的肺部、喉部如同像強壯的手臂和手腕一樣，也是透過練習、訓練、使用和工作而獲取的。假如孩子能有樂感的發聲，最好就是跟著自己的嗓音有節奏的晃動。在這方面，法國的孩子就做得非常好。在一百多首圓舞曲中，他們跳舞歌唱，就像在做遊戲，他們模仿著結婚和葬禮儀式，這種遊戲像極了許多年前耶路撒冷的孩子在集會區玩的遊戲。

我們的民族變得沉默謹慎、寡言少語，是新教運動造成的。但在這之

前，我們國家年輕人和女孩們也會在村莊的草地上跳舞，演小戲劇，伴唱著民歌舞曲，歌詞和風格和法國孩子今天唱的基本一樣。

當然，我們還保留著一些民歌舞曲，只是在週末聚會和孩子聚會中能聽到，像「三個公爵騎著馬，來了，來了，來了呀」，「克萊門特家的鐘在吃著橘子和檸檬」，「五月我們撿到堅果了」，「我可憐的囚犯做了些什麼」等等，還有許多。空氣中瀰漫著快樂的氣氛，靈巧的腳在地上輕快的跳著。歌詞就更加美妙了，公爵、堅果、橘子，怎能不被如此的主題吸引呢？這些民歌舞曲都是值得永久的保存。

幼兒園系統的改良者一直不斷的努力，他們把這樣的遊戲、或其他的更有教育意義的東西，通通引入幼兒園中。不過，幼兒園的唱歌遊戲一般顯得比較空洞，這不是一個事實嗎？同時，在學校中，孩子們從老師那裡學到的好玩的遊戲，然後他們之間又開始不停的相互傳遞，與他們在書本上搞不清的遊戲相比，前者的吸引力非常大，這毫無疑問。

對年齡稍大的孩子來說，板球、網球、棒球都是非常不錯的遊戲，它們不但可以讓孩子的肌肉做和諧的練習，而且還會透過遵循遊戲的規則，來培養孩子最好的遊戲道德。

但當我們看到一群9歲以下的小傢伙，讓他們進行需要技術的遊戲，好像有點不太可能。所以只好進行賽跑和追趕捉人的遊戲。跟著領頭人跑，以及他們自創的嬉笑蹦跳的遊戲，這樣可能對孩子的心智來說比較好一點。更好玩的還有滾鐵環、球類以及極具價值的跳繩。拿跳繩來說，最好是一個孩子一根繩子，從後面往前跳，而不是從前面向後跳，這樣就能更好的擴展胸部。

羽毛球運動，對孩子來說也不錯，能使他獲得競爭的雄心。幫奧斯丁小姐做自傳的人，認為在「杯球」遊戲中，奧斯丁小姐能打一百下，這是件值得一提的事情，她的侄子和侄女們對此羨慕不已。同理，如果在羽毛球活動中表現完美的技藝，那麼這也當作一個家庭事件記錄下來，就更能激發孩子在遊戲中求勝的欲望了。羽毛球遊戲可以使人活力四射，姿態優美，可以把

孩子上肢的每一塊肌肉都鍛鍊出來。正是這些優勢，也就擴大了它的適用範圍，既適應室內玩，也適應在室外玩。打羽毛球時，最好是兩手各拿一支拍子，這樣兩面的肌肉都可以得到同樣的鍛鍊。然而，如果替孩子的遊戲「頒布規則」是毫無益處、白費口舌的，因為他的玩法就是最好的、不可動搖的，好像他們挑選衣帽時的武斷一樣。

對於孩子去攀援這件事，媽媽不太支持。儘管攀援可以給人樂趣，但反對的理由很多，就是攀援容易把孩子的衣衫弄破，擦傷他們的膝蓋，靴子頭可能也會被磨出洞，這還沒說它的風險有多大。但是，事實上，攀援活動的確令人嚮往，它可以使人的身體姿態變得優雅無比，使身上的每一塊肌肉都得到鍛鍊，同時在訓練時，可以產生的勇氣、膽量和應變能力，這些全是無比珍貴的。不過，樹、懸崖和牆都是禁止孩子爬的，小女孩也不行，這的確有點令人遺憾。

為了避免災禍，媽媽必須要做大量的工作，盡量讓小孩子多多練習跳躍和爬，這樣就可獲得小的技巧。同時，也會從自己的經驗中懂得了，類似的活動不僅要有勇氣，還必須小心警惕，這樣，就使他們更不敢跟著膽子太大的玩伴去玩危險的遊戲。因此，媽媽最好下定決心讓他們做這類有益的事，不過，在他做的期間，最好別發出尖銳的叫聲「立刻下來！」、「湯米，你會摔斷脖子的！」這些本用來防止孩子掉下來的話，卻令他緊張發抖，驚得一時失去意識，反而會掉下來。

人們都會到附近的海邊或湖邊去消暑，但城鎮長大的孩子甚至連划船和游泳的機會都沒有。城鎮裡有不少室內游泳池，假如在孩子7歲前學會游泳，是一件很好的事情。這樣，它不僅能為孩子帶來好處，也會替孩子增加一種新的活動方式，於是，他們又多了一種新的快樂想法。

合適的著裝對於孩子來說十分重要。只要穿得合適，即使去短程旅遊，也不會像他們原來做的那樣損害衣服。

短程外出時，他們適合穿著乾淨的機織的羊毛料子服裝，或斜紋布料和法蘭絨料的衣服。作為服裝材料，毛料的優點有許多，比棉料、亞麻纖維的

優點更多。其原因主要是,毛料是一個不易導熱的材料,換句話說,它能保持身體的熱量,也使太陽的熱量難以進入。因此,身著毛料的孩子,玩耍時身體變熱,停下來還能避免像身著亞麻料衣服的孩子一樣,由於突然散熱而受寒。還有就是,在陽光曝晒下他會更涼爽一些,在蔭涼地他會更暖和一些。

■ 帶孩子在壞天氣中散步

　　到現在,這裡所說的還僅限於夏天。不過,這個季節相對的說時間比較短,而且不確定。就冬天和下雨天的鍛鍊來說,這是個十分重要的問題,因為冬天誰也不想去戶外活動。假如孩子希望追求最好的東西,那麼他們冬天時,在戶外最好每天花兩、三個小時,比方說,每天早晨一個半小時,下午一個半小時。

　　每當起霜或降雪的時候,孩子們都特別開心,好像過節一樣。在雪地裡,他們盡情玩耍,滑雪、打雪球、堆雪人。假如霜雪連天,他們的雙腳沾上了泥,頭腦反應也會稍顯遲鈍,此時的他們必須保持興趣和警惕,於是心靈就能快樂的工作了。哪怕是烏雲連天,天氣寒冷,暖流也會在他們的身體中不斷的湧動。

　　「看風景」和「描繪圖畫」,前面已經講過了。它們都是孩子們觀察後,然後在家庭日記中記下觀察內容,它適用於夏天,也同樣適用於冬天。觀察和記錄事物是沒有限制的,走過一棵大樹,孩子可以從它的體形,判斷出是棵橡樹,再將它記錄到日記中,以後葉子長出來後,再來看是不是猜對了。寒冷的冬季,仍能看到很多鳥,牠們為了生存,只好出來覓食。

　　孩子在冬季步行的過程中,觀察力是那麼的敏銳,而且還像詩人那樣豐富。就某種意義上講,冬天可以看到的東西其實更多,因為在冬天看到的東西不會太擁擠,方便觀察。

　　冬天的散步可以為培養注意力的習慣提供機會,無論是城鎮還是鄉下都一樣。著名魔術師羅伯特‧胡丁(Robert-Houdin)在他的自傳中提到過一件事:他和兒子在經過一個店鋪櫥窗時,會迅速而注意的瞥一眼,如玩具店,

前行幾步後，兩人掏出紙和筆，一一列出他們剛才那一瞬間，能收穫的物體的數目，比比誰列出得多。孩子領悟力的速度並不是父親所能比的，孩子能列舉 40 樣，而父親最多也就 30 樣。當返回櫥窗去驗證時，可以發現兒子幾乎不犯錯誤。這為我們帶來如何獲得高度的、有教育意義的娛樂的啟示。它同樣適合於冬天的散步中。

雨天又該如何呢？實際上，只要雨不是太大，孩子身上又有合適的衣服，在雨中也無妨。提醒一下，防水衣最好不穿，由於這種衣服的紡織材料既不能吸納雨水，也不能讓孩子將汗輕鬆排出。然而，人們身體健康、臟器良好的祕密，就是能將皮膚排除的腐爛有害物質快速的排泄出去。

孩子們需要有自己的毛料的雨衣，可以用粗糙的嗶嘰布做，一回到家，就立刻脫下來，也就沒有感冒的危險了，這是我們已經掌握的常識。倘若在一個發燒病人的頭上放一塊溼布，布慢慢的會變乾，再蘸水。水去了哪裡呢？它蒸發了的同時，也帶走了額頭滾燙的熱量。不過在一般情況下，盡量避免將熱皮膚變涼。可以讓皮膚沾水，但不能用皮膚烘乾衣服，這樣的話，就沒有太大的危害了。

倘若讓皮膚把衣服烘乾，就會將身體中的很多熱量帶走，喪失身體熱量，就會引起感冒。並不是因為「身上溼」導致的。在雨中，孩子活蹦亂跳，快快樂樂的，對他來說是很不錯的事，幾乎沒有壞處。不過孩子已經感冒了，那就另當別論了，就得避免過度的活動，否則只能加劇病情。

利科特說：沐浴在春雨中，人會感到十分興奮，這也是一種有效的健身方式。我搞不清，這是不是他的美夢中的事。當然，雨可以產生淨化空氣的作用，對大城鎮和城鎮附近的地區來說，這一點相當重要。由此，可以說明雨起碼不會帶來害處。

堅持在新鮮空氣中做大量的活動，對於孩子們是極端重要的事，因此雨的確不應成為阻擋孩子行程的理由，除了生病，孩子都應去室外活動。徒步在雨雪中行走一小段路程，會使人相當快樂。假如幽默感不錯的話，你就會覺得雨敲打的聲音也是令人愉快的。學童的「長跑」就是一直快步走，間或

跑上幾步，這是一個主要的鍛鍊。當然必須讓孩子量力而行，不能給他們過重的負擔。

　　禁止孩子穿著潮溼的衣服，坐著或站立著。防水的雨衣外套的用途，就是在孩子走一小段路程到教堂、學校或鄰居家去的時候，不方便更換衣服，雨衣可以保證他們身上不被打溼。

■ 孩子需要鄉村空氣

　　所有人都了解，呼吸就會消耗掉空氣裡一定量的少量的氧氣，它是精力充沛和身體健康的必要條件。同時，不管用哪種方式產生熱量，身體熱量，以及火、蠟燭、瓦斯燈產生的熱量，所有熱量的產生都會消耗大氣中一定的氧氣。

　　大氣是我們呼吸或者燃燒所需氧氣的倉庫。當呼吸更多、燃燒更多的時候，氧氣消耗得也就更加厲害。消耗量大過一定的極限，那麼空氣中的氧氣就顯得比較缺乏，也就不能再維持肉體的生命，也就導致了生命的死亡。倘若消耗仍然大，不過沒達到極限，生命就可以維持，但人會精疲力竭、毫無活力。

　　每一次呼吸和燃燒都會排出碳酸空氣，我們知道這種氣體是有害氣體。這種碳酸空氣在純淨的大氣中所占的比例很小，這時它是有益健康的。然而，隨著熔爐、火爐、生物、瓦斯燈活動急遽增加，空氣就會含有過量的碳酸氣體，並超過了一定的比例，因此空氣也不再衛生了。倘若數量太大，好比許多人擁擠在一間空氣不暢的房子裡，就有可能導致窒息，而造成快速的死亡。

　　由於上述原因，就無法在城鎮中享受到生命的完美。對於成人來說，城鎮生活的刺激仍然能夠彌補不純淨的空氣所帶來的缺憾，另一方面，村裡人也會因為頭腦陷入懶惰麻木的習慣之中，而失去了他們可以利用的優勢。

　　孩子們所需要的不僅是呼吸，還需要成長，因此，他們需要的氧氣含量，遠遠大於成年人完成重要活動所需要的氧氣含量。假如不經常（如果不

能做到每一天的話）給予他們豐富的，而且沒有被汙染的，以及沒有被過度利用的空氣，這是很殘酷的一件事。然而這種空氣，只存在於遠離城鎮的地方。

讓孩子長時間待在農村的戶外，對於促進孩子的身體健康有著重要的意義。因為孩子需要光，需要太陽光和空氣。鄉村裡的人與城鎮的人相比，膚色更紅潤。然而礦工的臉卻如菜色一般，而且住在地下室和缺少陽光的山谷裡的人也這樣。其原因是，為了維持健康的身體和健康的血色，血液中會發生一些變化。實際上，這種變化具有比較複雜的實質，解釋起來比較費勁，它是發生在血液中的變化，以產生自由移動的紅血球為最大特徵，太陽光的作用，就是促進這種變化的最佳環境。科學工作者開始猜想，不只是太陽光譜中各種有色光，就連暗的熱輻射和化學射線，也會促進生命的活力，不過它的作用方式還沒有被徹底研究出來。

在一份報紙上，我曾看到一張讓人陶醉的圖畫。畫上有兩個小孩子，他們在向他們母親的新女僕賣弄他們的法語。兩個高貴的小傢伙，每一個都站得筆直，沒有多餘的肌肉，眼睛炯炯有神，昂首挺胸，儘管在休息，但整個身體仍充滿活力。假如只是看看一個男孩的健康體形是什麼樣的，這幅畫的確值得一看。

無疑，孩子的身體像其他方面一樣，受遺傳影響很大，儘管教養方式有局限，還是有效果的，孩子生來就具有一定的自然傾向，教育方式的不同決定著這些傾向變成人格，還是性格中的缺點，或者是與之相關聯的優點。所以，樹立身體健康的理想，就孩子而言有重要的意義。比方說，不要讓他們有胖孩子就一定是身體健康的小孩的錯誤觀念，胖孩子是很容易造就的，然而，教養很好的孩子，卻不那麼容易培養。若想使孩子擁有聰明閃亮的眼睛、開放的思想、跳動的步伐、像銀鈴一樣清脆的聲調以及敏捷優美的活動，這些特徵，就需要考慮「身心和諧發展」了，而且裡面包括了反應快速的訓練有素的聰明智慧和源於「自制的快樂」的道德本質。

安排好休閒活動

■ 增強責任感

如果讓一位文學專家憑自己的記憶，回想一下道德思想發展的各個階段，這是一件相當有意義的事。不過這些階段必須用「負責」來加以劃分。1950、1960 年代時，孩子都極具責任感，不過，當時他們只是對自己的人格、行為和舉止負責。就現在而言，很難說在這個方面的責任感我們和他們一樣。我們通常認為自己的過失是難免的，也是可以原諒的。儘管就這個方面來講，我們有些不稱職，但是我們可以做到「像別人看待我們那樣正確看待我們自己」。

有句話講得好，「對自己的放鬆，就是對別人苛刻」。現在，我們仍肩負著像「冰山一樣」沉重的責任感，我們能做的，僅是將它換到另一個肩上。有些更加認真的人，對此已經十分疲憊了，他們有一種好像總是對我們很近的、在我們周圍的，以及離我們很遠的人負有什麼責任的感覺。

面對這種壓力，男人比女人應付得更容易點，因為他們每天都有一定要完成的事情。他們沒有充足的時間去仔細考慮他們與他人的關係和對他人的義務，而女人恰恰相反。為大家送上一句時代格言：「不必為你的生活擔心。」

有些人把我們當作小學生，認為我們只是學習適合我們學習的課程。對於他們來說，為他人負責的基本意識是令人鼓舞的信號。這表示我們學到東西了，並在不斷的進步。

倘若我們認為：需要我們負責的應該是那些貧困的、受苦受難的、生病的、體弱的、弱智的、殘疾的和無知的人，也就意味著，一個考慮周到的人，應該能夠敏銳的感覺到這種責任。時代教育的特徵，就是使父母的職責得以加強，人們認為他們能夠將把孩子培養得超越父母，這是他們應該做，也必須做的。家長聯合會舉辦的一系列活動，之所以能成功，就是因為家長

們的這種急切的、標準更高的責任感。

每一種新生能量，包括機械的和精神的，都需要一個過渡階段，才會得到有效利用。科技領域也是如此，每一個偉大發明在剛出現的時候都會有一段很長的平靜期，這是個必須經歷的階段，用來推廣到日常生活中的階段。不過，其他同樣重要和必要的技術仍在運用，如果有人用□光取代聽診器、體溫計以及其他醫療設備的話，我們就會產生懷疑。

關於道德方面也是這樣的，有利於他人思想的不斷進步，就是我們強烈的責任感作動力。

我們具有的施愛能力十分強大，而且施愛對象的範圍也更為廣泛。有很多事情是我們應該做的，不過我們卻不知道它的具體內容，也不清楚怎樣去做。領悟了這一點，並不會為生活帶來安逸，因此我們感到擔心、不安和焦慮。隨著時間的推移和經驗的累積，新的技術就會進入調整階段。儘管在這個過渡階段，它使我們的生活更加充實，不過，仍不能使我們更加幸福，也不能對他人有用。

■ 對孩子的壞習慣適度寬容

就孩子的事情來說，我們應該做的，以及能夠做的都很多。因此，我們就開始考慮，為什麼事情都得由我們來完成，為什麼我們的大腦不停的為他們的事情而勞神。這樣，我們就會變得煩躁不安，常常小題大作，使孩子難以接受。對他們管得的確太多了，以至於我們失敗了，但仍然理解不到。因此，給孩子適當的自由也屬於教育的最佳組成部分。

前面提到的問題產生於我們自身的素養問題，儘管我們自以為素養很高。不過，現在我們所需要的，就是調整自己的心態，這也是我們必須注意，必須仔細思考的重點。

大腦的神奇之處在於一旦我們有了一個想法，它就會調動思想和行動協同作戰，將其付諸於實施，而我們也無須再做其他。

對孩子寬容是教育的一個必備方法，如果我們承認這一點，就將發現自

己已經無意識的站在這個立場上，並且規範著自己與孩子的互動。然而，我們必須清楚一點就是，對孩子寬容究竟有什麼樣的含義。

卡萊爾的巧妙的用詞和縱容孩子並不是同一意思。縱容就是認為什麼都無所謂，它的形成就是因為習慣於懶惰，也就任由事情發展而不加以引導了。然而，它也是一種優秀的健康道德姿態的象徵，很值得我們加以分析。

華茲渥斯曾說過一句令人興奮的名言，即「適度寬容」，這與縱容態度所表達的意思很相近。它指的是行為能力、行為願望、限制行為的見識，還有自我約束。但是不管怎麼說，從立場角度看，適度寬容所表達的意思層次更深一點。

管理不只是對我們自己來說的，孩子同樣應該具備被管理的意識。不管他們是遵守規矩，還是正在做被明確禁止的事情，他們都必須有接受管理的義務的這種意識。管理意識是父母關係中的必備前提，假如沒有管理意識，我們的積極活動或者消極活動是否能進行得順利，這就說不清楚了。孩子們都理解「如果我們願意我們就能做到」。因此他們在管理者之下可以獲得自由，那麼不接受管理的自由就稱之為放縱了。

家長的好心情是適度寬容的前提，應該對孩子做到坦誠、友好、隨和以及風趣。這並不是自鳴得意，也不是放縱孩子的幻想，這是能力的一種表現，而自鳴得意卻是虛弱的象徵。它們的不同之處孩子能很快的發現。

「媽媽，下午我去採黑莓吧，功課不做行嗎？」這時以管理者的口氣回答「可以」和以無可奈何的口氣回答「可以」，而孩子收到全然不同的訊息。前一種無意就會為採摘活動帶來歡樂，而後一種會讓孩子感到一種勝利，也就使他產生一種急於再一次獲得勝利的欲望。

好心情的另一個基礎是自信。面對任何事情，父母都必須充分相信自己，而不必急躁。母子關係、父子關係，以及這兩種關係中具有的權威對孩子所產生的作用，好比陽光雨露對沃土裡的種子，十分重要。然而如果父母表現得小題大作，急躁行事，總是抱怨，過多命令，不斷辯解，限制太多，那麼自己的威信就會被降低，還會破壞父子單純性的關係。

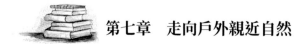

　　父母與孩子之間的關係以及父母在孩子心目中的威信，和生活中最美好的東西一樣，不能刻意的追求和保護，否則必將遭到破壞。

　　和媽媽相比，爸爸在很多時候更願意隨和的與孩子相處。父母應有的權力之一，就是與孩子相處，不過父親和孩子關係生疏的現象的確不少，其原因就是因為爸爸工作繁忙，而媽媽卻容易在孩子身上放更多的精力。

　　假如作為一位母親，卻粗心又自私，讓孩子跑來跑去的為她做事，如同使用自己的奴隸，這樣的母親令人感到羞恥。其教訓就是，並不是每一個媽媽都粗心，自私，而是她們必須給孩子更多自由時間，而且也不應該以自己願意照料孩子為理由，強迫孩子和自己在一起。

　　假如有個 10 歲的孩子對自己的知識和能力是否能達到該年齡階段的中等水準十分渴望，並且，他可能和你討論他的壞習慣以及徹底根除的最好辦法，那麼，我們就會覺得這個孩子並不可愛。因為我們覺得他整天思考的都是他父母最關心的問題。培養孩子的重擔只能由父母擔負，並且要體面而輕鬆的去承擔，如西班牙的農民頭頂水罐一樣，要挺直腰桿去承擔。

　　作為父母，應該信任自己，也應該信任孩子，信任孩子是給他們適度寬容具備前提要素之一。我之所以敢拿出勇氣來建議父母給孩子適度寬容，就是因為這一點，是父母必須做到的。父母必須相信自己有能力與孩子建立良好關係，同時還應該相信孩子也具有這種信心，並且還要相信為建立這樣一種關係，他們也在努力。事實上，不嘮叨、不強迫他們去做，他們反而能主動這麼做。

　　父母和老師無所不知的形象，一定會存在於孩子心目中。假如爸爸或者媽媽輕易就被孩子欺騙了，那麼他或她就算是在最好的孩子眼裡，也是一個很輕鬆對付的人。一種一半靠運氣、一半憑技巧的遊戲總是孩子們的最愛，他們不斷的試探自己可以達到的放肆底線，和生活管理上能掌握多少自主權，以及大人對他們的管制與否的分界點。因此，一旦媽媽不符合孩子心目中的尺度，那就會被孩子擺布，而且也不會被他們同情。所以她一定要不看而知，知而不露，時刻保持警覺，不過也不能明顯的大驚小怪。

　　這種平靜的心態必須保持像謎一樣，必須讓孩子明顯的感覺到，是父母故意讓他們獨自活動的，這樣他們才會做自己的作業，或者自得其樂。約束必須要有，但不能太多，否則，會讓孩子覺得他們像被關了禁閉一樣，別無選擇。

　　一直以來，人的自由意願一直磨練著人們，因為他們心甘情願被改造得循規蹈矩。其實，這種自由意願只是父母改造孩子的一種模式而已。孩子聽話的原因，就是因為他們必須聽話。這樣的孩子在主動性方面損失得很大，比他們在得體的舉止方面的收穫還要大得多。然而，一旦孩子能按自己的意願行事的話，他們的主動性就會得到加強。因此，絕不能把孩子管得太死，當他回想自己的生活經歷時，會覺得自己曾擁有自由，而且會覺得自己的良好舉止是自己自願養成的。

　　對孩子們的各種活動，他們相信父母能夠給予必要的指導，他們對父母的權威，時時刻刻都會意識到。這就是孩子所希望的那種自由。是孩子們的「命運」和自由意志決定著他們的生活，決定著他們在適合自己的學校裡長大。他們有自由，而且是必須要有自由的。假如孩子老是無所適從，心裡必然會煩躁不安，這時父母就必須要求他們做一些事情，幫他們解脫這種不知所措的煩惱。當然，對於應該做的事，他們可以自由的去做，但是他們必須明白，那些不應該做的事，絕不能自由的去做。

　　反過來，假如孩子們的行為，沒有被自己強烈的權威意識限制住，而只是不斷的收到「聽話」，「乖」，「不要」等指令，那麼他們就會誤認為，可以聽話也可以不聽；可以服從，也可以不服從；可以說實話，也可以撒謊。也可能他們的選擇是正確的，但也是頗費辛苦才摸索出來的。如果他們得不到父母權威上的支持，那麼就只能靠自己來做最傷頭腦的決定。可能讓孩子自由的選擇正確的和不能夠自由的選擇錯誤的，它們之間的關係太微妙，太不實際了。

　　然而，當我們始終處於別人的管制之下時，這種區別就變得十分明顯了。我們對正確的生活方式，能夠自由的進行選擇，也能愉快的感覺到自由

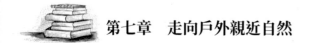

的存在。同時，選擇錯誤的生活方式會受到懲罰，我們也意識到了限制的存在，也知道做錯事情就會受到懲罰。

這就是我們希望孩子們能做到的，他們必須得到充分的信任，不過必須明白他們只可以選擇正確的做法。也正是這一點，才能得到父母的信任。不過，他們也必須清楚的知道，存在著一種威懾力，能夠控制他們，也會在他們欲做錯事的時候阻止他們。

適度寬容儘管包含了權威、良好舉止、信心、自信和對孩子的信任，但是這些還不是它的全部內容。健康的身體加上健康的思想，才是它的另一個要素。如果不能擁有健康的身體，那就選擇擁有一個健康的思想吧，儘管做父母的都會為孩子而緊張、焦慮和擔心，但是不能認為，為了他們自己，才與孩子建立和睦以及愉快的關係。她們也許是世界上最好的媽媽，不過孩子從她們煩惱的情緒中，能夠得到的也許就是急躁的缺點，甚至還會發展成抱怨情緒。而她們發現孩子暴躁、反抗、難管教時，往往意識不到這一切正是她們自己造成的。儘管這不是由她們的行為造成，但也是她們導致的，而且是她們的情緒造成的。

不管老一輩畫家們的思想在別的問題上存在什麼差異，但在描述典型母親的手法上都是相同的，這是有一定道理的。每一位畫家筆下的聖母，都是慈祥的望著你，這是個偉大的真理。我們希望在所有牆上都懸掛早期畫家所畫的聖母的畫像，使我們的心靈在她的注視中得以淨化。

在那些渴求又無助的歲月裡，這樣要求對母親來說是否太苛求了呢？也可能是，但並非不通人情事理。假如母親把「己所不欲勿施於人」當成自己的原則，並運用來對待孩子，那麼我們的家庭生活就一定會很幸福。讓媽媽也出去玩吧！只要她有足夠的勇氣，將生活中所有煩惱的事情拋在腦後，擠出一天或者半天的時間去野外休閒，可以靜心看一會書，可以仔細欣賞畫廊裡的幾幅畫，也可以獨自躺一會，這樣的生活，對孩子和對父母都變得更愉快。媽媽應當做到明智避讓，否則對孩子進行不停干預，會將孩子鬧得煩躁不安的。即使孩子十分淘氣，她也不會瞪孩子一眼，打孩子一巴掌，她將任

由他們毫無拘束的玩耍一會。

　　當遇到一些很急迫的事情時，我們也特別願意在工作上情緒熱烈的忙一會。不是嗎？這種忙碌可以帶給我們熱情，我們也很喜歡這樣，孩子也一樣。

　　父親的生日快要到了，女兒內莉必須為他背誦一首詩，而做準備的時間，只有一週。

　　在這 7 天裡，但凡一有空閒，大人就向她灌輸幾行詞。一開始她覺得自己得到了重視，也就很高興，並愉快的接受了這項任務。不過沒多久，她厭倦了此事，並變得易怒和淘氣。媽媽認為她缺乏對爸爸的愛，還責備了她，因此她就邊哭邊背誦。儘管最終這個小節目演得很好，但是女兒內莉在身體上和心靈上都受到了傷害。假如這個節目能有一個月時間準備，那麼就可能收到完美的和令人愉快的結果。倘若媽媽或老師「真忙」，那孩子就更倒楣了。比如朋友們來做客的時候，或者為全家人準備夏裝的時候，或者整理抽屜和櫃櫥的時候，或者考前準備的時候。總之，只要是這類婦女很感興趣這忙亂的生活，孩子一定會難過。

　　我們所做的一旦超出我們的能力，神經就會高度緊張。因此，當我們很累的時候或十分激動的時候，家裡的一個或所有的孩子就都不會有好日子過了。於是，孩子們也會趁機滋事。可以這麼說，其實是孩子們觸動了媽媽的神經，因為他們煩躁不安，惹人心煩。在幼兒園上班時媽媽也會發火，這也是一種情緒發洩，因此做媽媽的必須為自己找點悠閒，還要意識到周圍的人也需要清淨。要想使孩子保持好的心情，需要的就是這種環境，父母要想保持慈祥而又強硬的態度，需要的也是這樣的環境。

　　適度的寬容，也是有助於心情愉快的因素，但是受篇幅所限，只能補充一點。我們懂得，信任就是相信的最高形式，要想完全信任一個人就應該先相信他。我們必須有這樣的認知：培養下一代絕非完全是父母的責任，還需要社會以及本人的努力。在對孩子培養和教育的過程中，我們盡量不要妨礙孩子的自我發展。因此我們一定得學會保持沉默，甚至還要適度的寬容孩子。

　　我們有必要留給孩子充足的空間，使他們的優點和特長得到更充分的發

展，但是還必須懂得怎樣才能有效給予以干預，防止他們養成符合他們特點的不良習慣。

下面我們對孩子發展的各個階段考察一下，以及在這些階段中父母該怎樣很好的保持適度的容忍態度。

體育鍛鍊中應注意的問題

■ 現行體育文化的影響

隨著奧林匹克運動會的誕生，今天的人們更加關心體育文化了。不過這種體育文化的目的可能也許不太純潔，也不利於團結，如果這樣，在很大程度上就會把我們在教育上所做的努力抵消了。我們就是為了培養體魄健壯的男人或女人這類「優良的動物」，而且我們也實現了自己的想法。

在最近的 20 年，人的身體發育，尤其是婦女的發育令人嘆為觀止。有一天，我聽說我們的老祖母們仍然保存著那些用錦緞裝飾的呆板的小衣服。它們顯然是小個子女人的，不過，今天，這些正在接受培養的未來祖母們，在將來有望成為巨人。直到現在，一切都進展得相當順利。即使這樣，能否造就英雄，依舊值得懷疑，這不過是古代希臘人的體育鍛鍊目標罷了。男人就應該是英雄，要不然如何能完成肩負的重任呢？英雄也不是輕易的就造就出來了。因此，從男孩子尚在幼兒期，就開始了被培養成英雄的訓練，而女孩則被培養成英雄的母親。在一個具有偉大歷史，但又很小的國家，英雄主義思想至今仍在延續。

有一位母親，幾年前兒子就犧牲了。有人對她說：「您的兒子有著十分英勇的表現。」母親回答說：「我養育他，就是為了讓他成為一個英雄。」英國人也可以英勇的去犧牲，不過他們能否生活得如英雄般就無法確定了。英國的年輕男女儘管也是在優秀的體育文化的薰陶下成長起來的，然而，他們的目標一般短淺而且狹義，也就是以從生活中獲得體育為最大樂趣。因此年

輕人常常鍛鍊自己身體的承受能力，同時也會放縱一下，使自己盡情的、隨心所欲的享受。這兩個方面按照先後互為樂趣；鍛鍊後的享受，會使人有更深的體會，而隨心所欲的享受之後，再繼續鍛鍊也是一種極具樂趣的事。

　　有的年輕人以一直承受艱苦為樂趣，並且憑藉狂暴鬥士精神去尋求冒險。不過這類活動並不是鍛鍊身體最佳的方法。體育競技和健美一直就是主要目的，而娛樂並不是，僅是順便收穫。體育鍛鍊的目的就是使身體得到全面健康的發展，使我們能承擔起歷史交給我們的各種重任。奇怪的是對於鍛鍊的目的，我們還不太了解。或許多數年輕人都有「我屬於我自己」的觀念，即自己想怎麼做就怎麼做。這樣就出現了過量的體育鍛鍊、放任的尋歡作樂、毫不疲倦的學習、毫無節制的看書、過分的消耗身體健康，以及我們能想到的所有過度的行為，只要他們覺得合適就去做。

　　「你不屬於你自己」這個教育觀念，應該從孩子一開始就加以灌輸。你的生命是父母給的，你的生存空間是社會和大自然給予的，同時也賦予你繼承父命，改造社會和大自然的歷史使命。因此，你必須學好文化知識，把身體鍛鍊好，使自己的身體能承受完成各種艱苦工作帶來的壓力。

　　還有，就是應該一直讓孩子在權威下生活、學習、工作，使孩子更加適應有約束的生活，並一直保持強烈的英雄欲望。對於孩子的積極性，我們絕對不能夠將它打消，反而應當給予更多的鼓勵，因為有約束的生活和毫無節制的生活，兩者相比，前者更有動力和樂趣。不過父母對孩子也不能太過嚴厲。

　　人們在 18 世紀就常常犯這樣的錯誤，而在本世紀早期，同樣的錯誤我們也常犯。

　　那時候孩子們普遍受到的待遇，就是挨餓受凍、遭遇冷漠、遭到拒絕等等。我們主張年輕人在成長的過程中都應該具有如下的意識：必須服從政府領導，必須服從企業管理部門領導，並且還應當加強身體鍛鍊。有意識的保持身體健康是自己的義務，對任何健康的輕視，不管是出於醜惡目的，也不管是粗心大意，在本質上都是一種自殺行為。

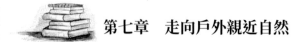

可以按照下列內容直接教育孩子，也可以讓孩子閱讀相關方面的書籍，對孩子和老師都有好處：

◆ 希臘體育運動和希臘英雄。

◆ 怎樣才能把孩子培養成身體力行的人。

◆ 體能訓練。

◆ 有害的過度行為。

◆ 合法和不合法的家庭管教。

◆ 英雄主義思想。

◆ 運動帶來的好處。

◆ 競技運動帶來的利弊。

◆ 父母在身體訓練方面的權威。

◆ 正確運用自我克制。

◆ 政權、企業管理和身體訓練。

◆ 保持身體健康的責任。

我們應該教育孩子要學會安分守己，必須先服從父母的教導，將來再服從自己的意志。關鍵的是，讓他們始終堅決的服從政府的領導。然而，使自己一直生活在權力的籠罩之下，要的就是持之以恆的思想和意志力，而且會生活得十分累。因此必須讓孩子養成服從權威的習慣。對於習慣的形成我們都已經很清楚了，比如一種反覆出現的思想就能在大腦組織上留下一些印記。

剛開始，大腦組織會讓這種思想頻繁再現，並將最終使它自動重現。在所有體育鍛鍊中，把一個動作做一百次後，它也就顯得很簡單了，那麼再把它做上一千次，就會變成機械運動了，再做它就不費吹灰之力。這一原理被廣泛的運用於板球、划船、高爾夫、自行車以及我們喜歡做的各種運動練習之中。

運動場可以讓孩子養成一套身體與精神合二為一的生活習慣。但假如他們在家裡不能堅持實踐，這種習慣就會輕易被淡化掉。因此，讓孩子在家裡

保持這種習慣，就是父母的責任。其實，孩子的良好教養往往取決於父母的教育，所以必須高度重視家庭工作中的這一部分。

大部分受過教育的母親，在培養自己的孩子的時候，都是小心翼翼的，以便讓他們能養成良好的習慣，約束自己的任性。也正因為他們的孩子受過良好的教育，因此一般不會出現時不時索要各種東西的現象，他們不會介意於一天給他一塊糖果還是兩塊，甚至一塊也不給。然而那些在村舍裡長大的孩子，儘管他們吃得飽、穿得暖和，他們仍然保持著動物本能，喜歡躺在爐火邊烤火。不過在大孩子面前，幼兒園和教室的規定可能會沒有效果。他們坐在搖椅裡悠閒的搖晃著，偷閒的看看小說，實際上也算一種娛樂。這種習慣很容易就會養成，不過這只是大人能夠做的事情。

就孩子而言，課間不允許昏昏欲睡，也禁止肆無忌憚。如果人們不娛樂的話，他們就可以從事一些有益的事情。我們對祖母們留下的刺繡工藝，可能看不起，不過在祖母們看來，精神上也好，身體上也好，有事做就比閒得無聊要好得多。毋庸置疑，這與大量甚至過量的體育鍛鍊之後引起的大腦疲勞和身體疲勞問題有著密切的關聯。這個問題十分嚴肅，它關係到是否可以頻繁的進行超強度體育鍛鍊，否則我們就會累得筋疲力盡，無精打采。

如果孩子從小就養成自我克制的生活習慣，那麼在緊急情況下，就能夠做到，這是平時自我克制的結果。我們都明白，如果在場的人當中有一個人具有良好的自我克制力，那麼冰上意外事故、船上意外事故和火災等，就可以有效的減少或減輕了。在這裡，自我克制力指的就是組織能力和控制他人的能力。但是如果想養成習慣，學會掌握自己，不被小的煩惱所干擾，即使遇到不順利的事情依舊保持平靜心態，時刻準備著處理各種小的意外傷害，就必須從幼兒園時起就開始培養。

如果孩子在走向社會時，帶著這種完美的自我保護方法，如果孩子從小接受訓練，使他們可以承受身體上和精神上的小創傷，那麼我們就不會再碰到性情暴躁的人。大家也不會在公共場所，為了搶占好地方而擁擁擠擠了，女主人也不會因為保姆做錯了事而大動干戈了，成千上萬的發生在生活中令

人惱火的事情就會得以緩和。

「你感到惱火的時候不必表現出來」，這樣教育孩子很保險，因為在自我克制下，任何煩躁不安、急不可耐、怨聲載道以及神經質都會消失。同時，如果人無節制的發洩，矛盾則會越演越烈。因此必須牢記一點，即人的行為表現可以刺激人的心態，人的心態反過來也能刺激人的行為表現。

完美習慣的約束就是習慣的約束達到自律的時候。不能忽視這些小事——幼兒園的孩子把餵飯的阿姨的衣服弄髒了、把牛奶碰灑了、把玩具弄壞了或者做事拖拖拉拉。在這些方面，受過良好訓練的孩子十分願意培養自己的好習慣。他懂得乾淨、整潔、俐落、有條理，這些對於自己的成長非常重要。在他的觀念中，大人和英雄是一個意思。

假如在家裡，孩子沒有養成良好的習慣，家長就會盼望著學校幫他補上這一課。不過在學校的時候，孩子可以按照學校的要求去做，但是回到家裡，好像讓孩子放了假，原來的老習慣又開始發揮作用了，這樣一來，他們絕不會真正養成良好的生活習慣。

這家的孩子整潔、俐落、勤奮，而那家的孩子可能骯髒、拖拉、懶惰。這說明儘管是小孩子，但自律的作用也很重要。「做到自尊、自知、自制這三點，就能夠將孩子引向最高權力的寶座。」

對於為什麼要培養良好習慣，大家都清楚了，所以這裡僅補充一點：只要孩子仍然需要監督，那麼就不能認為這些習慣，對孩子來說已經養成了。剛開始，孩子一般需要持續的監督，漸漸的，就可以讓他去做自己應該做的事。行為習慣、舉止習慣、稱呼習慣、說話的語氣等等，所有這些具有紳士風度以及溫文爾雅舉止的都是平時自律的習慣的良好表現。

有很多人都為自己某個時候不夠敏銳，而錯失了生活中的良機而懊悔不已。也可能由於他們發現得晚，而錯過了幫助他人或表示好意的絕好機會。我們應該教育孩子，使他們明白錯過了這些事很遺憾，比方說，幫助別人、為人辦事、替人開門、幫人拿包，或給予他人任何善意的幫助。還應該教育他們去敏銳的獲取知識。把見到的每一個成年人都看作是自己獲取某種知識

的泉源，這就是孩子們的本性，因此必須教育他們保持渴求知識的習慣。要想讓他們在生活中獲得成功，就必須憑藉他們的敏銳性，讓他們把握機會，使這種養成的重要習慣展現為行為習慣。人們一般這樣來比喻機會：它就是一個瞬間即逝的影子，若不是先抓住垂在它額頭前的額毛，那麼就不會有其他辦法能抓住它了。

■ 培養敏銳的洞察力

敏銳的洞察力，是對所有事情應當看得見、聽得著、感覺到、品嘗到，以及聞得到的靈敏的洞察力。透過獲取知識的五條通道，我們就可接受來自這個的世界的無窮的資訊了，格蘭特（Grant）先生對義大利的拿坡里人的性格做過研究。在研究中他曾描寫了一位年輕的克莫拉祕密幫會的普通成員的訓練過程（克莫拉祕密組織是一個危險的政治組織，很明顯，他們的訓練目的是邪惡的，所以值得記錄下來）。透過他們的訓練，目標就是使他養成習慣，這樣就可以準確細膩的觀察事情，卻不會被輕易的發現。

具體的方式如下：

一名克莫拉祕密組織成員行走在城市中時，他會突然停下來問自己：「在往回走的第四條大街上的第四家門口坐著的那名婦女是什麼樣打扮的？」或者「在倒數第四條大街的拐角遇上的那兩個人談論的到底是什麼事情？」或者「那位乘客叫 234 號計程車帶他去哪裡？」也許還有這樣的：「那棟樓的高度是多少？它的上層窗的寬度是多少？」或者「那個人住在哪裡？」這種敏銳的覺察習慣在很大程度上也是出於行為習慣。

現在需要提醒的就是不應該只是滿足於孩子先天的敏銳的觀察力，隨著時間的推移，尤其是在學校時，學習壓力增大時，這種早期的敏銳觀察力也就消失了。然而，如果這種習慣訓練出來的話（即要觀察到所有能夠看得見的事情，聽到所有能夠聽得見的聲音）就會始終伴隨著他們。行為習慣也將上升為思維習慣和道德習慣，因為篇幅的限制，我們就不再繼續討論這個問題。不過可以讓孩子閱讀下列內容的書籍，以及思考下列內容的問題，或者

把它們直接教給孩子們,這樣對他們也是一種幫助:

- ◆ 緊急情況下要能自我克制。
- ◆ 引誘面前要自我約束。
- ◆ 習慣上要自律。
- ◆ 敏銳的抓住機會。
- ◆ 體育鍛鍊時要敏捷,並富有朝氣。
- ◆ 察覺能力要敏銳,就是要迅速察覺到看得見、聽得到、感覺到、嘗出味道和嗅出味道的一切。

每一種習慣都會有它的思想基礎,並且不同的思想指導不同的習慣的作用也是各不相同的。實際上習慣和道德之間存在著一定程度的關聯。

在童年時期,我曾有一本書,裡面全是道德警句。這些警句是從希臘和拉丁古典著作中摘錄並翻譯而來。這些警句十分經典,而且寓意深遠。在我的回憶中,它們給了我非常大的幫助。很容易讓我們想到,用這種營養豐富的精神食糧養育大的希臘孩子或者羅馬孩子,他們的德育發展水準一定遠遠勝過我們。

與此相同,早期的教堂用近千種方式,將三種福音教美德、四種紅衣主教美德和與它們對立的七種不可寬恕的罪行人格化和典型化。假如我們希望使孩子養成自律習慣,那就必須恢復這種方式的教育,事實上,除了鼓勵孩子這麼做以外,我們別無辦法。

■ 培養優秀的品格

若想讓孩子們能持之以恆的去做事情,那麼給孩子一個正確的動力就可以了。

我認識一個 10 歲的小男孩,由於開學以後他要參加學校運動會的賽跑比賽,於是他就對自己規定了一項任務:在夏季的暑假期間每天跑 3 英里。因為他的哥哥在賽跑中的成績一直很突出,所以他決心要像哥哥一樣,其實,

他對體育並非十分喜歡。每當我們想到，本來不願意做的，但是每天還必須要做的乏味的事情時，我就會由衷的佩服這個孩子在動力面前向自己施加壓力的精神。

牙科醫生告訴孩子，應該具備堅忍不拔的意志的重要性也是有效的。如果孩子知道堅強的忍受痛苦而不喊叫，就是男子漢氣概和騎士風度的時候，他們就會照這樣去表現。於是「斯巴達男孩和狐狸」的故事所表現的思想也能得到支持。假如一位女生意識到忍受艱難是一種美德，她就不會由於疲勞而發牢騷，她會為自己缺乏堅忍不拔的精神而感到苦惱，她不想遭到他人對自己的譴責，比如：「妳就不能再堅持一會嗎？認真點，看著我是怎麼做的呀？」在這樣的氛圍中，她才會激勵自己忍受那些需要她忍受的痛苦。布魯圖斯（Brutus）的妻子鮑西婭（Porcia）刺傷自己，以表明自己要求和丈夫一起完成他的計畫的決心，她還要證明自己擁有堅忍不拔的毅力。

樂於助人也是騎士素養的內涵之一，應該透過英雄和榜樣的力量鼓勵孩子助人為樂，直到他對這樣的機會不肯放棄為止。

應該是一種教育的結果，勇敢是一種被英雄的榜樣力量引燃的自然火焰，也是一種教育的結果。但絕不是一時的衝動。要讓孩子們懂得，要做的事情一般要比做事的人更重要。

就我們整個人類而言，缺乏謹慎的勇敢只不過就是一種魯莽罷了。但是我們強調，謹慎要伴隨做奉獻的整個過程時，主要也是為自身的安全考慮的。

據說一個小男孩，在學校裡接受了大量的衛生知識之後，卻導致他對自己的身體極其在意和擔心。這種吝嗇的小心並不是謹慎，因為謹慎的前提是將身體的各種能力看作是為社會服務和爭鬥的工具。這樣看來，假如由於愚昧而使身體的任何一部分不能充分發揮它的作用，那就很可恥。

說起純潔，無論什麼動力都不可能勝過「你的身體是聖潔的靈魂殿堂」這句話，但是把它作為思想的表達方法就很不確切。很多指導思想的內容都支持體育文化和身體訓練，如純潔、堅忍不拔、勇敢、持之以恆、謹慎、忌酒以及英雄的榜樣力量。在這些方面的教育應該可以使父母和老師的教育效

果得以加強，使他們掌管的體育文化得到進一步的提高。

　　父母們需要盡量使自己培養出來的孩子適合為社會服務，讓他們不但可以根據自身條件來為社會服務，而且還可以自覺的規範自己的行為，培養自己的行為習慣，依靠社會服務的思想來激勵自己積極向上。

智力訓練中應注意的問題

■ 我們的行為和道德都受法則的約束

　　人類的一切行為都要受到自然法則的約束。我們很清楚，「如果把手指伸到火裡，就會被燒傷」，「如果坐在有穿堂風的地方，人很容易著涼」，「假如我們的生活，充滿活力而有節制，就一定擁有健康的體魄」。這種法則始終對我們的一切行為發揮著約束作用，也可能給予我們懲罰，或加以獎勵。關於生病和健康方面的事情，有些人的理解層次更深。當我們在生病的時候，特別是覺得造物主在為自己醫治的時候，我們胸懷就毫無保留的向造物主打開，並接受他的教誨。在道德方面也一樣，也一樣會受到法則的約束。我們也許會忘記自我，不過我們的良心時刻意識到懲罰的存在。

　　我們在智力方面傾向於堅持自己的立場。在這裡，我們不必承認權威，也不必受制於任何法則的約束，每個人都自由的發表著自己的見解，而無須考慮它是否嚴謹。每個人都應該自己點燃一盞屬於自己的智慧之燈，並認為，只要對得起這盞燈，自己就不需要有其他更高的追求了。

　　實際上，那種令人煩惱的雙重性的成因，正是我們對學術進程的態度所造成的，這種雙重性還可以使許多生命失魂落魄，並使他們灰心喪氣，還讓更多的人不求進取。我們的思想和行為與祈禱並不是相分離的，甚至跟我們的身體健康也有密切的關聯。人是單一體的，是一個具有多種能力的靈魂，但是，所能表現的，也只能以身體的形式為人所見。他能夠工作、能夠愛、能夠祈禱、能夠正直的生活，而且所有這些都是自然思維方式的產物。

　　在學術上我們違反法則，與權威對立的有兩個方面。首先，我們存在把

所有事情都看作是公開問題的傾向，而忘記了有三個不可爭辯的基本原理。儘管在各個年代裡，人的思想都與它們不斷的周旋，但仍無法證實它們，也無法找出反面證據。人的思想集中思考的三個問題就是造物主、自我和世界。

每一個新的科學思想出現，就會使活躍的西方思想再一次意識到，世界上已經沒有造物主存在的必要了。而且，因為非常活躍的自我意識，令人相當愉快，也正是這樣，一個重要的哲學學派主張，真正的世界就是一個幻想，一個海市蜃樓，就好比自我意識放映出來的影像一樣。不過消極的東方思想則傾向於認為，自我是一個階段，一個被神接納和在接納的過渡階段。實際上，我們的思想還達不到能夠解讀，造物主、自我和世界包含的所有寓意。我們不能證實它們的存在，它們只能自己證實自己了。

當這一點被我們接受的時刻，從心底產生的恭順之感立刻包圍了我們。我們了解到，在天上、周圍和跟我們在一起的東西「遠遠不只於我們的倫理學涉及到的內容」。我們應該認識到自己是人，有自己的居住環境，我們都生活在一個至高無上的權威的管理之下。我們不可以想當然的認為，每個人都了解這些。也可能這些事實都是道聽塗說，不過很少有人對此心領神會。

第二個方面是，必須了解到我們的局限性，也就是我們對自然的認識和推理能力的局限性。可能我們還需要更加準確的對自己的推理能力描述一下。我們常常帶著那些難以解決的問題去睡覺。我們認為帶著這個問題入睡，等早晨起來的時候，所有問題都可以理出頭緒：我們掌握了它所有關鍵的地方，並且知道需要採取什麼樣的行動。對每天發生的事，我們都習以為常，見怪不怪了。比方說，雖然早晨起來之後，我們還沒有用大腦思考問題，不過我們會自然的說，睡醒之後腦子更清醒。

當我們就這個問題進行思考的時候，我們就可以這樣輕而易舉的做出很多決定。

其實，我們的決定並沒有經過周密思考，僅僅是在頭腦中閃過，憑著知覺做出的。其實我們每個人都是這樣做事。我們談論的題目很大，不過我還是要說明一點：必須讓孩子知道，我們的推理或者思考是自然而然產生的，

如同我們的血液循環，它是一種自然功能。事實上，這也說明了我們的推理能力存在一定的局限性。

我們本身可能對自己的想法不能做出正確的結論。推理能力實際上其實就是一種機械而自然的能力，因此也就對做出正確的幫助不大了。推理可以向我們提供的幫助是，證實我們想要堅持的想法是否符合邏輯。例如，東西方的重要哲學學派堅信，獨立於人的思想之外的真正世界根本不存在。對該論點，他們進行了大量的邏輯論證，最終出現了支持一個表面上很荒唐的思想的大量文獻。

我們都清楚，當認為一個傭人或某個朋友，被我們看作是不誠實、不可靠，或一件衣服不合身的時候，一種存在於自身的能力就會無意識的幫助我們開始了蒐集證據工作，用來支持我們的立場。世間的戰爭、殺戮和家族之間的爭鬥史，要求我們必須教育孩子去懂得自己推理能力的局限性，這是十分有必要的，這樣他就不會混淆推理結果和永恆的真理。同時還應該讓他知道，允許自己擁有什麼樣的思想，才是重要的事情，而不是從思想中得出哪些結論，因為結論也是透過自我推斷而來的。

第三個謬誤是，智力是人特有的能力，知識是人固有的發現。在我們的思想深處存在（我們的教育思想上也有）的第一個謬誤是，可能是天賜給的自然、道德和神學在它們的起源和關係上，不過智力是人固有的和特有的能力，人必然會發現知識。關於創造性的發明的知識、關於人和大自然的知識、關於文學藝術的知識，都是人類固有的發現。

人們親自發現、思考、觀察、推理、集中思想、動手製作、集中才智，這些都是自己的意志的展現，也是為了自己的目的而做的。知識分子的驕傲自大，產生了他們的自豪感，不只存在於我們這個最好的年代，而且是始終是這樣。我們會驕傲的昂起頭說：「我們是人，從過去到將來，沒有任何動物能比得上我們。」但是我們知道，在人類自己的發展過程中，創始者和祖先並沒有以如此方式為我們創造任何專為我們生活的廣闊國度。

實際上，我們獲得知識的方式，簡直就像透過吃飯來獲得營養一樣。科

學發現、文化活動、文學欣賞或藝術表演如同一道道美味佳餚一一展現在我們面前，然後留給我們一段很長的時間，供我們消化這些新知識和新思想。此後，又一批偉大的知識分子湧現出來並得到人們的支持。

但是我們並沒有覺察到時代的跡象，沒有意識到是我們的主這樣對我們進行培養，並讓我們在知識上成熟起來。就像主對我們的培養和訓誡是一樣，知識同樣也是神聖的。中世紀教會認識到一個偉大真理，那些「領軍人物」，也可以說是語法和音樂的發明者、天文學和地理學的發明者以及數學和邏輯學的發明者，可能他們不像我們這樣，如此真切的認識造物主，不過他們卻無一例外的接受了聖靈的直接啟示 —— 這和拉斯金先生深刻指出的情況是一樣的。如果我們能真正懂得諸如語法和數學這類枯燥乏味的科目，如果我們能在聖靈栩栩如生的指導下教授給孩子（因為聖靈能教給我們所有的知識），那麼，我們的教育方法將發生翻天覆地的變化！

■ 教育就是一門實用哲學

可能有人會認為，我所提的建議儘管有意義，但不怎麼實用。但是你們應該相信，一個偉大思想最實用，因為沒有什麼方法可以產生如此豐碩的實際成果。對哲學，我們不應該忽略它，教育本身就是一門實用哲學，也就是用我們自己的智慧來教育孩子的一種努力，而不是拿教育思想中僅有的一點新穎的東西對孩子進行教育。

我們可以借用的一個名句就是「人貴有自知之明」。為了讓自己的孩子做好生存準備，「孩子應該了解自己、也了解自己與他人、與自然的關係」，而家長必須知道一些思想規律和知識來源。

我們要說的是學習習慣的養成，不過這裡不再用很長的篇幅來敘述。孩子養成幾種這樣的習慣之後，自己就擁有了一定的能力。這些習慣使人利用自己的智慧輕鬆的完成他想做的事情。倘若一個人沒有這樣的習慣，對於同樣一件事情，他會事倍功半。我們十分清楚，我們提到的習慣都是透過訓練才形成的，並不是生來就有的。天才就是一個具有承受艱難困苦能力的人。

因為每個孩子天生都具有吃苦耐勞的能力，因此更準確的說，吃苦，也是他具有的一種習慣。

我們或許會盲目的信任某些訓練項目，比方說，相信某個訓練項目可以培養出某個智力習慣。

我們認為，古典文學和數學培養的是不同方面，而自然科學培養的是又另一方面了。

這樣一來，孩子所做的事情往往就只和這些訓練項目相關，最後訓練的結果卻不是我們期望的習慣。假如讓數學家跨入與數學無關的行業，他所做的事，並不會比其他人更嚴密，更實事求是。只有在特定的條件下，他才被允許這樣工作，好像替大貓做個大窩，替小貓做個小窩。

人文科學不是總能讓人仁慈，換句話說，不一定能使他人感到他有多麼慷慨、寬容、有風度和公正。訓練科目本身，沒有錯，錯的是我們用懶惰習慣運用這些科目的，也就是我們在運用這些訓練項目時，僅把它們當成是用來耕地和播種的機械發明而已。

家長的責任重大，孩子養成這樣的智力習慣主要靠他們來執行，他們的責任比老師和課程都大。孩子一旦養成好的智力習慣，他們就會在學術上建功立業。

在此，我不再提及習慣養成的問題，不過多數人可能容易養成行為習慣和道德習慣，而養成學術習慣就不太容易了。在這裡僅舉幾個應該從小對孩子進行認真培養的例子。

「注意力」可以讓人將所有精力都投入到要做的事情中；「專心」和注意力不同，指的是思維積極去解決某些問題，而不是消極的；「一絲不苟」是指對知識不是大略的了解或掌握，而是達不到完美就會不安的一種習慣。對於這個習慣，百科全書裡大加讚賞，因為，只要它發揮作用，任何疑點都會被清除；「學術意志力」是強迫自己在規定的時間內考慮規定內容的能力。

大家都知道，我們的大腦在這種事情上往往會受到很大的煎熬。但是假如我們從兒童時期就養成以苦為樂的習慣，長大後，自己去想自己應該想的

事情也變得易如反掌。

應該從數學學習、語言表達、資訊理解和日常生活中的瑣碎小事的處理中獲得「精益求精」的習慣。「反思」也是一種思考能力，它形成於兒童時期。不過在成年後，當他們身懷寶貴的知識財富邁向社會的時候，往往會在一定程度上喪失了這種能力。如果任由知識意念在我們的腦海中閃現，卻不把它留住，也不消化和利用它的話，真的很遺憾。

■ 學會沉思

一位叫羅曼斯（Romanes）的先生去請教達爾文關於自己的學術生活習慣的問題，達爾文的建議就是，要學會「沉思」。後來聽說他從這個建議中得到了無窮的好處。

沉思也是一種能夠養成且能保持的習慣，因為我們認為，孩子天生就會沉思，如同他們會反思一樣。其實這兩者密切相關。當我們反思的時候，就會重新整理自己所獲得的知識；當我們在沉思的時候，往往不只是對過去事情的思考，而是全面的把事物各個方面都考慮周全了。

基督教徒的生活在很大程度上依賴於沉思，這個人們很早以前就知道了。學術進步也是這樣，並不是單純的依靠閱讀或者辛苦的研究某個課題，而需要依靠集中所有思維能力來到對現有課題進行攻克，這就是「沉思」的含義。如果學術習慣能為我們帶來好處，或者對我們有促進的作用，那麼我們每個人都能夠輕鬆的養成幾個重要的學術習慣。

每一種習慣，無論是學術習慣，還是其他習慣，都需要有維持其生命和成長的食糧，也就是提供生動的精神食糧。堅持這麼做比較困難，因為在培養孩子的過程中，在這個方面我們很容易犯錯誤，而且比其他方面所犯的錯誤要多很多。我們提供給孩子的精神食糧只是一種精神灰燼，因為最後的一個獨創精神的火花早已消失。提供給他們的故事書，也是次品，裡面全是陳腐的詞語、老套的情節、隻言片語的思想和古董級的觀點。孩子們常常抱怨說這些故事太簡單了，看了開頭就能猜出結尾。還有，甚至他們還能猜出每

一頁有哪些乏味的內容。

有一天，我看到了孩子們的聲明，他們聲明自己不喜歡詩歌，更喜歡激動人心的故事情節。當然，他們也喜歡故事，但是只喜歡別的內容的詩歌。雪萊的詩〈雲雀頌〉，比任何動人的故事情節更能讓孩子欣喜若狂。而孩子的藝術呢？從幼兒園的牆上掛上「聖誕節專刊」圖片可以看到，下面掛一排對書本內容的圖解。從課本圖解看來，儘管有了一點的進步，但仍須進一步的改進。

過去，我們就已經反覆推敲過了「兒童文學」這一題目，但仍須說明一個問題。

對於拙劣的作品，孩子們不是天生就喜歡的，專門的兒童文學往往沒有圖書經銷商向我們建議的那麼重要。我認為，一百種暢銷書的目錄中，有 75 種比較適合 7 至 8 歲兒童閱讀。他們可以從《拉塞勒斯》中獲得樂趣，《魯賓遜漂流記》、《仙女王后》都會讓他們著迷。書中的寓言和騎士般的冒險，還有在森林裡自由走動的感覺，正好符合孩子的口味。孩子們想要的是：去接觸最好、最生動的思想，並透過它來充實自己的智力生活，並且拒絕我們過多的打擾。

■ 孩子的自學

孩子自學的重要性，並沒有得到我們充分的理解。我們必須給予他們鼓勵和指導，而不是管制他們。

我認識一個小女孩，那時她 9 歲，每天都期盼著獲得丁尼生的詩歌，因為她太喜歡他的詩歌了，不過在大的詩歌集裡卻找不到。但是，她就像孩子想得到食物那樣，想得到她喜歡的詩歌。大腦對思想的需求和身體對食物的需求是一樣的，都是一種很實在的需求，甚至有時比對食物的需求更強烈。

馬丁諾小姐寫了一個美妙的故事，她描寫了一個 10 歲小男孩在思想上的覺悟：「復活節的第一天，他俯臥在床上，面前擺放著騷塞（Southey）的《薩勒巴》。這樣的姿勢有什麼不方便，他絲毫都意識不到，他快速的一頁一頁

的翻著書看，像是在尋找什麼，一直持續了幾個小時才看完。然後他去圖書館還了書，又借回一本《開哈瑪的禍因》。如此這般，假期裡他一直在往圖書館跑，就這樣幾乎一動不動的他看完了騷塞和其他幾位詩人的所有詩歌。這些書看完後，他發生了非常大的變化，連他的家人都不由自主的驚奇起來。短短的 10 天時間，他的眼神流露出來的神情、他的面部表情、他說話的措辭以及他走路的姿態都發生很大的變化，他的整個思想都進步了好幾年。」

因此我堅持認為，這是他一生中的一個轉折點。他的父母覺得，那段時間學校給不了孩子任何類似的機會，因此讓他自己獨處應該很不錯。

在造物主的影子的培養下，孩子一直在成長，所以他始終也沒有改變信仰。父母一直都在滿足孩子對思想的渴望，但是不能只滿足於等待孩子覺悟，而必須在孩子覺悟之前覺悟。一個從小遵循克制原則的女孩說：「我為我爸爸不是酒鬼，而感到傷心。」如果他爸爸變成酒鬼，她一定會自由的歡呼雀躍。這個例子對我們正在討論的話題不是一個很好的說明嗎？

假如舉辦一個豐富的思想聚餐，孩子們立刻就會自由選擇自己喜歡的思想。

三月榆錢掛滿枝，微風拂袖如散花，
酸橙含苞紅似玉，白楊婆娑舞嬌芽。

這是丁尼生寫的詩，他和他的詩句在培養植物學家方面所發揮的作用，比自然藝術系透過它的課程和考試所做的努力大很多。

下面是白朗寧以一名詩人的方式，鼓勵一名自然專業的學生的詩詞：
漂石上的苔蘚像飛蛾身上的花紋，
小蕨類植物能在光溜溜的石頭上生根。

孩子們對自然、生活、愛情、責任和英雄主義的看法，需要自己從作品中去發現、去選擇。從對孩子的教育角度講，這些作者的作品比任何有計畫的教學內容有用得多。

因此，可以說，這些重要的思想是孩子自己選擇、相符自己意願的。

第七章　走向戶外親近自然

　　下面我想探討一個亟待解決的問題；課程應該適合孩子，但不只是一些乾枯的內容。給孩子的課程必須鮮活、栩栩如生、富有精神思想。有一天，一位老師說，用弗里曼（Freeman）的《英國歷史》教學十分困難，裡面的故事太多，故事裡描寫的一點也不像是真實的歷史，況且其他的內容也很呆板。

　　我們從生活困難時期無意識的保留了一種做法 —— 對課本的精簡。在那時，我們的收入低，書也少，於是家長只好限制他們的孩子買教科書。現存的教科書雖然幾經更改，不過都是經過數代的學生使用過的，直到讓人感到厭煩才被停止使用。當然，為孩子提供精神食糧的話題太廣泛，也特別重要。因此必須直言不諱。

　　經過仔細考慮之後，我認為，我們需要考慮的問題有以下幾個：

✦ 孩子對小說、詩歌、旅行與冒險的書籍、歷史和生物（最有刺激性的科目）的愛好。

✦ 孩子從書中獲得的生活觀和行為觀。

✦ 孩子以同樣方法獲得的責任感。

✦ 孩子對大自然的理解。

✦ 對在校學習的主要科目的觀點，如地理、語法、歷史、天文。

　　我想讓大家看一看拉斯金在文理各科的開頭，和評論西班牙教會時對「領軍人物」的描寫，並引用柯勒律治對柏拉圖教學法的一段英明的評論來結尾。從事兒童教育的人應該要牢牢的記住這段話。

　　柏拉圖認為：「他不想讓孩子按照要求，對各式各樣的知識都死記硬背，因為人的大腦不是儲藏室，也不是宴會廳。他希望能把孩子的大腦與實踐緊密連結在一起，以便逐步激發大腦的創新能力和發明能力，使它可以結出豐碩的思想果實 —— 產生出新的觀念、新的想像、新的思想。」

道德培養中應注意的問題

■ 道德培養的基本準則

下面這三個基本準則，成為教育思想基礎的準則，還進一步在我們心中留下了深刻的痕跡。

1. 正如承認物體引力一樣，承認權威是基本準則，在道德世界裡普遍存在。
2. 承認習慣的物質基礎，承認習慣的形成在教育中扮演的重要角色。
3. 承認思想的重要性，以及它的激勵作用。

「造物主不允許」我們這樣做，而這其實沒必要表達出來，不過往往會使研究神權性質的家長們形成某些想法，而這些神權絕大部分都來自《福音書》。在那裡，他們發現權威們遵循準則行事，而不是遵循規則，並且又因為他們自身是每個家庭的權威代表，於是他們便作為了權威的化身來考慮統治的神權理論。他們可以辨明時代的徵兆；他們也可以認為一個人只能依靠自己的眼光來行動；也就是說，每個人在判斷是非上都是自己的絕對權威。父母的個人意見應該保留，並且假如能夠適應時代潮流的話，在適當的時候，可以適當的調整個人意見，這一點尤為重要。

作為家長，必須十分透澈的理解家長權威的局限性，這是十分重要的一點，即使神權也是如此。這就說明了行使權威的方法，可以為走上生活道路的人提供保護，指導他們進一步加強自我約束能力。它允許個人自由的選擇服從，而不是強迫他們去遵守。對孩子進行的道德訓練的過程中，自由以及任意的行為不可避免的會引起爭議。而家長們認為，自己正在恰當的管理著他們的家人，什麼形式、準則和父母權威的局限性等等，根本不必考慮。

一位美國作家一直從事於兒童道德教育，他曾說：「道德教育者的職責是，把道德主題傳授給自己的學生，而不是處理道德主題的認可與否的問題。」

還有一個問題，人們至少已經爭論了兩千年。蘇格拉底在準則《表白書》中說：「人類是衡量一切事物的準繩。」、「就像每件事物只呈現在每個人面

前，只有這個人才認為它是存在的一樣。」、「所有的真實都是相對的。」

如今，我們要說，一個人只是展現其「能力」，也就是說，他心中不存在超過他承受範圍的權威、真實和法律。這種教育最有必要爭論的是這位不可認知的造物主的學說：假如造物主存在，他也不可能是為我們而存在的，因為我們跟他沒有關聯。

當小孩子們還未到上學年齡，在家裡時，就有必要教育他們意識到，因為他們欠造物主的，所以他們有這個義務。當這種意識滲入到我們神祕的思想領域時，就不再是一種痛苦，而且會把它當作一種快樂。母親應該愛她的孩子們，讓他們愉快的度過每一天，不必為孩子們表現好時就高興，也不必為孩子們淘氣時就傷心，因為法則持續的控制和影響的效果要比母親或老師帶給孩子們的好很多。

■ 道德是後天培養的

每個孩子天生就有意識，換句話說，就是每個孩子天生有採納正確事物，排斥錯誤的功能，不過孩子天生不具備辨別善惡的能力。受過訓練的意識是超越我們所有想像的稀有的財產；我們精明的鄰居們屬於自己的專利的對錯方面的疏忽，令我們偶感驚訝，不過，很可能我們自身道德上的奇怪習慣也嚇壞了我們的朋友。只因我們接受了錯誤道德教育，它使我們對謬誤的思想和不真誠的言語幾乎意識不到。

我們認為，拉丁人和希臘人肯定受過此類的教育，不過道德是天生的。能夠運用的道德理念確實取決於遺傳和周圍的環境，不過隨著條件不同，也會發生變化。不管怎樣，人類所擁有的意識是最微妙、最絕妙的接受教育的意識，它的孕育需要依靠權威的教育和榜樣的效仿。

那些受過教育的人為什麼會在孩子們道德狀態這個問題上茫然不知所措，的確讓人難以理解。

前不久，我有幸參加了一場有趣的爭論，焦點就是孩子們的撒謊問題。出席的人都從事著與教育有關的職業。在會議上，我發現一個非常有趣的現

象：出席會議的人，全都有能力、受過教育，他們將自己劃為兩派，一個的觀點是童言無忌，另一個的觀點則是童言有忌。不過，並不是每個人都能回憶起自己的童年，當時的情況基本想不起來。問題是孩子們天生是否有道德。當然沒有人敢說，人之初，性本善或性本惡。那些惡的遺傳趨勢，也許能被後天的教育糾正了，也可能那些善的遺傳趨勢在漫長的成長之路中逐漸消失了。

中世紀教堂一直保留著古老的傳統，並將回答蘇格拉底提出的問題作為倫理教育。問題就是：「我們應該做什麼和我們所說的『應該』、『做』或『行為』是什麼意思？」在可能的情況下，教堂一般會用實物作答，即用與精神事物有關的可視跡象來回答。

我們能夠在帕多瓦的阿累那教堂看到喬托（Giotto）的畫，如《忠實與不貞》、《愛與嫉妒》、《仁恕與貪婪》、《公正與不公正》、《克制與貪食》、《失望與絕望》。即使是從未受過教育或愚蠢之人，也能從這些畫中準確無誤的看出這些人物。我們有被認為是各不相同形態的同一個主題，被拉斯金稱為「亞眠聖經」。

在這裡，我們可以學習到「謙虛和驕傲」，「克制和貪食」，「貞節和貪色」，「仁慈與貪婪」，「希望與絕望」，「信仰與偶像崇拜」，「毅力與無神論」，「愛與不和」，「服從與反抗」，「勇敢和怯懦」，「耐心與憤怒」，「溫柔和善與脾氣暴躁」，像十字花一樣成對出現，上面一片，下面一片，片片落在美德化身的信徒腳下。然而，我們對基本的美德和致命之罪卻毫不知情。

權威們那些美德和言論方面的教育，雖然極其強烈而莊嚴，卻沒有被我們所接受。

關於道德教育的體系，也是在我們沒有理智的情況下得出的。在我們的牆上，我們沒有塗寫美德，也沒有漆上邪惡。詩人告訴我們，這才是正確的！不過那些道德格言，儘管如同珠寶般被套在時間的食指上，但依然被到處傳播。我們平靜的將它保留在一個適當的時候，期待孩子們如何透過幾行

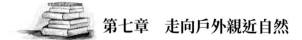

格言，激發自己去創造善良的生活。

　　毫不誇張的說，我們忘了加強道德教育，也忽略了讓一個高貴的孩子時刻意識到，由於他那在天堂的父親是完美的，因此他也必須完美，這是我們的要求。

■ 養成好思想的習慣

　　我們嚴謹的對待道德教育的時刻到了。我們要把崇高的理想傳授給孩子們。「偉人的生活啟迪了我們，我們也能夠使我們的生活令人崇敬！」研究偉人的生活，以及研究小人物生命中的發光點，都會對孩子們產生激勵作用，特別是從成人身上查出其童年時期奮發向上的事例時，就可以對孩子產生更大的激勵作用。

　　在一個人的成長全過程中，「從小看大」恐怕是最能真實的激發一個人。令人吃驚的是，我們周圍有多少人實現了自己兒時和青年初期的夢想，又有多少人是過著「以自然的虔誠彼此限制」的生活。

　　假如我們的教育，能夠籌劃得十分完美，那麼就會闡述出每一位思想家的精彩的個性化思想理念，結果一定十分實用。維多利亞女王（Queen Victoria）在她的艾伯特紀念教堂裡，運用非凡的機智與權利做到了這一點。大家都知道，在艾伯特紀念教堂裡，那些預言家和元老們用行動展示，對於維多利亞女王來說，是她丈夫……品性主旨的特殊美德以及他曾經不懈的努力。這種努力不就是中世紀實體教育的重現嗎？在愛丁堡大教堂的唱詩班，也會發生同樣的事情，特拉庫艾女士用牆上的壁畫來展示那首以「祈福」一詞開始的讚美歌。例如，〈心中神聖而謙虛的人〉一畫，透過三個代表不同時代的思想門派的人來展示：樞機主教紐曼（Newman）就是我能記起的唯一一位。這種傑出思想的力量，還有它帶給生活的和諧一致，也許用 ── 不知是否出自我們摯愛的維多利亞女王之口的「我會完美的」去解釋可能更為恰當。在英國，這句話震撼多少孩子的心啊。可能有一天她會知道，她那被廣泛的實踐著的孩子般的祈求，為大英帝國帶來了怎樣強大的道德衝擊啊。

選擇《聖經》中的詩，和散文作為座右銘，是「一種令人愉快的和最令人精神鼓舞的一件事」，特別是如果能擁有一本，不管有無標座右銘的冊子，都是非常美好的一件事。有一個相當不錯的主意就是：讓孩子們自己製作年鑑，然後，再將這一年中他每天讀的材料中選出的座右銘記錄下來。必須過好每一天，在早上，鼓勵孩子讀一段自己所選擇的座右銘，而不必去讀一段來自外界導師的聲音：「堅持自己的原則，靈活服從這一概念。」

這一觀點，說明了始終需要考慮的課題和指導教育，比方說，生活要有主旨；《聖經》英雄們；希臘英雄們；激發道德的詩篇；愛國主義責任或所有關於道德品格的詩篇；道德主題課；座右銘及其他們的出處等等。

擺在眾多思想理論面前的一個重要課題，就是如何形成良好道德習慣，以及每位父母是否有義務讓孩子們來到這個世界時具有良好的道德習慣，但在此就不深入講述了。

道德衝動的產生，就像我們曾考慮過的如激勵性的思想形式產生一樣，接下來，父母或老師要做的是靈活細膩的、堅持不懈的使孩子保留這一思想，為了孩子們第一次衝動所做出的道德上的努力，我們應該在表面上提供一些不拘形式的機會。

在孩子們面前，我們再一次的強調要堅持這一點：我們思考理論的行為十分重要，在孩子小的時候，當喜怒哀樂毫無保留的宣洩在臉上，如同一本現在父母面前打開的書時，應當保持這種高尚思想的習慣，在孩子意識確立之前，那保留在他們臉上的任何自私的、憤恨的、缺乏友善的思想活動必須徹底改變。

父母必須竭盡全力的向孩子們解釋清楚，他們希望孩子履行的美德行為這個思想。

直率、剛毅、自制、耐心、溫順、勇氣等，這些美德只有一個貫穿始終的作用，那就是為引發思想和教育的主題，提供足夠的例證。

這裡我必須提醒一下，一個孩子對於宗教的整個想法就是「做好」。最好讓他能懂得「做得好」是他對造物主履行的部分職責，也許不是全部職

責；但作為一個造物主的子民，作為孩子應該對造物主的忠誠以及他的義務，可能大大超過「做得好」為造物主所帶來的快樂。

適合孩子的某些場景

■ 讓孩子對知識的好奇心得到滿足

如同大戶人家的子孫對傳家寶十分感興趣一樣，孩子們對地球上和天上的所有物體都特別好奇，像地質學、礦物學、地球物理學、植物學、自然歷史、生物學、天文學等等。這些學科的大門應該隨時向孩子們敞開，以便他們可以隨時獲得赫胥黎所介紹的常識。

耶穌會的人說：把孩子交給我，直至他 7 歲，我將能對他未來的一生負責。我們要比耶穌會的人付出更大的努力。他們只滿足於把孩子養到 7 歲，而我們卻至少要把他養到 14 歲，以後便可以根據孩子自己的願意去培養他。

在這段時間內，如果我們能培養他建立良好的人際關係，就可以將他培養成一個充滿活力、精神旺盛，富有情趣、誠實可靠、樂善好施的人！

幫助孩子與地球媽媽建立起動態的連結，是我們的一項還沒有完成的任務。這是一個基本的連結方式，任何其他方法都無法取代它的地位。

在這種連結之下，孩子能和地球媽媽自然相處，並且能做任何萬有引力定律允許做的事情。孩子們在站立、走路、跑跳時能夠自然而又莊嚴，他還可以經常去滑冰、游泳、騎馬、駕車、跳舞、划船和航行等。

學會另一個基本的交際能力，即運用物質的能力，是我們必須要教育和鼓勵孩子去做的。

孩子們都喜歡用沙子構築城堡、做泥餅，進入社會以後，他們也許會從事陶器、木器、銅器、鐵器、皮件、衣料、食品和裝飾品的製作。所以，他們應該會對製作感興趣，也希望能自己動手製作些什麼。

孩子與無聲世界的連結，是一種智慧連結，也是善心的呈現。其實，每個孩子都希望能和周圍的萬物建立起密切的連結。

作為生活在同一個地球上的物種，我們和動物的關係，就好比我們和鄰人之間的關係一樣，不是應該和睦相處嗎？

對孩子來說，教育的主要部分應該是人文素養，它是重要的部分，是愛和贈與、權威與服從、尊嚴與憐憫的關聯；也就是家族與朋友、事業與國家、過去與現在的關聯。

我們之所以對別人感興趣，是因為我們也是人。

作為同在精神驅使下生活的血肉之軀，我們中間的任何一人都會受到其他人的關注，不論他在做什麼或者遭受了什麼。

在探討這些問題時，如果我們依據的是現實思想和書籍，如果我們能喚醒其中的人際連結，那麼就將會有眾多的孩子成為改革家、慈善家、偉大的東方學專家和偉大的考古學家。東方學專家密切了東、西方的交流；而考古學家也可將時光倒流，使數千年前的古人「復活」在我們面前。

■ 興趣讓思想覺醒

無論是思想的覺醒，還是思想和生活習慣的培養，都需要依靠我們自己的力量。下面這個例子值得年輕人來效仿。

剛進入社會的小羅林森（Sir Henry Rawlinson）就對歷史和波斯古玩產生了濃厚的興趣。據他講，他的這種愛好起源於第一次去印度時和約翰·馬爾科姆爵士（Sir John Malcolm）的談話。爵士告訴他，自己曾和伊朗國王的軍隊一起駐紮，正好是在波斯庫爾德斯坦的克爾曼沙城。緊靠著那座城的地方，聳立著貝希斯敦岩石，上面刻有三種語言的文字。據考證，它們是出自薩勒斯王朝的復辟者大流士一世（Darius I the Great）之手，但長期以來一直沒人能翻譯出上面楔形文字的意思。冒著死亡和致殘的危險，羅林森設法爬到那幾乎無法立足的岩石表面，艱難的拓下了這三種石刻文字。

在這以後，羅林森對石刻進行了廢寢忘食的研究，終於能夠讀出它的發音，證明它屬於波斯語系。兩年後，他成功的發現了，波斯的楔形文字正是源於這種文字體系。

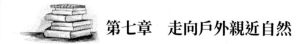

最後，羅林森的研究使得我們能準確的推斷出每個王朝的存在年代，並把歷史又提前了上千年，而那曾是我們的父輩認為人類起源的年代。這些發現，為我們思維方式的轉變產生了無法估量的作用。

這一切都與羅林森爬到石刻上有關係，而促使他爬到石刻上去的想法，則歸功於跟約翰·馬爾科姆爵士的談話。

儘管我們並不是亨利·羅林森，但我們有充分的理由相信，興趣的高低決定了人類智商的高低。也就是說與人類建立人際連結的廣泛程度，決定了智商的高低。

這種人際連結，是愛與責任之間的連結，更是在時間地點與現在過去的實際興趣之間建立的連結。

我們學習一、兩門古代的或當代的外語，可能花了十幾年的功夫卻很難做到對它們的精通。但如果只能透過口頭表述來了解一個人，而我們又非常渴望了解這個人的話，那麼我們就能像已故的理察·波頓（Richard Burton）那樣，學會說幾乎人們知道的所有語言。

我個人認為，如果我們不再只把自己當作某一類人，並且把與各種地位、性格、國家、時代不同的其他人建立起來的連結當作主要任務時，那麼，一場偉大的教育革命就應該啟動了。

於是，歷史開始讓人著迷，文學能夠映照他人的思想，而社會學則能喚起職責和樂趣。我們懂得整個人生的職責和歡樂，我們也會變得敏感、謙卑和虔誠。

每個人都離不開自己的理想，儘管我們不可能超越這樣的宏願，但我們可以始終緊隨其後。在談論失去的理想時，我們絲毫不為此傷感，也許它們只是發生了一些變化，並沒有真的失去。如果我們認為自己和孩子的理想，只局限於獲得成功和舒適的人生，那我們就可能止步不前，再也沒有任何其他的收穫。

■ 讓孩子接受全面的倫理教育

對於責任感，當代心理學對它的影響似乎令人捉摸不透。除了一時的衝動以外，這些人大都處於一種無意識狀態，不可能擔負起道義上的責任。

根據權威和同事們的定義，責任不屬於當代心理學的研究範疇。10歲左右的孩子們可以熟記《十誡》，當你了解到下面這些的時候你可能會很感興趣。《十誡》中最清楚的就是「我對造物主和鄰居的職責」。關於包含人類全部職責的戒律，非英格蘭教堂的其他教會成員也會做出其他解釋。

《聖經》給了孩子們較為全面的倫理教育。在《十誡》中，他們知道聖·保羅的訓令——「愛同胞」、「怕造物主」、「尊敬國王」、「尊敬所有的人」、「學會安靜」。他們知道，從本質上來講，仇恨和受辱等於謀殺。所羅門國王所說的貞女、懶漢和愚夫，他們也有所了解。

除了戒律方面，孩子們還掌握了一些歷史、宗教以及世俗方面的知識，他們甚至能解釋每一篇課文。

在英國，我們的教義到當代已經變得系統而又全面，因此並沒有將它們刻在石頭或木頭上，供不識字的人學習、閱讀。但是，我們周圍的一些國家卻一直是樂於這樣的做法。

接下來我們就根據普通經驗來判斷一下，我們這樣做是否正確。我們最好不要為孩子專門編排任何倫理方面的故事，在迴避時還得注意分寸。

給孩子閱讀的書籍，除了生動有趣，富於文學性和教育性，不應該再有其他更多的要求。這不是說我們不需要倫理教育，因為倫理教育應該是隨意的，沒有必要為此而精心編排什麼內容。如果我們剛好發現一篇英雄主義的故事或者是約束自我的故事，對其中的倫理意義，我們可以不吝指出。但是對孩子而言，倫理只不過是一些需要經常背誦的格言而已，如「愛人如己」，「己所不欲勿施於人」等，他們之中很少有人清楚那些建立在廣泛的人類友情基礎上的系統倫理觀。

現代作品中，歌頌人類友情和民族團結的文章猶如恆河之畔的沙礫，但

是像這樣權威而又精闢的語句並不多。

假如大家贊同「教育的全部內容就是建立連結」這一說法，那麼，和同胞建立連結，就是擺在我們面前的首要任務。

由於思想的獨創能力有可能脫離道義的約束，因此，除以「愛人如己」為基礎的連結之外，任何其他基礎上建立的連結，都容易轉化成多愁善感的連結。

也許你會問，我們怎樣才能為孩子制定倫理教育計畫呢？這種教育的基礎如果不能建立在牢固的責任感上，即使辦法再多，也很容易變得隨意而缺乏條理。如果人們非要把《十誡》、老式教義以及以這些教義為基礎的說教擺在首位，那我就不知道該如何處理了。

人們之間的倫理連結是其他所有連結得以建立的基礎。透過利用其有價值的成果，我們獲得了不斷的進步。今後，我們還會依靠它來支撐生活、造就新人，以其超脫自我的寬大胸懷來支撐我們所有其他的連結。

有愚昧才突顯知識，有貧窮才彰顯富裕，有虛弱的對比我們才知道健康的重要，有他人的生存我們才會看到尊嚴、有邪惡才會顯示良善，但是這些感覺並不是天生的。儘管無知的年輕男女對此並不介意，但我們是否反省過自己——這是為什麼？

對那些缺乏教養的孩子，我們不應該過分鄙視和指責，他們之所以這樣，是因為沒有受到應有的重視，即使是出生名門的孩子，也不乏這種情況。

■ 提升孩子的綜合能力

幫助年輕人培養在生活中的交際能力，是我們應該為他們做的另一件事。在幫助他們時，我們要像幫助自己一樣，讓他們對實用的心理學體系或者倫理學熟悉起來。

真正的生活科學也許並不適合這個世界，但比起古人的謙虛，我們卻要不幸多了。

古人充分利用了自己所具備的資源，還培養出像馬可·奧理略（Marcus

Aurelius），愛比克泰德（Epictetus）和蘇格拉底那樣的傑出人物，並且他們也贊同他們在青年時期，需要倫理學的教育去適應生活。

現代社會是知識爆炸的年代，知識的增加要歸功於科學家們自己與自己建立的連結，其內容可以展現在以下方面，如自我管理、自我約束、自我尊重、自愛自助、自我克制等等。

我們與他人建立連結的能力，依賴於我們與自己建立連結的能力，所以，這種知識就變得尤為重要。

每個人都攜帶著一把解開人類本性祕密的鑰匙，根據這把鑰匙的開鎖能力，人被劃分為寬容、溫柔、善良、聰明和虔誠的等等。如果你覺得傭人、侍從、雇員，或者其他勞動者做不了任何大事情，這說明你不了解我們都熟悉的這些行為動機。

借助於社團的力量，我們可以朝著這個方向更好的努力。與我們有過接觸的人，對處理感覺、指導意向、培養性情和注意力的心理培養等方面的知識，大多數人都有所了解。而對於作為行為動力的願望和感情，以及其他與生活管理有關的實際問題，他們不乏認識。

我們聽說有人運用這種方法，也就是從前那種「改變你的思路」的保育計畫方法，在窮人、易激動的人和病人身上獲得了成功。而我們協會的感覺是，自己手裡拿著工具並且清楚應該怎樣開始自己的工作。

所以，只要是我們認為正確的原理，即使在運用過程中出現差錯，為了自己或孩子，我們也會再試一次。

我們清楚，一種習慣能征服另一種習慣，一種思想也能取代另一種思想。孩子們都需要教育，我們不能因為自私、貪婪或者懶惰而放棄對孩子的努力。在這種教育方法下成長，孩子們長大後就會相信，使用簡單實用的方法是有好處的，人是可以被改造的。

「社會學」這個單字拼寫起來很長，意味著與其他人的實際連結也很複雜。作為能夠掌握的知識，孩子應該從小就逐漸獲得與他人的這種連結。

看到木匠、園丁、糕點師和燭臺匠，孩子會覺得他們很可愛；在海灘

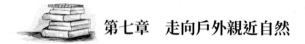

上，孩子們對關於船舶的種類、漁民生活方面的知識，甚至比大人了解得還要多，這真是讓人吃驚啊。大多數勞動者都喜歡跟孩子在一起，而在孩子看來，與任何一個工匠互動都是非常難得的。如果這類人成了孩子的鄰居，那麼孩子肯定會特別的關心他們，孩子也會真實的看待他們和他們的作品，而不會只聽從別人的評價。如果讓他編寫《行業集錦》時，他一定會精心挑選鞋匠、裁縫、工人，以及著名作家和國會議員將其錄入，並冠以別具一格的標題。

　　孩子幼年時與他人的親暱行為能幫助他結識更多的人。即使是講壇演說家眼裡的「傲慢的貴族」，也知道如何與每個人相處，這是因為他們從幼兒時期，就一直與不同階層的人接觸。

　　人們越來越贊同年輕人管理的俱樂部、委員會和辯論協會等等。合格公民應具備的素養之一就是組織能力、辦事習慣和在大眾面前演講的能力。

　　我覺得，培養他們寫敘述體作文的習慣還是很有必要的，因為這樣有助於他們的演講能力。不過，無論男女，能說的一般也能寫，可見能說比會寫更有用。

　　建立相互連結要以人為本，這個話題說起來是永無止境的，我也只能簡略的提到一些。但是在這裡，我要再次鄭重申明：教育不是為了讓孩子掌握某些「科目」，而是讓他們在條件許可的情況下盡量建立更多種的連結。

第八章
怎樣進行兒童課程設置

作為教育方法的課程

■ 怎樣對待教育和教學問題

　　我們正生活在一個教育理論盛行的時代，在我看來，那些專門從事教育工作的人往往大包大攬，而父母們繼續他們的制度化教育，隨時準備為孩子承攬一切。事實上，這樣做對孩子反而不好。

　　需要請人們注意的是，父母不能推卸親自教育子女的責任，他們通常將大部分的責任留給學校的老師或家庭教師，這裡的責任是指對教育內容及教育方法的選擇。當然，教師是比起普通人更擅長於對兒童應該學什麼和應該如何學做一些思考，但孩子的父母也應當對這個問題有自己的判斷和理念，即使他無法親自教育自己的孩子。這樣做對孩子和教師都有好處，對教師而言，還有什麼比得到家長的肯定更能替自己的工作增添信心和方向感呢？

　　孩子在學校接受「合格人士」的教育，如果教師陷入他們的職業陋習，僅就學科本身來評價兒童的熟練程度並無視其對兒童的影響時，父母的見解就能發揮阻止作用了。可是，在早期教育中，讓一個年輕的家庭教師在對母語一知半解、缺乏其他能力的情況下，為自己和她的學生設計課程，顯然有點不合情理。兒童浪費時間看似是一種微不足道的小毛病，但往往會讓他們養成了一種不愛學習的習慣。於是到他們上學的時候，他們的大腦對所學的課程只能是淺嘗輒止，做功課也不過是機械操作罷了。到那時，即使是最有熱情的教師，也無法根治他們的厭學問題。

　　即使幼兒園或其他的兒童學校再怎麼優越，家庭課堂都應該是兒童成長的最好場所。一個在圖書館工作的母親，如果想全面關心對子女的教育，無疑很難做到，畢竟她沒有足夠的時間。如果她生活在城鎮，可以在孩子6歲的時候將他們送去學校；如果住在鄉村，她就得請一個家庭教師了。但是要想找到一位女士，既熟悉自己的教學內容，又要在一定程度上了解兒童的個性特點、懂得教育藝術、明白教育目的，還能在節省精力和時間的情況下，

最大限度的挖掘兒童的潛力，可沒那麼容易，這樣的全才不是一紙廣告就能徵求而來的。

　　既然找不到訓練有素的教師，那就只能將就用年輕的教師了，不過，憑著自己對事物的理解，母親還是能彌補年輕教師知識和經驗的不足的。比如，「在閱讀方面，我希望孩子能受到如此這般的教育，因為⋯⋯」又如，「要用這樣的方式學習歷史，才能產生這樣或那樣的效果。」如果這個教師足夠聰明，那麼只需要半小時的談話，一件具有方向性的大事就這樣完成了，不但母親對孩子的全部教育工作得到了保證，孩子大量的遊玩和戶外活動時間也得到了保證。

　　在教授孩子書寫、語法、地理的時候，如果母親打算讓她的家庭教師贊同自己的觀念，她必須首先有自己明確的想法。她必須能認真的問自己三個問題：孩子們為什麼學？該學什麼？該怎樣學？如果她能不怕麻煩，針對每一個問題都得出清晰而又深刻的答案，在指導孩子時，她就能掌握主動權。到時，她就會驚訝的發現，孩子過去花費在學習上的時間和精力，有四分之三被白白浪費掉了。

　　兒童為什麼一定要學習，這個問題與我們為什麼要吃飯是一樣的道理。我們吃飯，是因為我們要生存、要成長、要實現我們自身的功能；兒童學習，是要維持自身的存在、獲得自身的發展。身體的成長除了要有適當的食物，各器官還需要進行適當的鍛鍊。

　　有一天，一位年輕的母親對我說，她結婚以前，手臂又瘦又細，從來不在別人面前露出自己的手臂。但是，她那 5 個月大的強壯嬰兒治好了她這個毛病。現在，她不僅能輕鬆的抱著這個嬰兒四處走動，而且也不害怕向任何人展示她的手臂了。鍛鍊能使人身強體壯，同樣，人的努力學習也會使智力變得發達。但是，人們卻忽略了這樣一個事實：大腦需要的是它自己的精神食糧 —— 那些能發展人的能力的東西。而人們學習的，卻是一些他們可能知道的事實，因此，那些鸚鵡學舌式的課程，和應試教育配套的填鴨式教學，還有死記硬背的學習方法就大量充斥在課堂中了。

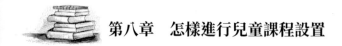

　　對大腦進行分門別類的訓練雖然很有必要，但那些專家卻往往過分強調其重要性。

　　在教學過程中，我們會遇到各式各樣經過精心設計的教材。其中，有的內容偏重理解力，有的內容偏重想像力，有的則是針對判斷力。現在，作為被批判的顱相學在教育中的變種，這種教條式的能力訓練正在走向絕境，因為它是建立在大腦和身體之間的錯誤類推基礎上的。作為一個整體，人的智力被賦予了多重能力，是不可分割的，因此，這種分塊教學的教條方法，並不適合正常健康的兒童，除非他們的大腦無法進行自我引導，遇到問題不能動動腦筋加以整合、消化和吸收。而現在，任何一門在常識的意義上適於兒童教育的學科，只要表現方式恰當，都可以對兒童提供各種能力的訓練。

　　兒童為什麼學習的第二個原因是：透過學習，觀念的種子可以播撒進他們有待開發的大腦裡。「觀念，不管是感知的還是精神的，都是客觀事物在人腦裡留下的概括的形象。」——字典中給出的解釋就是這樣。因此，如果教學的工作灌輸給兒童的只是一種觀念，那麼，教學不僅不能為兒童留下新觀念，甚至會失去其教學的特質。那麼，想像一下兒童最常見的學習狀況——像蝸牛一樣，背負沉重的閱讀、表格、地理、算術等學習任務，毫無一絲愉悅，你就會知道，能讓兒童的精神為之一振的課程，哪怕是提供一幅生動的畫面，這樣的課程都是非常稀有的。可以說，如果兒童在一個早晨沒有獲得一個新的觀念，那他這個早晨就算白費了，雖然這個說法聽起來有點過分，可是畢竟孩子幾乎整個早晨都在捧著書啊！

　　在我眼前的一本字典中，「觀念」是這樣定義的：一種思想、一個概念、一個主張。可以這樣說，它是一個被賦予生命力量的精神胚芽，實際上，它能夠生長，並根據自身生成新的觀念。觀念的根本屬性就是生長，正如蔬菜的胚芽能分泌其生存所需要的東西。在兒童的大腦中植入一個合理的觀念，這個觀念也能自生自長，並衍生出新的觀念來。而這種處在生長過程之中的新觀念，會在吸收既有事實分泌出的適當養料之後，漸漸形成一種走出既有事實的張力。這種觀念與張力的生成過程，伴隨著兒童特殊的渴望，而且是

成正比加快生長的。

　　司各特和史蒂芬森是用觀念從事寫作和研究的作家。英格蘭和蘇格蘭的交界處的鄉間民謠，滋養了司各特的童年，並使他獲得了一系列的觀念，這些觀念不斷壯大，並不停的向前滾動，終於結出了《威弗萊》這一碩果；而喬治·史蒂文生（George Stephenson）的引擎，則始於小時候和夥伴一起玩耍的泥巴遊戲。漸漸的，引擎成了他生命中占主導地位的觀念，在他成了一名機械師之後，他依然不停的研究他的引擎，最後，這個觀念變成了蒸汽火車。

　　關於觀念的這一理論，又該如何運用到兒童的教育中呢？就孩子的教育而言，我們可以先向孩子添加一個有價值的想法，比起將大量的資訊一股腦的強加在他頭上，這種做法所產生的效果要好得多。在孩子的成長過程中，如果能擁有幾個主導觀念，就意味著他擁有了自我教育的素材，未來的事業也將在其中凸顯出來。

　　要想接收一種觀念，就必須使大腦處在一種心無旁騖的狀態之中。如何保證這種狀態的存在，我們會在下一章探討。需要補充的是，就精緻和效果而言，觀念有可能是自給自足的，這樣，做父母的就很可能錯失給孩子選擇觀念的機會。實際上，孩子的課程應該是能向他提供接受進一步教育的觀念，換句話說，課程所提供的觀念的存在就是為了他的進一步教育。

　　為了保證適當的智力生長並且為大腦提供觀念，孩子們就必須學習，必須掌握知識。沒有什麼知識能像兒童時期掌握的知識那樣珍貴，那樣能深深扎根於腦海，那樣有用，因此，這種學習就顯得特別重要。同時，就學習而言，兒童的大腦就如同一個細頸瓶子，掌握知識的能力非常有限，這就要求父母或教師灌輸最好的東西進去。

　　在對孩子的智力了解這一點上，那些不曾做過母親的成年人，總是把孩子想得過於天真，其天真程度甚至遠遠超過了孩子。如果一個孩子老說廢話，那是因為大人習慣對他說廢話；在沒人打擾的情況下，根據他自有的經驗，他可以表達得聰明且富有智慧。

　　與上述成年人相反，母親們很少以幼稚的口吻和孩子說話，她們常常把

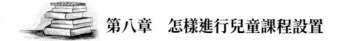

孩子當成平等相待的大人，在和小大人保持親密的同時，對他們做到尊重。然而，不管是專職教師，還是課程的編撰者，跟孩子談話時，都傾向於向孩子呈現作為純粹知識的單一知識點，並強迫孩子大海撈針似的從中辨識和提取這種知識點。

整體說來，那些在大人們中間長大、從未看過兒童讀物的孩子，能夠從成人文學中為自己收集到有益的東西，並且能成長得更好。

據說，阿諾德博士3歲的時候，就能精確講述帶插圖的王朝編年史故事，為了獎勵他，父親送給他一套大衛·休謨的《英格蘭史》作為禮物。這件事可能就是阿諾德博士後來酷愛歷史，並成為傑出人物的起因吧。有人說，當年阿諾德博士就任牛津大學教授的時候，曾準確無誤的引用過普利斯特里（Priestley）《歷史講義》中的幾段話，儘管博士8歲以後再沒碰過這本書，但我們對這個說法還是深信不疑。究其原因，可能是這樣的事情已經成了他大腦的習慣吧。雖然，孩子們幾乎沒有什麼重組材料的技巧，但阿諾德無疑是個例外。

我的意思是，如果博士當初閱讀的是一種通常情況下強加給兒童的空泛之言，那麼，他根本不可能在閱讀一個禮拜後並且背誦下來，更別說20年以後還能把它們背出來了。

小說和教科書常常會提供給孩子們一些空泛的文學作品，這其實是對兒童發展的一種反動。前不久，人們還在說，兒童的理解能力不強，但卻能很快記住那些需要死記硬背的知識，比如事實、日期、數字、規則、問答等，那些被割裂成塊的大量資訊，才是適合教給兒童的。現在則不然，所有的一切已經換了新裝，兒童們手裡拿的都是配有漂亮插圖和輕鬆話題的故事書一樣的教材。但是，這些教材仍然是空泛冗長，除了能給兒童點滴的知識以外，並沒有其他任何實質性的內容。

有些父母和教師，非常關心孩子的飲食，但在向孩子提供精神食糧的時候，卻表現得如此草率，所以，慎重設置課程以及創作適合兒童的文學作品，是大家的當務之急。

　　兒童的課程，應該是一種他們長大成人後能帶著收穫和喜悅的心情去回憶的東西，能提供適合他們大腦發育的材料，能訓練大腦的幾種能力並用富有成效的觀念強化他們，能為自身提供有真正價值、準確、有趣的知識。在應用這幾種測驗標準之前，我想針對兒童通常所學的各學科提醒大家幾點：

◆ 對兒童最有價值的知識，是在成人的指導下，兒童用自己的感官在戶外獲得的知識。

◆ 絕不能在課堂上侵犯兒童的權利，不要隨便延長兒童每天做練習或研究的時間。

◆ 平時盡可能多帶兒童去劇場、市場、牧場、公園、公共場所、海濱等場所，在那裡，既可找到新的考察對象，又可增加他的實際知識。應該引導兒童對花、鳥、樹、石進行觀察。事實上，應該讓兒童掌握那些基礎性的常識。

◆ 對體力和腦力來說，玩也跟上課一樣重要，需要精力充沛、身體健康。

◆ 儘管處於被管理狀態，兒童還是應該在很大程度上保持自我。他應該按自己的方式及所能接受的想法去學習，在面對外界的影響時也能夠以更開放的方式去學習。

◆ 幸福是兒童進步的條件。兒童的課程應該是歡樂的，在教室裡發生不愉快是最不應該的。

　　上面說的就這麼多了，接下來我們將思考的是，兒童應該學什麼，教育者應該如何教。

■ 幼兒園所擔負的教育重任

　　幼兒學校的種種好處就不多說了。一所幼兒學校要想開設成功，必須要有品質傑出的教師，他們除了要有良好的文化素養、一定的心理學和教育學知識外，還須對兒童有著強烈的同情心，並且要聰明機智、見多識廣、天性樂觀，有較強的管理能力。一句話，人們發明出的這種啟蒙教育，必須能很

好的提高兒童的智力。

如果管理幼兒學校的人，真的具有上述傑出品質，那麼幼兒學校就是一個美麗的地方，無異於人間天堂。但是，如果讓一個普通人來掌管這個學校的話，那些設計迷人的動物、遊戲及職位，就只會成為呆板的教學方法而已。如果啟蒙教育是為了加深個人對孩子的影響，那麼，作為一種精神催眠，只有母親才是孩子天然而且最好的幼兒教師。

因為沒有人能像母親一樣，擁有必需的機智、同情、常識和文化。

儘管所有母親都應該是一個福祿貝爾意義上的老師，但這並不是說所有的托兒所都應該那麼規範。母親的職責，就是確保幼教機構按照特定的教育原則實施，按照福祿貝爾或她們自己的方法理解和工作。

比方說，在幼兒園，兒童透過看、聽、觸的學習，接受細膩有序的感官訓練，並從中懂得了關於大小、顏色、形狀、數字的觀念。老師們還會教他們正確的抄寫、精確的表達。兒童在早期玩具學習基礎上形成的方法，會透過這種感官訓練得到鞏固。

在兒童 6 至 7 歲的時候，就已經掌握了「確切的」概念，能夠在自己的能力範圍之內熟知各種自然事物的本質以及歷史。但兒童透過感官掌握知識的奇妙能力卻往往被低估，知識領域也受到太多的限制。儘管他已經學會正確的辨析事物，但這是以犧牲外部世界的真實知識為代價的，而這種真實知識，除卻兒童階段，在他生命中任何其他階段都難以再次獲得。因此，幼兒園「精確的」循序漸進式訓練還是有其可取之處的，母親們也會盡力透過這樣的方式教育自己的孩子。但是，這種方式並不適合進行更大範圍的感官訓練，所以，保證孩子的感官訓練是母親的基本職責。

另外，幼兒園的兒童常會面臨著這樣的境況：如果他能力好，無論他做什麼，人們都期望他做到最好。我曾經見過一個 4 歲的小孩，滿臉的羞愧和自責，就彷彿說謊時被人識破了，其實他只不過是沒有按照要求折一張紙而已。兒童多數能把小儲藏室整理得井井有條，這一點母親和保育員都很有辦法。這裡必須要指出的是，孩子們並無絲毫的焦慮，他們並不是在吃力的取

悅那個微笑的女神 —— 幼兒園教師。

　　幼兒園的工作為培養誠實這種品德提供了機會。但在家庭中，也同樣有很多這樣的機會，像一些小事情，比如拉直桌布或一幅畫、掛好毛巾、包好東西等等，只要動動腦筋，每個母親都能想出數以千計的方法，來培養孩子公正無私和誠實守信的觀念。不過，作為一種有條理的訓練方法，將幼兒園中的一些活動和遊戲引入托兒所，做一些愉快的消遣，也可以輔助性的實施對兒童的教育目的。

　　兒童在幼兒園可以感受到甜蜜輕鬆的氛圍。我們可以看到，一個結實的 5 歲頑童，挺直了後背，拒絕去做跳蛙。幼兒園的教師除了寧靜安詳的走過來，拉他走出遊戲的圈子，並沒有把他當作一個犯錯誤的人，他只是沒有像其他孩子那樣做他所做的，也許下一次，他就非常樂意做一隻青蛙了。在此，我們可以看到托兒所的規訓原則：不要對孩子的小脾氣過於認真，不要說他沒規矩；當他不想和其他人一起和諧遊戲時，只須以一切溫和而平靜的方式把他帶開，防止產生摩擦，總之，不要讓孩子影響到那種良好的氛圍。

　　還有，作為幼兒園，就要考慮到兒童天性快樂的一面。允許他自由的表達情感，但卻不能是任性的，如果讓他旺盛的精力隨便發洩而不加管束的話，他就會亂打亂鬧。歡樂與寧靜的結合這一重要的性情，應該從小培養。有時，因為是在家裡，人們會對孩子的吵鬧有所放縱，這種做法其實並不可取。

　　總之，我們可以說，用來管理幼兒園的某些訓練規則恰好跟那些有想法的母親努力培養她孩子的規則相一致，人們都採用幼兒園這種形式，或許就是因為它很方便、適合母親進行家庭教育的一般計畫吧。

■ 童年時期對人的一生的影響

　　在那些印刷著「兒童」字樣的書籍中，真正關於兒童的著作並沒有幾本。可以說，兒童的世界還是一個未知的研究領域。在我們的眼皮底下，居然存在著「美麗的荒野」這樣的謊言！但無論誰指出這一點，都會認為這一未知的領域是非同凡響的。

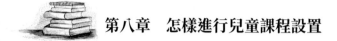

　　有思想的人開始意識到，我們對這個問題的所犯的錯誤是無知的、可悲的，也是有害的。比如我們的教育計畫，就是建立在對「兒童智力不過如此」的假想基礎之上，認為兒童有限的「思維和感覺」能隨著身體的發育而成長。我們很難斷定這一猜想是否是事實。孩子們是用最普通的方式保持與自身的統一，他們歷來如此。但是，如果我們當中有誰碰巧使一個孩子向他袒露心扉，他就會吃驚的發現，這個孩子遠比他想像的更聰明，更有想法，更有內涵。當天才揭下面紗向我們展示其童年時，就我們目前的認知水準而言，我們幾乎沒有辦法對他做出評價。

　　當我們重新審視教育學時，就會對長期起來以教育的名義加在兒童身上的微小東西感到沮喪。想想托爾斯泰（Tolstoy）在《童年、少年、青年》中所展示給我們的那幅清晰明瞭的兒童肖像，使一個母親清楚的認識到了她孩子的外在和內在：在外祖母的命名日，這個小傢伙以詩的形式這樣寫道：

　　「我們要盡力使您歡欣舒暢。

　　並且愛您，像愛自己的母親。」

　　接下來讀這些詩句的時候，他感覺自己的靈魂受到了極大的侮辱，因為他確信父親和祖母把他當成了一個偽君子。他在書中寫道：「我為什麼要寫像愛自己的親娘呢？她不在這裡，因此提都不用提她。的確，我很愛戴、很尊敬外祖母，不過總還是不一樣……我為什麼這麼寫呢？我為什麼撒謊？就算是詩吧，也不該這樣呀！」

　　雖然這只是孩子才會有的問題，但我們閱讀的時候，同樣能感受並回憶起我們也曾有過的這種傷心，回憶起自己那些天真無邪的歲月，這種回憶更能加深我們對兒童尚未成熟的道德良知的敬意。

　　說到這個話題，我不得不提另一本講述兒童如何表露自我本性的書。這個曾生活在黑暗深淵中的孩子，被召喚出來現身說法。它透過追溯我們自己的童年、借助想像的力量，使其活靈活現的再生出來。這絕對是進入兒童心靈世界的唯一方法，因為，如果一個孩子臉上寫滿自信，張嘴閉嘴都是滿口的大道理，這樣讓人無法看透的孩子，絕不會告訴任何人書中讀到的那類

事情，就連慈愛的母親為其灌注的力量和信心都成了打水漂、耳邊風似的東西，只能枉費心機。

這是我們本性的必然，根本無法與之抗爭。我們要想與一個孩子真正親密起來，唯一的方法就是重獲我們童年時的那種力量，那種常常被我們忽視、任其從我們的生命中掠過的力量。

這種力量充滿了感性、間斷性、愛、英勇以及對成人世界通常的厭倦，使我們帶著溫情回憶起那個遙遠時代時的衝動，但卻鮮有滿足感。讀完《一個孩子的故事》，我們也許會有點自卑、有點懷疑，並準備相信更多我們沒有見過的東西，這對我們沒有壞處，還會對兒童有所幫助並為他們帶來福祉。

不過，對作者的觀點，我們還是有不同的看法的。迪蘭德小姐認為，相對而言，也許老年人能更好的理解兒童，而對兒童來說，儘管存在著有這樣那樣的阻力，他們當中的大多數都能成長得一帆風順。從某種意義上說，這一觀點並無不當。但是，從另一方面講，當多彩的兒童讀物變成普通、乏味、成人化的東西，這個世界讓人覺得不好也不壞的時候，對孩子來說，這就是生命中最可悲的事情之一了。

托爾斯泰的童年以及迪蘭德小姐的「孩子」，展示給我們與「幼兒園」相差甚遠的；但實際上，這兩種情形恰恰集中揭示了兒童問題的本質。

人們說，從前愛丁堡大學的全體教員中，最了不起的就是三氯甲烷的發明者 —— 詹姆斯‧楊‧辛普森爵士（Sir James Young Simpson）。後來，這所大學圖書館的管理員曾要求他的繼承人 —— 侄兒辛普森教授，去圖書館揀出不再適用於該學科的書籍。他的回答是：「把所有十年以上的教科書都揀出來，丟到地下室裡去。」

教育作為一門科學，到現在差不多有一百年了，但十年前的、甚至一百年前的真理，在今天，已經不見得全部是真理了。正如有人所言：「超越那些高貴預言家的思想已經出現。」在很大程度上，對教育成就的迫切感壓迫著我們，激發我們去熱情、勤奮的工作。而那些偉大的先驅們，像福祿貝爾及其他人所發現的真理，一點也不次於先知的洞見。可是，就人類的懶惰本性

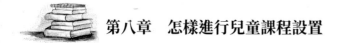

來說，我們可能還需要一個教育主教。既然如此，當我們提出「如何完美的培養我們的孩子」這一問題時，也意味著我們必須自己動手解決問題。

福祿貝爾將散落的思想與實踐結合成了一個體系，但這件事情的意義要遠比事情本身來得更加偉大——他築起了一個對兒童充滿熱情的聖壇，這股熱情自誕生之日起就從未熄滅。真正的啟蒙教師好比教師中的藝術家，她心中充滿了工作的靈感，並且用自己最誠摯的熱情喚醒了某種東西，某種對童年的美麗感覺，某種令人迷醉的快樂。

我要告誡諸位的是，我們首先應該對保持兒童的個性和人格加以關注。現在，人不是在花園，更不是在溫室中成長的花朵。對一個人來說，擁有太考究、太適合自己需求的各種條件，並沒有什麼好處。對那些其作用從屬於自身生長的植物而言，適當的陽光、陰涼、剪枝和培育是必須和有益的，也是第一位的。對植物的所有者來說，若想愉悅和滿足自己，就得先滿足植物的生長需求。但人不同於植物，視孩子為植物、視自己為園丁的母親或教師，僅靠外部提供給兒童的條件並不能幫助孩子實現自身的成長，只有借助存在於她們和孩子身上的本源力量，才能避免犯下嚴重的錯誤。

上帝的想法從一開始就充滿了危險。上帝要求的是一點引導、一點控制，但更多的則是仰視。但是，還需要父母的智慧——讓孩子盡可能多的徜徉於天地之間、徜徉於一種「比自然本身更高的力量」之間。

可以說，我們當中那些照料孩子的人，並不打算相信幼兒園式的教學能夠促進孩子的身心及道德的發展。考慮到現實的利益，我的確會懷疑，聰明的幼兒園教師是否有過分低估兒童智力的危險。

我認識一個 3 歲的小孩，一天，當她一個人在畫室時，剛好有一個客人發現了她。

時值春天，這個客人想對她講一隻漂亮的「咩咩叫的小羊羔」以讓她發笑。可是，一雙藍色的大眼睛緊盯著他，這個嚴肅的小人做出了如下嚴肅的評論：「眼見一頭豬被殺，難道是不值得一提的事情嗎？」但願這孩子從未見到一頭豬被殺，甚至沒聽說過豬被殺。

可是，此時此地，對無聊廢話的反感，使她做出了有效的反抗。

荷裔南非人和南非土人、俄羅斯人和日本人、金銀島、魯賓遜和他的僕人星期五、塞莫皮萊之戰、奧德修斯（Odysseus）和那些請願者，這些是常常會讓孩子們在一起連續玩一個月的遊戲。可是當孩子們總是要告訴別人自己的感覺時，我們就會明白，孩子們對那些精巧的遊戲、那些要他們像小羊羔一樣蹦蹦跳跳、像蝴蝶一樣翹起手指、搧動翅膀的遊戲早已厭倦至極了。

有的讀者會說，「幼兒園的孩子們做遊戲的時候，是多麼高興和幸福呀！」人類的天性非常奇特，都喜歡被那些費盡苦心對我們表示友善的人支配，甚至會為一隻狗狗而變得多愁善感。連大人都會有這樣的怪癖，那麼，對小孩子總是被人以迷人的方式哄騙他們做事就不奇怪了。的確，那個被全世界愛著的孩子，在「天空真藍」的歌聲中揮動著小手，唱著幼兒園的歌曲！但這一切，都是在成全大人的享受和幻想。

現在，這樣的幼兒園可能並不少見：在那裡，在歌曲和故事中充斥著大量的廢話，教師們自以為是的為兒童寫詩、譜曲、作畫，貌似最大限度上實現了她的作用。遲早，兒童們會模仿華茲渥斯在「這個世界」中的抱怨，認為老師管他們太多了。連上帝都不能走進兒童的世界，教師卻對每件事都過問、建議、期望、指導，剝奪了兒童本能的衝動和創造的空間。

我們當中的很多人常常被自己的長處所誤導，幼兒教師的滿懷熱情是件好事，但卻有可能成為她的絆腳石。「可是孩子們不是很乖很開心嗎？」準確的說，家庭保育室其實也不太平，但卻更有利於孩子的成長。

我非常樂於看到，一個傑出的福祿貝爾主義者堅決反對在教學中滲入個人魅力。我們都知道，正是在這種個人魅力的影響下，我們才失去了活力和個性。如果去除這種個人魅力，我懷疑，幼兒園中自我調節的功能將為兒童帶來的到底是好處還是壞處。

在「幼兒園」這一幸福的名稱產生於偉大的教育之「父」腦子裡的那個早晨，這個世界就蒙上了一層陰影。沒錯，它簡單，又合乎最初將其作為兒童戶外花園的含義，但是，一個錯誤的類比卻阻滯或扼殺了它其他的功

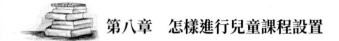

效——兒童成了花園中井井有條的植物。從盆栽到花架然後到花床，一株小植物按照預定目的獲得了養分，並在有序的狀態下以適宜的方式成長、在合適的季節開花。這個類比是德國條理化和科學化思維的產物，他們對任何形式的不規則和自發行為都不屑一顧。

現在，沒有任何自然是與人相對應的，所以，無論用什麼樣的類比方式來描述一個人，都會引起誤會和危險。花園植物的類比固然非常誘人，但是，它更多的是誤導性；用植物來比喻確實美妙而可愛，但對一個人而言，這樣的比喻就太泛泛了。任何一種成果都必然是其思想的產物，如果要有一個精美的花園作我們教育思想的藍圖，那麼，這將意味著虛無，或者就是它對人類本能的發展做出的不適當的干擾。

嬰兒醒著的時候，他的手、腳、腿、手臂、手指、腳趾都在不斷伸展；嘴、眼睛和耳朵也處在一種如飢似渴的狀態之中。嬰兒對媽媽的每種情緒都有非常明確的意識，他小臉上的表情隨媽媽態度的變化而變化，高興時臉上放光、不高興時烏雲密布，在母子兩人一起遊戲的過程中，嬰兒高興的跳、撲、叫、笑、爬、踢，學會了什麼是能做、什麼是不能做的。所有這一切都是下意識的遊戲，媽媽也像自己的孩子一樣高興。

在嬰兒一、兩歲的時候，各種功能發展的速度都比後來快，因為他是一個不同尋常的嗜睡者。後來出現了教育家，為嬰兒帶來了一些別的東西。新的遊戲是如此可愛而迷人，卻成了這個兩歲嬰兒的繁重任務，一種真正的生命負擔降臨到了這個孩子的身上，對此，這個小生命並不是毫無感覺的。嬰兒與媽媽的感覺處於敏銳的共鳴中，就算是在說笑，他仍能在新的遊戲中感受到某種緊張。他想盡力回應，但是因為他太小，只能特別努力。

嬰兒的神經中樞和智慧承載了過重的負擔，雖然在這一階段，他對直接教育的反應看上去非常完美，但是，相應的生命中的某些快樂也被剝奪了，對未來生活的需求，他也缺少了很多必要的才幹。

幼兒園裡有令孩子鼓舞的同齡夥伴，對他來說，就是一種刺激。對我們成人而言，沒有任何社交團體能像幼兒園這樣，有那麼多與自己年齡和身分

相等的人。

大學裡也有很多這樣的人，但是，20歲的年輕人能對他們的抑制中樞發出某種指令，不會讓過多的社會刺激引起精神能量的無度釋放。當然，不是所有20歲的人都能在令人激動的環境中保持冷靜的。所以，對一個兩、三歲，四、五歲的孩子，就不必要求他們太高了。小孩子看上去很乖，並不意味著他內心缺少騷動。對日常生活來說，由長者、晚輩和同輩組成的共同生活的大家庭，能對一個人的個性發展提供最恬靜和最大的空間。拿一個兒童在學校和在自己家裡的表現做比較，我們會驚訝的發現，同是這個兒童，他在家裡是那麼的機敏、理性、有趣而且睿智，在學校則完全相反。幼兒園潛伏著的危險，這與幼兒園的漂亮和完好程度成正比。

去看看湯姆在做什麼然後告訴他不能這樣，這話聽起來似乎不那麼教條。除了乖乖的坐在餐桌前，一天當中的任何時候，湯姆都可以用他自己的大腦和四肢做他喜歡做的任何事情。他可以隨意的跑、跳、蹦、翻跟斗、趴在地上看蟲子或仰面朝天看樹上的小蜜蜂。上帝會照看他，並隨時隨地使他生出求知的欲望。當他想要知道什麼的時候，我們得耐心的告訴他；當他想要做些什麼的時候，我們應該告訴他如何做；當他想要成為什麼的時候，乖小孩或淘氣的小孩，我們應該及時的引導他。

在這裡，我們觸到了幼兒園問題的關鍵。一位忙碌的母親說，她沒有時間像上面那種人一樣管教孩子。這樣，孩子就會變野，並染上惡習，但是，我們千萬不能讓習慣成為自然啊。

教育是一種規訓，也是一種生活，健康、活潑、有力、明亮的眼睛、機警的動作，都源自一種自由自在的戶外生活。至於習慣，不管男人還是女人，任何習慣都比不上人的能動性更有力量。對一個人將來的生活而言，那些能使孩子自己發明遊戲或其他活動的機智，要比他掌握大量的正方形、六角形的知識有價值得多，而這些與母親的不斷干涉無關，而是來自於巧妙的「漠視」。

太過相信介入者，是我們當代教育常犯的錯誤。現在，作為介入者，上

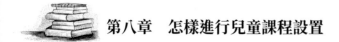

帝為眼、耳、鼻、舌、身找到了相應的事情，他要用問題刺激大腦、用感覺刺激心靈。媽媽和教師要做好準備，在生命過程的早期，為孩子提供合適的機會，並且在這種背景中保持機會，隨時準備在孩子最需要的時候伸出引導和控制之手。做母親的沒有意識到，教育對她們的唯一要求是 —— 智慧，所以常常會逃避自己的責任並將它推給那些比她們高明的人。事實上，每個母親都很能幹，她能處理好她要應付的事情以及他的身、心、感覺方面的事情。

從另一個角度說，窮孩子的機會比富孩子更多、更好。窮孩子接受的雖然是普通的教育，但其相當一部分良好的品德是在比較明智的托兒所中獲得的。所以我建議，應該讓家裡的大一點的孩子利用一些實物，為小一點的孩子多提供一些「幼兒園」式的訓練。孩子六、七歲的時候，就應該開始學習固定的課程。孩子不太聰慧的，也要嚴格要求，而不要像通常所做的那樣大打折扣。

那獨生子女怎麼辦？或者如果大孩子太大，不願意和小弟弟玩怎麼辦？對這些孩子來說，幼兒園是最穩妥的去處！儘管如此，但如果有一個鄉下孩子做同伴，或者有一個和藹可親的年輕保育員，可能會更好。到孩子六、七歲的時候，除去那些關於這個世界的無盡無休的知識概念，他或許就學會了繪畫、黏貼、剪紙、編織、錘、縫，或用泥土、沙子做一些可愛的小玩意，用磚修城堡；或者會自己學會讀、寫、算等等。因此，我的主張是，倘若他對他的小作品有一個完美的標準，那麼，讓他做自己想做的事。

兒童的恬靜有序的生活往往源於家庭生活的細節。在其他方面，家庭應該比充滿魅力的學校能夠給予孩子更多的自由成長時間。看上去像遊戲一樣的課程，其實並不值得提倡，這樣的課程只包含玩的自由以及在玩的方面擁有自己安排事物的感覺。我們當中的大多數人很少能對我們自己的生活做出安排，因此，讓兒童擁有幾年的時間，能夠感受自己安排生活的歡樂，對他們是有好處的。

海倫凱勒（Helen Keller）的自傳，為我所反對的過於細膩的組織起來的體系以及我提倡的自然發展，提供了有獨特價值的成果支持。

在海倫出生 9 個月的時候，因猩紅熱奪去了她的視力和聽力，接著，她又喪失了語言表達能力。然而，就在這黑暗而又寂寞的世界裡，這位女士用她自己的手獨立寫出的（她用打字機）幾乎無須修改的書，其純潔和獨特的風格可以被列為經典，而這種風格並不是取決於故事本身的生動性和趣味性。這個奇蹟是怎樣發生的呢？

海倫自己曾說過，除去幾種印象，「她是在黑暗中摸索著長大的。當然，生活中有鮮花也有愛，她能聞到花香，心中卻沒有愛。在海倫 7 歲的時候，沙利文（Anne Sullivan）小姐來到了她身邊。沙利文小姐小時候也差點失去光明，了解失明的痛苦。沙利文小姐曾就讀於由豪維（Samuel Gridley Howe）創建的柏金斯學院，而院長豪維就曾使勞拉·布里奇曼（Laura Bridgman）的才智充分發揮，沙利文從中得到了啟示。作為一個心智健全、身體健康的人，沙利文小姐相信自己的創造性，並且從一開始就意識到，她所要做的是把海倫的人性解放出來，而不是將自己的意志強加於自己的學生。「就這樣，我從非洲沙漠中走出，」老師的到來讓海倫不禁發出這樣的感嘆，而且，她聽到來自西奈的聲音，「知識是愛，光明和想像力也是愛」。伴隨這種奇妙而迷人的史詩般的聲音，各式各樣的新觀念，新詞彙，出現在海倫的生活當中。

可以說，像生活在視覺和聽覺世界中的少數人那樣，在知識、思想、歡樂和想像方面，這個與世界隔絕的孤獨者擁有強大的天賦。使這種天賦釋放出來的方法就是人們熟悉的手語，後來它發展成了盲文。

一切偉大的發明都很簡潔，沙利文小姐的方法也是這樣。對心理學家以及他們的方法，沙利文小姐並不感興趣，她沒有什麼實驗，也沒有把她的學生當作一個奇蹟，而是把她看成真實的一個人。

她說：「不，我再也不用任何幼兒園的東西……對那些精心設計的特殊教育方法，我現在已經開始有所懷疑。我認為，這種方法把孩子們都當成了非要在別人指導下才能思考的傻瓜，幼兒園的基礎，就是基於這種對兒童的假設。相反，如果在教學中少些華而不實的東西，盡量不干涉孩子，他會思考得更好更多。要讓孩子有活動的自由，要讓他們親自接觸真實的東西來獲

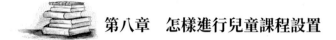

得對事物的印象，而不是坐在室內的小圓桌旁聽任老師用甜美的嗓音叫他們做點這個、做點那個。這種用事物之間的假象關係填充兒童大腦的教學方法，最好在兒童透過現實經驗形成獨立觀念之前廢止。」

用一種新的方式研究教育是一件非同小可的事情，這一研究，在智力的引領下，不僅克服了明顯不可戰勝的自然障礙，更是克服了系統化教育的壁壘。對許多不幸的兒童來說，這些障礙要比他們的先天缺陷更為棘手，這一點，在海倫凱勒那裡，可以得到證實。

作為兒童教育的適當場所，幼兒園問題就顯得越發重要。在此，我想向家長和教師推薦一種關於這個問題的考試，這個考試源於教育委員會出版的《特別報告》。

我們有必要親自去美國見識一下這種教育理論的假說。之所以是理論而不是實踐，是因為美國人的思維和法國人一樣，在普遍衝動的同時也有其理性的一面。

美國人見到一種新的理論出現，不會心存偏見，而是大方的接納它，並加以適當的應用，使其能為一個民族的教育大規模的發揮作用。也就是說，在美國，教育科學是以演繹的而不是以歸納的方式出現的。歸納式的教育理論是在漫長、多樣和艱苦的實驗中獲得的，它以零散的方式向人們揭示出世界的真理。而美國人選擇的則是一條捷徑，他們拿理論做實驗，幼兒園系統正是其中之一。在美國，幼兒園變成了一種時尚，福祿貝爾的思想得到了最大限度的發展，人們甚至把他當成了先知。但是，這種衝動早已灰飛煙滅，不管怎麼說，它正在走向衰落。

提斯特萊頓‧馬克關於「美國學校的道德教育」的精彩論文，為我們提供了大量有益於反思的資料。按照他的說法，在美國，教育即生活，教育思想的概念正在更廣義和更自然的意義上被使用。當然，我是贊同教育家放棄幼兒園這個名字的。但是，對有良知的人而言，掀掉福祿貝爾教條式的面紗、在更大和更生活化的概念基礎上進行實踐，恐怕還為時過早。

正如斯坦利‧霍爾博士在下面這段話中指出的，改革後的幼兒園活動依

然要承受人們記憶和慣性帶給人的不幸。「把母親代入幼兒園的角色加以強調，是美國福祿貝爾主義者最頹廢的智力新方案。它們透過非常粗劣的詩歌、毫無感情色彩的音樂和圖畫等表現手法，描述兒童生活中被認為具有基礎和典型意義特定事件。我曾經接觸過這類東西，並試圖將我所能想到的新思想加進去。因此，最終我還是要說，就算它們未必對兒童有百害而無一利；就算它們不會在教師那裡產生反科學和缺乏哲理的智力習慣，但它們也應該被現有的好東西所取代。」

「過度強化活動的作用，是幼兒園所犯的另一個重大錯誤。福祿貝爾的這些設計本來睿智無匹，但是，發表的方案卻並沒有充分貫徹他的教育理念。他的錯誤在於，把它們當成了啟蒙娛樂和動手能力的理想方法，而實際上，相關的娛樂和動手能力並沒有得到發展。不過，對農民的孩子來說，他的設計卻是一種善舉，畢竟，為了城市兒童的利益，鄉村兒童一直過著一種非常乏味且不真實的生活。」

基於以上這些重要的看法，我必須提出一個看似淺薄但實際非常重要的問題 —— 幼兒園真的是訓練孩子的最佳場所嗎？

是讓孩子從嬰兒期起就下意識的掌握閱讀這門藝術，還是應該等他們到六、七歲再開始閱讀並進行強化？目前對這個問題還沒有定論，但是，作為教育方法的課程之一，閱讀已顯示出自己的重要地位。不提倡早期教育的母親韋斯利女士寫給了她兒子一封有價值的信，於是，我們得知了一種新的閱讀教學法。

「除了凱滋，其他幾個孩子直到 5 歲才開始學習閱讀。對凱滋，我是不得已，因為她在學習時總會比其他幾個孩子花費更多的時間。」

「這種教學方式是這樣的： 在每個孩子學習的前一天，將房間布置得井井有條，替每個人安排好自己的，並且命令他們，除卻 9 時至 12 時、14 時至 17 時的上課時間，誰都不許進到這個房間裡來。一天中，孩子們將在規定的時間裡學習字母。除了莫利和南希，所有的孩子都在一天之內學會了所有的字母，莫利和南希比別人多花了一天半的時間才充分掌握這些字母。從那以

後，我就覺得這兩個孩子太笨，畢竟別的孩子學起來都很順利的。老大塞謬是我教的第一個孩子，他只用了幾個小時就學會了字母。他是在 2 月 10 日滿 5 歲之後開始學習的。在認識了那些字母後，塞謬開始學著讀《創世紀》中的第一章。開始時，他只能拼一首詩，在一遍一遍的誦讀，直至能流暢的把它背下來後，就開始了第二首。到他一堂課能快速的掌握 10 首詩的時候，接下來的日子就非常容易了。到聖神降臨週（復活節後的第 7 週，尤指前 3 天），他已經能流利的整章閱讀了。他的記憶力特別好，在我印象中，一個單字我從來沒有教過他第二遍。而尤為讓人吃驚的是，在課文中所學的任何一個單字，無論是在《聖經》裡還是在別的什麼書裡，只要他下一次再見到，他就能認出來。我說這些話的意思是，他學得又快、讀得又好。」

我們熱切希望那些有想法的母親，能夠把她們用來教育自己孩子的方法堅持記錄下來，並對其中的計畫加以明確的注釋。

許多人說，學習閱讀是一件毫無規律且困難重重的事情，對我們大人來說都是一種負擔，就更別說被過早強加在孩子的身上了。但是，我們當中有誰能回憶起自己是如何以及什麼時候開始閱讀的呢？事實上，我們的閱讀技能就像跑步一樣，是自然而然的學會的。不僅如此，那些中產階層的母親們，通常很少知道她們的孩子是怎麼學會閱讀的。迪克的母親對兒子能流利閱讀所做的全部描述就是：「哎喲，他自己就學會了閱讀。」於是，我們會發現，覺得學習閱讀困難的，是成年人而不是小孩子。當然，如果上閱讀課的時候不曾偶爾流過眼淚，就不會有《沒有眼淚的閱讀》這本書了，但事實上，一旦出現這種情況，那一定是教師的錯。

孩子通常是自己學會字母的。給他一盒象牙字母，然後挑出代表布丁（pudding）的 p，挑出代表山鳥（blackbird）的 b，再挑出代表馬（horse）的 h。除了大寫字母，也讓他把小寫字母挑出來，這樣他就認識了這些字母。但是，讓兒童認識字母的同時，還應該伴有對觀察能力的培養，讓孩子看到他觀察的東西。

根據記憶做小寫字母則需要更高的技巧，它對兒童的觀察能力提出了更

高的要求。

在這個階段，我們可以先預備一個沙盤，讓兒童在沙盤裡用手指大膽的嘗試，然後教他寫 D，再讓他自己觀察，這種方法可以說是兒童畫直線和曲線的最初嘗試。當然，這種 ABC 的教學設計是花樣很多的，沒有必要讓兒童很快掌握，讓他一次學習一樣，關鍵是讓他對所學的東西有充分的認識，能夠挑出印在紙上的大小寫字母就可以了。在孩子說 duck、dog、doll 的時候，訓練他發 d 這個音，然後以 d-uck、d-og 的方式發 d 這個音，拖長開始的輔音，直到最後單獨的發出 d 這個音，不是「dee」，而是「d」，是快速從後邊的元音裡分離出來的單獨的輔音 d。

孩子會自己學會這些字母的，所以最好不要去干涉他。但是，這種教授孩子學習的樂趣，有幾位母親能夠放棄呢？事實上也沒理由不讓她們這樣做啊，畢竟這樣的學習其實只是在和孩子做遊戲。如果學習這些字母的是小學生，那他對聲音、形狀的雙重認識就會被培養起來。

兒童應該什麼時候開始學習字母呢？當他對盒子裡的字母產生興趣的時候就可以開始了。兩歲大的嬰兒通常能認 5 至 6 個字母。只要孩子把找字母和認字母當成一種遊戲，就沒有什麼能夠阻止他去學習。但這種學習絕對不能建立在強迫的基礎上，既不能為了炫耀而要求他學，更不能在他玩別的遊戲的時候強求他學。

在剛開始的時候，孩子們都是喜歡拼字練習這種開心的事情的。用這種練習來做遊戲，實際上就是在教他們認字母，比一開始就教他們句子效果要好許多。拿起兩個字母，把它們拼成「at」，告訴他這是一個單字，在我們說「at home（在家）」，「at school（在學校）」的時候會用到它；然後在 at 前放 b，可以得到 bat；放 c，可以得到 cat；依此類推，可以得到 fat、hat、pat、sat、rat 等等。

做這種練習時，首先，要讓兒童說出所拼單字的第一個輔音，然後讓他自己往 at 前加正確的輔音，最後得到 hat、pat、cat，這樣，孩子認識的那些音節就變成了真正的單字，再把這些單字排列成行，讓他依次的把它們讀

出來。

　　在每個輔音裡面加進短元音，孩子可以學會由三個字母組成的 12 個單字，並且能毫不費力的掌握在單字開始和結尾處帶有輔音的短元音。用不了多長時間，他就會自己學著這樣做了。你可以問：「你能用『en』和別的字母生成單字嗎？能用『od』和別的字母生成單字嗎？」等等，但是千萬別催促他。

　　當以上這類簡單的練習讓孩子覺得乏味的時候，就可以用同樣的方式教他們長元音了。用同樣的音節，把它放在結尾字母的前邊，把「at」變成「ate」，而且可以以同樣的方式得到 late、pate、rate 等。你可以告訴孩子，在「rate」中，a 發的是長音；在「rat」中，則是發短音。於是，他就學會了用這樣的方式組詞，並透過以前練習所獲得的經驗來幫助自己。

　　然後是帶有「ng」——「ing」、「ang」、「ong」、「ung」的；如 ring、fang、long、sung；以 th 開頭的，如 then、that；以 th 結尾的，如 with、path、lath 等。這些無盡的組合本身就能帶給兒童一些啟示，雖然不是閱讀，卻能為以後的閱讀奠定基礎——當孩子在書中見到這些詞彙的時候，他就不會覺得陌生跟困惑了。

　　最後，一定要孩子完美清晰的讀出這些詞彙的發音，這樣他就能到注意到所給這些單字的發音了。

讓孩子養成閱讀的習慣

　　讓孩子一開始就養成閉著眼睛拼寫單字的習慣，是很重要的。閱讀跟拼寫不一樣，讀得好未必拼寫好。但如果從一開始就養成這個好習慣，孩子在閱讀單字的時候可以將構成單字的字母快速看在眼裡。讓孩子習慣從單字中看字母，對他以後的閱讀非常有好處。

　　如果英語單字總是以固定的類型生成的，如果同樣的字母總是發同樣的音，學習閱讀就非常容易了，這樣兒童就能很快掌握構成單字的幾個要素

了。但是，英語中的許多單字都有其自身的規律，這樣的單字，孩子們必須透過看來辨識。他必須像辨別 B 一樣精確的辨別「which」，除此以外再無別的辦法，如果他以前見過這個單字，並且對這個單字滿懷興趣的話，這類單字就能在他腦海中留下深刻的印象。但是，作為一種進程，學習字母的能力應該保持循序漸進。

對兒童的閱讀的速度一定不能心急，一定要讓他們打下牢固的基礎才行。朗誦第一課 ——

「閃亮閃亮小星星，

我奇怪你是什麼。」

這一課只有兩行。甜美舒緩、富有感情的朗讀，會為聽這段話的孩子們帶來愉悅。

你讀的時候，先要指著每一個單字，然後再指「閃亮」、「奇怪」、「星星」，並期待孩子們能將混雜在詩中的每一個單字大聲的讀出來；當兒童已經認識了每一個單字的時候，就讓他自己帶著感情來誦讀這兩行，並且堅持發音的清晰和漂亮，不要讓他陷入單調乏味，弄得自己和聽眾一點感受不到其中的樂趣。

在這個階段，孩子們的閱讀課進度不必要求太快，這樣他在練習閱讀散文和詩歌時，就能像學習朗誦一樣輕鬆。一些小詩很適合以這種方式學習，並能對他們有所啟發。但整體說來，還是散文能提供更多的日常應用單字和不規則拼寫單字。短小的寓言，優美樸素的散文，如蓋緹夫人的《大自然的寓言》，還有芭堡德夫人的散文詩，都是非常不錯的選擇。即使在最簡單的閱讀課上，也不可以把那些沒用的廢話來拿給兒童。

下面我們繼續講還未結束的「閃亮閃亮小星星」的閱讀課。讓孩子在印刷精良的兩、三頁紙中尋找「小（little）」、「星星（star）」、「你（you）」、「是（are）」這些他學過的單字，並且要練習得非常熟練，能在任何場合把它們立刻認出來，就像能在一群陌生人中發現老朋友一樣。為了避免這種尋找過程中的厭倦感，教師應該在有這些單字的段落或行中，不動聲色的引導

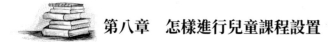

他。這樣兒童就能累積一點資本，能很好的掌握 9 至 10 個單字，並且無論在什麼地方都可以把它們辨認出來，而這樣的課程大概只需要 10 分鐘。

下一節「看見就讀」課程將從下面的 ——

「高高的掛在天上，

就像鑽石在空中。」

這個段落應該以同樣的方式進行。拼寫只是一種簡單的視覺技能，看包含在單字中的那些字母時，可以把它們當作一張張有特徵的臉。要讓孩子充滿勇氣，如果這次他沒拼出來，要讓他相信當你下次再問的時候他一定會成功。不要讓他跟你「學習」拼，更不要在他面前大聲的把單字中所含的字母讀出來。

至於能否理解自己所讀的，孩子們總有很多包含智慧的看法和問題，而且，他們會按照自己的理解在課堂上你一言我一語的發表意見。這時，教師一定要引導好他們，不要偏離主題。

孩子們在遇到「高（high）」、「天空（sky）」、「喜歡（like）」、「世界（world）」時，必須能清晰無誤的讀出來。是的，他們會把「diamond」讀成「dimond」，就像他們會把「history」簡化成「histry」。因此，應當教孩子們在突出的音節點有一個停頓。慢而穩的練習，還能讓孩子對每一個讀出的詞都引起適當的注意，並且逐漸養成注意發音的習慣。每天為孩子增加一定量的看見就能讀的單字，這樣他擁有的熟字越多，他的閱讀量就會越大，閱讀量的增長又能夠讓他每天多掌握 10 至 12 個新單字。

有人可能覺得這樣的學習速度簡直比蝸牛還慢，實則不然。在一年的課程中，兒童會不知不覺掌握兩、三千個單字，並從這兩、三千單字中學會一些東西。換句話說，他學會了閱讀，因為只要他碰到可讀的書，他所掌握的單字量就會帶給他讀書時的愉悅感。

現在，我們把進步穩定、興趣持久和生機盎然的閱讀課和死氣沉沉、令人疲倦、方法拙劣的閱讀課做一個對比。僅為一、兩頁紙的閱讀內容，孩子唸得結結巴巴、乏味單調不說，還存在著缺乏感情，發音不準、錯誤不斷等

毛病。孩子的閱讀在遭遇生字的拼寫中變得毫無興致。然後，他得跟著別人的教導重複讀這個單字，由於他的心思並不在這個單字上面，所以，很難保證他能記住這個單字。如果記不住，那下次他再遇到這個字，就得把同樣的過程再來一遍。於是，可憐的孩子被搞得鬱悶無比，一個單字沒學會，一天的閱讀課就已經結束了。就這樣，孩子開始了他糊裡糊塗的閱讀課程。

想想吧，這樣的教學方法，兒童每天可以說毫無所獲或者所獲甚微，這簡直就是在浪費一個兒童的智力，結果只能是孩子還沒有開始走近書本，就已經喪失了對書本的興趣。

閱讀是一項艱鉅的任務。也許，讓小孩子坐下來讀書，可以說是被我們稱之為教育的全部困難和最讓人反感的事情了。當某個成年人不遺餘力的改善自己那令人難堪的無知時，他會意識到讀書的確不是一件舒服的事情。可是，在孩子急於想了解、認識這個有趣的世界時，我們卻同樣用這種苦楚難為他們，讓他們學習那些難懂的符號 —— 那些符號彼此之間是如此可怕的相似！我們這樣做了，正是違反了造物的本意啊！但如果我們放任孩子、任其搗蛋的話，同樣也對他沒有好處，紀律的約束對小孩子來說還是有益的。

對許多孩子來說，學習閱讀都是件苦差事，這一點是我們必須要搞清楚的。因此，我們就要盡量把這個苦差事變得容易些、有趣些。

首先，我們要明白一點，閱讀既不是科學也不是藝術。即使是藝術，是科學，教育者也必須先為兒童考慮。學習閱讀只是為了獲得一種作為我們表達事物和思想符號的知識。因為作為閱讀方法的符號是單字而不是字母，所以閱讀不存在絕對正確和必不可少的步驟，也無所謂開始、中間和最後。

借助圖片，體會最後一句話中字母「o」的發音所表現出的細微差別。

分析「for」、「symbols」、「know」、「order」、「to」、「not」、「words」中出現的字母「o」並加以歸類。

對語言學家來說，這種研究貌似沒什麼特殊用途，但對兒童來說，它卻是一項艱苦和不恰當的活動。事實上，構成英語單字的字母充分展現了語言學家的偏好。沒錯，他們的研究是會逐漸具有教育價值，但卻會導致英語中

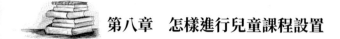

發音和字母符號之間的關聯變得鬆散，而建立在字母發音基礎上的兒童閱讀教學，會由於這種語言的不規則，使兒童陷入嚴重的思維混淆和必須使發音和字母之間的關係條理化的麻煩之中。

那麼，在替兒童上閱讀課的時候，我們到底應該遵循哪些原則呢？

◆　透過閱讀，兒童每堂課能認識大約 10 個左右的單字。
◆　他能夠運用基本單字要素構成新的單字。

讓孩子每天學會 10 個生字，那麼，只要花 20 週左右的時間，他就能進行一定程度的閱讀了。而且，無論單字中含有多少個字母，都不會影響他的閱讀。我們的第二個任務就是，除了讓兒童知道字母的發音，還要讓他們獲得一種知識遷移的能力，即在已經掌握的單字發音和生字的發音之間建立一種關聯。

正如我們看到的，這種建立在兒童的自然興趣和任意符號之間的關聯，是單字而不是字母。它才是我們所要的，也是兒童必須要熟悉的。

儘管兒童的辨析能力有限，但他們的觀察能力卻非常敏感，再小的東西他都會拿過來研究研究，他甚至能發現蒼蠅的眼睛在哪裡。所以，兒童注意的是物而不是詞。兒童眼裡沒有複雜的東西，解謎對他來說再開心不過了。在觀察過程中，他學會自己感興趣的東西。

在這裡，我們講一個閱讀的竅門。我們不要勉強孩子學那些無意義的字母組合，如 cla、cle、cli、clo、clu，還有 eth、ith、oth、uth 等。教師應該在一開始就教兒童把書面語當成和口語一樣有意思的事物和思想的符號。「知更鳥」、「毛茛」、「雛菊」，這樣唸起來是多麼容易呀！這些單字本身表達的意思就非常有趣，以至於詞義能和平時口語中的單字名稱輕易連結起來，單字的寫法就自然毫不費力的印在兒童的腦海中了，有幾個字母又算得了什麼呢？如果一個兒童熟練的掌握了某個單字，他就可以利用字母發音的知識，用這個單字生成別的含有相同要素的單字。於是他在認識了「butter」之後，能透過把 b 變成 m，從而認識了「mutter」。

正所謂事實勝於雄辯，舉例可以更好的說明問題。今天，湯姆要開始學習閱讀了，除了知道字母的名稱和發音，湯姆沒學過其他東西。因為閱讀既非藝術也非科學，或者連「開頭」也沒有，所以開始閱讀時，並不需要什麼步驟。下面就是湯姆的閱讀課 ——

「我喜歡小貓，

牠有著如此溫暖的外套。」

湯姆必須非常熟練的把這幾個字讀出來，這樣以後無論在哪裡見到這些詞，他總能把它們讀出來。

有的讀者可能會說，「這個問題，我們已經在『大公雞羅賓』那一課裡有過充分的討論，我們也承認這個原則是有道理的。但問題是，在這個世界上，有誰能在一個大課上完成那些黏貼剪輯的瑣碎小事？誰也不能！退而求其次，就只有書本教學法了，現成的書能緩解我們的壓力，因為我們沒有時間去做那些東西。」

我承認，那些剪貼工作雖然有點令人厭煩，但對於實現教學目的還是很有幫助的，而且，它還向教育工作者貢獻了一位好朋友 —— 有人發明了一種教具，一盒令人愉快的「小貓咪」，盒子裡是零散的單字，裝在口袋裡，一袋裡有兩行字，字體又大又好看。

不管是誰，只要按照它的方式學，至少能學會一百個單字 —— 都是我們日常能用得著的單字。

有一種觀點認為縮寫很難看，我想，單字課上如果有了「小貓咪」，選擇單個的單字時，就不會犯這樣的毛病了。

現在，我們要開始閱讀課了。需要的材料：一盒零散的單字字母，一盒新發明出來的「小貓咪」，鉛筆和紙，最好是可以用黑板和粉筆。

湯姆興致勃勃的看著用大而漂亮的印刷體寫出的「pussy」。他認識這些字母，在我們寫這個字的時候，他可能會跟著唸。但我們並沒有問他以前學過什麼，只是簡單的告訴他，這個字是「貓（pussy）」。因為他認識貓這個動物，因為這個字和他腦子裡「貓」的概念是有連結的，所以，他立刻生出了

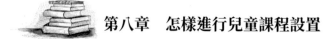

興趣，這些書寫符號在他眼裡就變得閃閃發光起來。在他看這個字並肯定自己記住以後，就可以叫他根據記憶，用零散的字母拼成「貓（pussy）」這個字。接著，把盒子裡的零散單字都倒出來，讓他找出「貓（pussy）」；最後，把印著上面那首詩的小紙條拿給他看，要他找出上面的「貓（pussy）」，然後再以同樣的方式，教他「Coat、little、like、is、her、warm、I、so」。把每一個單字都學完一遍以後，讓湯姆把學過的字放在一個框框裡，看著黑板上框框裡的單字，對照著讀。

現在，對湯姆來說，讀單字已經不是問題了，但他還不會讀句子。這時，憑著一種興趣，湯姆開始在字典中找出相對應的單字：「貓——是——溫暖的（pussy - is - warm）」，然後按照字的含義把這幾個字依次排列起來，再讀出了這個句子。就像哥倫布發現新大陸一般，湯姆體驗到了其中的歡樂，確實，湯姆掌握了一種新的能力！然後，透過十幾種這樣的組合，他學會了「她——小——外套——是——溫暖的（her - little - coat - is - warm）」、「貓咪——是——這樣——小（pussy - is - so - little）」、「我——喜歡——貓咪（I - like - pussy）」、「貓咪——是——小的——就像——她的——外套（pussy - is - little - like - her - coat）」等等。

當然，如果把每句話的意思都找出來以後再找韻，效果還要好得多。幾個零散的單字，就能透過自己的認識再組合成一首詩，這不禁讓湯姆生成一種非常細膩的感覺，他感覺到了知識的力量，這種感覺和一個人成年以後偶爾能感覺到的一樣。從那以後，閱讀成了一件令他高興的事，除非有人採取一些非常手段扼殺他的興趣，否則，他是不會感到厭倦的。

第二天，湯姆很想再上一堂閱讀課，不過替他安排的卻是拼寫課，這節課是這樣進行的：

叫他根據記憶，盡可能的用字母拼出「外套（coat）」這個單字。如果不能，就用一個字模。然後，慢慢的唸「外套（coat）」這個字，發 c 這個音。把 c 拿走，然後問湯姆還剩下什麼？經過提示，他就會說出「oat」。然後再問他：怎樣構成「boat」這個字（慢慢的唸這個字，發出 b 這個音）？因為他

406

知道字母的發音，在你的引導下，他很快會唸出 b-oat、n-oat 這兩個加上去的音，並且會讀出 g 這個音，組成 g-oat 這個他剛學會的迷人的新字。再給出 m-oat，他就會輕而易舉的發出 moat 的音。其他的字對湯姆來說太熟悉了，但對 moat（城河，城壕）這個字，還是得稍加解釋。也許湯姆會給出「note」這個字，對此我們一定要告訴他，「不，note 是用另外的字母拼成的」，但我們不必告訴他這另外的字母是什麼。這樣，他就順利的、一點點的知道了不一樣的字母組合可能會發同樣的音。但是在此，我們不必要求他進行概括，只要讓他知道這樣一個事實就可以：當我們要表達「note」的時候，我們不能把它拼成 n-oat。他用盒子裡的字母做成了一組單字，將這些字列成一欄寫在黑板上，我們就得到了下面這些字：

c-oat

m-oat

g-oat

fl-oat

b-oat

他來來回回的讀這些單字。然後，把他認識的單字擦掉，聽寫他排列出來的新句子：「我 —— 喜歡 —— 她的 —— 山羊（I - like - her - goat）」等等，就用那些零散的字母，他拼出了新的單字。

生字是為了不斷累積經驗。先聽寫「貓在船上（pussy is in the boat）」。可是湯姆既不認識「in」也不認識「the」！那就先把他不會的單字記下來，等會再來學。當明白了句子的基本意思，只有個別單字不認識時，湯姆就產生了強烈的欲望去學習這些生字。

剩下的單字，我們可以用同樣的方式來處理，比如用「little」帶出 brittle、tittle、skittle；而 pussy、is、I 和 her 則各自屬於不同的類別，不會引申出什麼新字。由「like」引出 mike 和 pike。「So」引出 no，do（作為音樂符號的 do）和 lo！由「Warm」可以引出 arm，harm，charm，alarm。發 arm 這個音時，我們可以像發 warm 這個音一樣，湯姆就會意識到這樣的發音不對而且

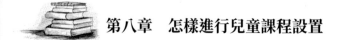

還難聽。他看出所有這些字的發音都和「arm」的發音很像，但沒有一個是像「warm」的，也就是說，即使同類的字母組合也不一定都有同樣的發音。但我們並沒有要求他記住這個新知識，他要做的是在不斷累積經驗的過程中，一點一滴的記住這些知識。

這時，黑板上已經有 18 個生字，可以和另外 9 個「pussy」中的零散單字串連成句子了。如：「她的 9 根木柱很小，她的腿很短，她的手臂很溫暖」等等。但是造句時，我們一定要注意使這些句子富有含義，別弄出像「她的山羊是假的」這樣愚蠢的句子。

讓湯姆把生字用印刷體記錄在筆記本上，這樣他就能隨時查看自己認識的單字了。

第三天的功課和第一天一樣，學習這節詩中的最後兩行。這兩行幾乎沒為我們提供什麼拼寫的材料，所以，我們繼續學習第二首詩，但我們的單字量要不斷加大。在繼續學習的過程中，我們會造出無數的小句子來，這是，為了刺激湯姆的求知欲，我們可以替其中的生字做個記號，然後把它們放在一邊。這時，由於學到了相當數量的單字，湯姆已經學完了「小貓咪」的全部內容，他的知識牽引能力已經略現一斑，能夠用熟悉的字母組合去認識生字了。而更重要，是他從獲得的成績中得到了一種成就感。他勇於去認識所有的「知識」，每一次有所進步都會讓他感到由衷的喜悅。

另外，他在學習閱讀的過程中還獲得了一種道德上的訓練，即從一開始就沒有困惑、沒有猶豫、只有全神貫注和理想的態度。他的閱讀課是愉快的，可是假如他上課時拖泥帶水、反應遲鈍，他就不會有那樣的喜悅了。

必須堅持完美的發音和精確的表達，當他從零散的單字中找出韻腳並把它們讀出來的時候（這是所有課程中最令人高興的一幕），他的閱讀就能夠非常完美、朗誦就能夠非常流利了。我相信，按照這種現實、常規的方法，把那些枯燥的字母組合練會了，對孩子們獲得閱讀的快樂應該是十分有幫助的。對我們來說，懂得了符號和發音之間的這種關聯，英語不規則的這一事實也就不再是一種乏味的折磨了。

讓孩子養成朗誦的習慣

關於這個題目，讀者們最好是閱讀一下亞瑟‧伯瑞利的《朗誦》一書，儘管這本書只是一本小學教師手冊。我希望小學教師能充分利用這本書，同時也希望它能成為一本家庭手冊，雖然在有教養的家庭中，這本書中的有些內容並不那麼有用。

在亞瑟‧伯瑞利熱烈的描述裡，「兒童的藝術」是如此的具有教育意義並如此的激動人心，幾乎沒有任何「科目」可以與之相比。這裡的「藝術」，指的就是原本就存在於兒童的生命之中、卻被禁錮起來、有待釋放的天賦。這本書極具思想性和系統性，從中我們可以獲得一種合適的祕訣，如能合理的應用，就算是最普通、反應最遲鈍的孩子也會變得心思細膩，變得感情豐富，慢慢成長為一個兒童藝術家。偉大的沃爾特，就曾經因為小彼德的傳說，「前仰後合的哭了一場」。因此，每一個孩子都應該有一本便於朗誦的書才好。

雖然馬喬里‧弗萊明是一個神童，但從這本書裡，我們了解到，透過細膩入微的教育，一個並非天才、甚至父母都是文盲的孩子，也能掌握完美而高超的語言藝術，但這僅是《兒童的藝術》展現給我們的開頭一幕。兒童應該能完美的表達自己的思想，對給出的每個詞彙都會慎重的區分其細微差別，讓聽者能完全明白自己的意思。現在，只要我們想想，讚賞、同情、表達能力意味著什麼，我們就會像斯梯利說到他妻子的社交圈時那樣，同意《兒童的藝術》「展現了自由教育」。但有的人並不贊同這種觀點，他們認為，「小孩子只是鸚鵡學舌！別人說一句他們就跟著說一句；又怎麼會懂得『讚賞』、『解釋』呢！」他們認為，只有「我的名字叫諾娃」這樣的句子，才是標準的小孩子的朗誦風格。但這本書始終都在引導兒童如何更好的表達自我。那些糟糕的教師總會對孩子們制定一個規矩 ——「我說什麼你就說什麼。」這是我們絕不允許的。

兒童腦海中的很多想法並非沒有條理，加之表達本來就是他自己的事，

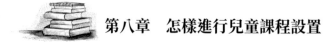

所以他們會被巧妙的表達方式迷住，將自己的頑皮轉化成一種對他有用的東西。兒童們會找許許多多方法說「我不」，而使他感到驚異和快樂的是，在這一步一步的引導下，他終於能夠用婉轉的方式來表達他的思想，他終於成功了。

此處開列的朗誦片段，像「閉閉眼、眨眨眼再點個頭」，「莉莉‧懷特小姐的宴會」，「兩隻小貓」這樣的小故事，就好像能為兒童帶來新的喜悅的寶藏，吸引著孩子們去朗誦。按照作者給出的標記和提示，一小段一小段的朗誦，你會發現，這樣的結果和普通閱讀的結果之間的差別，就像音樂演奏時面對有標記和無標記的樂譜一樣大。

我希望，讀者們在訓練自己的孩子時，也能以一種藝術的方式來朗誦。學習朗誦，其實就是學習表達。在不遠的將來，每個有教養的男人和女人都應該具有在大眾面前的良好表達能力，這一點甚至比我們這個時代還要重要。

讓兒童在沒有壓力的情況下多背誦一些詩歌，對他是很有好處的。幾年前，我偶然去一戶人家做客，這家的女主人有著自己的一套教育理念，並以之帶大了她的侄女。她給我看一大張紙，上面寫滿了詩歌的名字，其中不乏既長又難的，如〈廷特恩修道院〉。女主人告訴我，她的侄女能背誦那張紙上的任何一首詩，雖然這小女孩從來沒有刻意記過。小女孩確實背誦了幾首那上面所列的詩，而且發音和表達都相當漂亮、流暢。後來，女主人向我揭示了她成功的祕密。她說這是她的一個重大發現，我完全贊同她的說法。

整個過程其實就是這樣的：她從頭到尾的向侄女讀一首詩，第二天，也許這個小女孩在為她的小娃娃做衣服，這時她就再向侄女讀一遍。又過一天，在替小女孩梳頭的時候，她又會向孩子讀一遍。在零零碎碎的時間裡，她大約向侄女讀了六、七首長短不一樣的詩，最後，在無意識的情況下，小女孩就把這些詩都記下來了。

在那以後，經過多次的嘗試，我發現這個方法確實很有效。兒童的大腦應該盡可能的處於一種開放狀態，想讓那些有趣的東西在大腦裡留下印象，並不需要重複的回憶或背誦詩歌。這種無意識的背誦，可以讓孩子掌握好多

這類的詩歌，比如「洋娃娃和迪克」、「你問小鳥說什麼了嗎？」「小羊羔，你是誰生的？」以及類似的一些詩。採用這種學習方法，兒童不再需要不斷的背誦那些令人厭倦的詩歌、除了能讓孩子感到一種沉醉的快樂，還能在不知不覺中養成兒童形象思維的習慣。

在和已故的安娜・斯萬威克（Anna Swanwick）小姐討論過這個問題時，我聽到過一件特別奇怪的事情。這是關於斯萬威克小姐的侄女的故事。她說，她曾經生過很長時間的病，期間，醫生不允許她做任何事。所以，在第一個康復期裡，她只好讀一讀〈里絲達司〉。第二天，她非常吃驚的發現，她居然能背出其中的好幾大段了。後來，她嘗試著背誦全詩，竟能通篇背了下來，還能過目不忘了！在生病之前，這位女士從未讀過這首詩，而且她讀的時候也沒有刻意的去記憶。

發現了自己的潛在能力，她非常高興，為了檢驗這一能力，她通讀了《失樂園》，結果完全一樣，她真的能夠在只讀一遍以後，就把它們一本一本的複述出來！在康復期，她的這種出人意料的收穫極大的充實了自己。但是，在她恢復健康以後，由於被太多的興趣愛好吸引，那種令人吃驚的記憶力又消失了。

和那位女士臥病期間擁有的那種能力一樣，兒童空白的大腦很可能也具有吸收和捕捉由美麗詞句修飾起來的美好形象的能力。

但是，我想說的是，任何這樣的能力，不管是在何種程度上的無意識，都意味著汗水和淚水。讓兒童先有一個充足的「休耕期」，然後，再就記憶以及別的問題來努力吧。我們可以試著一點一點的來，先教孩子一些簡單的詩歌，因為這些詩歌要符合他的個性特點和想像。但是如果在兒童周圍充斥著的都是一些富麗堂皇的詩歌，那就太令人遺憾了，因為，兒童可能會學得「誇誇其談」！

一個兒童如果在有計畫的指導下認真學習過閱讀，那麼，通常只要他擁有一定的詞彙量，其他事情就無須別人操心了。但他的教師還需要注意兩點：一是讓他養成閱讀的習慣。二是防止他養成漫不經心的閱讀習慣。

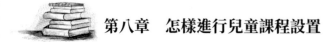

第八章　怎樣進行兒童課程設置

在今天，兒童如果沒有養成讀書的習慣，可以說是其所受教育中最常見、最荒誕的缺陷了。把閱讀作為一種興趣和愉悅的良好學習習慣，應該很早就開始培養，也就是說，應該在孩子一接觸書本的時候就開始培養。他應該為自己讀，替自己讀，讀一些歷史、傳說、童話以及其他適合他的讀物。在一開始訓練他的時候，就要讓他意識到，在每一次閱讀後都應該講出自己讀過的東西，這樣他就能由此獲得一種緩慢而仔細的閱讀習慣，甚至當他默讀的時候，都要採用這種明智的方法，要讓他用眼睛掌握每一句話的確切含義。

大聲的朗讀練習也是他需要做的。書本中的大部分內容都應該成為他閱讀的功課。

它們應該是大量的詩歌，這樣可以讓他習慣於詞義形象的細微表達，並且能意識到詩中的詞彙有多美，意識到它們是快樂的泉源，值得我們付出勞動。要讓他知道，美麗的詞句應該用美麗的方式、字正腔圓的把它唸出來。這種方式的教育可以隨時隨地進行，透過日常生活的一點一滴，讓兒童知道這個道理，不是非得在課堂上灌輸才可以。

目前的情境發展需要教師戒掉過去的想法——指望替兒童規定一個閱讀模式，那就不應該了。孩子們的確具有模仿的傾向，能夠用非常調皮的方式強調和表現他們掌握的技巧，不過這只是技巧，是一種智力模仿。兒童一定要按自己的理解來表達作者的意圖，當然，只有在養成了理解作品的讀書習慣以後，這種充滿智慧的閱讀才能出現。

大人為孩子讀書，當然會令孩子高興，但最好不要經常或者過於放縱的這樣。比方說，只在睡覺前替孩子讀點什麼。別忘了，兒童身上有一種惰性，如果一味的讀書給他聽，那他就再也不願意花時間自己讀書了。人人都願意吃現成的東西，包括知識，可是孩子們應該更多的為他們自己讀書和思考，而不是圍著老師轉。

在孩子閱讀的時候，我們最好不要拿一些問題去干擾他，諸如此類的問題：「你讀的東西有什麼意義」、「這個字是什麼意思」、「那個字是什麼意

思」等，這些問題大人討厭，孩子也不例外。當然，我們也是想要他們明白文章中每個字詞的詞義，這並不算什麼過分的事。但是，只有在習慣性的閱讀下，孩子們才能掌握有意義的知識和大量正確的詞彙。如果孩子不是頭一次遇到這個字，那麼在第二次或第三次見到時，他就能根據上下文，下意識的明白這個新字的意思，但他必須要隨時注意，才能自己體會出那個生字的詞義。

直接問一個孩子讀的是什麼，這樣的方式不太合適，我們要讓他講出自己讀的是什麼，或讓他講出所讀內容的片段。孩子們大都厭惡那種謎一樣性質的問題，而喜歡這種連貫的再現。如果非得向他出一個謎，那麼就出一個他能接受的，還要老師幫忙引導出答案，而那種具有滲透性的或表明個人觀點的問題，例如，「如果是你，你會怎樣做？」往往能引起孩子的興趣，如果孩子還沒有養成讀書的習慣，如果他讀書不是為了興趣，如果他讀的書與他的智力水準不符，那說明這個孩子還沒有開始接受教育。之所以出現那些充滿了讓人無法忍受的廢話的教科書，原因可能是，寫書的人對兒童一無所知。

但凡了解兒童的人都知道，兒童不會說無聊的廢話，也不喜歡廢話，他們只對自己能懂的東西感興趣。不管是朗讀還是默讀，兒童的教科書都應該為他們的閱讀提供內容，所以，教科書應寫得具有文學感染力才行。至於其內容，無論是道德規範還是機械原理，孩子們都能像大人一樣迅速而清晰的（也許比我們更好）領會其中的思想和道理，不過對具體程序、對總結，兒童的反應可能就不那麼快了。

因此，選擇兒童教科書是一個非常嚴肅重要的問題，因為教科書必須讓兒童感覺知識是非常有趣的，閱讀是令人愉快的。只要兒童養成了帶著樂趣讀書的習慣，他的教育就有了相應的保障，即使學校常常會在他的學習過程中設置某些障礙，也不會阻擋他學習的道路。

疏忽專心閱讀的重要性，我已經講過了。如果一個兒童不能一次性的講出他所讀過的內容，就讓他再讀一遍，千萬別讓他胡編濫造。但是一個在閱讀課上心不在焉、東張西望的孩子，往往很難獲得這種全神貫注去閱讀的能

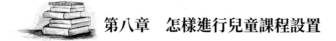

力。如果他遇到什麼知識障礙，應該能從他的面部表情上看出來，他的臉上會出現一點愧疚的神情。

出於這個原因，閱讀課一定要短。對我們所教的這些兒童來說，注意力能集中十分鐘或十五分鐘就很好了，讓一個兒童學兩、三頁的內容，這樣的時間足矣。對那些還不能自己讀書，需要別人讀給他們聽的孩子來說，其時間長度，也適用於同樣的規則。

在孩子大聲朗讀的時候，他應該學會正確使用自己的發音器官，這一點非常重要。

所以，兒童在閱讀課上可以進行兩、三種簡單的呼吸練習，比方說，閉嘴吸氣，張嘴呼氣。假如一個孩子是透過鼻子來讀，那麼，最好找醫生幫他檢查一下，看是否有必要替他做淋巴組織手術。這種手術最好在孩子小的時候做，比較不那麼痛苦。

兒童在發音的時候，必須杜絕其濃重的地方口音，並做到專心致志。練習純正的發音，要從每一個字做起，發音要到位，不能像嘴裡含著東西似的糊弄而過。透過這種練習，孩子的發音一般都可以很漂亮。這樣，孩子不僅能高高興興的學會這個字，還會經常使用這個字，從而帶來一種全新的收穫。讓那些大點的孩子學會重視用來表達自己思想的所有詞彙，這是我們的職責。

讓孩子養成表達的習慣

表達和寫詩作畫一樣，也是一門藝術。需要表達的內容存在於每個兒童的大腦之中，看不到、摸不著，是一種有待發現的非學科教育結果。創造性的衝動引起表達的欲望。「讓他說吧」，於是這個孩子就說了起來，不但用詞豐富、條理清晰，還有恰到好處的描繪細節，毫無拖泥帶水、詞義反覆之處。這個過程始於兒童開始流暢的說話之時，但是教育卻扼殺了他的這種與生俱來驚人天賦。

　　博比回家之後，為家人講述自己在大街上看到的鴨子和狗打架的英勇故事。他講得棒極了！他用真正的史詩般的風格和恢弘氣勢，講述著他所看到的每一個場景，描述著每一個鏡頭。但出於對兒童根深蒂固的輕視，在這個故事中，大人們只看到了博比愚蠢的孩子氣，其他什麼也沒有看到。相反，假如我們的眼睛敏銳一些，心地寬厚一些，我們將會神奇的發現，教育的起點就在這裡。

　　到博比 6 歲的時候，除了講述他感興趣的事情，不必讓他把一切都講出來。看著在那些兩、三歲，四、五歲的小孩之間進行無休止的奇怪長談，是什麼原因讓我們滿懷興致呢？他們口齒不清的說著那些話，而另外幾個同樣口齒不清的小孩卻能聽懂，這可能嗎？他們這是在考驗我們，在考驗我們這些可憐的大人。對那些我們連什麼意思都聽不懂的兒語，儘管我們認為孩子能彼此聽懂，但還是隨它去吧，何必非要弄清楚那個不到兩歲孩子的小腦袋瓜裡到底裝了些什麼呢？等到小傢伙開始識字，他會沒完沒了的向別人講他的故事的，當然，他的夥伴無疑就是首選對象。

　　當孩子 6 歲的時候 —— 不要比這更早，讓他講自己聽過的童話，以從中感受天賦的美德。像《聖經》故事、寫得好的小動物的故事或者那些異域的故事，比如《自由之國》等，都可以讓孩子講出來。

　　兒童在 7 歲時雖然已經能自己讀書了，但我們還是要多讓他讀一些書本裡的東西，因為這時他獲取知識的主要方式還是聽，而不是自己讀。到兒童 8 歲的時候，他就開始對地理、古代史的簡寫本、《魯賓遜漂流記》、《天路歷程》、《英雄仙宮》以及許多類似的讀物感興趣了。這時，就該為兒童挑選一些適合他們讀的書，挑選一些經典的讀物。

　　要給孩子適量的知識，並確信他完全有能力消化這些東西，而不要對他們東拉西扯或搞一大堆問題給他們。

　　八、九歲的兒童可以學習更重要的知識了，但他們能夠表達些什麼呢？這正是下面我們要談的。

　　不管處於情況，閱讀時都應該找一本好書以保證其連續性。在一天的閱

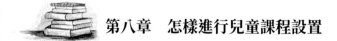

讀課開始之前，教師應該用幾句話概括一下（也讓孩子們講）上節課讀過的內容，這樣孩子們就會急於知道本節課的內容而注意力集中起來。但是，教師在講述時一定要當心，尤其是不能把當天還沒有讀的東西預先講出來。然後，她可以讀兩、三頁足夠概括這段話的內容。接著，就鼓勵孩子們發言，要讓他們一個接一個的講。要讓他們表達得熱情、精確，並能夠很好的掌握作者的風格。

這個時候，明智的教師是不會去糾正他們的表達錯誤的。一開始，孩子們可能還會帶著一連串的「還有」，但是很快，他們就會克服這個毛病，並且在表達風格、遣詞造句上，敘述得近乎完美，足以被印成文字！

這樣的課程時長最好不要超過十五分鐘。上課用書應該生動有趣。故事講完以後，應該用幾句話評論一下，看看能給人什麼啟示；或者用圖畫、列表來概括一下這節課的內容。一旦兒童能自如流利的閱讀了，就讓他們自己去大聲朗讀或默讀，同時想像故事中的畫面。對一些有必要省略的內容，如從舊約故事和普魯塔克的《列傳》中選出的段落，最好由教師讀，學生敘述。

關於拉丁語和英語的語法，我只想發表一點點自己的看法。首先，語法只是對詞彙而非對事物的一種研究，對兒童來說，根本缺乏吸引力，因此不必急於要他們學習語法。對兒童來說，英語語法研究的那些單字所在的位置和關聯，簡直太難掌握。相對來說，拉丁語法就要簡單一些。在拉丁語的語法中，兒童可以用眼睛看出詞格的變化，也就是單字樣式的變化。對他們來說，這要比那些我們在英語中遇到的主格賓格等抽象概念清晰得多。

因此，在早期，兒童只要學習各種詞，如名詞、代詞、形容詞的詞形變化以及一、兩個動詞就可以了。如果只想幫他了解英語語法是什麼樣子，只要跟他講一些英語的格或語態的變化就行，至於詞形的變化暫時不要講。

為初學者介紹一本可以獲得真正答案的書——由斯科特和瓊斯編寫，適合八、九歲初學兒童的《初級拉丁語教程》，是我能為拉丁語語法的教學，所能做的最好的事了。興趣對於初學者來說非常重要，而這本書恰恰能使孩子們感到開心。但是，對於這樣小的年齡是否應該學習拉丁語這一問題，卻

應該引起人們的廣泛關注。

　　作為一種邏輯學習，英語語法研究的是句子、單字在句子中的位置以及給出句子的正確方式，並不研究單字本身。所以，兒童學習英語語法最好先從句子開始，而不要從學習詞性開始，也就是說，在學做語法分析之前，他最好先學一點句子分析。在孩子陷入人稱、語態和詞性的雲山霧海之前，最好讓他先學習如何把簡單句分成我們所說的「物」以及就這個「物」所說的話，如：「這隻貓 —— 坐在爐邊」。

讓孩子練習書法

　　在書法這個問題上，有很多值得探討的話題，在此我只能給出幾點建議：

　　首先，每一節的書法課，要讓兒童熟練掌握一部分東西 —— 直線、彎鉤或一個字母。

　　第二，書法課要短，通常不要超過 5 至 10 分鐘。熟練的書寫來自不懈的練習，當然，這必須一點一點慢慢來。

　　第三，要避免書寫時的潦草，歪歪扭扭的或不圓不方的，都應該避免。

　　兒童練習寫字之前，首先應該練習摹帖。一開始，要讓他摹寫那些最簡單的由曲線和直線構成的大寫字母。如果他能手不發抖的果斷的摹出那些大寫字母和大字，那麼他就可以開始摹寫小寫字母，那種字我們稱之為斜體字。但開始的時候一定要直著寫，不要斜著寫，而且要盡量簡單的寫，寫得大一些。

　　學習書法，要先學直線，再學彎鉤，接著寫含有彎鉤的字母，如 n、m、v、w、r、h、P、Y，再接下來寫由曲線構成的字母，如 a、c、g、e、x、s、q，最後寫環狀的和不規則的字母，如 b、l、f、t 等。要讓孩子每天學會寫一個字母，第二天再以同樣的方式寫另一個字母，直到這些字母都很熟練為止。慢慢的，再將他們學會的三、四個字母組合在一起構成單字，如「男人

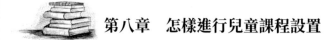

（man）」、「阿姨（aunt）」。一旦孩子的字母書寫毫無紕漏了，就可以讓他們學習那些現成的單字了。在這個階段，比起用紙和筆，用黑板和粉筆更好一些，這樣孩子們就能隨時擦掉他們寫在黑板上的字，他們可以練習到他們覺得滿意為止。

對這一步就不多說了。關鍵的是，兒童的字母一定要書寫得熟練無誤，如果他能做到這樣，其餘的事情也就不成問題了。先不要催他寫得好，透過一點點的練習，他會寫出自己的「書法」風格來的，當然，對一個孩子，還用不著嚴格要求他有風格，讓他好好的模仿好的範本就行了。還有，練習書法的時候不要一個字寫很多行，或者只寫「一個字」，也就是說，一個字寫一行，每一行都盡量寫得準確。當然，想要達到這樣的效果，每個兒童可能要多寫幾行。

書裡面有銅版印刷的標題要盡量避免。如果有的話，就要練習辨別出這些不同的字：這樣的字，長得難看不說，字母還被搞得花花綠綠的，除了增加了兒童辨別的難度，根本不會使兒童的書法有什麼長進。催著兒童寫一般的小寫字母是不對的，當然，寫太多大字也是徒勞無功。要讓孩子從中等大小的粗體楷書開始練習，直到他能流暢的寫出字母。

不要讓小孩子寫潦草難認的，否則將來這個毛病就不那麼容易去除了。在這方面，教師應和在其他方面一樣，給予兒童足夠的關注，要讓兒童養成良好的習慣，還要防止壞習慣的滋生。

幾年前我聽說，一位研究義大利古文和其他文字的女士，她正在精心設計一套「美的書法」，以方便兒童的練習。我一直耐心卻又有些焦急的等著她的新字帖面世，因為我們現在是急需這樣一種書法的。用現有的字帖進行普通的書法教學，對看字的人和寫字的人來說，無論寫得再怎麼辛苦、怎麼清晰，都只能達到非常粗俗的效果。最終，這位女士，羅伯特·伯瑞杰斯成功的完成了這項乏味卻又艱鉅的任務。從此，教師就可以利用這本書教孩子一種他們願意學的書法，由於這種文字本身很美，在學寫這種字時就很開心了。

　　但是，為了更好的理解伯瑞杰斯女士的目的，下面將引用她在《一種新的書法》前言中的幾段話：「書中附帶的 10 張插頁主要是給那些教書法的人看的。在介紹這些插頁的時候，我想先說聲抱歉並解釋一下：過去，我一直對書法懷著濃厚的興趣，在對 16 世紀義大利哥德式字體有了一定的認識以後，我就有意識的轉變了我的書法風格，將書寫形式和一般特徵都轉向了這種字體。沒想到這種字體竟然大受歡迎，以致經常有人要我替他們寫些字母或抄寫點什麼，甚至連專業的書法教師都希望我在本書出版後送他們一本，以便於他們在課堂上時使用。我當然不可能為了證明自己而創造一種字體給別人模仿，但這些插頁的確是我全部意圖之所在，但是，由於我缺乏經驗，它們當中的一部分已經被轉載和翻印。」

　　「兒童要練習寫字，必須先控制好自己的手，要讓自己的手服從自己的眼睛。開始的時候，抄寫任意一種簡單的字體都能夠達到這個目的。但此後，那種為了簡化筆畫的普通字帖，就不能像筆畫豐富的字那樣對兒童產生訓練書法的作用了。只有那些漂亮的、能訓練兒童眼睛的字帖才能達到這樣的目的，那種單調同一的字帖則不行。再有，我認為，漂亮、多樣化的字體能對小孩子產生一種吸引力，使他們產生一種創作的欲望。對孩子們來說，帶著欣喜鼓勵和表揚他們的重大成就感，是在抄寫那些單調的字時無法獲得的。

　　「我不知道本書所展示的字體，能否像那些模式更統一的字體那樣有助於快捷有用的草書的發展。但是，字如果寫得很快，就可能導致字體的凌亂、退步，甚至會成為一種最差的字體，這種情況不是沒可能出現的。有的人說，當代那些最好的英語書法家草書的速度不就很快嗎？他們寫出的字也非常漂亮啊。可是，這樣的書法家畢竟是鳳毛麟角，我們堅信，只有書寫出自己風格的人才能達到那種程度。這或許意味著，對書法家而言，他能夠快速的寫出各種風格，而那些照著舊式字帖寫字的普通人，勢必會因為寫得太快而變形，雖然他們難看的書法乍看好像是由於他們寫字不穩所致。當他們偶爾寫得好的時候，他們就會發現，他們的書法絲毫沒有實質性的進步，實際上，這也證明了他們寫得差的真正原因不是太快了。」

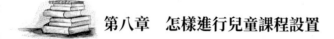

我們驚喜的發現，最有效的應用伯瑞杰斯女士《一種新的書法》中的方法，是根據書中的插頁，先在黑板上練習書法，再用鉛筆，最後才用鋼筆和墨水。而且在兒童還沒學會大標題的書寫形式以前，最好不要用這種字體作為他們普通字體的標題。有人認為，字體過於漂亮、精緻，會使書法喪失個性，可是我認為，用這種漂亮的字體取代平庸的字體來作書法的基礎，就是一種重大的成就。

對七、八歲的兒童來說，適合他們的早期書法練習既不是練習字母，也不是練習聽寫，而是練習抄寫，並且要寫得工整、寫得漂亮。對此，《一種新的書法》就是個不錯的選擇，儘管其中有些修飾性的字，但還是可以被有效省略的。

作為拼寫的入門，抄寫時應該鼓勵兒童看著單字，然後閉上眼睛想像這個字的形狀，再根據記憶把這個字寫出來。

如果讓兒童抄寫的是詩歌或他們喜歡的段落，練習就會為他們帶來意外的成就感和快樂。這比讓他們寫一首自己喜歡的詩效果還要好，因為，如果是寫一首詩，小孩子還沒等寫完可能就已經覺得厭煩了。但如果是一本由他們自己所選段落組成的書，就能為他們帶來快樂。

一開始要用雙行線、寫小粗體正楷來抄寫。兒童們都樂意寫那種特別小的「普通字體」，但是如果他們真的養成了這樣的習慣，就很難寫出漂亮的字了。在這個階段的練習中，書寫的美感和把字寫在格子裡，十分吸引孩子們的興趣。最開始上寫字課的時候，時間不要太長，最好不要超過十分鐘或十五分鐘，否則，兒童就會覺得厭煩並且越寫越潦草。

兒童寫字的時候，應該坐著寫，書桌或桌子的高度要適中，並且要讓陽光從他的左面照進來。

假如兒童一開始就能學會用食指和中指夾住筆，再用大拇指捏牢，這就相當的不簡單了！這種姿勢可以避免因通常的握筆方式導致的肌肉不適，有的人字寫多了還會導致局部肌肉痙攣呢。

拿筆的時候，應該靠近筆尖，手指和拇指稍稍彎曲，手伏在紙上，盡量

讓自己感覺舒服。寫字時，左手應該放在紙上，以便支撐自己，寫字時要放鬆，頭低下去一點，腰一定不能彎。兒童寫字時，應該用筆尖的平面部位，如果錯誤的使用筆尖的話，就會把筆尖用劈。在所有的寫字課上，黑板都應該成為教師和學生用來自由練習的首選工具。

羅斯博士介紹的那種單人書桌，是我見過的最好的書桌，這種書桌可高可低，帶座位、有靠背、可移動，還附帶靠背墊子和放腳架。也許市場上還有和這一樣甚至更好的書桌，但就我而言，這種書桌已經能夠滿足各種需求了。

為幼童訂做一個高矮適中的桌子是個好辦法：桌子的頂部可以裝兩塊由鉸鏈連接的活動板面，這兩塊板面從中間打開，裡面是一個抽屜式的盒子，桌面就是這個盒子的蓋子。這個盒子可以裝孩子的書、書寫用品等等，比起一般的抽屜和盒子，這樣的桌子更容易讓孩子們保持清潔。

學生在學校的所有練習中，最常見的就是聽寫，但最有害的卻也是它。因為，兒童在學校中的任何一部分功課都隱含著哲理，但人們在開始時並沒有意識到。

學生經常被要求做的練習就是聽寫，一句接一句的重複每一個句子，儘管在學生的強烈要求下，教師會讓他們只重複三、四次，但每一行總有一、兩個，兩、三個拼寫錯誤。有良知的教師會用鉛筆在這些錯誤下面劃個記號，或用紅筆在下面劃線，要求孩子們交換本子、互相修改，或者照書或照黑板抄他們寫錯的字。總之。他們能以多種方式糾正自己的錯誤，而少數愚蠢的教師只會讓兒童對著錯的一起抄，而且要讓他們抄三、四遍，再跟教師學，跟教師拼。到最後，儘管孩子們已經盡了心思，但原先的錯誤還會一而再、再而三的出現。

作為一種從小就必須培養的能力和習慣，拼寫的天賦有賴於眼睛捕捉（精確的感覺）單字細節的能力。在孩子們讀出「貓」（cat）這個字時，必須鼓勵他們閉上眼睛「看」這個字，這樣的習慣會讓他們想像出「塞莫皮萊」（希臘東部一個多岩石的平原）。我認為，在視網膜上形成單字的畫面是通

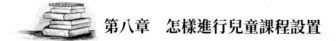

向拼寫的唯一可靠的路徑。否則，出現了一個拼寫錯誤和改正錯誤的過程，就會讓孩子們對這個字產生的可怕疑慮，不知道到底哪一種是對的，哪一種是錯的。實際上，我們當中大多數人也常常會有這樣的疑慮，比如說，「balance」這個單字，其中究竟是一個『l』還是兩個『l』，我們不敢確定；之所以產生這種疑慮，原因就在於改正。眼睛只要看到了這個拼錯的單字，腦海裡就留下了它的影像，再加上那個正確單字的影像，以後我們就搞不清楚哪個是哪個了。現在我們該明白最善於製造糟糕的拼寫者的方法了吧？就是通常我們所做的聽寫。兒童的大腦裡留著每一個拼錯單字的圖像，並不會因被改正而從兒童的腦海中刪除，所以，防止拼錯就是教師的重要職責。假如已經拼錯了，要設法不被兒童看到，這樣，錯誤的印象就不會有機會出現在兒童的腦子裡了。

如果按下面的方式進行聽寫，通常會寫得比較好一點：讓一個八、九歲的兒童自己準備一段內容，大一點的孩子準備一頁或兩、三頁紙，讓他看哪些單字還不太確定，然後閉上眼睛冥想。

在開始之前，教師要提醒他特別注意那些可能成為他聽寫障礙的單字，學生自己可能也會感覺教師要指出哪個單字。準備好以後，學生就要讓教師知道。這時，教師要問他是否還有什麼單字不確定，並將這些單字一個個的寫到黑板上讓學生看，直到他腦海中形成了一個個的圖像，再把這些字擦掉。如果還有人不太確定，就叫他把這個單字寫到黑板上，如果有錯誤的字母出現，教師要立即把這個字擦掉，然後設法幫助這個兒童獲得這個詞的正確圖像。接下來，就可以開始聽寫了。

教師向他們讀的時候，要一句接一句，每句讀兩遍，還要注意標點符號。孩子們在聽寫時應該標出標點符號，但教師不能直接向孩子們讀出「逗號」、「分號」等等。按照我這樣的描述，大約用 10 分鐘左右，孩子們的拼寫基本上就不會有什麼問題了。如果還有錯誤的話，教師要隨時注意，一經發現就要把這個錯字立即蓋上，力爭在最短的時間內消除其影像。在課程結束時，應該再讓兒童重新學習他拼錯的字，直到他完全掌握了，並且能在標

記紙上把這個字準確無誤的寫出來。

這樣的課會讓兒童有適當的參與感，在保證兒童通力合作的同時，也為良好的拼寫做好了輔助條件 —— 大多數閱讀伴隨的是對所讀單字的想像習慣。

文字拼寫錯誤通常是閱讀不暢的象徵，當然，讀得太快也是一個原因，因為沒有想像單字的習慣，讀得太快時，會將閱讀材料一掠而過，自然就會導致拼寫錯誤了。

當然不能老是去拼寫，但在兒童的其他課上，卻不能忽視拼寫。例如，拼寫較難的專有名詞，將歷史或地理閱讀課上的專有名詞寫在黑板上，在孩子們說他們能夠記住（想像出）這些字以後就把這些字擦掉。養成那種根據記憶想像單字的習慣是拼寫的全部祕密所在，因此一定要訓練兒童在閱讀課上的這種想像力。相信他們會非常樂於用這樣的方法學習拼寫的。

讓孩子練習作文

艾米勒說：「喬治就是個天才，無論是法律界還是政界，他都能勝任。」說完之後他走到鋼琴邊，拿出喬治的一篇作文。這是一個偉大天才的作品，至今依然被他的母親所保留著，文章是這樣的：

關於自私

在所有使人墮落的原罪中，自私是最卑鄙、最可惡的。對自己畸形的愛導致了這種畸形的罪惡，它既是一個家庭不幸的泉源，也是一個國家不幸的泉源。自私的個人，會將自己弄得傾家蕩產；自私的國王則會為他的人民帶來滅頂之災，甚至將國家陷入戰爭。比如，《荷馬史詩》裡阿基里斯（Achilles）的自私替希臘人帶來了無盡的災難，而已故的拿破崙·波拿巴（Napoléon Bonaparte）則在歐洲引發了無數戰爭，並導致了自己在聖赫勒拿島的覆滅。

從這些例證中，我們可以看出，人不應該只考慮自己的利益和野心，在考慮自己的利益的同時，我們也應該考慮到他人的利益。

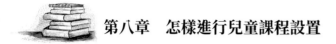

「你能想像出這是一個才 10 歲的孩子寫出的東西嗎？他還在文章中引用了希臘文呢！」這位母親一臉高興的說。

在這樣的文章面前，又有哪個母親會不高興呢？

不過，我似乎發現，那位偉大的道德教師已經不戰而降了，他在現實教育失效的挑戰面前，在已經為人接受、甚至在 20 世紀依然為人接受的教育謬誤面臨人們的挑戰之際屈服了。這種教育失效，是因為其對學生創造性作文的苛求。

小孩子的大腦有一個功能，就是為後來的人生累積一般化知識。如果硬要一個孩子寫抽象性的文章，就等於是對他犯了雙重的錯誤。兒童在成長的過程中本就面臨重重阻力，現在人們還要叫他做那些對他來說不可能的事，這會讓兒童非常洩氣，對他們的生活積極性造成嚴重的打擊。但是，對兒童更大的精神傷害還在於，在他所寫的作文裡並沒有自己的觀點，他只是以自己的方式，把許多司空見慣的想法做了一個匯總，把這樣一堆陳腔濫調拿出來作為他的「作文」，除了使他的精神負擔加重，還會傷害他的虛榮心。

現在的教師們都不再自覺的教育他們的學生了，也許他們是沒有這種自覺的意識，但他們卻依然給出了這樣的觀念，並讓學生將其應用到他所痛恨的作文中去。有的教師做得更過分，他們會深思熟慮的告訴兒童如何去造句，如何把句子組合在一起。

我們最好的出版社，發行了這本以小時為進度的作文練習冊，意在幫助兒童寫關於「一把雨傘」的系列時做預備練習。

第一步：

1. 你是做什麼的？
2. 你的名字是誰幫你取的？
3. 你以前是做什麼的？
4. 你從前是什麼樣子？
5. 你是在什麼地方被人發現的？
6. 你是用什麼材料做成的？

7. 你出生在哪裡？

8. 你的身體由哪幾部分構成？

9. 你是一個能夠被加工、被組合、被生成的整體嗎？

第二步：

我是雨傘，無論老幼，人人都得使用我。

我的名字源於「遮光物」這一個單字。

我的傘把可能來自美洲，它光滑得甚至還有點亮，它上面有個金屬環可以自如的上下滑動。

我整個身體由傘架和傘面兩部分組成。我的傘架包括一個大約一碼長的傘把、鐵絲和上下滑動的金屬嵌條。我的傘把底部有一個堅硬的金屬箍，人們撐傘散步的時候，它能發揮防止底部磨損的作用。

第三步：

現在，用 it，is，are 和 was 來代替 have，my 和 am。

練習：

現在，請你對雨傘做一個描述。

這些東西是他們從小學生身上榨取到的最後的文字成果！

這裡引用的，還不是兩本書中用來示眾的最壞的例子。幾年前，我就發現這個足以駭人聽聞的現象了。在中小學，作文教得一塌糊塗。從那時開始，市面上的許多書，就都或多或少的存在著上面引證中所表現的問題了，然而那些有名的出版者並沒有意識到，他們認可的這些書是對社會的犯罪。給人的感覺是，兒童的身體神聖是不可侵犯的，但是，這些書卻使兒童的智力因嚴重缺乏精神食糧而毀滅，而且是在無形中毀滅的。更糟糕的是，作者和出版者都遵循著這樣的一種謬論，認為如果只要動機是好的，就算這個動機不值得稱頌，也是可以被原諒的。

這些人不知道，任何缺乏智力內涵的良好願望，不管它是從兒童的角度還是從教育的角度出發，都不得打著兒童教育的名號行不利之事。

事實上，著名的《愛爾蘭的蛇》中〈一無所有〉這一章，可以說是作文

425

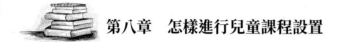

課的最佳範例了。作文可以解決 9 歲以下的孩子的陳述問題。透過多種形式的簡單練習，記錄下某一部分，講述某一部分，對一次散步做說明性描寫，寫他們某次課是怎麼上的或知道的某個簡單的東西等等。在 10 歲以前就養成看書習慣的兒童，會更容易寫出流暢的、有生命力的文字。不過有一個前提條件，即他們必須是尚未被教得禁忌重重。那些大小寫及標點符號不是最重要的，一開始他們可以不必學習其使用規則，因為這樣對他們有益。我們的任務只是在課堂上為兒童提供材料，至於這些材料的處理，則要留給他們自己了。孩子有充分自由享受書本的權利，而這時寫作就像跑跳一樣自然，如果我們相信這一點，自然就會相信上面所說的東西。兒童的教育課，首先做的是讓他們講述；在有了充分的準備以後，才能讓他們進入寫作。但是他們的作文絕不應該是被教會的，而是自然生成的，這一點我們必須牢記。

讓孩子練習算術

　　也許，對兒童來說，在他們所有的早期教育中，沒有什麼教育方法比算術更重要的了。姑且不提加、減、乘、除本身所具有的重要性，作為教育中的主要部分，運算功能的應用才是真正重要的。將數學和語言作為教育工具的提倡者，甚至還在最近為數學和語言精確劃分了各自的領地。

　　在人生的各個階段，算術雖然都具有無須言表的現實價值，但在實際生活中，其具體用途卻是最廣的。和高等數學的價值一樣，算術的主要價值也是為了使人獲得推理能力、洞察能力，同時養成一個人迅捷和準確的思維習慣、表達方式以及求真精神。雖然算術因講課的漫不經心而出現的危害比其他任何一門學科都大，但同樣的，也沒有哪門學科比它更能帶給人眾多良好的教育影響。如果乘法不能獲得「正確答案」，那麼這個孩子可以試著用除法，要是除法也不行，也許減法可以使他擺脫困境。

　　在孩子面前，沒有「唯一」和「必須」這兩個概念，雖然僅有一種過程符合解題要求，但他卻不能只看到一種過程。現在，給出一個兒童能力範圍

內的簡單問題，就算他給出滿石板的相當正確的乘法和長長的除法的答案，如果他不知道應該應用什麼規則，那一定是他在一開始就被教錯了。

這種洞察和推理能力，該如何確保其操練呢？開始的時候，可以讓兒童做一些他能力範圍之內的簡單題目，而不是僅給出一個答案。年輕的家庭教師特別喜歡出一種數字很大的「除法算式」，如 953465÷873。兒童要花整整半個小時，才能在整塊石板寫滿答案。等題做完了，孩子也已經被那道沒用的算術題悶壞了，耗盡了體力不說，得數也不正確：商中的最後兩個數是錯的，餘數也不對。但是，因為存在這一種「差不多對」的結論，他不會再做一遍，更不會因為做錯了而洩氣。其實，這樣的結論在算術課上早該被杜絕了。

這種消耗體力的學習，幾乎沒有多少智力鍛鍊的因素，兒童還會由開始階段的集中精力最終走向困惑，因此必須被新型的算術題所取代。新的題目是這樣的：

「瓊斯先生送了 607 個蘋果，史蒂文生先生送了 819 個蘋果，這些蘋果將在星期一，分給 27 個男生。那麼每人可以得到幾個蘋果？」

在這裡，以下幾個問題是孩子們必須要問自己的：「一共有多少個蘋果？怎樣才能得出這個數字的正確答案？我必須把這些蘋果分成 27 份，以便算出每份有幾個蘋果。」

也就是說，這個孩子必須清楚自己應該用什麼規律去解決這個問題。因為對做題充滿興趣，他的學習就進行得很愉快，答案很快就出來了，由於這個孩子把全部注意力都集中在了做題上面，所以他得出的這個答案就很可能是正確的。向兒童出一道他能力範圍內的題，他一定會全神貫注，當然，如果給出的是一道稍有難度、但經過努力就能解出的題，他也同樣會全力以赴。

下面要做的是，示範一切可以被示範的。在沒有任何自覺意識的情況下，兒童能合乎邏輯的學會乘法表並學會做減法題。在基本的數學訓練中，雖然他並不明白算術的規則，但卻能很好的應用這些規則。究其原因，可能在於，算術的每一個步驟對兒童都是清晰的吧。2＋2＝4 這一事實不證自

明，也幾乎不容示範，是 $4 \times 7 = 28$ 卻可以得到求證。

　　將一袋豆子，擺成四排，每排七顆，然後再往上加，結果：7 加 7 是 14，再加 7 就是 21，再加 7 就是 28；那麼，在 28 裡有幾個 7？答案是有 4 個。由此證明，$4 \times 7 = 28$ 是對的。如果不經過示範，兒童可能會覺得，乘法只是加法的快捷方式而已。

　　在所有初級的算術課上，兒童應該能夠隨意的應用豆子、籌碼或鈕扣這些東西作教具進行運算，也可以不用豆子或鈕扣，在小石板上列式子運算。解題之前，先心算一下，在心裡進行加、減、乘、除。

　　兒童可以用豆子列出一個式子，於是得到：

000 = 3 顆豆子

0000 = 4 顆豆子

00000 = 5 顆豆子

　　讓兒童先用這些材料做練習，直到他能夠不用數豆子就說出答案，然後不用看豆子就能說出答案，而且能說出 $2 + 7 = 9$ 等等。

　　就這樣，用 3、4、5……每個數字，在他學每一行的加法算式的時候，給他一些富有想像力的材料做練習，如「4 個蘋果＋9 個蘋果」、「4 顆堅果＋6 顆堅果」等等；最後，開始用抽象數字運算，如 $6 + 5，6 + 8$。

　　列減法算式應該與加法算式同步進行。畢竟，擺加法算式，與擺減法算式並沒有什麼本質上的差別，不同的是只要從中拿走一顆或兩顆豆子，而不是加上一顆或兩顆豆子就行。同樣的，這種練習也要讓兒童能很快的說出答案，$7 - 2 = ?，5 - 2 = ?$。待他把每一行加法和減法都做完，就可以把這些式子以符號的方式寫到石板上了。就意味著他已經學會了書寫數字。事實證明，兒童理解減法要比理解加法更加困難，所以教師一定要慢慢的來。從 4 個手指中去掉一個手指，3 個堅果裡拿掉一個堅果，這樣一步一步的，直到讓兒童明白他在做什麼為止。

　　當兒童能夠非常迅捷的加減 20 以內的數字時，就可以用豆子列出乘法和除法的算式了，以 $6 \times 2 = 12$ 為例，可以擺兩行豆子，每行 6 顆，讓兒童明

白，「6 的雙倍就是 12」。

當兒童已經學得很扎實，不用看豆子就能說出 2×8 ＝ 16，2×7 ＝ 14 時，就可以用 4、6、8、10、12 顆豆子，把它們分成兩組，然後計算在 10、12、20 裡有多少個 2，再用每一行裡的乘法式子把這些答案算出來。

現在，他將面對更具有挑戰性的問題。當給出「一個男孩有 10 個蘋果，如果 4 個蘋果一份，可以得到幾份蘋果？」時，兒童會用混雜的數字來解這道題，比如 7 ＋ 5 － 3。

如果他非得用豆子才能得到答案，就讓他這麼做好了。但是，教師應該先鼓勵他用想像的方式使用豆子，要盡量趨近於抽象數字的運算。細膩而又循序漸進的教學加上兒童日常的智力訓練，有助於提高兒童的注意力和用腦的習慣，可以說是初級階段兒童發展他們數學能力的真正方法了。

當兒童能夠非常快速的處理簡單的數字時，就得加大題目的難度了。這時，就一定要讓他明白算術裡面的符號代表什麼。跟前面講述的一樣，這部分訓練最好先從具體的實物開始，在一個兒童已經掌握了易於示範的 1 先令裡有 12 便士這樣的概念後，再讓兒童獲得 10 是一個單位這樣的 10 位數概念。

給孩子一些便士，比如 50 便士，告訴他帶著這麼重的錢去商店買東西很不方便，那麼最好就用輕些的錢 —— 先令。一個先令是多少便士？50 便士可以換成多少先令？

讓孩子把錢每 12 便士分成 1 份，結果發現，他可以得到 4 份，還多出 2 便士；也就是說，50 便士等於 4 先令零 2 便士。餅乾的價格是 5 便士一磅，我買了 10 磅，用了 50 便士，但是，售貨員開給我的發票上寫的卻是 4 先令 2 便士。讓孩子看看這兩個數字是如何填寫的：面值最小的錢，便士，寫在右邊；面值稍大的錢，先令，寫在左邊。

10 以及 10 作為一個單位的概念，不必太早的告訴孩子。當他們對先令和便士有了清晰的認識，明白在右邊數字欄裡的 2 是便士，在左邊數字欄裡的數字 4 是先令以後，再告訴他們也不遲。我們可以告訴孩子，那些沒有受過教育的人是不會數大數的，他們只能數到 5。如果他們想表達一組很大的數

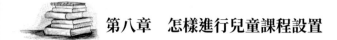

字，只會說「森林裡有5個5個人」，「河裡有5個5條魚」。但我們卻不同，我可以數許許多多的數，我們可以天天數那無窮無盡的數。儘管如此，我們能數的數只有0～9這麼幾個，可以用來表達數字的符號也只有這麼幾個。當然，我們可以用第一個數字1和0組合在一起成為另一個數字10，這之後我們就得重新開始數，就會有2個10，再重新開始，得到3個10，然後依此類推。我們就會知道2個10為20（twenty），3個10為30（thirty），因為「ty」就是10的意思。

　　那我們怎樣才能知道一個數是個位數還是十位數呢？方法很簡單，看它所處的位置就行了。十位數有它自己的位置。如果你看見一個字符6在十位數的位置，你就會知道它是60。十位數總是在個位數之前。當你看見兩個靠在一起的字符，如「55」，左邊的字符就是十位數，那麼，右邊的這個5代表的就是個位數了。

　　接下來，就可以讓兒童做十位數和個位數的練習了，直到他完全掌握了個位數、十位數值的概念，甚至會嘲笑那些愚蠢的把個位數的7寫到十位數位置的小朋友，並且知道如果這樣，結果就會變成70的時候，就可以要他準備百位數以內的練習了。如果兒童已經很好的掌握了規則，他就能很快懂得百位數的概念，這就是，每向左移動一次，數字的值就會增加10倍。同時，絕不要讓孩子用那些他們還不懂的符號，如果他開始用加法或乘法來運算，讓他算就是了。根據情況，盡可能別說「20」或「30」，而要說「兩個10」，「3個10」，或者「3個100」。

　　在這個階段，兒童必須打好基礎，否則以後的算術就只能憑經驗了。根據同樣的規則，讓兒童透過稱與測學習「稱重與測量」：給他秤和砝碼，沙子或稻米，紙和線繩，這樣就可以稱量了。讓兒童拿一個綁得結實的包裹，稱稱它有幾盎司、幾磅。雖然這並不是一道算術題，但它與訓練簡潔、熟練和迅捷的練習一樣，能提供可觀的判斷練習，很具有教育性。用這樣的方式，讓兒童根據尺寸畫出自己的桌子，以此來做英呎和碼的練習。

　　除了讓他以這樣的方式稱量周圍的東西，還要讓他對需要稱量的東西做

出自己的判斷。比如，這塊桌布有幾碼長？那幅地圖長寬各幾英呎？這本準備拿到郵局去寄的書有多重？這種能力的獲得對一個人處理生活中的事情是非常有用的，就只出於這個原因，也應該培養兒童的這種能力。還有，對具體的東西進行稱量時，教師要注意巧妙的把「分數」的概念運用起來，比如，半磅、四分之一碼等等。

作為培養兒童嚴謹習慣的方法，算術可以說是至關重要。但其最值得稱道的，除了這種生成嚴謹科學的創造性，還在於能夠培養人在思維方面勇於創新的精神，培養人對既有真理和一般信念的超越！在數學課上，教師們可以謄寫、提示、講解、幫助學生克服困難，讓學生用眼睛看著題目給出他所知道的答案，但絕不允許讓學生把得出差不多正確的答案看成是習以為常的事。

蹩腳的教師常常就這麼做，在他們眼裡，一道題的得數算錯了只是錯了兩個數字而已，除了讓兒童把這道題糊裡糊塗的重做一遍，他們別無他法，殊不知其行為足以毀掉任何一個兒童。

說一個得數錯必然有其錯的原因，但問題的關鍵在於，不能讓兒童腦子裡形成這樣一個概念，以為錯的得數透過修正就可以變成對的。這並不是在說做錯了題就沒有希望了。聰明的教師會讓孩子視做對這道題為自己的責任，讓他帶著新的希望開始做下一道題，並給出正確的答案。事實上，對教師而言，其他任何科目都無法讓他獲得發現孩子能力日漸提高的喜悅，但對孩子的進步卻不能操之過急，所以那些算錯的題一定先放到一邊。不要讓孩子習慣依賴別人，要讓他靠自己的內在力量向前走。

我們可以先給出一些簡單的題，用語言而不是數字，激起兒童內在的熱情，他就能全神貫注的學習並學得很快了。要讓兒童的算術課變成一種邏輯清晰、思維敏捷的日常訓練，這樣，他的心智就會像春天發芽的小樹苗一樣明顯成長。

我並不想將讀者帶入小學算術教學這樣的主題中去，所以還是請大家讀一讀邁瑟斯·珊南斯奇恩和奈斯比特合寫的《算術 ABC》吧。

《算術 ABC》的作者從彌爾的《邏輯學》發現了他們的觀點，下面就是

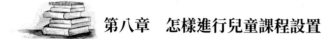

他們的方法：

　　數學的真諦全部建立在感性基礎之上。我們透過眼看手摸來感受那些給定物的數值。比如，我們可以透過自己的感官將 10 個球拆分或重組，但最後的數字還是十。所有改良了的兒童算術教學法都遵循著這樣的知識邏輯。在學習算術的過程中，凡是希望促進兒童智力進步的人，以及那些要教孩子們算術，而不僅僅是數字的人，都可以用我們所描繪的方法，透過這種可感的直覺方式來進行教學。

　　這本書的確很優秀，但其中也存在著不足，我認為，其根源在於具體與抽象之間關係的掌握。數學的真諦建立在直覺基礎之上，是沒錯，但那些與數字相連的實物，比如 20 個球、10 個堅果、10 片樹葉、10 隻羊或者別的什麼，眼睛和手指只要與它們連結在一起，數字和實物之間的關聯自然會在兒童的頭腦中形成，他們就能意識到各式各樣的數字和實物之間的關聯了。事實上，兒童這時已經開始了數字的思考而不是用實物進行思考，也就是說，他已經具備數學思維了。由此，我認為，儘管圖形方法是精心設計的，但其問題在於，那些用以代替十位、百位、千位數的木棒或方塊因其花樣繁多，可能會導致兒童的思維混亂，同時，由於圖片占據了主導地位，反而遮蔽了應該被說明的事物。

　　另一方面，多米諾骨牌、豆子以及在黑板上畫出的圖形、數字以及相類似的東西，雖然有助於兒童透過對比形成大的數字觀念，但認識一個大的數字符號，和用這個符號進行運算，畢竟是截然不同的兩碼事。

　　沒有什麼比認真分析數字使自己的工作精益求精更令人愉快的事了，所以上面的那些微小例外並不會影響到這本書的應用。正所謂，「大腦每次只集中精力攻克一個難題」。作者如果不是站立在兒童的立場上，又怎麼能發明出上面的例子、給出上面的問題呢？所以，我奉勸大家讀一讀珊南斯奇恩的《小學算術教學》，如果你們對算術教育感興趣的話。

　　過去人們大多數都認為，長期不斷的觀測外部可見的標記（幾何圖形和數字），能夠從內部激發人的數學天賦，就算不能，至少會讓人們對數學更

偏好一些。但是，那個時候的教育家卻忘記了，當他們把成盒的各種造型的正方形、五角形、六角形及其別的無所不至其極的東西堆放到教室裡、堆放到兒童面前時，孩子們除了感到無聊，就再沒有其他想法了。這種無聊或厭倦，只會抑制我們的思維，使我們變得無所事事，使我們心懷厭惡而想逃離開去。雖然對所有人來說，這種感覺並不稀奇，但兒童卻比成人更容易感到無聊、感到厭倦。幾何圖形的造型生動毋庸置疑，它們有形有態、像山丘、像植物，對大腦來說，這些美麗而奇妙的輪廓，能夠引發人的思考，使其邁進幾何學的門檻，但究其實質，不過是一種表象而已。因為，展現在兒童面前的不應該只是輪廓，還包括有輪廓的實物。觀念生成形態，對初學者來說，任何從有形物中生成的觀念只能是觀念最初形成時的一種狀態。

那麼，讓兒童的眼睛去熟知自己用圓規做成的或自己縫在卡片上的各種模型，讓他們滿懷希望的從這些有形物中引發出觀念，不正好與上述說法相反嗎？因此我認為，沒有必要急著為數學做任何準備，如果允許一個孩子獨立思考，就不要強迫他學習。

數學學習之所以重要，是因為正常的大腦對數學學習有一種天然的驅動力。同時我認為，無論是作為數學教學還是數學準備，刻意經營只會會導致孩子興趣的降低。興高采烈的追求新知，才是水到渠成的事情啊。

讓孩子了解自然哲學

我曾經在前面說過，這裡再次提醒一下讀者：針對自然哲學的教學，在兒童教育中，沒有任何部分比基礎部分更重要。這一基礎是兒童透過觀察得來的，是他們通向未來科學知識的橋梁。

兒童應該每天都在戶外待幾個小時，可能的話，生活在鄉村更好，一定要讓孩子多看、多聽、多摸，讓他敏感的注意到每種特殊事物的習性和結構，如野獸、昆蟲和鳥類；每種植物生長和結果實的方式等。要讓他養成凡事問個為什麼的習慣 —— 為什麼風會刮？為什麼水會流？為什麼葉芽是黏

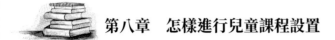

的？對於孩子的問題，先不要急著回答，而是要讓他在自己的小小經驗啟迪下想出這些難題的答案，總之，在你想要幫助他的時候，不要像糟糕的教科書一樣給出一個固定答案。如果兒童透過思考得出了自己的見解，你會發現，他將很快進入現代思維的水準，並依此思考許多科學問題。

　　讓兒童感到困惑的科學術語，盡量不要使用。如透過比較牡蠣和貓，他能在事實的基礎上自行發現（也許是在老師的一、兩個引導性問題的幫助之下），有些動物有脊椎而另外一些動物沒有脊椎，這對他來說非常重要。換言之，對兒童來說，根據動物的差別去區分動物才是真正重要的，知不知道脊椎和無脊椎這兩個術語則無關緊要。

　　《家庭晚會》中的教學方法值得向人們展示。書中，明眼人和盲者一起散步後，盲者非常無聊的回到家裡，因為他什麼也沒看見，自然也不會對什麼感興趣，而明眼人卻總是躍躍欲試的想跟他探討一些自己感興趣的東西。我曾經試圖指出的，主動學習是兒童的一種天性，父母的責任就是為兒童提供豐富多樣的機會，引導他觀察，使他多少了解一點科學分類的規則，讓兒童在不知不覺中用實物充實自己，為他後來的實物分類打下基礎。

　　關於這個問題，我就不再重複了，畢竟，這些孩子們的未來在很大程度上取決於他們所擁有的實際知識，取決於他們養成的觀察習慣。「你想想，」赫伯特・史賓塞先生說，「一塊印痕縱橫交錯的圓石，帶給一個無知大腦和一個地質學家大腦的詩意是一樣多的，但只有地質學家才知道，這塊石頭來自於一百萬年前的一個冰河期。實際上，那些從未涉足科學研究的人，是無法感知其中的詩意的。一個人年輕的時候，如果沒有收集過昆蟲、沒有採集過植物，又怎麼能體會得到那蘊藏在小路、灌木、樹籬中的詩意呢？」

　　喬伊斯（Joyce）的《科學對話》很前衛，我一直很欣賞，因為，自該書出現以來，在同類題材方面，還沒有哪本書比它更適合兒童的聰明才智。這本我們可以稱之為「第一手」的書，其中充滿了已經為人類掌握並吸收的知識。這本書對話簡單，語言精練，全篇以孩子間對話的方式寫成。書中大約涉及到三百個話題：沙丘、海格力斯之柱、颶風、回聲、稜鏡、潛水鐘、銀

河……，簡直包羅萬象。

全書在一個主導思想的支配之下，從容自然、娓娓道來，書中所有的話題包括許多簡單的實驗都毫無雜亂和匆忙之感，展現了作者驚人的技巧。另外，作者還堅持認為，這些實驗應該讓孩子親自去做。

在此，我冒昧的引用該書前言中的一段了不起的話，作為教師們的「袖珍指南」——「本書的目的，是希望為美國的中小學生提供一些可以在學校、在家中閱讀的東西，使之能在藝術和日常生活的科學領域及科學應用領域，從本質上拓寬自己的視野。儘管這本書奉行的是科學的根本原則，但它不是一本教科書，它只是為了幫助兒童更好的理解他生存的這個物質世界，就這麼簡單而又深刻。」

「自然現象的存在並非奇蹟，其中都包含著有序的規律。成人能夠理解它們，為什麼兒童卻不行呢？當然，我們不可能向兒童解釋火車頭的每一個細節，但是，向他解釋一下火車頭的基本原理，告訴他，這個機器和別的許多東西一樣，只是大家都明白的一般道理的具體表現，卻是完全能夠實現的。本書的要旨是喚醒想像能力，傳遞有用知識，打開智慧大門。刺激兒童的觀察能力、激發兒童對世界的鮮活而持久的興趣，則是它的特殊目的。」

「在條件允許的情況下，以兒童熟悉的重要東西為例，本書對天文、物理、化學、氣象、地形學等這類科學都做了充分而深入的處理，強化了課程講授的效果。比如，對氣象學，本書的重點放在了兒童可以自己觀察到的現象上面，教師卻只是教他如何進行觀察，簡單的解釋一下星星的起落，月亮的盈虧，望遠鏡的使用等等。本書的目的在於引導兒童探索更深層次的謎題，讓他知道，事物並沒有他們開始想像的那樣神祕，作為一般規律的特殊形式，純粹現象在其他科學現象中也會有所表現。」

「蒸汽、投影、反光、樂器、回聲等這些熟悉的現象，都歸納了其基本原因。如有需要，本書備有帶有詳細插圖和說明的簡單實驗，可以在教室裡順利的重複進行……作為真誠信念的產物，本書是為了幫助兒童理解他們生活在其中的世界，使其有更大的作為，同時也滿足我們自身想為非常值得做的

事情做點貢獻的強烈欲望。」

　　說到這裡，我不禁想起了瑞夫‧H‧H‧摩爾在一篇文章中提到的理性教育的先驅——瑞夫‧理查‧戴維思來。他曾經是英國漢普郡金斯‧薩木波恩教區的教區長。

　　西元 1814 年，戴維思發現一個村莊的村民素養低下、愚昧無知，在那裡他解決了合理化教育的問題。整個過程非常吸引人，但是，我們現在關心的卻是作為學校教育重要內容的自然哲學問題。

讓孩子了解地理歷史

　　在我看來，地理學是具有很高教育價值的學科，雖然它無法提供科學訓練的方法，但卻能給出問題，而且是最有趣的問題，同時，它還向人們提供可供分類的材料。與其說地理是一門獨立的科學，不如說它是幾門科學成果的綱要，畢竟只有自然地理學才是科學定義範疇內的學科。當然，地理學除了能用觀念滋養大腦，還能用具體圖像豐富人的想像，這正是它的特殊價值所在，也是其教育價值所在。

　　問題的關鍵在於，如何從一般意義上，教授地理學這門課？下面就是我們通常看到的地理學教學：

　　兒童按照教師的要求，跟著某本倒楣的教科書，學習歐洲各國首都的名字、英格蘭河流的名字或蘇格蘭山峰的名字，用英里丈量寬、用英呎丈量長、記人口數字、在地圖上找名字等等。這樣的課對可憐的孩子而言，簡直就是一種折磨。也許有人會說，每個人都需要有從地理課上獲得的知識，所以課堂之外的地理學應該用途更廣泛才是。這的確是事實，而且這一點正在成為課堂上的座右銘，在地理課上，兒童們也正用成年人認為有用的知識裝備自己。

　　可是在這個問題上，我們是多麼的獨斷啊——如果我們不是因某一本地理書有趣、有圖畫或能為人帶來刺激，還會去讀一本遊記方面的書嗎？就連我們在讀描寫墨累河的書時，也會跳過那些乾巴巴的數字和事實，注意那

些有趣的插圖，因為這些東西才是我們想知道、也是能輕鬆就記得住的。但是，只有事實、名字和數字才是兒童們的精神食糧。所以，如果你夠理智，就不會把這種逗孩子們高興的東西拿給他們，因為這些圖文並茂的書只會令他們浮想聯翩。

有人會說，孩子們學這些知識雖然要付出很多，但畢竟會終生受益。但事實並非如此，因為這樣的知識從未真正被大腦所吸收，就像我以前說過的，只是在孩子面前暫駐一時而已。我們當中大多數人都上過這樣倍受折磨的地理課，但現在腦海中還殘存著多少相關的記憶？我們能記住的，只是那些令我們愉快的東西，是關於萊茵河、巴黎、威尼斯，或者是《庫克船長航海記》中描寫的，再有就是其他令人愉快的旅遊探險中的傳說了。

我們現在明白，兒童必須以這樣的方式學習地理，究其原因，從教育方面說，是為了在他的腦海中形成觀念，使他的想像中富有圖像；從實踐方面說，則是因為人腦的性質決定只有這樣的內容他才能記住，換言之，他只學習他感興趣的。也就是說，地理課應該是兒童時代最具吸引力的課程，這才是教育和實踐的走向。

這樣的地理課，應該怎樣開始教學呢？首先，要讓兒童掌握地理學的基本概念，要讓他們在戶外多花一點時間——關於戶外活動的重要性這裡就不再解釋了。一個小小的池塘就能讓兒童了解湖的性質，即使它是靠挖掘然後再注水形成的。這個池塘能將兒童帶到阿爾卑斯山美麗的湖、李文斯頓的大非洲湖，在那些地方，他會高興的看到自己的倒影在湖裡「嬉戲」——「他自己的倒影在他自己的湖裡『嬉戲』。」

作為一種「有形地理」，這樣的場合可以為兒童引出許多愉快的關於各個地方的話題，由此，他們會知道那些大河、山脈、沙漠、平原及世界各國和城市的名字和屬性。

同時，他也能從一張用鉛筆所畫的僅有幾條線、幾個點的草圖中獲得地圖的最初概念，當然，用一根木棍在沙子上畫效果會更好些。

「這條曲線是萊茵河，你可以想像河上有一艘橡皮艇、有坐落著毛斯塔的

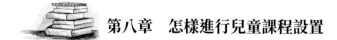

島嶼、有南斯島及別的島嶼；這裡是一座山丘，上面有一個廢棄的城堡——現在，看這邊……現在，再看那邊；這個點代表科隆等等。」一定要在這些談話中添加孩子們熟悉的景色，這樣，逐漸的，當他看到英國地圖的時候，他就會發現十多個讓他熟悉的風景的名字——這是「我媽媽去過」的地方——這裡有很多樹，這座泰晤士河上的小島，上面開著各式各樣的花兒；這裡是蘇塞克斯市區，它的地形很平滑，再往前走就是一片地毯般柔軟的草地，那裡的藍鈴花開得很茂盛；這裡是約克和德文郡的沼澤，那裡布滿了越橘和石楠花——在你們的談話過程中，你始終都在為孩子畫旅行路線的地圖草圖。

接下來，要為他加大地理課知識的難度，讓他掌握世界各國和地區、自己國家的所有州縣或地區的最詳細的細節。這一階段，他可以知道一些歐洲各國和世界各大陸那種由一串大部分地區名字構成的所謂的「地理學」，但卻沒有必要將它們一一記住。要想讓他對每一個地區都瞭如指掌，就要讓他跟隨那些探險的旅行者，乘著想像的翅膀，充滿溫情的看待那些盛開的花朵和豐碩的果實，還有那些在自己的棲息地上休憩的野獸。

比從地圖上知道所有的名字，用思想來充實自己，對兒童要更加有益，因為這種簡單明瞭的教學方式，可以讓兒童知道得更多。我們要一點一點的向他讀，為他讀，讀的時候還要加以解釋，比如，哈特輝格的《熱帶世界》和《極地世界》，李文斯頓的《傳教之旅》，畢消普的《日本之無敵行蹤》等等。

事實上，任何一本有趣的、寫得好的遊記，我們都可以讀給兒童聽。選擇書的時候，我們要盡量找那些有插圖、逸事以及所有描寫都具有教育性的書。這裡，和我們在其他地方說過的一樣，問題的關鍵在於他了解多少東西，而不是知道多少東西。

在教授給兒童地圖知識時，一定要謹慎的使用地圖，最後再拿旅行者的同步草圖與該地區的完整地圖做一下比較。對某個城鎮或地區。教師要給出精確的描述，並在地圖上做出標記，然後測試強化兒童的確切知識。這種方

式可以幫助兒童獲得自然地理學的精確概念。在閱讀課上，兒童漸漸知道了火山、冰河、颶風，他聽到這一切，都會發問並企圖了解這些現象是怎樣、是為什麼形成的，這樣就激發起了他的興趣。換句話說，他開始像一個成年人一樣，有目的的選擇某樣東西在學習，儘管他們很少被允許以這樣愉快的方式學習。

假如以這樣的方式，你已經向 6 至 9 歲的兒童讀過六、七本精選的標準旅遊書，那麼，他就已經擁有了地理方面的基本概念，如特產、生活方式、風景名勝等，這些可靠而寶貴的知識能伴隨著他的一生。此外，這樣做也有助於他提高讀書的品味、養成讀書的習慣。但是，布拉塞的《在陽光中遨遊》並不適合兒童閱讀，因為這本書涉獵太廣，一不小心就會引起兒童的思維混亂。

在「教育工具」的課程中，與其說世界知識的傳遞是透過課程實現的，不如說是透過在「兒童」時間及別的時間裡進行閱讀實現的。對上課而言，《在家看世界》雖然已經過時了，但就我所知，它是目前為止對六、七歲兒童最好的書籍。當孩子們聽著關於這個世界的這些描寫時，他們或驚奇或讚嘆，能想像出一百個場景供自己模仿表演。地點，是地理學的第一個概念，關於這一課，應該讓兒童對當地的地理概貌、自己的居住環境進行觀察，如我們所見的，這種對高地、窪坑、平原、小溪、池塘的觀察應該在戶外進行，以便為後來的抽象工作做好準備 —— 也就是，透過觀察，孩子們歸納出河流、島嶼、湖泊等等的定義，並且能在沙盤上做出或者在黑板上畫出這些東西。

在兒童累積了一定的經驗以後，就能得出對某些東西的定義了。在被告知什麼是河流之前，他必須觀察過小溪並注意到小溪是流動的等特點。兒童吸收知識很快，因此，在這一點上，教師一定要特別小心，要讓兒童接收那些有用的資訊，而不是毫無意義的廢話。對知識的抽象應該以這樣的方式進行：首先，讓兒童觀察一個事實，比如，一片開闊的平地，然後，教師再進行詳細的講述。兒童如果在書中讀到過彭巴草原、歐洲西南部的平原鄉村還

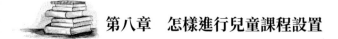

有沿海的荷蘭，他就會逐步的獲得了平原這個概念，並最終在沙盤上展現出平原的樣子。

兒童在 7 歲左右的時候，會發現自己需要更多的知識。他已經對熱帶國家和寒帶國家有所了解，他觀察過季節和太陽的起落，對大洋和大海也有了一些概念，也觀察過漲潮或退潮，見過許多為他製作的簡單地圖並且注意到了「正規」地圖上的十字線。這意味著，兒童的大腦已經從各方面做好了接受新知識的準備，急於獲得與地理學有關的更多東西。

無論從哪方面說，地球的形狀和運轉這些基本概念，都是很難掌握的，而隨著年齡的增長，其難度還會不斷加大。儘管每一種情況的原理都非常簡單，但兒童畢竟不能像大人那樣去注意一個巨型球體在宇宙空間的不斷運轉。可是，如果要讓兒童說出行星系統、地球的行為和特點、四季的原因以及其他的許多東西的話，兒童那生動的想像簡直可以與一個數學家相媲美。

對兒童而言，地理課首先應該跟著地圖去學，看圖和聊天只能對這門學科做些簡單的介紹而已。那些對地圖缺乏概念的兒童，在提到義大利和俄羅斯的時候，無論他能講出多少地方、多少事情，都沒有半點涉及地理學方面的知識。因此，兒童應該透過了解地圖的含義和用法開始他地理學的學習。兒童要學會根據規格來畫自己教室的平面圖，畫一片田野的平面圖，還要考慮如何畫所處城鎮的平面圖，然後再將平面圖的概念一點一點轉到地圖的概念上來。

在他即將接觸經度和緯度的概念時，要讓他了解地圖上是怎樣表現海洋和陸地，怎樣表現河流和山川；了解方向的說明和羅盤的應用，在說到北時，要讓他能夠講出北那個方向及與之相關的很多東西。要讓他知道，這其實就是在製作地圖。對於初學這門課的人來說，地理的基本概念和地圖的含義非常適合用來作敲門磚，其中的一些東西，甚至能喚起兒童愉快的記憶，與那些奇妙的、不可思議的東西連接在一起，使那些機械的內容變得令人樂於接受。但是，如果知識一開始就以陳舊的、結論的方式走近兒童，這樣的教學只能是乾巴巴的令人生厭。必須用能引起兒童趣味的方式和飽滿的精神

來教學，才能激發兒童進一步學習的欲望。

對兒童來說，歷史是蘊藏著取之不盡思想的寶庫，裡面有數以千計的悲慘或英勇場面來豐富他們的大腦，讓他們在內心冷靜的形成一些原則，以便在今後對國家行為做出判斷，進而像控制一個國家一樣控制自己的行為。這就是兒童學習歷史的作用。但目前充斥著的，卻是一些充滿宿仇、戰爭和死亡的小型編年史叢書，這樣的小書，兒童能從中得到什麼教益嗎？這種歷史書為什麼會令人討厭？是因為書裡布滿了日期和數字嗎？

說到日期，它們的問題更大。

一個兒童最多能懂得十位數和個位數，那些上百位的數字只會把他搞暈。對他而言，當一個國王與另一個國王的不同、一段歷史與另一段歷史的不同僅僅呈現在數字上時，他該怎樣才能把那些事件和王朝準確的連結在一起呢？除了張冠李戴，我想，他再沒有別的辦法了。但是，他如果是從征服者威廉一世（William I）讀起，然後是威廉四世（William IV），再往下是大不列顛的黑暗統治，沉浸這樣娓娓道來的歷史之中，他又怎能學得不輕鬆呢？這樣的書，不會讓兒童做出對歷史的錯誤判斷，也不會使兒童腦子裡裝滿生硬的史實和偏見。

可更糟糕的是，那些教科書除了記錄史實，還充滿了道學式的說教。說教是歷史範疇之內的事沒錯，但兒童用的小書既沒有提供合理公正的探討道德基礎的可能，也沒有必要對這種嚴肅的問題發表自己的公開意見。

概要的危害就像讓一個兒童了解整個世界的地理一樣，要求兒童掌握整個歷史的概要，正是當代歷史教學所犯的致命錯誤。與其相反的做法是，讓兒童快樂的沉溺於某個人的歷史、歷史的某一階段之中，直到他開始思考那個人的思想 —— 這意味著他對那段歷史瞭如指掌。儘管兒童閱讀和思考的只是一個人的一生，但他卻在真正的意義上，從一個時代的角度了解了這個國家的歷史。讓他和「真理的發布者」阿佛烈（Alfred）、「征服者」理查、薩拉丁（Saladin）、亨利五世（Henry V）—— 莎士比亞的亨利五世以及他的無敵部隊，在一起親密而快樂的待上一年，讓他了解那些偉人和普通人的生活

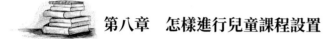

方式，讓他了解當我們在這樣生活的時候，別國的人在做些什麼。

如果兒童能意識到過往時代的人比現在的人心胸更寬廣、頭腦更簡單，並且意識到別國的人曾經在各方面做得比我們更好，必將對他們的成長帶來更大的好處。

幾乎所有聲稱寫給兒童的歷史書，除了給出一些大綱、概要、提要等，對如何有效進行歷史教學的問題只會採取迴避的態度。就說提要吧，作者出於自身目的的考量，對歷史學習在兒童教育中所產生的作用常常是一字不提。而如果選讀一些見解上乘的書，並輔之母親隨時隨地、大量輕鬆的解釋，兒童就可能把他們生命中最初的幾本通俗易懂、附帶插圖的英格蘭歷史讀下來，比如描寫都鐸王室的歷史書。

在這種閱讀過程中，我們有必要向兒童提問或讓他們發問，以確保他們的注意並加深他們對史實的記憶。但作為歷史教學中的下乘方法，這些都是不得已而為之的事情，它總比塞給孩子們一大堆兩、三個紀元的詳細圖表要好得多。

就兒童而言，學習一個國家的早期歷史比晚期正史效果更好。因為那個時候的故事線條簡單而粗獷，不存在什麼政治手段。弗里曼為兒童提供的英國早期歷史雖然有趣，但是，讓孩子們面對歷史可能的源頭豈不是更好嗎？在那一切都無可考察的古老年代，兒童自由自在的徜徉其中，體驗那種歷史精神，這樣的古書閱讀起來，比最現代的歷史書要容易和有趣多了。這樣的書，幾乎不會涉及所謂的「歷史的尊嚴」，它們就好比森林中潺潺流淌的小溪，歡樂的向你講述「這件事」，讓你的心為那些偉大事件而激動不已，為那些神祕的戲劇表演感到驚奇。

在閱讀的過程中，你可以與偉人神交，也有機會成為下等人的朋友。這樣的書才是孩子們最合適的讀物，因為他們更加關心文字背後的活人。在這樣的書裡，沒有進步、沒有法規、只有人；在孩子們的心裡，歷史只是人演出自己的生命劇的舞臺。在大人的幫助下、以這樣的方式讀過一本編年史的兒童，將在歷史方面打下扎實的基礎，而在填鴨式的教育之下，他腦子裡只

會被塞進一些日期、人名、地名和史實而已。

從時間順序來看，比德（Bede）的《英吉利教會史》，應該是最富於魅力的讀本了。這位描寫 7 世紀生活的作者曾說過：「對我來說，學習、教書、寫作永遠都是美好的。」莫利教授則認為：「比德為我們留下的古英格蘭歷史，內容簡潔，生動活潑；文風或嚴肅，或風趣；或現實，或抽象，在充滿對上帝和人類的愛的同時，也不失其率真公正之處，是一本真正意義上的學術著作。我們感謝比德展現給我們如此古老卻又有趣的英國歷史。」在提到比德時，馬姆斯伯里的威廉（William of Malmesbury）也說：「他將以往事件的幾乎所有知識都一起帶入了墳墓。」他不是一個壞的鑑賞者，因為人們都說，他的《盎格魯國王史》已經使編年史的撰寫達到極致。

阿佛烈的朋友和助手阿塞爾（Asser），對那個時代的描寫也非常精彩。他說：「從阿佛烈君王那裡聽來的東西，一定要對其做充分的解釋。」在談到其中的原因時，他說：「當時，在利奧那福特的皇家采邑，我榮幸的受到了他的接待，而且在他的宮廷裡生活了八個月的時光。在這段時間裡，我為他讀他喜歡的任何書及他手頭有的書，因為他已養成了在空閒時讀書的習慣，不分白晝和黑夜，有時候他自己讀，或者就聽別人為他讀。」為了描寫阿佛烈，如果阿塞爾自己不能親身陪伴的話，比如阿施多恩的那次戰役，他就會千方百計拿到別人親眼目睹的事實作為證據。「從那些參加了戰役並且從不說謊的人那裡聽到，阿佛烈帶人迅速趕到並且向敵人挑戰，因為埃塞爾雷德（Ethelred）國王一直待在帳篷裡禱告。」

後面還有傑弗里·德·文森尼寫的《十字軍東征編年史》，以及讓·德·茹安維爾（Jean de Joinville）寫的《聖路易斯十字軍東征》。

好了，這樣的書不必太多。對兒童來說，一年讀一本這種編年史或其中的一部分，足以讓他們的想像大放異彩，腦海中充滿幻想。在這樣的基礎上，只要給他一個歷史的輪廓，即使那種輪廓再乏味，兒童也能夠自己述說出歷史。

在有據可考的歷史之前，每個民族都不乏自己的英雄時代。兒童都樂於

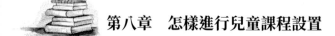

了解那個時代大地上的巨人，他們有權沉迷於這種古典神話，就像我們同樣把這些東西當作民族瑰寶一樣。如果以這種方式向他講述自己的民族，恐怕會把他帶進被描繪成野人的群體中，那麼，該怎樣讓這些粗獷率真的歷史出現在他眼睛裡，就像中國的寫意畫一樣呢？

　　作為一個講求實際的民族，如果我們也曾經擁有一個荷馬時代，我們會把所有這樣那樣的東西都記錄下來嗎？這裡，我們不得不再次感謝過去的僧侶編年史，不管怎麼說，作為歷史模糊的回音，那些豐富多彩的往事都傳了下來。到了 12 世紀，這些往事又碰巧得到了一位威爾斯神父、蒙茅斯郡的傑佛瑞（Geoffrey of Monmouth）的欣賞。當時，馬姆斯伯里的威廉正在寫那本絕妙的《盎格魯國王史》，傑佛瑞似乎沒什麼好做的，但他卻讓我們知道了別的歷史學家聽也沒聽過的國王的事情，像李爾王、梅林（Merlin）、烏瑟王（Uther Pendragon）以及寫得最好的亞瑟王（King Arthur）等等，我們甚至知道，「亞瑟的一根小拇指都比亞歷山大大帝（Alexander the Great）的後背壯實得多」。

　　有了這些埋藏於地下的無價寶藏，兒童可以在他們開始讀《國王的敘事詩》之前，享受 10 年的快樂時光。傑佛瑞寫的神話傳說雖然很輕鬆，但他對那些英雄人物的描寫，卻容易讓人迷失方向，因此，在閱讀他的書時，一定要注意這一點。

　　還有臣服於菲莉琶（Philippa of Hainault）王后王朝的可愛的尚・傅華薩（Jean Froissart），如果沒有了他的編年史，兒童就不可能從別的地方讀到法國戰爭的故事。許多事情都有一個正當其時的問題，一個通行的原則就是，假如兒童要了解歷史，他應該去讀由同時代人寫的原始歷史讀物，而不是去拜讀那些現代歷史學家、批評家和評論家的作品。早年的「編年史」有些內容根本無據可查，所以，母親們在選擇的時候一定要學會區分清楚。

　　在學習希臘或羅馬歷史之前，兒童可以以這樣的方式閱讀普魯塔克的《名人傳》，對他們而言，讀過下面這段文字，亞歷山大大帝就遠非一個名字那麼簡單：

等待出售的戰馬布盧法盧斯，被拉到國王菲利普（Philip II）面前，要價30塔蘭特（相當於 2,518 鎊 15 先令）。於是，國王帶著王子和別的一些人來到一個場地，想試試這匹馬到底怎麼樣。

這匹馬非常暴烈，難以馴服，牠不聽吆喝，只是對著馬夫撒野，人們想靠近牠都很難，更別說是騎了。對這樣一匹桀驁不馴的野馬，菲利普非常不喜歡，他強忍著怒氣讓人把這匹馬拉走。但是，亞歷山大卻說道：「缺乏高超的騎術和征服者的精神，他們將失掉一匹多好的馬呀！」他已經仔細觀察這匹馬好一陣子了。

國王一開始並沒有注意到他的話，但是，因為王子把這句話重複了好幾遍，並且表現得有點急躁，他就說，「小傢伙，你這樣說我，難道你比他們更了解這匹馬，或者是你能夠駕馭這匹馬？」

「我當然能。」王子回答說。

「如果你不能駕馭牠，你可知將為自己的輕率面臨什麼樣的處罰？」

「這匹馬值多少錢，我就被罰多少錢。」

聽了這話，在場的人全都笑了。但國王還是同意了王子的請求。於是，亞歷山大跑向這匹馬，抓牢馬的韁繩，讓牠朝向太陽。剛才他就注意到了，由於太陽在馬的後面，當馬向前跑的時候，這個影子也不斷的向前跑，這對牠來說，是一個極大的干擾。馬還處在瘋狂和暴怒之中，這時，亞歷山大不斷的柔聲和牠說話，並溫柔的撫摩牠，然後輕輕的掀掉牠身上的斗篷，一躍而起，穩穩當當的坐在了馬背上。現在，不必使勁拉動韁繩，不必使用馬鞭和馬刺，亞歷山大就能駕馭這匹馬了。

開始時，菲利普和他的臣子們都為亞歷山大提心吊膽，四周一片死寂。但是，當王子騎馬安全返回的時候，所有的人都歡呼著歡迎他的凱旋，除了他的父親以外。國王喜極而泣，親吻著王子說道，「我的孩子，你必須建立一個更大的王國實現自己的抱負，馬其頓對你而言太小了。」

讀著這段故事，我們彷彿身臨其境，在兒童的眼睛裡，它就像《魯賓遜漂流記》一樣「真實」。

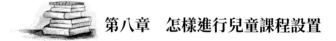

　　簡而言之，要讓兒童盡可能多的了解歷史，即使只是了解一小段歷史，也比讓他們了解全部歷史的「輪廓」要好得多。再有，兒童並非不能理解用智慧語言所表達的智慧思想，因此，最好不要排除那些描寫切近他們時代的歷史書。

　　為兒童選擇好的歷史書，是一件很困難的事情。就像我們所看到的，不但要避免對純粹事實的概括，而且，也要同樣避免對歷史的抽象。在我們生命的早期，大腦是以觀察的方式累積知識，到了成年時期，才能有足夠的智力來完成對這些具體知識的抽象。

　　儘管我們的大腦非常貧乏，只會接受擺在我們面前的現成結論，但不管怎樣，我們還是要避免在孩子小的時候，灌輸給他們一成不變的觀點。孩子們能在對事件和人物的細節了解的基礎上展開想像，隨著他們知識的增多，他們也會逐步形成自己對事對人的看法。

　　曾偶然發現正確的兒童教學法的約克・鮑威爾（York Powell），在《英國歷史中的古老故事》的前言中寫到：「為了取悅和娛樂讀者，同時把關於他們祖先的思想及生活的知識傳授給他們，筆者選擇了以下一些故事：李爾王、庫庫雷恩王、克努特王（Canute the Great）、詩人奧特、哈夫洛克、烏巴等等，所有這些故事都表現了故事主角的英勇和顯赫。」

　　確實，在《古老的故事》和《英國歷史概要》中，約克・鮑威爾將埋藏於地下的寶藏呈給了我們，只要是有閱讀能力的兒童，就能自己閱讀這兩本書。這些用簡潔而美麗的英語寫成的傳說故事，寫作風格也非常迷人，為故事平添很多風采。是啊，當聽到一個六、七歲的小孩把一個很長的故事從頭到尾講下來，每一個事件和其發生時間都能對得上，連一個細節都沒有疏漏，這怎能不讓人覺得有趣呢？而且，孩子口中講出的故事並不是對原來故事的簡單重複，雖不如原文那樣精確，卻洋溢著兒童特有的熱情，以及他對某些東西的渲染。

　　要讓兒童以自己的方式講故事，這一點非常重要，不要因他們沒有使用原文裡的單字或短語而糾正他們，也不要去提示他們。故事應該是兒童大腦

裡生成的原版作品，也就是說，在獲悉了那些事件以後，孩子們能夠用自己的大腦來消化處理這些事件。如果講故事變成了背故事，這就毫無價值了。我已經說過，那類古老的編年史，可以用來充實兒童的大腦，但要作為故事，卻顯得不夠凝練，一些短一點的故事更能適合我們的要求。

在此，我還想提一下法瑞文公爵夫人的《聖保羅的故事》和《西敏寺的故事》。作為兒童喜歡的兩本書，裡面充滿了愛國情懷，能夠為兒童的歷史知識打下一個全面的基礎。帶著已經聽過這兩個故事的孩子們去西敏寺，讓他們在那個神聖的場合印證自己心目中的英雄，是一件多麼美好的事情啊！孩子們對事件了解得非常充分，對這兩個地方的興趣也就溢於言表，甚至教育和鼓舞了站在旁邊的大人。無疑，在大量的歷史故事和歷史梗概中，有一些很適合兒童閱讀，比如布魯克·亨特的《城堡中的囚徒》。但是做母親的，還是得倍加小心，因為選擇教科書，特別是選擇歷史教科書，這種工作表面看似簡單，但對教育者的要求卻很高，大人們既要從兒童的角度出發理解兒童，同時又要將問題考慮得縝密得體。

許多孩子在八、九歲時，就能夠相當愉快的閱讀在教育文學領域享有盛譽的阿諾德·福斯特（Arnold-Forster）寫的《英國史》了。到現在為止，《英國史》，或者兒童們所稱的《歷史》，一直是「要麼作為與國家的命運無內在關聯的日期和史實概要，要麼作為浪漫故事集」這樣的東西出現在年輕人面前的。但它卻忽略了這樣一個事實：在英國歷史之外還有別國的歷史。在書中的前言裡，阿諾德·福斯特寫道：「我不願用『概要』或『英國歷史概要』這樣令人反感的來介紹自己的書。從外表看，這樣的標題就預示著它與趣味和浪漫無關，而且，在這種『概要』中，人們只會將大量的編年史表格當成歷史本身。事實上，讀英國歷史，如果沒有意識到它其中蘊藏著的無窮樂趣、沒有因為興奮而眼睛發亮、沒有讀到生動而有趣的歷史事件，那就意味著沒有獲得所有的快樂和教益，而這種快樂和教益是可以透過適當的追求在學習中獲得的。」作者實現了他潛在的諾言，但該書還是存在著這樣一些局限，究其原因，是因為：首先，他是為沒有受過教育的人創作的。其次，

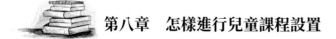

第八章 怎樣進行兒童課程設置

作為整個英國歷史畫卷的概覽，要在 800 頁的書中既呈現給我們人物眾多的插圖、寫作風格又要輕鬆，確實不太容易。

和格林（Green）教授是為了對歷史略有所知的學生撰寫《簡明英國史》一樣，阿諾德·福斯特在他的書裡，為兒童及那些沒有文化的人所做的事情，使許多人意識到這樣一個事實，歷史是學習的奠基石，這一對真實歷史的真實介紹，才是這部著作的特別價值之所在。

現在，我們又必要製作一個表格，以明確那些即將豐富起來的歷史知識。我們可以拿一張厚圖畫紙，把它分成 20 個欄位，基督紀元排在中間，其餘的欄位可以視情況將其分為西元前或西元後。

然後，讓兒童以自己的能力，按照正確的順序和時間寫出那些他遇到的歷史人物的名字。這個以世紀排列的簡表，只不過是為了在兒童腦海中形成一個歷史概要，所以沒必要告訴他們精確的歷史年代。只要讓他藉此鳥瞰歷史，按照時間順序看到這些事件就可以了。

兒童喜歡講述他們聽到或讀到的東西，所以，閱讀歷史可為講述提供絕好的材料。

同時，為這些故事畫插圖，也是他們最願意做的事情。讓那些讀過尤利烏斯·凱撒（Julius Caesar）（包括普魯塔克的《名人傳》）的兒童，畫出他們最喜歡的場景，你會發現，這些孩子擁有超常的想像力。當然，他們並不會畫生活中不存在的東西。

這裡所說的兒童繪畫，其實就是一種精神樂趣。當兒童在繪畫過程中有了靈感、生出聯想時，他就會和那些有知識的人一樣，滋生出一種智力上的樂趣。也許有人會說，繪畫是一件對人很有誘惑力的事。但兒童的繪畫，則和原始人的藝術一樣，都是用來生動而直接的講述故事。

一個 9 歲半的女孩，畫的是尤利烏斯·凱撒征服不列顛的故事。只見凱撒身穿藍色袍子，騎著鐮刀，駕駛著一輛戰車飛翔，天空上還畫了左一抹右一抹的藍色作為點綴。

遠處是黑色和粉色相間的土地，一個戰士正將一桿有羅馬鷹標記的旗子

插入其中！在畫面最顯眼的地方，羅馬士兵和英國士兵手裡都拿著一把其長無比的巨劍，正在展開激烈的白刃戰。

另外一幅，則是一個稍微大點的女孩所畫的「安東尼（Antonius）在凱撒死後正在做演講」。她畫了一個拱形的建築，通向一條小巷，在顯著的地方，安東尼站在大理石臺階上的講臺上。安東尼的表情充滿憤慨和不屑，下面是一群穿著寬大袍子、神情各異的人，他們或驚愕，或沮喪。旁邊是安東尼的僕人，身穿制服，牽著主人的馬，凱撒則躺在安東尼後面的講臺上，身上覆蓋著一塊藍紫色的布。這幅畫的主要價值，在於它是在講述一個故事。

另一個兒童畫的則是古羅馬城廣場上的一個場景，只見凱撒身著藍紫色衣服，正襟危坐，面前是跪著的布魯圖斯（Brutus），椅子後面是卡斯卡（Casca），手握短劍向前伸著，好像在說「替我做主，替我說話！」

還有一幅是盧修斯（Lucius）在帳篷裡為布魯圖斯表演的場景。布魯圖斯全身盔甲，坐在凳子上，手裡拿書似看非看。而身材修長的盧修斯正坐在他面前演奏豎琴。兩個哨兵，也是全副武裝，呈大字躺在地上，睡得很沉的樣子。另外一幅畫則比較有深度，那是凱撒在向被征服的高盧人宣讀他的歷史，那些高盧人成排的站在山坡上，謙卑且耐心的傾聽這個偉人的講話。

在這些富有創意的插圖中（其中有幾幅是稍微大一點的孩子畫的），我們見到了各種天馬行空的想像，兒童在閱讀那些偉大的作品時，這些圖像就自己出現在他們的腦海之中了。對此，我們有理由相信，為大腦提供具有實質性的養料是非常重要的。當兒童每天看到的都是些軟弱無力、缺乏真正內容的文字時，其想像的翅膀又怎麼會騰飛呢？

兒童一旦真正的吸收了他們所學的知識，就一定會以其他方式把它們表現出來，比如在歷史課上扮演角色，設計舞臺造型，然後分幕表演，或者自己弄一個舞臺做玩偶表演。當兒童真正想表達什麼東西的時候，他們能為自己找到數不勝數的表達方式。

我們常常會主觀的認為想像是天生的，或者認為想像會破壞書中乏味的內容。當孩子們在閱讀歷史、閱讀文學的時候，應該讓他們盡情享受其中的

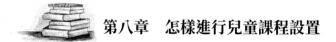
樂趣，而不要試圖給予他們幫助，因為，想像會自行在他們的腦海中湧現，只要有最基本的一點線索，他們就能想像出千千萬萬個場景的細節。

讓孩子學習藝術

兒童的藝術訓練應該從表達和欣賞這兩個方面進行。一個 6 歲的兒童，他的欣賞能力應該比他表達自己所見所想的能力要更進一步。由此可知，如果兒童的鑑賞能力只停留在他們的圖畫書或「聖誕節專刊」上的彩色印刷品上面，將是非常可悲的。也許有的讀者會說，「小孩子哪懂什麼鑑賞藝術，他們所能領會的，也就是些畫面上的色彩和情緒罷了。比如，博比得到的色彩逼真的生日禮物啦，芭芭拉的娃娃身上顏色很鮮豔啦，他們只會把這樣的東西當一回事。」所以，他們會認為，「這才是造物主為兒童預備的、專屬於他們的藝術！」

然而事實上，兒童的大腦和成人的大腦是一樣的，對出現在他們生活中的東西都有一個適應性，如果兒童只欣賞藝術中粗俗和感傷的成分，那是因為他們已經習慣了這樣的藝術方式。在學校，給一些 9 歲左右的兒童五、六幅米勒（Jean-François Millet）作品的複製品，要他們描述其中他們最喜歡的一幅：我最喜歡這幅《播種者》。這個人在撒種，整個畫面都很暗，除了右上角的一點點亮光，還有一個男人在那裡耕地。這個人耕地時，那個播種者就撒種。播種者左手拿著一個口袋，右手在播種，他腳上穿著木底鞋。他播種的時間應該是在早晨 6 點鐘左右，因為是逆光，所以，他的頭比身體和腳要清晰。

一個 7 歲的女孩則更喜歡《晚禱》這幅畫，她說：「這幅畫，有一男一女在田地裡，那個女人身邊有一個筐，裡面裝了些馬鈴薯，她後面是一個手推車。他們倆在禱告。那個男人手拿帽子站著。看得出這幅畫的時間是傍晚，因為手推車和筐都是滿的。」

當兒童 6 歲開始正規上課之際，他們的圖畫學習應該遵循這樣一種規

律：他們應該一個藝術家接一個藝術家的學習，一個學期接一個學期的學習，每學期只要從容研究一個藝術家的五、六幅複製作品就夠了。

在兒童學習以後，一定會有一些東西留在他們的腦海裡，但是，這並不是他們所有收穫中最重要的。藝術家對兒童審美情趣的影響、觀察能力的影響以及生活共識的影響，才是最重要的，儘管我們無法衡量這個影響到底有多大。如果兒童能從真正的意義上觀察，哪怕只是一幅畫，他從中獲得的也遠比我們所知道的要多。在兒童的藝術學習中，認為只有色彩對他們才是必要的這種觀點，簡直是大錯特錯。孩子能在很多地方找到色彩，但在這種時候，讓他們沉迷的則是畫裡所表現出來的美和情感。

順便說一句，菲茨羅伊（Fitzroy）的畫，尤其是那些四季風景畫，不僅畫面優美，而且富有色彩和線條感，充滿了浪漫情調，用來裝飾教室是再好不過的了。拉斯金曾經說過，應該用吉恩·里克特專為兒童預備的畫冊《安涩·沃特·桑太哥》及別的類似的東西培養英國兒童，對這一忠告，我深表贊成。下面，我增補一則給八、九歲兒童講授看圖說話課的課堂筆記，展示一下如何替學生上這樣的課。

看圖說話

目的：

1. 繼續學習兒童在學校裡學的蘭西爾（Landseer）繪畫系列。
2. 增強他們對蘭西爾畫作的興趣。
3. 說明蘭西爾熟悉動物的重要性。
4. 幫助兒童理解每一幅畫的真正內涵。
5. 提高兒童的注意力和觀察力。

步驟：

1. 問兒童是否還記得上一堂課所討論的畫中的內容，如藝術家以畫動物著稱，表現在哪個方面？告訴他們，蘭西爾在很小的時候有一條愛犬，由於他喜歡動物，喜歡研究動物的習性，所以，他才能夠畫牠們。

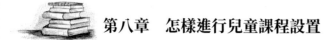

2. 給他們看亞歷山大和第歐根尼（Diogenes）的畫像，要他們說出畫裡面都有什麼，說出畫家在畫這幅畫時候的想法，以及這幅畫想要向我們表達什麼。

3. 幾分鐘以後，把畫拿走，然後看兒童注意到了什麼。接著問他們，在他們眼裡，不同品種的狗意味著什麼：強壯有力的獒代表亞歷山大；這隻凶猛的狗看上去高貴威嚴；而那隻塞特種獵狗的臉上則帶著智慧的顧問官的神情；那隻待在桶裡的小獵狗，皮毛粗硬卻面帶輕蔑。然後，問他們是否已經注意到畫裡有能表示一天中時間的東西：比如，工具被工人們扔在筐邊，說明這是午飯時間；陽光照在狗的身上，牠的影子投射在桶上，說明時間是中午。

4. 讓他們讀一讀標題，講出自己所知的任何關於亞歷山大和第歐根尼的事情，然後告訴他們，作為一個偉大的征服者，亞歷山大生活在西元前356 至 323 年，他征服了波斯、印度和地中海沿岸一些國家，他非常傲慢、強壯和自負。第歐根尼則是一個犬儒派哲學家。借助亞歷山大和第歐根尼的故事解釋和描繪犬儒學派，並讓他們從畫裡辨別出，哪隻狗代表亞歷山大，哪隻狗代表第歐根尼。

5. 在 5 分鐘內，讓兒童用鉛筆畫出這幅畫的主要線條。

　　我常常聽到有人說，兒童畫的插圖很具有原創性。增補一次上課的課堂筆記，也許會不經意的對上同樣課的教師有所幫助。但是，我們最好還是讓兒童發揮自己的想像，不要過多去干預他們。

　　目的：

1. 幫助兒童描述一幅自己在想像中創作的畫，然後讓他們把它畫出來。

2. 提高孩子們的想像能力。

3. 幫助他們更好的使用色彩和構圖。

4. 讓他們替正在閱讀的小說做插圖，以提高他們對貝武夫（Beowulf）的故事的興趣。

5. 引導他們說出對怪物的看法。

步驟：

1. 要兒童說出《貝武夫》及其中的英雄。
2. 指出他們讀過的範圍內有可能漏掉的情節。
3. 研讀書中對當時服裝的描寫以及對格倫戴爾（Grendel）之死的描寫，包括三幅可能的畫。
4. 讓兒童說出他們想像的場面並重讀這段故事。
5. 給他們看《俠骨柔情之英雄》中，喬治·哈羅為貝武夫所做的原創插圖。

有的讀者會說，兒童的畫畫課，其實就是在紙上「塗塗抹抹」把顏料弄得到處都是而已。但我認為，顏料只有一種用途，就是提供運用色彩的自由，否則，只能成為藝術的工具。

兒童要想掌握顏料，著實得花一番苦功，透過對顏料的合適調配，把這些顏料變成花朵或別的什麼，兒童就可能像一個藝術家一樣畫出具有超常效果的作品來。

感情是藝術的靈魂之所在，然而兒童作畫的時候，只是單純為了畫而聚精會神，不帶一點感情色彩。在這種「聰明」的教學方法指導之下，這種創作貌似卓有成效，卻戕害了兒童天性中理解藝術的觸角。

羅爾斯（Rawls）說：「在和朋友談話時，讓眼睛只停留在一根樹枝的奇妙造型上面，雖然是下意識的，或者談話的內容可能被遺忘，甚至與談話相關的環境會消失在記憶中，就像它們從未存在過一樣，但是，這根大樹枝卻能在日後的歲月裡，讓人的眼睛留下從未有過的愉快印痕，這種印痕是如此的輕微，如此的纖細，但它的奇特力量卻是無法用語言來表達的，無論什麼樣的原因都不能摧毀它，並且從此以後，它就成了我們生命的一個組成部分。」

在教孩子們畫畫時，我們所要做的，就是要讓他們的眼睛有意識的停留在某些美好的事物上，以期在未來的歲月裡，在他們的大腦上留下愉快的印

象。那些六、七歲的孩子們，能以他們特有的童稚，調製出逼真的橡樹、梣樹、山毛櫸或落葉松的剛發出來的小嫩芽，他們筆下那些小畫，雖然還很粗糙，卻折射出他們心靈深處的純淨之美。

兒童天生就具有藝術的才能，就像他們天然具有許多別的特質一樣。雖然我們很難發現它，但是，我們要始終堅信，這種藝術天分是存在的。這裡就不得不提到敏感的愛麗兒，她的那種藝術天分，正是釋放於其束縛之中。

所以，當我們在兒童面前擺放樹枝和開放的鮮花任他選擇的時候，一定要讓他自己來處理。在開始的時候，對調色這類的技術工作，我們最好不要太約束他們，孩子們會找到自己的方法來構圖的。為了不妨礙兒童的自由，阻滯其內在藝術天賦的正常發揮，我們一定要小心，不要在他們畫畫的過程中告訴他們應該這樣或那樣，或給予他們多餘的幫助。當然，為他們提供一些容易使用的繪畫工具，比如油畫刷子或碳筆，而不要讓他們用黑鉛筆，更不要弄一盒廉價的顏料來敷衍他們。讓兒童使用最好的顏料，不會有任何浪費的，更何況五、六管上好的顏料能用很長時間，還會讓小藝術家們賞心悅目。

說到兒童的藝術訓練，就有必要說說黏土造型。做小鳥巢、雞蛋筐這樣的東西，只會使兒童流於嬉戲，對他們藝術才能的發展並沒有什麼作用。教師要做的主要事情，就是告訴兒童如何準備黏土、如何驅除氣泡，如何為自己的工作做一個平臺等，讓他們一開始處於一種藝術氛圍之中。接著，教師可以把一個蘋果、一根香蕉、一個巴西堅果或類似的東西擺在兒童面前。不要讓他用一大團黏土揉捏一個造型，而是要讓他自己發揮想像，一點點的做成他想像的東西。要讓兒童用自己的藝術感去掌握這個蘋果、掌握孩子鞋子上的皺褶、掌握那些看上去不協調的地方，就是在這種對對象的掌握之中，藝術產生了。

對兒童教育來說，有一些非常重要卻被遺漏了的學科。在這即將結束的時刻，我只能帶著遺憾對其給予一些不太充分的討論。

有些學科具有非常特別的教育價值，如音樂，我之所以未置一詞，除了

因篇幅的緣故，還有一部分原因是因為，做母親的，如果缺乏約書亞‧雷諾茲爵士（Sir Joshua Reynolds）所說的那種「內在的東西」，局外人說什麼也不會產生作為藝術教學成功前提的藝術感覺。有可能的話，盡量讓兒童一開始就跟「藝術家」、跟那些酷愛自己工作的人學習。

要知道，讓兒童跟一個不能點燃他心中藝術生命的熱情之火的人待在一起，是一個非常嚴重的錯誤，就等於讓他跟一個不合格的呆板教師學習並以此來奠定他未來事業的基礎一樣。說到聲樂，我想提一下「首調唱名法」這一了不起的教育成就。透過這種神奇的方法，兒童能夠以聲音作符號，反過來又替符號配聲音，也就是說，他們不僅能讀音樂，還能為一段歌曲寫譜，耳朵和聲音能同時受到訓練。

在《兒童鋼琴家》中，柯溫夫人利用相同的線也創造了一種輕鬆的方法——五線譜，這就意味著，兒童的音樂理論知識將和他的耳朵訓練、表演能力得到同步的練習，不再那麼單調乏味。

再沒有比討論手工和操練這兩個科目更重要、更有用的了——它們已成為兒童日常生活公認的一部分。就身體訓練而言，瑞典操練的效果應該說是最好的。9歲以下的兒童都可以在早晨做一點晨練。舞蹈以及各式各樣的音樂訓練，可以使孩子們的動作優雅，但其要求卻特別嚴格，否則也能為孩子帶來更大的快樂。

在我看來，替椅子做罩子、用紙板做籃子、織士麥那地毯、日本窗簾、做軟木塞蓋子、在粗帆布上做各種針腳的刺繡圖案樣本、簡易的針線工作、編毛線等等，這些手工都非常適合9歲以下的兒童。兒童的手工課必須牢記的幾點是：

✦ 不能做那些沒有用的東西，如豆子、黏貼東西、紙墊子及類似的東西。
✦ 在他們做東西時，要求他們耐心、細心。
✦ 工作時不允許漫不經心。
✦ 在工作範圍之內，兒童應該保持其進度。

14歲以下孩子的課程設置

■ 前幾章的概括和初步設想

儘管本書的主題是課程設置，但我卻把它放在了最後幾章來講述，這是因為課程的設置不是獨立的，還與一系列的因果關係和許多其他的內容有著密切的關聯。我們之所以先討論馴順和權威的基本原則，是因為這些理論基礎，應該原原本本的再現出來，而不是作為證據，雖然我們從不會把房子的地基暴露在外。

不僅如此，家長和教師在實施這些原則時，都應該轉變態度，尊重孩子的人格，減少對孩子的干預，為孩子提供一個適合他們自由發展的空間。

說起教育與當代思想的關係，我們認為，教育應當順應潮流，不能太故步自封。作為當代思想的組成部分，或許對人格的尊重、種族的團結以及對生物進化的深刻認識，這些能幫助我們逐漸實現自己的教育理想吧。

兒童教育涉及身體、精神、道德和宗教等許多方面。因此，除了在容易被忽視的方面勸大家多做一些思考，我不會在一般的常識問題上提出什麼忠告。教育就是生命，我力圖證明這一思想對知識教育的重要性。作為必然結果，學校的書本應當作為一種思想的媒介而不只是容納事實。

孩子們天生就有一種求知的欲望，自然也有吸收所有知識的權利。用一句話來概括，那就是，教育是一門科學，它涉及各種事物之間的關係。

以上這些討論主要是為課程設置掃清障礙，主要內容在後面幾章。實際上，上面所說只是對前面內容的一個總結，所以，讀者們一定要耐心的繼續往下讀。雖然有些重複，但在我看來非常必要，因為它會使我們的討論逐漸聚焦在一個問題上。

由於下面這些建議和英國家長教育協會的工作有關，因而有必要重申一下，十年來，我們這個協會第一次努力讓大家明白什麼才是教育。

教育的概念是這樣的：教育是一種氛圍、一種紀律、一種生命。這就

是說，明智的老師應該懂得如何利用孩子周圍的環境（即氛圍），訓練他們養成好的生活習慣（即紀律），並用豐富的思想來滋養他的精神世界。在撫養孩子的過程中，這三點是我們唯一可以利用的工具。試圖尋找更容易的辦法，那就只能以他們的情感、欲望和熱情為代價，不過後果肯定很慘重。

作為外在的東西，習慣、思想和環境都可以透過互相配合，而使它們充分發揮作用。但是，我們卻不能直接去干涉一個人或一個孩子的人格。對於孩子成長過程中可能出現的虛榮、恐懼、關愛、效仿等心理或其他情況，我們大可不必加以干預。人們雖然愛子情切，卻又常常操之過急，甚至不懂得自己在人格塑造方面的力量是非常有限的。

幾年前家長協會提出了一個新的課題，即充分利用相應方法，最終應該得到什麼樣的結果？

什麼是教育？一般人認為，「教育就是建立各種連結的科學」。我們並不是在赫爾巴特意義上使用這句話。事物和思想彼此之間存在著各式各樣的連結，教師在傳授知識時，必須要注意到這些，以確保孩子大腦所接受的內容能夠分門別類、條理清晰。

這句話也涉及到我們自己，就是我們除了和現在的事物有關係，還和過去的事情有關係；不僅和我們上面的東西有關係，而且還和我們周圍的東西有關係，生活的充實和幸福跟我們對各種關係的領悟與掌握成正比關係。任何一個孩子都是一筆龐大遺產的繼承人。重要的是，怎麼才能獲得屬於自己的那一份。

現在我們的觀點已經發生了變化，不再憑主觀去認識兒童，而是客觀的看待他們。

現在且不談如何培養能力、訓練道德、引導感情、適應社會等，我們要做的是盡量把孩子看作是一個有廣泛興趣和愛好的人，要努力為他創造機會，讓他的這些興趣和愛好更有意義。

初生的嬰兒就具有豐富的感覺，在來到這個世界之初，他就開始竭盡全力的感受這個世界，最終，他感受到了那種平靜的愉快，那種屬於初生者的

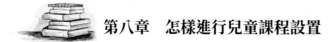

感覺。在嬰兒獨處的時候，他逐漸認識了自己所遇到的每一樣東西，並和那個東西建立起了連結。然後，我們才開始教育他，使他逐漸認識了生活中的各種事物，培養起廣泛的興趣，體會到生活中的無窮快樂。

必須使孩子清楚事物之間各種關係的規律，這樣他的一生才更有責任感和利他的精神。慢慢的，他會明白，必須付出努力才能保持這種連結，不管是和人還是和物，於是他將逐漸掌握工作的規律，體驗工作的快樂。

世界充滿著多種多樣的事物和形形色色的思想，孩子總是試圖接觸它們，我們所要做的就是幫他們排除障礙，並給予適當的激勵和引導。我們總以為自己必須始終引導孩子探索世界，以為沒有了我們的幫助，孩子就無法融入這個世界，這只是我們一廂情願罷了。

如果我們的生活中，除了必須要做的工作，還有許多特別的愛好等待著我們，那我們就會擁有真正的快樂。

一時衝動獲得的並不是興趣，它必須是在我們所發現和掌握的事物中慢慢發展起來才行。教育的目標就是讓孩子盡可能充分的去認識和了解世界。「教育是建立各種連結的科學」這句話確定了我們努力的方向。

在各種學校的領導者和全體教職員工中，能幹而敬業的教師永遠不嫌太多。對於這一論斷，我們已經非常熟悉，並且感覺確實如此。

人們在教育方面投入了大量的金錢和勞力進行研究，廣納各種理論，不辭辛苦的去了解別人的做法。謙虛可以使人進步，但這種做法也有其不當之處。轉變態度固然是必要的，但如果這種變化僅僅局限在實驗上，我們就不見得樂於接受它。

校長和教師們受過高等教育，有著豐富的經驗，如果這場改革已經證明卓有成效，我相信他們都會非常樂於投身於其中，但那種既無理論基礎也無肯定成果的改變，卻是他們不願意去嘗試的。

作為家長協會的成員，由於不願意擾亂已經存在的秩序，到目前為止，我們只跟大家談了一些關於家庭訓練的觀點，並未涉及學校教育。但是在過去幾年裡，我們制定出了一個「統一的原則和合適的方法」，透過在大學的

試用，已經獲得了可喜的成果。

我們的存在是為了實現我們既定的目標而努力不懈。指導我們如何養育孩子的原則可以先不談，但事實上，導致我們許多教育上的失敗，就是那些指導我們進行知識傳授的原則，因此，改革已是箭在弦上，不得不發。

■ 教育應當提供帶有情感的知識

馬修·阿諾德曾說過：教育應當致力於傳授帶有情感的知識。大家還記得前面我曾引用過的弗雷德里卡·布雷默《鄰居》中的那段引人入勝的故事吧？兩個女學生為了各自的英雄偶像（一個是卡爾十二世，一個是彼得大帝）而爭辯不休。家長們肯定會覺得高興，因為今天，這種女孩子之間的舌戰已經很少能看到了！學校的女生除了分數，對其他都漠不關心，更別說是什麼英雄了。對她們來說，除非是個人特別感興趣的知識或是某種競賽，否則知識與情感無關。

不管是男孩還是女孩，都認為自己應該慷慨熱情，但不應該是無休止的考試和競賽。就是因為學校的過錯，許多孩子因失去興趣而離開學校。英國國內外人們對於中學教育的爭議，大概就是由於這樣的一個事實吧！一些學校培養出來的年輕人儘管很優秀，但在思想上卻毫無活力，知識時代遠不能給予這些乾渴的心靈大量知識的滋養，只能任這種乾渴這樣繼續。

本森（Benson）先生直截了當的說：「我非常確信，公立學校的校長們一直懷有讓男孩成績優秀、身體強健這兩種強烈的雄心，但我並不認為他們會關心如何使學生學會思考，孩子們的思考能力只能自生自滅。許多校長只把教育孩子們的工作看作是一種責任，也就是說，他們是從道德觀點考慮的，而沒有考慮到知識……我們不得不承認，英國公立學校的知識水準仍然很低，並且沒有任何提高的趨勢。」

同樣的問題，薩德勒（Sadler）教授的視野可能更開闊一些，他認為，我們的中學儘管考試方面很在行，但在知識方面卻是非常落後，甚至遠遠落後於歐洲大陸的一些國家。本森先生所談的雖然是個人的知識結構，但是我

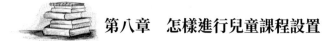

們的校長們就真的遠遠不如其他學校嗎？雖然是因為考試，他們才不得不去做那種被叫作「死記硬背」的偽科學的工作，可由於死記硬背本身就存在缺陷，所以有人覺得，老師不應當為此承擔責任。在女校裡，為了應付層出不窮的考試，成百上千的小女孩們拚命的死記硬背，校長們已經感覺到了這種危害，於是經常向助手詢問有誰不這樣做的。

女性一般都過於刻苦認真，多年來為了考試而下的辛苦往往會讓她們變得遲鈍，當然也有例外。但有過這種經歷的大多數年輕女性都會比較消極，不容易接受新知識、適應新情況，理解能力也較差，整體而言就是缺少活力。對女孩子來說，長期專心的學習，與其說是智力上的努力，不如說是精神上的拚搏；對年輕的男性來說，情況則大不一樣。由於他們不像女性那樣刻苦認真，他們也就更容易接受學習過程中出現的各種新思想。

孩子們帶著一種天生的渴望來到這個世界上。柯勒律治也說過，孩子天生就渴望接觸和獲得所有的知識。他們渴望了解英雄的歷史和神話時代，渴望了解一切運動和生活的東西，渴望了解陌生的地方和陌生的民族，渴望摸一下某種材料並想像製作出某種東西，渴望跑步、騎馬、划船……只要是地球上存在的事物，他們什麼都想嘗試。

所以，我們不應該在孩子很小的時候就為他們選定某些科目，而忽視了其他方面的教育。比如說不讓孩子學習拉丁語或科學等。對兒童來說，他們應該盡可能多的去接觸和了解適合並使自己感興趣的東西，應當從那些生機勃勃的知識中獲得自己的樂趣，應當探索自己畢生都將難以完成的領域，而不是對這一學科或那一學科只掌握些一鱗半爪而已。從這個意義上說，情感之所以能讓知識充滿生機，很可能是因為，在我們被帶入一個適合自己的領域時，我們才會找到感覺。

現在仍然有一些思想還在發揮作用，其中之一就是「兒童是沒有思想的」。在此，我們不得不大膽抨擊，因為我們相信，兒童不懂的事情固然很多，但他們的智慧也遠超出我們的想像。在實際工作中我們發現，這種認知具有重要意義。

教師從不和孩子聊天，他們不願意解釋自己說出的每一個單字，甚至孩子是否真正理解他們也不管。我在大約 12 歲的時候，曾經讀過很多古柏（Cowper）的詩歌，不知出於什麼原因，突然對〈蒙塔戈夫人的羽毛窗簾〉發生了濃厚興趣。不久，我找到了答案，於是在《季刊》上寫了一篇題為〈穿藍色長筒襪的王后〉的文章。看，這就是有「羽毛窗簾」的蒙塔戈夫人！多年之後，在重新讀到這首詩的時候，我依然感到無比的快樂。所以，為了獲得更多的知識，有時候，我們有必要把它暫時拋開一段時間。

讓我們感到愉快的，往往是那些我們期待獲得的知識。我們應該提供給孩子內容豐富、生機勃勃的知識，而不是弱化知識或使知識僵化。我們發現，「讀、寫、算」三會的教育模式，浪費了孩子們大量的時間，這些時間足以讓孩子們對許多領域的大量知識產生興趣。

■ 知識與資訊

我認為，知道如何區分知識與資訊是非常重要的。不管是在書上還是在人們的記憶中，資訊是用語言、文字、符號、圖像等方式傳遞的內容；而知識，則意味著對所提供的材料進行積極愉快的思考並獲得結果。偉大的人物可以直接從各種表面現象和體驗中獲得知識，比如達爾文或柏拉圖等人；普通人所能獲得的知識則非常有限，大部分是依靠別人的經驗總結來增長才智，同時進行新的探索。

在教育過程中，經驗的獲得雖然具有偶然性，但往往卻具有應用價值。另一方面，知識來源於思考，知識就是力量，因為它意味著能力在各方面新的增長。

幫助學生區分所獲得的東西中，哪些是資訊，哪些是知識，或許就是教師的主要作用吧。因為知識就是力量，獲得了知識，孩子自然就有駕馭資訊的能力。他會重新進行歸納證明，或用語言進行生動的闡述。只獲得資訊而沒有知識的孩子，最多能運用課本上生硬的語言說話和寫作，有的連老師所講的內容都不能正確記錄。

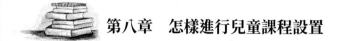

　　人們之所以用頭腦來指代一個人的能力，大概是出於工作的需求。我們發現，就像正常的消化器官能夠消化食物一樣，正常的頭腦能夠消化知識。我們教育孩子的目的，是想要他們懂得，他們應當盡可能多的了解自己所生活的世界，並從中獲得快樂。

　　既然體操可以鍛鍊身體，那麼同樣也應該有某種活動能夠幫助我們訓練思維。與記憶活動不同，判斷、想像等思維活動具有綜合整理的能力，能夠在不知不覺中運用知識。打個比方來說，就像消化器官需要食欲來刺激，孩子們進行某些活動也需要有欲望，但孩子們天生的欲望畢竟是有限的，雖然有的孩子多些，有的孩子少些。大體上，這些欲望包括對權力、讚揚、財富、地位、社交以及知識的渴望。

　　在我看來，教育如果只是出於對財富的渴望或者好勝心，或其他某種自然的欲望，而不是為了追求知識，那麼它就會破壞人格的平衡。

　　而徹底破壞求知的欲望和快樂，才是讓人覺得最糟糕的事情。求知的欲望可以讓人一生都不斷獲得豐足和充實；求知的快樂則可以讓我們幸福一生。詹森博士說：「求知欲是人類天生的一種本性，只要不呆不傻，每個人都願意付出全力去獲取知識。」正常的頭腦總是對學習充滿了濃厚的興趣，他們貪婪的吸收著一切知識，根本不須別人的激勵。

　　教育是建立各種連結的科學，這一點我們已經充分認識了。因此，真正的教育，就是要使孩子們自由的徜徉在書海之中，並且逐漸走上科學研究的道路。我們交到孩子手中的書本，不管其長短，都應當是「活生生的」，而不是那些縮寫本或匯編一類的東西。教師的主要工作則是幫助孩子正確使用書本。這樣，在教育過程中，口語課和講座除了進行總結或是擴展知識，或是進行證明，就不再那麼重要了。

　　當然，口語課也不是完全沒有意義。一堂好的口語課，能夠讓孩子們提出各種問題。教師們不要總是擺出一副萬能的樣子去上課，這種課固然能給人一時的精彩，但就像為老人讀雜誌一樣，無法為孩子留下任何思考的餘地，因此毫無益處。所以我認為，教師應當做到實事求是，而不要去一味追

求那些表面的精彩。另一方面，我們發現，一本好書可能需要兩、三年的時間去掌握，期間學生的興趣可以一直保持。在這個過程中，他們可以養成一種追根究柢的好習慣，也就是他們自己教育了自己。

12 歲以下孩子的課程設置

■ 為思想提供營養

H・G・威爾斯（H. G. Wells）先生認為，選擇好的課本是教育者的另一重任。孩子們需要的教材模式不是一個專家組織和 10 萬英鎊就能提供的。孩子們的興趣千變萬化，對出版商出版的標有「學校教材」字樣的書籍，他們也會聽話的去努力學習，但卻明顯感覺索然無味，根本沒有把這樣的書籍當一回事，更遑論去認真的思考了。

一本書無論長短、新舊、難易，可以出自偉人之手，也可以是普通人所作，但只要「有活力」，就會與年輕讀者的思想產生共鳴。孩子們對專家的書雖然不可選擇，但只讀一頁書就可以判斷這本書的好壞。當然這種評判通常不會表露出來，而是表現為積極思考或拒絕思考。許多課本雖然被大師們冠以了「優秀」字眼，在使用過程中卻常常遭到否定。教師們必須時刻記住冗長與簡潔、活潑與呆板的區別，這一內容之前已經詳細討論過。

教學找到了合適的課本之後，就需要教師的正確引導了。教師的任務就是透過自己的講解使全體同學能夠正確理解課本，因此，教師「必須以課本為基礎」授課，自己的觀點則須放在次要地位上，當然，他也可以按照自己的興趣，用作者的口吻講述課本內容。而孩子們只有認真鑽研才能獲得知識。對於孩子們來說，吸收作者的思想這一工作，還是需要付出極大努力的，因此，教師的口語教學就顯得非常必要了。

老師們是否意識到，喋喋不休的演講會讓人無精打采、思維混亂呢？生動有趣的演講必定能喚起人們的興趣，從而全神貫注的傾聽。但這樣的演講畢竟很少，所以我們也常常會責問自己，為什麼不能更好的控制課堂？然而

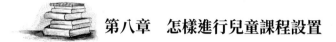

真正應該被責備的，不是我們自己，而是我們利用的工具 —— 用或多或少弱化了的口語課或討論代替了生動有趣內容的課本。我們當然不能撤掉口語課，因為我們還須用它對內容進行介紹、證明、引申、總結等，所以我的觀點是無須太多的口語課。孩子們必須學會獨立生活，同樣他們也必須學會獨立在書本中發掘知識 —— 我們不能從一開始就越俎代庖。

■ 儀器的應用

在儀器的使用上，我們必須特別謹慎，否則會扼殺孩子們的思維活力，但顯微鏡、望遠鏡和幻燈機等儀器除外。有這樣一位校長，他的學校坐落在一個造船之鄉。我聽說，為了讓學生在手工課上有模本製作，他曾向別人要過一個軍艦的完整截面模型。但我並不認為這個模型含有什麼價值，因為這個模型太複雜，以此為基礎進行構想是無法想像的。

最近，在參觀馬克・布洛克（Marc Bloch）在琉森的題為「和平與戰爭」的展出時，我觀看了他們用模型截面圖等對魚雷進行的說明，可我還是如墜雲霧。吃飯的時候，我向鄰座一位恰好在軍事部門工作的先生請教這個問題，他拿起眼鏡盒進行解釋，因為對魚雷非常了解，只用幾句話就使我搞清楚了魚雷的主要特徵。我認為，比起用複雜的模型和圖表來進行說明，老師們手邊的墨水瓶和尺或別的什麼東西或畫在黑板上的線條的效果要好得多了。那些東西太過複雜，除了讓人頭大，根本就無益於啟發性的思考。

只須借助某些學科之間自然的關聯，我們就能抓住學習的規律。因此在閱讀無敵艦隊時期的讀物時，即使是為了搞清楚西班牙撤退需要多少食物，我們也沒必要對當時的數學課投注太多精力，因為這與該事件並無直接的因果關係。但我們還是有必要讀讀相關的歷史、遊記和文獻，因為那可以使我們對西班牙的無敵艦隊有一個清晰的認識。

■ 我們的教育目標

知識的貧乏是最可怕的敵人，所以，讓孩子盡可能多的養成各種興趣，讓他們走入一個廣闊的空間，就是我們興辦教育的目的。

對於孩子，我們不應懷疑其控制所擁有東西的能力。充實快樂、善於表達、隨機應變、勇於創造、助人為樂等，可以用一個詞概括，那就是人格。一個人對周圍各種關係的領悟和掌握程度，決定了他的人格方向。如果教育的結果只能使年輕人片面的關心各種競賽而無法產生興趣和追求，那這樣的教育就未免令人擔憂。年輕人從學校獲得的道理應該和從自己家裡獲得的一樣多才是。所以，我們教育是在知識而不是道德方面存在弱點。

教育除了要依靠課本，還須與實際相結合。十年前的人們，只有在公立學校的一些遊戲中會涉及一些，其他則很少考慮這個問題。而在今天這個教育發生重大變革的時代，越來越多的人們開始認識到教育與實際相結合的重要意義。人們看到在教育方面，紀律訓練、手工製作等活動正和地理學以及拉丁語一樣有著同樣重要的作用。後來，「自然學習」理論的出現，也引起了人們的廣泛關注。科妮莉亞·索伯杰文中所提到的那個錫克教徒，如果十年之後再來看我們，他肯定不會再認為我們「思想裡充滿銅臭，連基本的自然語言都沒有掌握」。

人們已經越來越重視自然科學的教育，所以我們就無須再強調這種教育的重要性了。人們更關心的是這種與實際相結合的教育方式效果如何。到目前為止，這種教育正在沿著正確的軌道繼續發展，這一內容婦孺皆知，我們就不再重複了。

但是，成也書本，敗也書本。我們都知道，書本是知識和思想的載體，然而市面上充斥著的書本如恆河沙數，其龐大的知識量令我們無從選擇。或許，有人會東摘一點西選一點，挑一些零零碎碎的知識講給學生。

在一次題為「小學生動手與動腦」的演講中，菲利普·馬格努斯先生提出了一些觀點，值得人們深思。雖然他過於強調手工操作在未來學校中的作

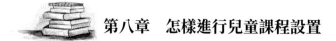

用，但卻觸碰到了我們小學和中學教育工作中的弱點，即「一味要求背誦那些零零碎碎的知識和所謂的科學」。他對閱讀和寫作的強調我也衷心贊同，因為只有透過這些活動才能使學習變成一種「享受」。另外，閱讀是寫作的根基，沒有人不讀書就能寫出好文章。

在談到未來的學校時，菲利普說：「我們將不再要求學生反覆去學習歷史、地理和語法方面的各種知識，那些所謂的自然科學知識也不在教學之列。由此節省下來的大量時間可以用來培養學生的思考能力，引導學生如何獲取知識⋯⋯將來的教育主要是訓練雙手、感官及智慧，這樣我們在尋求知識的過程中就不會處於劣勢⋯⋯課程的範圍將被擴大。」

「我們教孩子閱讀是想讓他們渴望書籍，教他們寫作是為了讓他們能夠表達⋯⋯培養學生的求知欲和熱愛閱讀的習慣，將成為教育的主要目的。閱讀課的主要內容是教孩子們如何使用書本，如何透過閱讀書籍來證明別人所說過的話或所做過的事，以及如何閱讀才能獲得書籍所提供的快樂，因此透過課程來合理選擇書籍就顯得非常必要。對事實的記憶儲存將不再是小學教育的工作⋯⋯」

「孩子只是學會了怎樣寫作，這還遠遠不夠，他必須知道自己想表達什麼，能清楚的描述他的所見所聞，在把自己的感覺和印象轉化成文字的同時，還要簡潔的表達出自己的思想⋯⋯」

對於菲利普・馬格努斯先生的設想，我們還得補充一點，就是強調要把閱讀習慣的養成作為學校生活的主要目標。因為只有讀過很多書的人，才是真正讀書的人。

■ 課程設置的問題

關於課程設置，我們要重申一下前面所講過的內容。兒童教育的主要內容，也許不應當排除人與人之間的各種關係。作為人類表述的紀錄，自然科學跟歷史、文學、藝術、語言、遊記一樣，也是對發現的歷史、觀察的紀錄，也就是說它不是書本知識。然而從本質上講，自然科學應該屬於「實物

教育」這一很大的學科，在此我們就不再詳細敘述了。而比所有這些更重要的，則是宗教，包括我們對上帝的崇拜、忠誠、熱愛和服務等等。其次，大概就是人與人之間的密切關係，如自知之明、自控能力等對兒童來講很適合的知識。

我們有理由相信，人類智力水準與其興趣範圍是一致的，也就是說，一個正常人之所以智力水準不高，是因為他應該具有的許多興趣沒有被發掘出來。適合兒童的課程可以有：家政、哲學、歷史、語言、數學、自然科學、藝術、體育和手工製作。

說起宗教這個精神真理和道德觀念的龐大寶庫，我們就不能不提《聖經》。事實上，《聖經》本身就是一部偉大的著作，兒童可以從中獲得豐富的養料作為西方世界偉大的古典文學作品，《聖經》的三個組成部分，曾被用作公立學校的教材，培養了很多學者。那時的教材，多數從約瑟（Joseph）的故事到聖保羅的《使徒書》中節選，後來由於說法不一，才廢止了這種教材的使用。也正是從那時候起，人們的智力水準和素養開始逐年下降。在這個問題上，我們不可能也不必要恢復過去的做法，但是，讓孩子們從書本上獲得道德和宗教的教育，卻是我們應該做到的。

孩子們最好是透過傳記文學的形式學習歷史，在 12 至 14 歲時就應當做到對英國歷史、當代法國史以及希臘和羅馬歷史的熟悉。除了《聖經》，大概沒有什麼書籍比普魯塔克的《名人傳》更有教育意義了。在教授英國歷史時，我們常常會犯讓 9 至 14 歲的孩子讀一些類似《小亞瑟》的簡編小冊子這樣的錯誤，而這個年齡階段的孩子，其智力已經完全可以學習一些更重要的書籍了。

12 歲的孩子應當對語法比較熟悉，並能讀完一些文學作品；也能稍微講一些法語，並讀懂簡單的法語書；德語也要學一點，但進度不必太快；至於拉丁語，如果讀不懂《凱撒大帝》，至少可以閱讀《伊索寓言》或《維吉爾》。

數學課正在受到足夠的關注，並將迅速成為我們學校教學的重要內容，在此我們就不做討論了。

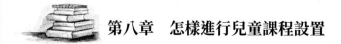

實踐教育包括自然科學、繪畫、手工和體育等。我們不得不強調一下過去的理論。

我們相信，這方面的教育對每個年級的孩子，包括 12 歲以下的孩子都很適合。作為我們的共同財富，這些課程的教育已經形成了相當成熟的思想，沒有必要再多說什麼。

我們認為，說出一種植物或一塊石頭、一個星座的名字除了要有分類能力，還必須掌握許多知識。因此，對自然科學或者是自然研究，我們特別強調「認識」。對於一種植物，我們要了解它的形態、產地以及何時開花和結果；對於一種飛鳥，我們要了解牠的飛行狀態、歌聲和離巢歸巢的時間。隨著時間的不斷推移和知識的不斷累積，我們就會了解到自己什麼時候能遇上長長尾巴的紅尾鴝和色彩斑駁的食蟲鳥。要做到這樣，我們就須進行大量有趣的觀察和科學累積。

孩子們將每天看到的東西記錄在筆記本中，親自管理這些資料，不允許任何人修改。這些筆記本，帶給他們無限的自豪和無窮的快樂。他們隨心所欲的在上面畫嫩樹枝、花朵、昆蟲，並附以說明。做這些紀錄，需要大量的知識，並不是學校教學能夠傳授的。我們可以試驗一下：老師在一週的某一個下午，和學校的孩子們一起去大自然中散步。孩子們自己提問題，老師只需要告訴他們一個名字或一些別的資訊。

透過這種方式，一個 9 歲或 10 歲的孩子竟然可以學到非常廣泛的知識，這真是太令人驚訝了。老師們一定要小心，千萬別把這種大自然中的散步變成科學的講授，因為我們希望孩子們把注意力更多的集中於自由自在的觀察中，忘記那些赫胥黎認為在科學教育中應當首先考慮的「一般常識」。而更重要的是，孩子們將學會認識自然界中的萬物並以此為樂，就像面對熟悉的朋友一樣。

在我看來，要使教育進行得生動有趣，讓孩子從學校走出來、走到田野裡去，是所有的學校都應該堅持的。每個孩子都應當有機會每週去觀察季節的發展變化。需要注意的是，我們不可把這種自然界中的散步變成講授各種

科學內容的場合，科學研究應當有序進行，僅靠一次散步是不可能做到的，人們也不願意這樣去做。

地理學、地質學、天體學等，大自然所提供的一切，都可以在散步中得到運用。但這一切都是偶然、簡單的，只有在發生的時候才會被注意到。不過，我們周圍總會有熱心的博物學家，樂於幫助某個學校的「自然漫步」。

這種「自然漫步」雖然直接，但有時候也需要上一些直覺教學課作為補充。比如觀察植物的茸毛、各式各樣動物的翅膀以及邁阿爾（Miall）教授那些重要書籍中所談到的各種東西。但書本知識主要是用來輔助我們的野外活動的。

這些書包括費希爾夫人、布賴特溫夫人、勞埃德‧摩根（Lloyd Morgan）教授、蓋基教授、葛德斯（Geddes）教授和湯普森（Thompson）教授的著作（最後兩種適合 14 歲以上的孩子）等等。

在這些名家以及一些其他人的書中，作為生物學和其他現象的直接觀察者，孩子們知道自己應該觀察什麼，並總是透過自己去發現，在他們看來，所有的這些起碼都具有創造意義。在這種直接的接觸中，孩子們養成了科學的觀察和推理的正確態度，並被激發起濃厚的興趣。孩子們除了偶然聽說花粉或觸角等一些名詞，我們盡可能的不讓他們死記硬背那些科學術語。如果某種東西出現在面前，他們就會好奇的詢問它的名字，可是要想見到書中或別人所說的那些奇妙的細微結構，就只能借助顯微鏡了。雖然實物教育有著極高的價值，但卻不能過分強調，否則人們一旦片面的去追求某種氛圍，就會面臨危險的。

此外，對這種教育我們也缺乏比較標準和需要遵循的原則。如果用一句話來解釋什麼是書本與實物相結合的教育，「我們就是這樣的人」似乎比較合適。

在繪畫方面，我們要盡量避免使用方格或直線等一類的機械畫法。那種只能複製線條而不能自由描繪物體的黑鉛筆，也不在我們的考慮之列。兒童繪畫總是從畫圓開始的，所以他們應該使用的是炭筆或刷子。有時候他們也

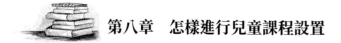

畫一些兒童畫或詩歌的插圖，雖然離真正的繪畫還有很遠的距離，在藝術方面也談不上有價值，但對想像力的培養卻有著很好的效果。

我們認為，看圖說話是對某一幅圖畫的再創作，對兒童的教育非常重要。比如說，把米勒的一幅作品讓孩子自行研究，然後讓 6 至 9 歲的孩子對畫面進行描述。結果他們能講出所有的細節，並能在黑板上用線條標明哪裡有這樣一棵樹，或哪裡有這樣一棟房子；他們有的還能夠判斷出畫面上畫的大約是一天當中的什麼時間；要是其中有故事的話他們也會發現。年齡大一點的孩子還會對作品的線條、光影、作家的獨特風格等加以評論，並根據記憶重新畫出一些細節。設置這一課程，其目的是引導孩子學會欣賞，而不是怎樣去創作。

父母和孩子如何正確面對考試

■　父母對待考試首先要有正確態度

我們一直在問「為什麼」，如同沃德‧福勒先生的黃鸝鳥一樣，長期以來，我們一直在問「為什麼」。我們曾經問過為什麼要穿亞麻內衣？然後它被扔掉了。我們又問為什麼要穿很多的襯裙，然而它們消失了。現在我們要問的是，為什麼要鋪地毯，坐安樂椅，還有過奢侈的生活方式，大概在 1910 年的時候，這些東西就已經淪落為時代的殘餘和遺風。

在生活中，我們應追求實際，盡量問些實用的問題，絕不是「黃鸝鳥搖尾巴是什麼原因」之類的問題。不實用的問題只是徒勞的猜測和無用的知識，不過「為什麼」的問題能使我們找到了「因為我們不應該」的結論，那麼這就是我們要做且必須做的事情。這種方式就像是用火鉗撥弄將要熄滅的火，使之繼續燃燒一樣。

把湯姆‧瓊斯送到學校去是為什麼呢？他的家長一定會說，為了讓他接受教育，可事實上他們總是盼望湯姆可以拿到好名次。關於學習的事情，湯姆卻隻字未提，他只對瑰麗神奇的大自然和活躍的思想世界充滿了好奇與渴

望，說不定學校教育需要做的事情就是這樣。

「你一定要做個好學生，要在班上排個好名次。」這是湯姆告誡同學們的。因為有了目的性，他的頭腦變得更加活躍。為了不讓父親失望，為了讓媽媽為他驕傲，他必須在班上成為頂尖學生。甚至成為全校的頂尖學生，得獎勵，受表揚，那該是多麼令人快樂的事情！儘管湯姆沒有說過這些話，但是他聰明的媽媽從他的眼中洞察出了這一切，同時默默的為這個小男子漢祈禱。於是，湯姆帶著父親的希望和母親的祝福去上學了。

不久以後，湯姆的成績單出來了，讓人興奮的是湯姆 6 科成績名列前茅。在這之後，湯姆獲得了更好的成績、名次、獎品、還拿了獎學金。現在他有了更高的目標，還參加各種考試，這些考試能夠為他帶來機會，這些考試也能使他順利完成大學學業。他的成功是十分確定的，因為他掌握了考試竅門。他的父母常常受到祝賀，在湯姆的同伴眼中，他變成一個英雄。

永遠的考試！是啊！考試就是讓一個年輕人出名的最輕鬆途徑，不過前提是他有天賦的好腦子。而對於沒有天賦的男孩，那他就去加入殖民大軍，那種生活可以將他鍛鍊成一個男子漢。

女孩子們的情況和男孩子幾乎沒什麼不同。「初級」、「高級」、「優秀」、「中等」、「學士」，這些名稱都記載了女孩子一生當中學習的重要經歷。你可能要說有這些經歷，的確比沒有好一點。必須認真研究一個這樣的事實：為什麼考試的成功，變成大多數年輕人極度迫切和過分焦慮追逐的目標？

首先，人們大多獲得的成就，不會超過他們目標。他們的目標就是為了「通過」考試，而不是要學到知識，拉斯金先生說：「他們為了通過考試，就死記硬背，而不是弄懂道理；他們的確通過了考試，而他們對知識卻仍然不懂。」大多數了解考生的人都會承認它有一定的道理。不過也有人既通過了考試也弄懂了知識，但即使是這樣，我們還是得討論：考試是否就是最直接、自然和有效的獲取知識的方法呢？那些既通過了考試又弄懂了知識的人，他們的見識是否特別敏銳和獨到呢？他們有沒有打破砂鍋問到底的精神？

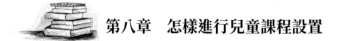

人的思想具有良好的抵抗能力，是它確保大多數人經歷了考試磨練仍然正常如初，全然不會產生任何的智力偏差，除了這一點，考試的磨練會危害到我們的個性，這是我們每個人與生俱來的最可貴的權利。而恰恰是一場公共考試迫使所有參加的人必須按照相同的思維方法去學習。

有人說，學校不必對考試大綱以外的學習加以限制，對即使是大綱以內的學習的方向也一樣。這是一種錯誤的說法。不論學校要舉辦什麼公共考試，全校的師生都會努力的進行準備。相關學習方法也會被某種的固定提問方式支配，因為用確定的事實判分的優點就是更簡便、更公平，因此枯燥無味的死記硬背就有了優勢。它變得十分盛行，以至於不光是大多數上學的孩子，即使是在家學習的孩子，也無法自由選擇自己的學習內容和學習方法。有這麼一套固定的大綱太便利了，於是父母們和教師們都願意利用它。

■ 讓孩子正確對待考試

父母們支持的競爭性考試占據絕對統治地，這樣的話，學生幾乎就成了校長的奴隸，校長又成了考試人的奴隸，而對於這一切，父母只好默認。

假如父母們發現在這件事情上，儘管他們關心了很長時間，竟然一無所知，他們是否會十分震驚呢？競爭性考試一統天下的局面是絕大多數父母們所擁護的。我們還沒算教師，因為教師們果斷的發揮他們作用，他們沒有這個市場。

這是因為，首先，不受家長們愛戴的教師絕對不行，除了自己的孩子外，別人的孩子不會交給他去教育。其次，某些父母們表現出來的醜惡的人品，使得整個考試制度被強加在教師的身上。無知、無聊、虛榮、貪婪，沒有任何好處，因為我們信任父母，才斗膽向陶醉在兒子的成功之中的父親頭上潑冷水。我們必須補充說明一點，那些還沒做父母的人更值得譴責。如果不順應當前的潮流，的確難度太大，「滿足欲望的過程難免造成傷害」。

對於無知，我們可以原諒；但對於固執的愚昧，我們必須給予譴責。而且有思想的父母們，也該自我檢查一下，然後應當站出來表明立場，也能夠

把自己責任放在反對競爭性考試制度上。必須注意的是，罪惡存在於競爭，而並不是考試。

有這麼一句老話說，人的思想只能懂得它自身的問題，以及自身的解答知識。倘若這句話是正確的，那麼從外部來的知識，就必須在外面檢驗了。於是，按照大綱展開教學工作，最後會進行一次考試，對此做出檢驗，這就是學習明確的知識，獲得穩定進步的必要條件。事實上，我們希望的就是，考試不要變成競爭。

考試是必要的，但是應當包括全部的教育內容，把像大學地方考試一類的公共考試算作競爭性考試，有人認為不公平，這種考試提高了中級教育水準，特別是針對女孩子的中級教育的水準，而且這種考試不考慮獎勵和名次的問題。它們幾乎不算競爭，給幸運考生以外，從獎勵上講，的確如此。榜上題名作為了這種考試的獎賞。除此之外，應該說，它幾乎沒有背離考試的初衷。

小學生為了使自己成為全校佼佼者，願意透過考試而努力。這樣有目標的努力也是正當的。而學校之間往往進行著互相競爭，例如，比比哪個學校考上大學的人數最多，培養的名人學者人數最多等等。這些成績往往會被誇大宣傳，這樣做的目的就是，使為孩子選擇學校的父母們，急著把孩子送進這些名校。包括了全部教育內容的考試應該是不分先後，所有學生們都榜上有名。儘管也會引起競爭，但它的作用，就是不會造成過分的競爭，甚至惡意的競爭。

競爭性的考試卻能充分調動工作、學習的積極性，這又是為什麼呢？

因為每個人都可能有一些確定的事實，比如「欲望」，每個人都想往高處走，不論現在地位如何，總有更高的目標，諸如總想富有再富有，不管他希望擁有的財富是金錢還是親筆簽名；都想有朋友，倘若有人不願交際，我們叫他是厭世者，或者是「他這個人不正常」。我們每個人都想超越別人，比別人更強，無論是打網球比賽，還是進行考試。我們都想知道，雖然一些人滿足於了解周圍人們的事情，但其他人卻樂意了解人生的命運。所有的

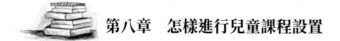

人，從衣著簡樸的士兵到服飾華麗的將軍，都希望別人稱讚自己。每個人心中最根本的行為動機和泉源就是對權力、財富、交際、出名、知識、尊敬這幾種欲望。

不管你是一無所知之人，還是博學多聞之士，一旦觸動欲望，你都會做出相應的反應。一個俄國農夫追著一個過路的遊客，不停的問他到過什麼地方，由於他渴望知道外面的世界；一個小男孩用他的彈珠和別人打賭，由於他想得到別人的承認；擠牛奶女工戴上新的蝴蝶結，因為她想得到男人的關注，她表示尊敬的唯一方式就是新蝴蝶結；孩子們玩馬戲的時候湯姆駕轅，因為他有威信；為了準備考試，莫德把自己累得病倒了，因為她想獲得榮譽。「及格」是優秀的象徵，也是傑出的學生的象徵。

欲望不分善惡。我們共同擁有的它們，同時是必須有的，它們對我們的精神作用，就好想食欲對我們的身體的作用一樣。也就是說，在它們的激勵下，我們不斷的努力，這是一種進步的狀態，同時也是一種健康的狀態。如果沒有它們，那麼我們就會成為那種不想為任何事情付出努力的人，也會停留在一種呆滯的狀態中！

那些只有受到鞭策，才能得以滿足的人是可憐蟲！競爭的原理，就像無須爭論的呼吸原理一樣，都是自然的，是必要的，都不需要任何道德上的裁決。不過作為教育家，我們必須懂得，孩子生下來也只是一根弦的豎琴，在青少年時期始終撥弄那一根弦並不是件好事。這並不是說競爭是一種邪惡的原則，而是因為一直刺激這個欲望，就會導致其他欲望的破壞，從而打破了性格的平衡。

好奇和競爭欲望一樣強烈，一樣自然。在孩子的心靈可以激起敏感反應的，就是孩子天生的好奇心。孩子渴望知道一切，他頻繁而急切的詢問各式各樣的問題，他令大人以及比他懂得多的人煩得要死，以至於招來訓斥：「別煩人，乖乖的待著，別老是問這問那。」當然這只是偶爾發生的情況。大多數時候，我們都會盡力解答孩子的問題，同時比較慚愧的是，他對自然界的事物和現象永不滿足的好奇心令我們無法招架。但孩子的好奇心卻得到了滿足。

我們所完成的顯著的教育成果，就是湯姆到小學六年級所掌握的知識量，這些幾乎就是他理解範圍之內的所有知識。湯姆的父親驚訝而又羨慕的說：「哎，他和我懂得的一樣多！」當然是指身邊的一切事情。帶他去海邊玩耍，一週之後，他就能告訴你如何拖網，如何捕鯖魚，漁民如何工作的，以及他自己獨立發現的一切事情。他會講沙子、貝殼、潮流、海浪的故事。只是，並沒有人去教他，而是他自己學到了這樣的認知方式。他就是從自己看到和聽到的事情中發現了一切能發現的知識。這樣，他就累積了大量的關於事物及其特徵的準確知識。

■ 按照孩子的天性傳授知識

湯姆上學以後，他的父母鬆了一口氣，終於擺脫了孩子不斷的提問和困擾。可能他們為自己的解脫而過於高興，以至於從沒問過湯姆不再好奇的問這問那，是什麼原因。

其實，到了這個階段，人的思維非常活躍。這種天性就會對有助於心理發育的那種欲望加以激發活化。要是不加管制的活，這種天性會使孩子欲望大增，並且促進身體的更快的發育。這種天性完全靠著孩子自身的方式發揮作用。

湯姆對知識的欲望就是童年時最明顯的行為動機，不過他進了學校，對湯姆來說，學知識就是一種快樂。應該根據孩子的天性去教他知識，不能依據適合某些學科的教學特點去傳授孩子，像他這樣的小孩子還不具有選擇的能力。他對學習知識的欲望和愛好，仍無法控制，「因為他的天性驅使他這樣做」。

按照孩子的天性傳授知識，是一件細膩且艱難的工作。但是，沒有幾位老師會比孩子的家長更喜歡教給孩子想知道的必要的知識。這樣的話，我們可以設想，有一位學究式的教師，遇到了他認為更新鮮，更簡便的教學方法。整整一上午，這位老師在求知欲很強的學生們不停提問下，異常窘迫。他對於自己的工作來說，掌握的知識已經相當熟練了，可是如何才能滿足這

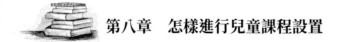

些渴望知識的孩子們呢？一天晚上，科格尼特斯突然想到一種更為簡單的方法。求知的欲望並不是孩子心中活躍欲望的全部。

和渴望知識一樣，孩子同樣渴望優異，渴望卓越。「所有的學生都想爭第一，倘若學習不行，就在體育上爭先。」科格尼特斯，這位哲學家知道，在某一個時期，一個人的心中超活躍的欲望只有一種，這是一種規律。激發孩子們的競爭欲望，他們就會以相同的方式做相同的事情，比賽看誰更強。男孩子們對別的事情不再感興趣，也不再提問題了。他們會遵循常規的方法學習他們相應的知識，而且比起以不安分的好奇心去驅動學習，情況要好一點。

我發現這是一個「好辦法」，可以為老師帶來尊敬，為學生帶來榮譽的辦法；可以拋棄體罰或額外的功課，照樣控制學生。事實上，競爭就是最好的懲罰方式，這樣的話，老師得以安穩的教書，學生得以安靜的學習。還避免了由於學生渴求知識使老師疲憊的查詢資料、探索新知識領域的情況。正如科格尼特斯說的：「父母們也會非常高興。」因為學習好的孩子會討人喜歡，父母的愛心也會得到虛榮心的鼓勵。

事情還沒那麼簡單，只有科格尼特斯在乎獎學金的物質獎勵，這些東西可以填滿佩特鈉斯的口袋，或者至少可以減輕競爭的壓力。這種辦法的確不錯，它巧妙的把科格尼特斯和佩特鈉斯結合在一起。沒有人會擔心，大家都那麼的高興，那麼的知足。你還會有什麼想法呢？尊敬的科格尼特斯只有對知識的強烈渴望，也就是湯姆不斷提問的「為什麼」。湯姆帶著問題上了學，這些問題就會使他對一切美好的、重要的和明白的事情充滿好奇心，並且始終伴隨在他的學習之中。因為在青春時期，這些好奇和探尋將會形成他的性格基礎。

我們不必評價科格尼特斯正確與否，但是我們可以肯定他的主張就是當時一致輿論的代表，反映了父母們急迫的願望。沒有人指責事態的發展，況且這種狀況是在過去發展的基礎上，獲得的一個重大突破。不過知識在進步，現在，我們應該重新審視一下我們的教育原則，重新編排一下我們的教

學方法。如果我們不想陷入可怕的平庸狀態，我們一定要徹底擺脫競爭性的考試制度。

可能目前操縱著男子學校、女子學校的教育機構，是這個世界最好的教育管理機構。不過這些高貴的男女教育專家，把他們的獨創性和優良的首創精神幾乎全部喪失了。考試橫行在所有的學校中，考生幾乎不能產生重要的新思想。我們必須從互相信任開始我們的努力，教師和家長互相信任，他們才能夠形成共識，才能按照孩子的天性去發展。一起對付現行的教育體制中的各種弊端。我們必須鼓起勇氣，團結一致，才能推翻這種令人盲目犧牲的事物，雖然它也是我們自己製造的。

夏洛特‧梅森的家庭教育法：

施教者義務 × 兒童人權 × 遺傳傾向 × 權威與順服，最全面的梅森教育理論

作　　者：[英] 夏洛特‧梅森 (Charlotte Mason)

翻　　譯：李忠明

發 行 人：黃振庭

出 版 者：崧燁文化事業有限公司

發 行 者：崧燁文化事業有限公司

E-mail：sonbookservice@gmail.com

粉 絲 頁：https://www.facebook.com/
　　　　　sonbookss/

網　　址：https://sonbook.net/

地　　址：台北市中正區重慶南路一段六十一號八
　　　　　樓 815 室

Rm. 815, 8F., No.61, Sec. 1, Chongqing S. Rd.,
Zhongzheng Dist., Taipei City 100, Taiwan

電　　話：(02)2370-3310

傳　　真：(02)2388-1990

印　　刷：京峯彩色印刷有限公司（京峰數位）

律師顧問：廣華律師事務所 張珮琦律師

- 版權聲明 -

定　　價：650 元

發行日期：2023 年 03 月第一版

◎本書以 POD 印製

國家圖書館出版品預行編目資料

夏洛特‧梅森的家庭教育法：施教
者義務 × 兒童人權 × 遺傳傾向 ×
權威與順服，最全面的梅森教育理
論 / [英] 夏洛特‧梅森 (Charlotte
Mason) 著，李忠明 譯 . -- 第一版 .
-- 臺北市：崧燁文化事業有限公司，
2023.03
　面；　公分
POD 版
譯自：Home education.
ISBN 978-626-357-164-8(平裝)
1.CST: 家庭教育 2.CST: 親職教育
3.CST: 學校教育
528.2　　112001399

電子書購買

臉書